Der Beginn des 21. Jahrhunderts ist von Krisen geprägt. Mit Billionenbeträgen und riesigen Militärapparaten versuchen Staaten, für Stabilität und Sicherheit zu sorgen. Doch dabei laufen Regierungen meist den Ereignissen hinterher, statt aktiv neuen Gefahren vorzubeugen. »11 drohende Kriege« lenkt den Blick auf die Zukunft: Wie sind neue Krisen und Kriege zu verhindern? Die renommierten Journalisten Andreas Rinke und Christian Schwägerl berichten, wo die wahren Stressfaktoren für die kommenden Jahrzehnte liegen und wie sie sich in neuartigen Konflikten entladen können.

ANDREAS RINKE, geboren 1961, berichtet als politischer Chefkorrespondent der Nachrichtenagentur Reuters in Berlin unter anderem über das Zentrum der politischen Macht in Deutschland, das Bundeskanzleramt. Seine Arbeit bei der Hannoverschen Allgemeinen Zeitung, beim Handelsblatt und nun bei Reuters hat ihn in fast hundert Länder dieser Erde geführt.

CHRISTIAN SCHWÄGERL, geb. 1968, schreibt als Journalist für GEO, FAZ, ZEIT, Cicero und andere Medien über wissenschaftliche und ökologische Umbrüche sowie ihre Folgen für Politik und Gesellschaft. Für seine Publikationen hat er den »Georg von Holtzbrinck Preis für Wissenschaftsjounalismus« erhalten.

Andreas Rinke und Christian Schwägerl

11 drohende Kriege

Künftige Konflikte und Technologien,
Rohstoffe, Territorien und Nahrung

btb

Verlagsgruppe Random House FSC® N001967
Das für dieses Buch verwendete
FSC®-zertifizierte Papier *Lux Cream*
liefert Stora Enso, Finnland.

1. Auflage
Genehmigte und aktualisierte Taschenbuchausgabe Dezember 2015,
btb Verlag in der Verlagsgruppe Random House GmbH, München
Copyright © der Originalausgabe 2012 by C. Bertelsmann Verlag,
München, in der Verlagsgruppe Random House GmbH
Umschlaggestaltung: semper smile, München
nach einem Umschlagentwurf von R.M.E., Roland Eschlbeck/
Rosemarie Kreuzer
Satz: Uhl + Massopust, Aalen
Druck und Einband: GGP Media GmbH, Pößneck
LW · Herstellung: sc
Printed in Germany
ISBN 978-3-442-71360-8

www.btb-verlag.de
www.facebook.com/btbverlag
Besuchen Sie unseren LiteraturBlog www.transatlantik.de

INHALT

VORBEMERKUNG DER AUTOREN ZUR NEUAUFLAGE

Als die gebundene Ausgabe dieses Buchs im April 2012 erschien, hatte Russland die ukrainische Halbinsel Krim noch nicht annektiert und es gab noch keine Organisation namens Islamischer Staat, die versucht, zwischen Nordafrika und Irak ein Kalifat zu errichten. Beide Konflikte unterstreichen die Notwendigkeit, nun eine aktualisierte Taschenbuchausgabe von »11 drohende Kriege« vorzulegen. Unsere Grundannahme hat sich bestätigt, dass unsere Zeit sehr spannungsgeladen ist und das, was wir als »Sicherheit« empfinden, ein sehr zerbrechliches Gut ist. Zugleich vergrößern diese aktuellen Konflikte die Gefahr, die uns primär dazu gebracht hat, »11 drohende Kriege« zu schreiben. Im politischen Geschäft bekommen jene Themen, von denen mittelfristig die größten Gefahren ausgehen, viel zu wenig Aufmerksamkeit. Dies muss sich ändern, sollen neuartige Konflikte rechtzeitig vermieden werden. Für diesen Ansatz haben wir nach Erscheinen des Buchs viel Zuspruch bekommen, nicht nur aus dem deutschen Außenministerium.

Die Auseinandersetzung mit Russland und der Kampf gegen IS könnte nun aber das nötige Umdenken bei den Verantwortlichen vieler Länder auf fatale Weise abbremsen: Statt sich auch auf die Gefahren von morgen einzustellen, wird nun wieder sehr stark entlang klassischer Kriegsmuster diskutiert, ob nun »Kalter Krieg« oder »Krieg gegen den Terror«. Dabei sind die von uns geschilderten Risiken – von der Überfischung der Meere bis zum Konflikt um Agrarflächen in Afrika aktueller denn je. Bei der Aktualisierung der ersten Ausgabe sind wir erschrocken darüber, wie sehr sich in nur drei Jahren viele der von uns skizzierten Entwicklungen bestätigt oder teilweise sogar beschleunigt haben: so haben die Spannungen in den Meeren um China viel mit Fischressourcen zu tun; unser Szenario einer Massenmigration über die »europäische Mauer« ist zur Nachrichtenrealität geworden – mit erschreckenden, bewegenden Bildern und einer erwarteten Flüchtlingszahl von 800 000 Menschen für das Jahr 2015 alleine für Deutschland; Google und andere IT-Giganten entwickeln sich rasch zu den skizzierten »Souveränen«; und die G7-Staaten zeigten sich von der Gefahr neuer Bakterienstämme, die gegen Antibiotika resistent sind, so alarmiert, dass sie sich auf ihrem Gipfel im bayerischen Elmau mit dem Thema befassten.

Unsere Szenarien sind gar nicht als exakte Prognosen konzipiert, aber sie werden schneller Realität als erwartet.

Berlin, im Sommer 2015

I. DIE UNTERSCHÄTZTEN GEFAHREN

Dieses Buch wirft einen Blick in die Zukunft. Schon in der Gegenwart gibt es Konflikte, Katastrophen und schlechte, besorgniserregende Nachrichten im Übermaß. Die Tagesnachrichten zeigen, wie verletzlich und zerbrechlich die menschliche Zivilisation ist. Nun konfrontieren wir Sie mit elf Szenarien, wie im 21. Jahrhundert neue gefährliche Konflikte entstehen können. Das kann durchaus Angst machen. Aber es ist dringend nötig, den Blick auf diese Gefahren zu lenken.

Seit den Terrorangriffen des 11. September 2001 in New York ist die westliche Welt von dem Gedanken besessen, die eigentliche Gefahr erkannt zu haben: den radikalen Islamismus. Zunächst hatten ein Mann mit einem durchdringenden Blick namens Osama bin Laden und seine hasserfüllte islamistische Ideologie die Welt aufgerüttelt. Milliarden, ja Billionen Dollar wurden ausgegeben, um den »War on Terror« zu führen, der heute mit dem Kampf gegen den sogenannten Islamischen Staat seine Fortsetzung gefunden hat.

Der Preis für diesen Kampf war und ist immens. Die westliche Führungsmacht warf sich im Irak und in Afghanistan in zwei brutale Kriege, ihr Ansehen als Wertenation nahm durch weltweite Folterlager für tatsächliche oder vermeintliche Terroristen und einen gigantischen Überwachungsapparat Schaden. Heute rätseln westliche Gesellschaften zudem, wieso radikale Kämpfer auch aus den EU-Staaten in den Dschihad im Irak, in Syrien oder in Libyen ziehen.

Im Jahr 2008 kam dazu eine andere Krise: Im Schatten des »War on Terror« hatte sich Anfang des neuen Jahrhunderts die größte Finanzblase seit der Großen Depression der 1920er-Jahre aufgebaut. Alle Mechanismen der Risikoprüfung und der rechtzeitigen Intervention hatten versagt, bevor 2008 das Bankhaus Lehman Brothers implodierte und im Gefolge ganze Länder in den Strudel der Schuldenkrise gerieten. Exzessive Verschuldung westlicher Staaten und unreguliertes Spekulieren an den Finanzmärkten schafften, was bin Laden nie vermochte: den Wohlstand von Hunderten Millionen Menschen zu gefährden.

Im Jahr 2014 kehrte dann der klassische Krieg auch zurück nach Europa, als von Russland unterstützte Separatisten erst auf der ukrainischen Halbinsel Krim und dann in der Ostukraine für einen Umsturz sorgten. Anfang Mai 2015 markierte die Reaktivierung des sogenannten roten Telefons zwischen der NATO und Moskau, dass man gedanklich wieder zurück in Zeiten des Kalten Krieges gefallen war. Mit einigem Erstaunen – und Entsetzen – registrieren verunsicherte Europäer und Amerikaner den aggressiven Kurs von Präsident Wladimir Putin.

Es gehört zu den Stärken der Spezies Mensch, dass unser Denken darin geschult ist, Gefahren zu erkennen und die ganze Energie darauf zu richten, sie zu entschärfen. Dies wird jedoch zum Problem, wenn angesichts der Bekämpfung aktueller Gefahr nicht die mittel- und langfristigen Bedrohungen für unsere Gesellschaften erkannt werden. Immer deutlicher zeigt sich heute, dass das letzte Jahrzehnt mit seinen gigantischen Kraftanstrengungen ein verlorenes Jahrzehnt für den Westen, die Menschheit und den Versuch war, für eine friedliche Zukunft auf der Erde vorzusorgen. »Blasen« – fatale Fehlentwicklungen – entstehen eben nicht nur an den Finanzmärkten, sondern auch im Kopf. Zuerst lenkte der Tunnelblick auf den Islamismus von anderen Gefahren wie der drohenden Finanzkrise ab, dann verschlangen die folgenden Kriege und die Finanzkrise Billionensummen. Nun kehrt das Denken angesichts der empfundenen Bedrohung durch Russland in alte Zeiten der klassischen, auch militärischen Auseinandersetzungen zurück. Die Zukunftsvorsorge auf anderen Gebieten, etwa für Bildung und Klimaschutz, rückt auf gefährliche Weise wieder in den Hintergrund.

Es ist ein Zeichen unserer hypervernetzten Welt, wie stark sich Ereignisse häufen, die zugleich überraschend sind und eine globale Dimension sowie weitverzweigte Konsequenzen haben: Nicht der Tod von Osama bin Laden hat die islamische Welt grundlegend verändert, sondern der Tod eines Gemüsehändlers namens Mohamed Bouazizi aus Tunesien. Weil er von den Gängelungen der staatlichen Marktaufseher genug hatte, setzte er durch seine öffentliche Selbstverbrennung am 17. Dezember 2010, an deren Folgen er am 4. Januar 2011 starb, unbeabsichtigt die »Arabellion« in Gang. Innerhalb weniger Monate fegten junge Rebellen die Machthaber in Tunesien, Ägypten und Libyen aus dem Amt – mit dramatischen Veränderungen bis hin zu den wachsenden Flüchtlingsströmen über das Mittelmeer. Mit etwas Verzögerung erreichte der Aufstand auch Syrien, wo ein immer noch tobender Krieg zwischen Aufständischen und der Regierung inzwischen nach Schätzungen der Vereinten Nationen weit mehr als 100 000 Todesopfer gekostet hat. Millionen sind auf der Flucht.

Einen weiteren plötzlichen Einschnitt stellte das gewaltige Erdbeben dar, das am 11. März 2011 im Pazifik westlich von Japan eine Monsterwelle auslöste. Der Tsunami tötete in dem Hightech-Land Japan fast 16 000 Menschen, führte mit der folgenden mehrfachen Kernschmelze in der Atomanlage Fukushima-Daiichi nur dank zufällig günstiger Winde nicht zu einer Strahlenkatastrophe für Millionen Menschen in Japan, Korea und China – und veränderte Deutschlands Energiepolitik von einem Tag auf den anderen.

Ebenso überraschend kam für viele Menschen in den USA

und Europa im Sommer 2013 die Enthüllung, dass Hackerangriffe nicht nur aus Asien lanciert werden, sondern auch US-amerikanische und britische Geheimdienste und Kriminalbehörden die Mobilfunkverbindungen ihrer eigenen Bürger und die Internetkommunikation in aller Welt nahezu vollständig überwachen. Für viele Menschen gerade in Deutschland, wo der Schutz des Briefgeheimnisses und der Privatsphäre traditionell einen hohen Stellenwert genießt, war diese Erkenntnis ein Schock, der den Blick auf das Internet und auf soziale Netzwerke wie Facebook grundlegend verändert.

Sicher hatten all diese Ereignisse bereits Konsequenzen: die Wende hin zu erneuerbaren Energiequellen und »grünen Technologien« in Deutschland; eine internationale Welle der Solidarität mit Norwegen und ein entschiedenerer Kampf gegen den Rechtsradikalismus. Die Schuldenkrise in der EU brachte plötzlich die lange stockende Debatte über die »Vereinigten Staaten von Europa« wieder in Gang, auch wenn Griechenland und Großbritannien 2015 für Spaltungsängste sorgten. Und die Enthüllungen des amerikanischen Whistleblowers Edward Snowden führten zu einer Debatte darüber, wie frei und vertraulich die Kommunikation im weltweiten Netz ist und sein sollte.

Doch zugleich verstärkt sich das Gefühl, nicht auf die nächste, vielleicht noch größere Überraschung vorbereitet zu sein. Eine generelle Verunsicherung breitet sich aus, weil selbst berufene Institutionen wie Nachrichtendienste und auch Regierungsstrategen nicht einmal mehr zu ahnen scheinen, woher die nächsten Einschläge kommen werden. Nur eines scheint festzustehen: Das 21. Jahrhundert wird kein ruhiges. Die Kurzatmigkeit, mit der Politiker in den vergangenen Jahren versucht haben, den Flächenbrand der Finanzkrise zu löschen, verstärkt noch den Eindruck, dass mit der Lösung alter Probleme sofort die nächsten verursacht werden. Deshalb erscheint es wichtig, der Frage nach künftigen Gefahren nachzugehen. Gibt es mögliche Ursachen für Konflikte, an die heute noch keiner denkt? Zeichnen sich globale Verschiebungen ab, die so langsam verlaufen, dass sie nicht wahrgenommen werden, die aber gerade deshalb gefährlich sind? Drohen aus heiterem Himmel sogar Kriege, weil die Regierungen und ihre Apparate sich auf das Falsche konzentrieren oder mit den Krisen der Gegenwart schlicht überfordert sind?

Alle drei Fragen müssen mit Ja beantwortet werden. Schlimmer noch: Ohne grundlegende Veränderungen, die vom Alltag im Westen bis zur Weltpolitik reichen, droht das 21. Jahrhundert stürmisch und kriegerisch zu werden. Aus den vergangenen 25 Jahren zu lernen heißt deshalb vor allen Dingen, offen zu sein für Überraschungen und den Horizont nach Hinweisen abzusuchen, die auf einen kommenden Sturm hinweisen. Um vor allem Kriegsgefahren zu vermeiden, ist es unerlässlich, sie frühzeitig zu erkennen.

Die Amerikaner bezeichnen Kriegsschauplätze mit dem Begriff »War Theater«, so als handle es sich um eine Broadway-Aufführung. Es ist hochwahrscheinlich, dass im 21. Jahrhundert ganz neuartige »Bühnen« für Kriege entstehen: Statt oder zusätzlich zu klassischen Kriegsgründen wird es um Technologien, Hightech-Rohstoffe, Umweltfragen, neue demographische Konstellationen und die Welternährung gehen.

1. NEUE KRIEGSFORMEN

So schrecklich es für die Milliarden Menschen klingt, die heute »menschlich« im humanistischen Sinne denken: Gewalttätige Auseinandersetzungen sind bisher eine Konstante des menschlichen Lebens gewesen. Die mit ihren 250 000 Jahren auf der erdgeschichtlichen Skala noch sehr junge Menschheitsgeschichte, die ungefähr 8000 Jahre seit dem Beginn von Landwirtschaft und Städtebau, mehr noch die letzten rund 600 Jahre seit dem Entstehen der modernen westlichen Zivilisation und am extremsten die zwei Jahrhunderte der »Großen Beschleunigung« seit dem Beginn der industriellen Revolution waren von bewaffneten Auseinandersetzungen und Kriegen geprägt.

Hunderte Millionen Menschen wurden als Soldaten rekrutiert, versklavt oder vertrieben, grausam getötet im Streit um Herrschaftsansprüche, durch Erbfehden, Weltanschauungen, Rohstoffhunger oder schlicht Gier. Millionen Menschen haben ihr Leben in Kriegen verloren, riesige Mengen von Gütern und Gebieten wurden neu zwischen Ländern und Machthabern verteilt. Kriege, Lehren aus Kriegen und Kriegsvorbereitungen haben das hervorgebracht, was die Welt von heute prägt – von der amerikanischen Nation über die Charta der Vereinten Nationen bis zum Internet, dessen Anfänge im Versuch des US-Militärs liegen, für den Fall eines Atomkriegs über ein stabiles, dezentrales Kommunikationssystem zu verfügen. Die Menschen von heute bewohnen »Nachkriegslandschaften« – geographisch, rechtlich und technologisch.

Über die Allgegenwart gewalttätiger Auseinandersetzungen zu reden ist in einem Land wie Deutschland dabei nach wie vor nicht einfach – einem Land, in dem ein Bundespräsident von seinem Amt zurücktrat, weil er Kritik für die Aussage erntete, dass eine Exportnation wie Deutschland wie alle anderen großen Staaten natürlich auch Wirtschaftsinteressen im Ausland verteidigen muss, und sei es durch die Abwehr von Piraten vor Somalia. Viele Bundesbürger sehen ihr Land vielmehr als Modell für den Ansatz, Konflikte ausschließlich friedlich beizulegen und mit der Suche nach Konsens und der Aussicht auf Verständigung und Entwicklung zu bewältigen. Die westliche Verteidigungsallianz NATO und der Einsatz des Militärs selbst zur Verteidigung von Verbündeten treffen auf tiefes Misstrauen, wie eine Umfrage des Pew Institute Mitte 2015 zeigte, derzufolge nur 38 Prozent der Deutschen dafür seien, einem NATO-Partner im Konfliktfall wirklich beizustehen, während 58 Prozent sich eindeutig dagegen aussprächen.

Keine Frage, die friedensliebende Grundhaltung ist ein erheblicher Fortschritt in der deutschen Geschichte. Erst die Einsicht in die deutsche Schuld an den Weltkriegen und die entschiedene Abkehr von exzessiver Gewaltanwendung hat tatsächlich Großes ermöglicht, etwa die europäische Integration, die das wohl erfolgreichste Friedensprojekt der Menschheitsgeschichte ist. Aber weder guter Wille allein noch die Verdrängung einer lästigen Auseinandersetzung, noch die Angst der Politik, der Bevölkerung unangenehme Themen zuzumuten, werden Kriege des 21. Jahrhunderts verhindern. Die Gefahr wächst eher, dann den neuen Herausforderungen nicht mehr gewachsen zu sein.

Deshalb ist eine offene Debatte darüber nötig, wo und in welchem Gewand Kriege im 21. Jahrhundert auftreten können. Längst gibt es in der Fachwelt eine intensive Diskussion über das neue Wesen des Krieges. Seit dem 11. September 2001 ist etwa der Ausdruck »asymmetrischer Krieg« ein geflügeltes Wort geworden, auch wenn es in erster Linie die Abkehr von der alten Auseinandersetzung zwischen zwei Staaten beschreibt, die ihre Heere gegeneinander in die Schlacht schicken. Islamistische Terroristen haben deutlich gemacht, dass sie statt staatlicher Strukturen informelle Netzwerke als Basis nutzen, um die Zivilbevölkerung oder Sicherheitsapparate der von ihnen verhassten Staaten zu attackieren.

Autoren wie Mary Kaldor sprechen von »neuen Kriegen«, weil sich die ganze Matrix von Auseinandersetzungen geändert hat, keineswegs nur durch immer neue zerstörerische Militärtechnologien, sondern auch durch die zunehmende Globalisierung und die alle Lebensbereiche durchdringende Ökonomisierung unseres Lebens. Wenn multinationale, teilweise staatlich kontrollierte Konzerne Werte auf allen Kontinenten besitzen, steigt auf den ersten Blick die Hemmschwelle, diese durch verheerende militärische Auseinandersetzungen zu gefährden. Weil der Wohlstand aller modernen Industrienationen vom Wirtschaftswachstum abhängt, könnte die Bereitschaft sinken, dieses durch militärische Spannungen zu gefährden. »Die Fähigkeit von Staaten, unilaterale Gewalt gegen andere Staaten einzusetzen, ist entscheidend geschwächt worden«, stellt Kaldor deshalb fest und beschreibt, wie sehr die Fähigkeit, Kriege zu führen, durch die Struktur moderner Gesellschaften bestimmt wird, von der Bildung über technische Standards bis hin zur Möglichkeit, Steuern zu erheben und auch einzutreiben.[1]

Wenn es immer vielfältigere Konstellationen von privaten und staatlichen Akteuren gibt, die in immer neuen Formen von organisierter Gewalt auf immer mehr Feldern Konflikte austragen, kann das womöglich nur heißen, dass sich das Wesen des Krieges ändert. »Kriege, wie wir sie in den letzten zwei Jahrhunderten kannten, könnten wie die Sklaverei ein Anachronismus werden. Nationale Armeen, Marinen und Luftwaffen wären dann nicht mehr als rituelle Symbole der untergehenden Nationalstaaten«, schrieb Kaldor.[2]

Den Nationalstaaten wird seit Jahrzehnten immer wieder der Niedergang vorhergesagt – obwohl sie sich als erstaunlich widerstandsfähig und flexibel erwiesen haben. Mit großer Wahrscheinlichkeit werden sie deshalb auch weiter mit großem Gewaltpotenzial entscheidende Akteure in der internationalen Sicherheitspolitik bleiben – neben vielen neuen und in völlig veränderten Rahmenbedingungen. Russland hat mit seiner Intervention in der Ukraine gerade dafür gesorgt, einen neuen radikalen Nationalismus zu entfachen.

Das Paradox des 21. Jahrhunderts ist es, dass aber daneben neuartige Kriege wieder wahrscheinlich werden, weil sie scheinbar an Schrecken verlieren. Schlachten werden geschlagen, auch wenn sich gar keine Panzerverbände in der Norddeutschen Tiefebene bewegen. Kriege gehen verloren, auch wenn möglicherweise kein Blut fließt. Millionen Menschen können sterben, obwohl im klassischen Sinne gar kein Krieg stattgefunden hat. Kriege werden nicht mehr hundert Jahre, manchmal nicht einmal sechs Jahre wie der Zweiten Weltkrieg in Europa dauern, sondern können innerhalb von Minuten entschieden sein. In den meisten Fällen bedeuten sie das Scheitern eines Versuchs, einen Kompromiss zwischen widersprüchlichen Interessen zu finden, Spannungen in sich verändernden Gesellschaften abzubauen oder Akteuren, die auf die Beherrschung anderer aus sind, entschlossen und gemeinsam entgegenzutreten.

Ziel dieses Buches ist es, nicht nur auf die neuen Gefahren hinzuweisen, sondern auch einen gewissen Beitrag zu der Debatte zu leisten, wie drohende »neue Kriege« verhindert werden können. Denn eines muss ausdrücklich betont werden: Trotz aller neuen Herausforderungen sieht die Lage zu Beginn des 21. Jahrhunderts nicht ganz so düster aus. Parallel zu neuen Problemen wächst das im Kollektiv menschlicher Gehirne entwickelte Wissen. In immer schnellerem Tempo entwickelt die Menschheit Technologien und Fähigkeiten, um auf

Probleme zu reagieren. Die gegenseitigen Abhängigkeiten erzeugen den Druck für die Suche nach gemeinsamen Lösungen. Die rasche weltweite Vernetzung vergrößert zudem die Chance, gemeinsam reagieren zu können.

Es ist deshalb nicht etwa naiv, sondern sehr wahrscheinlich, dass sich im 21. Jahrhundert die Sichtweisen vieler Menschen auf der Erde einander annähern. Denn die wachsenden Mittelschichten werden unabhängig von den jeweiligen politischen Systemen und der geographischen Lage ein ähnliches Streben nach individueller Freiheit und Sicherheit für ihre Familien entwickeln, wie dies eine Analyse des European Union Institute for Strategic Studies (EUISS) über die Welt im Jahr 2030 prognostiziert.[3] Doch selbst eine solche »Konvergenz« befreit nicht vom Kriegsrisiko und damit von der Aufgabe, es durch Vorausschau und Vorbeugung zu minimieren.

2. OFFENE ZUKUNFT

Dafür, dass langsam ins Bewusstsein sickert, wie sehr sich Kriege verändern, sehen die Strukturen vieler Armeen und Sicherheitsapparate weltweit immer noch erstaunlich konventionell aus. In großen Depots warten Panzer auf Schlachten, die sie wahrscheinlich nicht mehr schlagen werden – bedingt durch den Ukraine-Russland-Konflikt stockt die Bundeswehr ihre Panzerbestände jedoch sogar wieder auf. In einer ritualisierten öffentlichen und politischen Debatte erregt eine deutsche Panzer- oder Gewehrlieferung nach Saudi-Arabien viel mehr Aufregung als der Verkauf moderner Spionagesoftware an autoritäre Regime, die damit effizient etwa die Internet-Aktivitäten ihrer Bevölkerung überwachen können.

Dabei stehen viele staatliche Experten bereits heute vor den Trümmern ihrer alten Sicherheits- und Vorhersagepolitik. Mit einem riesigen Aufgebot an Personal und Geld haben Regierungen und Unternehmen in den vergangenen Jahren alles darangesetzt, ihre Bevölkerungen und Investitionen gegen mögliche Risiken abzusichern. Nur langsam sickerte die Erkenntnis ein, dass Gefahren nicht nur aus unbekannten Richtungen kommen, sondern dass man sich auch für Kriege gerüstet hat, die in der erwarteten Form mit großer Wahrscheinlichkeit gar nicht stattfinden werden. Leider hat Russland mit seinem Vorgehen in der Ukraine dafür gesorgt, dass sich das Denken der Verantwortlichen wieder verstärkt in alten Bahnen bewegt.

Aber ohnehin sind die hoch spezialisierten Experten für Sicherheit manchmal am wenigsten geeignet, neue Gefahren zu erkennen. Wie viele Menschen lassen auch sie sich von ihrer Erfahrung und ihrem Wissen leiten. Deshalb sind sie besonders erfahren darin, Lösungen für die bekannten Probleme zu finden. Als Vorsorge für die Zukunft ziehen sie deshalb Lehren aus der Vergangenheit – nur beinhalten diese oft nur Antworten auf Fragen, die sich in der Zukunft so nicht mehr stellen.[1]

Medien tragen mit ihrer Form der Berichterstattung ihren Teil dazu bei, dass sich auch Politiker vor allem gegen die ihnen bekannten Formen der Bedrohung wappnen: Niemand möchte sich schließlich vorwerfen lassen, er habe nicht auf die berichteten Missstände reagiert. Die Vorsorge für neue Gefahren tritt deshalb regelmäßig in den Hintergrund. Es klingt paradox: Je gewissenhafter sich Gesellschaften gegen die erkannten Gefahren der Vergangenheit abzusichern versuchen, desto anfälliger scheinen sie aufgrund der Neigung zum Tunnelblick für neue Gefahren von morgen zu werden. Also wird heute wieder die klassische Aufrüstung der Bundeswehr beklatscht – obwohl ein Einsatz von Leopard-Panzern in Wahrheit nicht wahrscheinlicher geworden ist als vor der russischen Annexion der Krim.

Verunsicherung erfasst Regierungen, die Akteure an den Finanzmärkten, aber mittlerweile auch konservative Intellektuelle.[2] Wer nicht weiß, was kommt, weiß nicht, wie er agieren soll. Er entwickelt Angst und Zurückhaltung. In den USA und Großbritannien hat nach dem wirtschaftlichen Einbruch ein Buch über den »Black-Swan«-Effekt – den Eintritt und die teilweise gigantischen Folgen unerwarteter Ereignisse und unterschätzter Risiken – viel Aufmerksamkeit bekommen.[3] Fasziniert wird das Unwahrscheinliche, Ungewohnte und Ungeheure gefeiert, weil es offenbar ein Trost ist, dass sich wenigstens fast alle geirrt haben. Das Wort »Restrisiko« prägte deshalb nicht nur wegen der Atomkatastrophe von Fukushima das Jahr 2011.

Es bleiben nur drei Wege, darauf zu reagieren. Entweder verharrt man in der gruseligen Faszination, das menschliche Leben nur als Folge von Zufällen und Schicksalsschlägen zu sehen. Oder man täuscht prophetische Fähigkeiten vor wie der amerikanische Zukunftsforscher und Strategieberater George Friedman, der in seinem Buch über die Entwicklung des 21. Jahrhunderts absurderweise sogar einen deutschen Angriff auf Polen ziemlich präzise für das späte Frühjahr des Jahres 2051 glaubt vorhersagen zu können.[4]

Der dritte Weg ist, die Unvorhersehbarkeit des Einzelereignisses, die möglicherweise große zerstörerische Wucht etwa einer Naturkatastrophe zu akzeptieren und den Blick auf jene Entwicklungslinien zu richten, die von Menschen beeinflusst werden können – und die sehr wohl heute schon sichtbar sind.

Diesen dritten Weg versuchen seit einigen Jahren auch Geheimdienste zu beschreiten, deren Aufgabe es ist, Regierungen und Gesellschaften sehr frühzeitig auf neue Herausforderungen aufmerksam zu machen. Sie haben in der Vergangenheit mit Warnungen oft danebengelegen und neigen auch dazu, Gefahren zu übertreiben, schon weil diese die Bedeutung der eigenen Arbeit unterstreichen. Spannend ist es etwa, die im Dezember 2000 veröffentlichten Annahmen der US-Nachrichtendienste für die Welt im Jahr 2015 zu lesen, formuliert vom National Intelligence Council in einem Dokument namens »Global Trends«. Auch diese Institutionen lernen aus ihren Fehlern: So warnen etwa die amerikanischen Geheimdienste ihre politischen Auftraggeber, dass die Lehren aus den Kriegen in Irak und Afghanistan kompliziert sind und die Supermacht USA vor einem Paradigmenwechsel steht:[5]

»1. Die USA werden einer vielfachen Bedrohung von staatlichen und nicht-staatlichen Akteuren ausgesetzt sein.
2. Die Sicherheitslage wird durch kürzere Warnzeiten und viel straffere Entscheidungszyklen geprägt sein.

3. Komplexe Bedrohungen werden die Grenzen von Geographie und Organisationen überschreiten.«[6]

Hinter diesem Sicherheitsjargon verbirgt sich die Botschaft, dass das US-Militär seine bisherige Art, Kriege vorzubereiten und zu führen, umstellen muss. Das britische Verteidigungsministerium hat sieben »threat drivers« identifiziert, also Stressfaktoren, die ebenfalls das Militär nicht mehr im Mittelpunkt des Geschehens sehen. Stattdessen werden Klimawandel, Demographie, die Folgen der Globalisierung, Energieressourcen, zerfallende Staaten, Ideologien sowie interessanterweise die Zerrissenheit Großbritanniens zwischen europäischer und transatlantischer Identität als Hauptherausforderungen gesehen.[7] Die meisten dieser Triebkräfte haben gemeinsam, dass sie in der Debatte etwa auf der Ebene der G20-Staaten trotz ihrer Bedeutung für unsere Zukunft noch immer vernachlässigt werden.

Neue Stressfaktoren und neue Kriegsgefahren auszuleuchten ist das Ziel dieses Buches – in Form von Szenarien, die sensibilisieren sollen für das, was kommen *könnte*. Wir erheben explizit nicht den Anspruch, die Zukunft in der Art von Propheten exakt vorherzusagen. Dazu ist trotz aller technischen Hilfsmittel niemand in der Lage. Wer trotzdem behauptet, es tun zu können, ist aus unserer Sicht unseriös und marktschreierisch. Vielmehr geht es darum, den Horizont für neuartige Formen von Konflikten zu erweitern. Ob eine Krise nun exakt so verläuft, wie wir es beschreiben, spielt letztlich keine entscheidende Rolle. Es geht uns um neuartige Muster von Konflikten, auf die die Menschheit bisher kaum vorbereitet ist. Ob ein Konflikt um Überfischung nun im Atlantik stattfindet oder in einem asiatischen Meer, ist zweitrangig. Entscheidend finden wir, das von der Überfischung ausgehende Sicherheits- und Kriegsrisiko zu erkennen, anzuerkennen und in bessere Politik zu übersetzen.

Zunächst soll dargelegt werden, was die treibenden Kräfte für Veränderungen im 21. Jahrhundert sein werden. Dafür braucht es keine Geheimdokumente. Die meisten Fakten liegen offen auf dem Tisch, sind nur verborgen hinter »Breaking News« und von dem Wust von Informationen aller Art, die uns im modernen Medienzeitalter aus allen Richtungen erreichen. Nur müssen diese scheinbar isolierten Meldungen aus den Bereichen Medizin, Militär, Umwelt und Wirtschaft eingeordnet werden, um große Trends zu erkennen.

Kein Wunder, dass selbst die CIA in der Auswertung neue Wege geht: Zusammen mit Google investierte der amerikanische Gemeindienst in eine Kooperation mit einer kleinen amerikanisch-schwedischen Firma in Boston namens Recorded Future. Es geht darum, aus der Flut öffentlich zugänglicher Informationen und Blogs relevante Aussagen über die Zukunft herauszufiltern. In einer Art Echtzeitüberwachung des Internets sollen wichtige Informationen analysiert und visualisiert werden, sagte Firmengründer Christopher Ahlberg. Damit ließen sich zwar keine Erdbeben voraussagen – aber vielleicht schon, wie Regierungen und Gesellschaften auf sie reagieren. Im Juni 2015 analysierte das Unternehmen dafür bereits 670 000 Quellen in sieben Sprachen.[8]

3. DIE STRESSFAKTOREN VON MORGEN

Zu den zentralen, prägenden Faktoren dieses Jahrhunderts zählen demographische Umbrüche, technologische Entwicklungen, die Folgen menschlicher Eingriffe in Ökosysteme und Klima, geopolitische Verschiebungen, die wachsende Macht privater Akteure gegenüber den Staaten, die Verteilung der letzten rechtsfreien Räume der Welt sowie eine sinkende Hemmschwelle für den Einsatz von Gewalt.

Es ist nicht nur die Summe, sondern auch die gegenseitige Multiplikation von Faktoren wie Bevölkerungswachstum und Klimawandel, von Ressourcenkampf und neuen Technologien, die das 21. Jahrhundert so gefährlich machen. Hier Gefahren zu unterschätzen heißt, die Zukunft ganzer Gesellschaften und Generationen aufs Spiel zu setzen. Der von der Bundesregierung benutzte Begriff »Vernetzte Sicherheit« muss noch viel umfassender gedacht werden als bisher. Wir legen unseren Szenarien folgende »Stressfaktoren« zugrunde:

Demographie

Bis zum Jahr 2050 wird die Erdbevölkerung von heute sieben Milliarden Menschen auf dann neun Milliarden anwachsen und bis 2100 die Zahl von zehn Milliarden Menschen erreicht haben, wenn sich heutige Trends fortsetzen. Prognosen der Vereinten Nationen aus dem Jahr 2013 gehen sogar von elf Milliarden Menschen im Jahr 2100 aus. Allen bisherigen Annahmen liegt zugrunde, dass die durchschnittliche Zahl von Kindern pro Frau sinkt. Bliebe die Geburtenrate konstant, würden 2100 sogar 27 Milliarden Menschen die Welt bevölkern – was kaum vorstellbar ist. Aber die demographische Zukunft ist offen: Überraschend hat sich China jüngst angesichts einer kollektiven Überalterung von der jahrzehntelangen Ein-Kind-Politik verabschiedet. Die Folgen werden weit über das (bisher) bevölkerungsreichste Land der Welt hinaus zu spüren sein.

Man kann diese demographischen Zahlen gar nicht oft genug nennen, weil sie unser Leben massiv verändern werden.[1] Ohne einen Weltkrieg, eine globale Pandemie oder einen Asteroideneinschlag sieht es in jedem Fall danach aus, dass in den kommenden Jahrzehnten mindestens so viele Menschen zur jetzigen Weltbevölkerung hinzukommen, wie zu Beginn des 20. Jahrhunderts insgesamt auf der Erde gelebt haben.

Dies wird massive Auswirkungen auf das Leben auf der Erde und den Verbrauch von Ressourcen haben. Der Kontrast zwischen einem Slumbewohner in Indien, der fast besitzlos lebt, und einem Wall-Street-Banker in New York, der sich im Urlaub mit dem Helikopter zum Skifahren auf die Berge in Colorado fliegen lässt, wird auch künftig enorm sein. Aber selbst bei noch so umweltfreundlichem oder kargem Lebensstil bedeutet die Existenz jedes weiteren Menschen auf der Erde automatisch einen zusätzlichen Verbrauch von Ressourcen und vor allem Lebensmitteln. Und so wie die Menschen der Industrienationen etwa mit den von ihnen verursachten CO_2-Emissionen das Klima der ganzen Welt verändern, so prägen Bewohner unterentwickelter Staaten sehr wohl die Umwelt in ihrer Region etwa durch Brandrodungen oder falsche Wassernutzung entscheidend.[2]

Mit der Bevölkerungszahl und dem stark wachsenden Wohlstandsverlangen in Asien, Afrika und Südamerika wächst auch die Spannung im Hinblick darauf, wie Ressourcen künftig verteilt werden. Der langjährige indische Premierminister Manmohan Singh hatte bereits einen provokanten Kompromiss zwischen Industrie- und Entwicklungsländern vorgeschlagen, dem zufolge jeder Mensch eine gleiche Menge etwa an CO_2-Emissionen zugestanden bekommt. Diese Idee einer Art Kohlendioxid-Kommunismus, also der Pro-Kopf-Zuteilung von Ressourcen, zeigt, welche Sprengkraft das fortgesetzte Bevölkerungswachstum haben kann. Amerikaner emittierten laut dem Report »Trends in global CO_2 emissions« der niederländischen Umweltagentur PBL aus dem Jahr 2014 im Vorjahr etwa 16 Tonnen CO_2 pro Kopf, Europäer 7,5 Tonnen, Chinesen 7,6 Tonnen, Inder dagegen nur 1,8 Tonnen. Diese großen Unterschiede haben noch jeden großen UN-Klimagipfel massiv belastet.

Was zehn oder elf Milliarden Menschen für diese Erde bedeuten, wird bisher nicht wirklich diskutiert. Dafür sorgt angesichts der weiterbestehenden Sprachlosigkeit zwischen Industrie- und Entwicklungsländern schon die geltende »Political Correctness« in der internationalen Debatte. Als im Westen in den 1980er-Jahren darüber geredet wurde, dass das Bevölkerungswachstum begrenzt werden muss, wiesen ärmere Länder dies sehr schnell als neue Form der Bevormundung und als durchsichtigen Versuch zurück, egoistisch den westlichen Wohlstand zu schützen. Die Folge ist, dass seither die demographische Entwicklung letztlich in der Zuständigkeit der Nationalstaaten gesehen wird. Globale Bevölkerungspolitik ist kaum möglich, zumal sich Länder wie die USA im Gegenzug konsequent jeder Diskussion darüber entziehen, dass ihr enormer Ressourcenverbrauch pro Kopf eine andere Form von »Überbevölkerung« darstellen könnte und im Vatikan noch ernsthaft diskutiert wird, ob Katholiken die unerwünschte Zeugung von Nachwuchs auch durch den Einsatz von Kondomen verhindern dürfen.

Wie immer man Überbevölkerung auch definiert: In diesem Jahrhundert droht die Gefahr, dass bei einer wachsenden Zahl von Menschen gefährliche »Volk-ohne-Raum«-Ideologien, wie sie in Deutschland die Nationalsozialisten verbreitet hatten, in anderem, modernerem Gewand Zulauf finden und sich womöglich auch militärisch entladen. In anderen Gegenden der Welt wird dagegen die Sorge wachsen, von Flüchtlingen überrannt zu werden.

Denn demographische Veränderungen werden in den kommenden Jahrzehnten nicht nur das Antlitz der Erde, sondern auch die Verteilung der Menschheit verändern. Demographen prognostizieren, dass die Zahl der Bewohner Afrikas sich bis zum Jahr 2100 auf mehr als drei Milliarden Menschen verdreifachen könnte, während die Einwohnerzahl Europas stark sinkt. Schon 2050 könnte Nigeria mit 390 Millionen Menschen annähernd so viele Einwohner haben wie die USA, 2100 könnte Tansania nach UN-Schätzungen an fünfter Stelle der größten Nationen stehen. Der Aufstieg der bevölkerungsreichen Schwellenländer zeigt schon heute, welche auch gravierenden ökonomischen Folgen damit verbunden sind. Deutschland drohte, wie viele andere westliche Industrienationen, mit einer schrumpfenden Bevölkerung die aufgehäufte gigantische Verschuldung der letzten Jahrzehnte bewältigen zu müssen. Die Deutschen, die sich derzeit als mächtigste Nation in Europa fühlen, sind mit Prognosen konfrontiert, dass nicht nur die Türkei zur Mitte des Jahrhunderts mehr Einwohner haben dürfte, sondern auch Frankreich dank seiner wesentlich höheren Geburtenrate. Allerdings entwickelt sich Deutschland seit 2011 zu einem attraktiven Einwanderungsland für junge, oftmals hoch qualifizierte Menschen, sodass die Bevölkerung entgegen den Erwartungen wieder wächst. All diese demographischen Umbrüche führen zu neuen ökonomischen und politischen Spannungen in Europa.

Auf globaler Ebene sind die demographischen Auswirkungen noch größer. In wenigen Jahrzehnten wird Indien den asiatischen Rivalen China als bevölkerungsreichstes Land der Welt ablösen. China hat mit einer sehr hart durchgesetzten Ein-Kind-Politik das enorme Wachstum seiner Bevölkerung vorerst, wenn auch in sehr brutaler Art und Weise, eingedämmt. Das führt bisher zu der Annahme, dass die chinesische Bevölkerung um 2030 herum mit 1,4 Milliarden Menschen ihre maximale Größe erreichen wird, um dann in einem beispiellosen Prozess wieder unter die Marke von einer Milliarde zu schrumpfen. Ob und wie dies geschieht, ist nun angesichts des abrupten Abschieds von der Ein-Kind-Politik wieder offen. Indiens Bevölkerung befindet sich dagegen ungebrochen im Wachstum, was von der Ernährung bis zur Bildung endlose Probleme und Spannungsquellen schafft.

China ist wie Indien ein Beispiel für die zweite, stark unterschätzte Wirkung demographischer Trends: In vielen Gegenden der beiden bevölkerungsreichsten Staaten sind männliche Nachkommen wegen der noch vorhandenen traditionellen Werte erwünschter als Mädchen. Deshalb werden weibliche Föten in großer Zahl abgetrieben, besonders seit sich durch die pränatale Diagnostik das Geschlecht von Embryos bestimmen lässt. Die Folge ist ein absehbares riesiges Auseinanderklaffen des Zahlenverhältnisses zwischen Frauen und Männern. In Asien geht der Überhang an Männern in die Millionen. Für Ende der 2020er-Jahre wird in China erwartet, dass fünf Männer auf vier Frauen kommen. Einerseits bremst dies das spätere Wachstum der Bevölkerung. Andererseits entsteht durch den massiven Männerüberschuss ein enormes Aggressionspotenzial. Ein Heer von frustrierten, frauenlosen Männern könnte eine Ressource für Kriege darstellen. Wissenschaftler erwarten einen Anstieg von Kriminalität, Prostitution und Menschenraub in allen Ländern mit einem hohen Männerüberschuss.[3]

Ein weiterer demographischer Trend mit strategischer Bedeutung ist die weltweite Alterung der Bevölkerungen. Durch den medizinischen Fortschritt hat sich die durchschnittliche Lebensspanne des Menschen in wenigen Jahrzehnten stark vergrößert, sodass in fortgeschrittenen Industrienationen wie Deutschland die Gruppe der Über-Achtzigjährigen am schnellsten wächst. Junge Menschen stehen für Zukunft, Erneuerung, Tatendrang. Alte Menschen zeichnen eher Erfahrung aus, wachsende Vorsicht und die Scheu vor Experimenten. Wie alternde Gesellschaften es schaffen, sich in einer dynamischen Welt ökonomisch, technologisch und auch geostrategisch zu behaupten, gehört gerade für Europa und China zu den Schlüsselfragen des 21. Jahrhunderts.[4]

Dagegen stehen die USA vor einer anderen Herausforderung: Ihre Bevölkerung soll heutigen Prognosen zufolge bis 2100 um rund ein Viertel auf mehr als 400 Millionen Menschen wachsen. Für ein Land, das schon heute überdurchschnittlich viel Ressourcen verbraucht und seinen Platz in der Welt mit gigantischem militärischen Aufwand sichert, kann dies Segen und Fluch zugleich sein. Die ethnische Zusammensetzung in den Vereinigten Staaten wird sich zudem dramatisch ändern und die Nachfahren der weißen Siedler aus Europa noch in diesem Jahrhundert zur Minderheit werden lassen – auch dies mit bisher nur zu erahnenden Folgen.

Technologien

Eine entscheidende Triebkraft im 21. Jahrhundert wird der massive technologische Wandel sein, dessen Tempo sich aller Voraussicht nach nicht abschwächen wird. Revolutionäre Veränderungen werden in der Dialektik des Fortschritts das menschliche Leben auf vielen Ebenen extrem positiv beeinflussen, doch zugleich ungeahnte Macht freisetzen, die als Brandbeschleuniger für Konflikte wirken oder in den Dienst kriegführender Parteien treten könnte. Zu den Quellen dieser Umbrüche zählen fast alle natur- und ingenieurwissenschaftlichen Disziplinen, die an immer neuen Schnittstellen modernste

Informations-, Bio-, Neuro-, Licht- und Nanotechnologien hervorbringen.

Viele dieser Entwicklungen werden eine militärische Komponente haben oder direkt von den Militärs entwickelt werden. Aber wichtiger als die Militärtechnologie selbst wird für die drohenden Konflikte des 21. Jahrhunderts der allgemeine technologische Fortschritt sein, weil er das Machtgefüge zwischen Staaten verändert und neue Begehrlichkeiten und Knappheit von Ressourcen schafft. Denn neue Technologien ermöglichen oder erfordern jeweils die Verarbeitung anderer Rohstoffe. Ein Beispiel ist Lithium, das unabdingbar ist für die Batterien von Elektromotoren, die nun den fossilen Autoantrieb ersetzen sollen, aber nur an wenigen Orten der Erde in größeren Mengen vorkommt. Ein anderes Beispiel sind Seltene Erden, die in modernen Elektrogeräten aller Arten verbaut werden. Deren Abbau wird bisher ebenfalls von relativ wenigen Nationen kontrolliert, die dadurch strategische Bedeutung erhalten.

Sehr stark prägen die immer kürzeren Innovationszyklen in den Informations- und Kommunikationstechnologien das Leben der Menschen. Das Internet von heute gibt erst eine Ahnung davon, welche Neuerungen in Kommunikation, Handel, Information und Wissensverbreitung bevorstehen. Seit einer Weile ist von »Industrie 4.0.« die Rede, bei der nicht nur klassische Rechner, sondern Objekte aller Art Signale austauschen – das »Internet der Dinge«. Neurale Algorithmen im Dienst künstlicher Intelligenz werden immer leistungsfähiger, die Rechenkraft steigt weiter. Am Bau immer größerer und leistungsfähigerer Supercomputer wird das Tempo gut sichtbar, das Nationen im technologischen Wettstreit vorlegen. Im Juni 2013 schnellte der »Tianhe 2«-Computer der chinesischen National University of Defense Technology auf der Weltrangliste ganz nach vorne. Er kann mehr als 30 Billiarden Rechenschritte pro Sekunde (Petaflops) verarbeiten. In den

USA entbrannte daraufhin eine Debatte darüber, warum man selbst nicht mehr an der Spitze steht. Ein Ende zunehmender Rechenkraft und Speicherfähigkeit ist nicht in Sicht.

Chips und Netzwerke werden sehr schnell leistungsfähiger und erlauben damit, immer komplexere Systeme aller Art – vom Erbgut bis zu Gesellschaften – zu erforschen, zu modellieren, zu erschaffen und zu kontrollieren. Heute stellt sich nicht die Frage, ob, sondern wann Computer sich in der Entwicklung neuer Software verselbstständigen können. Das verändert nicht nur die Debatte um die Einzigartigkeit des Menschen und der Intelligenz an sich, es eröffnet auch konkret neue Wege in der Kriegführung, die künftig ähnlich automatisiert ablaufen könnte wie heute bereits der Sekundenhandel an den Weltbörsen. Neue, leistungsfähigere IT-Systeme bilden an sich so etwas wie globales Machtkapital.

Hier liegt eine der großen strategischen Schwächen Europas. Alle Versuche, eine eigenständige Chipindustrie aufzubauen und zu erhalten, sind auf dem alten Kontinent gescheitert. Die technologischen und sicherheitspolitischen Folgen sind gewaltiger, als dies in der öffentlichen Debatte diskutiert wird. Denn dies macht alle EU-Staaten und vor allem die verbliebenen Industrienationen wie Deutschland abhängig vom Zugang zu IT-Produkten aus dem Ausland. Noch kann die fehlende eigene Technologie auf diesem Gebiet finanziell ausgeglichen werden. Wer bereit ist, genügend Geld auszugeben, kann sich leistungsfähige Computer und Chips kaufen. Aber ein sich verschärfender wirtschaftlicher und internationaler Wettbewerb könnte schnell dazu führen, dass weltweit wieder stärker protektionistische Strategien verfolgt werden. Dann ist dieser Zugang über Geld keineswegs mehr gesichert. Zumal es zumindest einen Staat geben wird, der den USA Konkurrenz macht und der Europa nicht automatisch einen freien Zugang zu Technologien einräumen wird – China. Das Argument der Chinesen wird dann sein, dass auch deutsche und amerikanische Firmen über Jahrzehnte in entgegengesetzter Richtung ebenfalls sehr restriktiv bei der Weitergabe von Technologie waren und dem Land nur veraltete Produkte geliefert hatten.

Über IT-Technologien entstehen völlig neue Machtapparate jenseits staatlicher Entitäten. Die Erfolge der großen amerikanischen Firmen wie Google, Facebook, Apple, Microsoft und Amazon werfen die Frage auf, wie manipulier- und erpressbar Staaten, Bürger und Firmen künftig durch die angehäuften Datenmengen werden könnten. Dazu kommen die Folgewirkungen der neuen Medien und Kommunikationsmittel auf westliche Demokratien. So warnt der amerikanische Autor Eli Pariser, dass die Filterfunktionen und die Personalisierung der Suchmaschinen letztlich sogar den Zusammenhalt unserer Gesellschaften schwächen und politische Lager radikalisieren, also auch gegeneinander aufbringen können. Denn die Filter sorgen dafür, dass der digitale Nutzer von morgen bewusst oder unbewusst nur noch ein sehr eingeschränktes Spektrum zur Verfügung gestellt bekommt.[5] Diese intellektuelle Einengung könnte auch für Nationen gelten. Im April 2014 warnte Mathias Döpfner, der Vorstandsvorsitzende der Springer AG, vor einem »Überstaat«, einer supranationalen Einheit, die Google mit seiner Datensammlung und seinen anderen Aktivitäten entwickle. Es dürfe nicht einen Konzern geben, der alles beherrsche. Die Aussicht, dass bei Google oder einer ähnlichen Institution eine künstliche Intelligenz entsteht, die eine ungeahnte Datenmacht paart mit dem Zugriff auf einen erheblichen Teil der Menschen und Haushalte weltweit, gibt solchen Warnungen eine zusätzliche Brisanz.

Die Konzentration digitaler Daten von mehreren hundert Millionen Menschen in den Händen nicht nur der Staaten, sondern auch einer Handvoll Konzerne birgt viele Gefahren. Regierungen, Geheimdiensten und Kriminellen gelingt es immer häufiger, sich durch Hackerangriffe strategisch wichtige Daten zu sichern. Das sogenannte Cloud-Computing, bei dem riesige Datensätze nicht mehr auf eigenen Computern, sondern auf Rechenzentren einiger weniger Konzerne gespeichert werden, ist ebenfalls ein neues, reizvolles Ziel für Hacker. Systeme künstlicher Intelligenz werfen zudem die Frage auf, ob Technologien eine unheimliche Eigendynamik entwickeln und menschlicher Zweckbestimmung vollends entgleiten.

Im 21. Jahrhundert wird der Zugang zu Technologie noch stärker über die Entwicklung von Staaten und Menschen entscheiden als bisher. Seit Jahrtausenden entstehen Zentren dort, wo Verkehrswege einen Austausch von Waren und »Daten« ermöglichen, die anfangs in Form mündlicher Überlieferungen übermittelt wurden und heute in Form von Terabytes transportiert werden. Der technologische Fortschritt drängt die Bedeutung geographischer Gegebenheiten in den Hintergrund. Selbst Flughäfen sind bald weniger entscheidend als ultraschnelle Datenleitungen.

Diese Entwicklung hat im Hinblick auf drohende Konflikte vielfache Auswirkungen: Die radikale Digitalisierung benötigt ungeheure Mengen Rohstoffe, die häufig aus Krisengebieten herangeschafft werden, wie etwa Koltan aus der Kongoregion. Sie führt gleichzeitig dazu, dass die wirtschaftliche Kluft etwa zwischen Afrika und Europa und damit auch die Ursache für Bewegungen von Wirtschaftsflüchtlingen weiter zunehmen. Und sie macht neue Konfliktformen möglich, bei denen der Schaden nicht primär an Gebäuden und Menschen, sondern an überlebenswichtigen digitalen Gebilden entsteht.

Eine ganz neue technische Dimension eröffnet das explodierende Wissen von Bio- und Gentechnologen. Nachdem es noch zehn Jahre gedauert und drei Milliarden Dollar gekostet hatte, zum ersten Mal die komplette menschliche DNS-Erbsequenz zu ermitteln, ist nun in Reichweite, dies binnen weniger Stunden für wenige tausend Dollar erledigen zu können. Mit wachsender Präzision verändern Biologen bereits das Erbgut von Tieren und Pflanzen, um menschliche Bedürfnisse besser zu befriedigen. Projekte gehen so weit, ganze Erbsequenzen künstlich zu synthetisieren oder Lebewesen mit künstlichen DNS-Bausteinen zu erzeugen. Die Stammzellenforschung bringt die Wachstums- und Erneuerungskräfte des Lebens unter menschliche Kontrolle, die Gehirnforschung erlaubt Einblicke und Eingriffe in das Zentralorgan des Menschseins. All dies wird massive Folgen dafür haben, wie Menschen künftig leben. In Science-Fiction-Büchern und -Filmen werden zwar die Folgen des Klonens durchdacht. Aber die viel näher liegenden Auswirkungen der neuen Techniken auf eine gezielte Selektion des Geschlechts bei Föten und die »Perfektionierung« der Körper nicht nur nach Schönheitsidealen, sondern auch nach ökonomischen und militärischen Gesichtspunkten werden kaum beachtet.

Aus diesen Fortschritten werden neue biomedizinische Therapien resultieren, doch zugleich liegt das militärische Potenzial auf der Hand: »Ethnische Biowaffen«, die nur eine bestimmte Bevölkerungsgruppe mit bestimmten genetischen Merkmalen treffen, werden ebenso möglich wie Technologien, die menschliche Gehirne möglicherweise kriegsentscheidend stärken oder schwächen können.

Umwelt und Klimawandel

Der globale demographische und technologische Wandel findet inmitten dramatischer ökologischer und klimatischer Veränderungen statt. Bis vor wenigen hundert Jahren griffen Menschen nur regional in ihre Umwelt ein. Heute sind die Eingriffe auf globaler Skala so massiv geworden, dass Wissenschaftler inzwischen von einer neuen, nach dem Menschen benannten Erdepoche sprechen, dem Anthropozän[6]. Zugleich wachsen die Zweifel massiv, dass diese Eingriffe nachhaltig sind, dass sie also auf Dauer ein Leben für die Menschen und andere Spezies auf der Erde garantieren.

Nur noch 23 Prozent der Landoberfläche gelten heute als weitgehend unberührt. Auf den restlichen Flächen verändert der Mensch Ökosysteme, wie Moore, Wälder und Savannen, oder erschafft neue »Anthrome«, wie Städte, Weiden und Industrielandschaften. Die menschliche Dominanz erstreckt sich durch Fischerei und Rohstoffausbeutung auch auf das Meer. Ökosysteme werden Teil der Infrastruktur der menschlichen Zivilisation und liefern überlebenswichtige »Dienstleistungen«. Dazu zählen die natürliche Reinigung des Wassers, die Regeneration der Böden für die Lebensmittelproduktion und der Schutz der Wälder vor einer Erosion der Böden.

Entfallen durch menschliche Eingriffe wie Rodungen oder eine massive Verschmutzung der Böden solche »Dienstleistungen«, entstehen neue Stressfaktoren für die Zivilisation. Das Umweltprogramm der Vereinten Nationen (UNEP) sieht bei 40 Prozent der Bürgerkriege seit 1960 eine direkte Verbindung zum Ringen um natürliche Ressourcen – Öl und Holz in Kolumbien, Palmöl, Kaffee und Gummi in Liberia, Fisch und Holzkohle in Somalia.[7] Die Verknappung natürlicher Ressourcen weltweit wird auch grenzübergreifende Konflikte provozieren. Der Grenzkonflikt zwischen Costa Rica und Nicaragua, der sich an der Nutzung eines bedeutenden Feuchtgebiets entzündet, weist bereits in diese Richtung.

Den Moment, in dem die Menschheit die Regenerationskraft der Natur durch die übermäßige Nutzung von Ressourcen überschritten hat, setzen Wissenschaftler etwa in den 1980er-Jahren an. Weil die sogenannte Biokapazität des Planeten seither überschritten wird, sprechen Umweltforscher von »ökologischen Schulden«, die gemacht werden. Natürliche Ressourcen können sich nicht mehr regenerieren, gleichzeitig sammeln sich weltweit immer mehr Abfälle.[8]

Wie dramatisch diese Übernutzung der Erde schon heute ist, zeigen Berechnungen, nach denen im Zeitraum von 1985 bis 2002 eigentlich 2,5 Planeten Erde nötig gewesen wären, um die Bedürfnisse der Menschheit dauerhaft erfüllen zu können. Neuere Berechnungen ergeben nun sogar, dass wegen des Wachstums der Weltbevölkerung und des steigenden Lebensstandards und Ressourcenverbrauchs auch in den Schwellenländern im Jahr 2050 sogar unglaubliche 27 Planeten Erde gebraucht würden. Das ist eine lineare Betrachtung, die Innovationen noch außer Acht lässt. Doch sie zeigt uns, wie unhaltbar unser heutiger Lebensstil ist. Noch ist völlig offen, welche Folgen die ökologische Überschuldungskrise haben wird – eine Innovationsoffensive zur drastischen Minderung des Ressourcenverbrauchs oder weltweite dramatische Spannungen?

Mittlerweile gilt es als Binsenweisheit, dass der größte ökologische Stressfaktor für die menschliche Zivilisation der Klimawandel sein wird, der Wetterextreme wahrscheinlicher macht, Territorien und sogar ganze Länder zu überschwemmen droht und die Landwirtschaft in vielen Regionen der Welt schädigen kann. Die treibende Kraft für den Klimawandel ist die Verbrennung von Erdöl, Erdgas und Kohle. Den Prognosen des Weltklimarats IPCC zufolge verlässt die Menschheit mit dem massiven Ausstoß von Treibhausgasen jenes vertraute Klimasystem, in dem sie seit dem Ende der letzten Eiszeit vor rund 12 000 Jahren herangewachsen ist. Eine Heißzeit könnte anbrechen, wie sie zuletzt aus ganz natürlichen Gründen vor vielen Millionen Jahren auf der Erde herrschte. Der Unterschied ist, dass sich damals nicht sieben, acht oder neun Milliarden Menschen den Planeten teilen mussten. Im Sommer 2013 warnte die Weltbank in einem Bericht mit dem Titel »Turn Down the Heat« eindringlich vor den Gefahren, die der Klimawandel für die Welternährung bringt. Bei einer Erwärmung um 1,5 bis 2 Grad Celsius könnte südlich der Sahara die Anbaufläche für Mais und Hirse um 40 bis 80 Prozent schrumpfen, die Zahl der Unterernährten um 25 bis 90 Prozent steigen. In Asien könnten sowohl Überschwemmungen als auch Dürren zunehmen und die Ernährungssicherheit gefährden.

Neu ist auch, dass sich nun erstmals konkret Staaten, Gesellschaften (und einzelne Menschen) als Verursacher und Verantwortliche für globale Umweltveränderungen dingfest machen ließen.

Bereits jetzt ist absehbar, dass steigende Temperaturen und Meeresspiegel, versauernde Ozeane und häufigere Dürren und Fluten harte Auseinandersetzungen nach sich ziehen: Die Supermächte USA und China werden versuchen, inmitten globaler Instabilität dominant zu bleiben und ihr Anrecht auf ihre eigene Lebensweise zu wahren – notfalls unter Missachtung der Regeln, die andere Staaten für nötig halten, um allzu dramatische Umweltveränderungen zu verhindern.

Dazu kommt eine klare Frontstellung zwischen den alten und den neuen industriellen Staaten. Zwar ist China inzwischen zum weltgrößten Verursacher von CO_2-Emissionen aufgestiegen. Aber betrachtet man die Gesamtmenge des vom Menschen emittierten Treibhausgases, so bleiben die USA und Europa wegen ihres langjährigen Vorsprungs in der Industrialisierung die Hauptquelle. Seit Beginn der Industrialisierung sind bereits mehr als 500 Milliarden Tonnen zusätzlichen Kohlenstoffs in der Atmosphäre entsorgt worden. Diese werden für Jahrhunderte oder Jahrtausende als Treibhausgase wirken.

Schwellen- und Entwicklungsländer pochen darauf, dass sie nun ein existenzielles Anrecht darauf haben nachzuholen, was den Wohlstand der alten Industriestaaten erst ermöglicht hat. Heute steht diese Frage im Zentrum der Diskussion um ein internationales Klimaschutzabkommen. Die militärische Dimension des Klimawandels ist unübersehbar: US-Armee und Bundeswehr warnen gleichermaßen, wie schnell Klimaänderungen in handfeste Konflikte umschlagen können, wenn sie zu neuen Flüchtlingsströmen aus Dürregebieten führen, wenn ganze Inselstaaten versinken oder das Schmelzwasser aus Gletschern versiegt.

Dennoch finden diese Erkenntnisse nur langsam Eingang in die internationale Politik: Im Juli 2011 warnte der UN-Sicherheitsrat auf Initiative der deutschen Bundesregierung ganz offiziell davor, dass der Klimawandel zur Quelle von Konflikten werden kann. Auch abseits der Klimafrage drohen Konflikte: Die steigende Zahl an Menschen und steigende Konsumansprüche in Schwellenländern erhöhen den Druck, Zugang zu Ressourcen zu bekommen. Manche Gesellschaften stehen vor dem Übergang vom Habenwollen zum Habenmüssen. Knappheit von Ressourcen führt zu neuen Formen von Konkurrenz und Konflikten. Gut ablesbar ist dies an dem Wettstreit um Rohstoffe in Afrika, dem Konflikt zwischen dem Anbau von Nahrungsmitteln und demjenigen von Energiepflanzen für die westliche Welt in vielen Entwicklungsländern. An keinem Land wird dies so deutlich wie an China, das angesichts der Notwendigkeit, das hohe Wachstumstempo beizubehalten, energisch seine Rohstoffversorgung vorantreibt. Der projektierte Bau eines zweiten Mittelamerika-Kanals durch Nicaragua, finanziert durch China und einer Bahnstrecke durch Südamerika, beides führt in der Region zu Verwerfungen, auch aus ökologischen Gründen.

Auch der zunehmende Mangel an Wasser in vielen Teilen der Welt wird das Leben von Hunderten Millionen Menschen dramatisch beeinflussen. Wenn Seen und Flüsse austrocknen, Quellen verschmutzt werden oder der Meeresspiegel Küstenregionen verschlingt, muss es nicht immer zu Kriegen kommen. Menschen sind anpassungsfähig, suchen sich in einem meist schleichenden Prozess notfalls einen anderen Lebensraum. Doch größere Bewegungen von Klimaflüchtlingen – etwa aus dem Pazifikraum, Bangladesch oder Ostafrika – werden automatisch Spannungen auslösen.

Südseeinseln haben vergleichsweise wenige Einwohner.

Aber dass wegen des steigenden Meeresspiegels ganze Länder verschwinden könnten, ist ein Novum in der Geschichte. Dabei geht es nicht nur darum, Menschenleben zu retten: Schon zerbrechen sich Juristen den Kopf, ob die teils riesigen Territorien und die exklusiven Nutzungsrechte etwa für Fische und Rohstoffe im Umkreis von 200 Seemeilen um solche Inselstaaten eigentlich mit ihrem geographischen Verschwinden erhalten bleiben, erlöschen oder von anderen beansprucht werden können.

Geopolitik

Alle Regierungen müssen bei grundlegenden Problemen eine Güterabwägung vornehmen, bei der sie oft nur die bessere von zwei schlechten Optionen wählen können. Ihre Länder stehen vor sehr unterschiedlichen Herausforderungen, die sie bewältigen müssen – und vor einigen, die nur alle gemeinsam anpacken können, wie den Klimawandel. Chinas Führung muss das enorme Wirtschaftswachstum aufrechterhalten, um die Bevölkerung aus der Armut zu holen und so das Reich vor Zerfallstendenzen zu bewahren. Europäer und Amerikaner müssen riesige Schuldenberge abbauen, ihre Werte verteidigen und sich angesichts der demographischen Veränderungen in einer neuen Welt behaupten. Sinnvolle nationale Antworten führen oftmals ungewollt zu Interessenkonflikten mit anderen.

Je vernetzter, abhängiger und krisenanfälliger die Welt wird, desto bedeutsamer ist die Frage, wer sich welche Fehler erlauben kann und wer über ein Netz von Partnern verfügt, das sich dynamisch den neuen Weltlagen anpasst und mit dem sich die eigenen Interessen durchsetzen lassen. Wichtig ist dabei, dass Geopolitik im 21. Jahrhundert nicht mehr allein Sache von Staaten ist, sondern in wachsendem Maß von multinationalen Unternehmen, Banken und Nichtregierungsorganisationen.

Die Machtverschiebungen verlaufen dabei oft zunächst langsam, über Jahre und unterhalb unserer Wahrnehmungsschwelle, bis sie plötzlich sichtbar werden. Das trifft besonders auf das Verhältnis eines von China dominierten Asien zum klassischen Westen zu. Zu den Schlüsselmomenten für die Europäer zählte sicher der Auftritt des chinesischen Premierministers Wen Jiabao in Berlin im Juli 2011, als er versprach, der EU in der Schuldenkrise eine »helfende Hand auszustrecken«. Wenig später sahen sich die USA damit konfrontiert, dass China ihre »Sucht nach Schulden« kritisierte und so den Anspruch auf eine moralische Überlegenheit zum Ausdruck brachte. Abhängigkeiten verändern sich.

Aller Voraussicht nach wird das 21. Jahrhundert von einem zumindest relativen Machtverlust der USA und dem gleichzeitigen Machtzuwachs von Staaten wie China, Indien und Brasilien geprägt sein. Das alleine schafft genug Spannungen, weil die Weltgeschichte voller Beispiele ist, dass Großmächte sich notfalls mit Gewalt gegen ihren Abstieg wehren oder aber ihren Aufstieg beschleunigen wollen.

Michail Gorbatschow war schon deshalb einer der ganz großen Politiker des 20. Jahrhunderts, weil er als mächtigster Mann der Sowjetunion der Verlockung widerstanden hat, den schmerzhaften Fall seines Landes vom Thron einer Supermacht mit militärischem Getöse bremsen zu wollen. Es ist mitnichten sicher, dass die amerikanischen Präsidenten der kommenden Jahrzehnte die gleiche Größe zeigen werden. Und am Beispiel Russlands zeigt sich, dass der Verlust der Supermachtrolle psychologisch noch Jahrzehnte nachwirken und durchaus zu neuer Aggressivität führen kann. Darauf deutet die seit zwei Jahren forcierte Wiederaufrüstung der russischen Streitkräfte hin.

Ob Chinas Aufstieg zur neuen Supermacht so ungebrochen verlaufen wird, wie dies derzeit beschrieben wird, ist ebenfalls ungewiss. Denn bisher einen das enorme jährliche

Wirtschaftswachstum von durchschnittlich fast zehn Prozent in den vergangenen Jahren und die Aussicht auf einen gemeinsamen Aufstieg die meisten Kräfte im Land. Umso brutaler können soziale und ethnische Konflikte in dem Vielvölkerstaat aufbrechen, wenn der Wachstumsmotor einmal stottern sollte. Und die Ankündigung der US-Regierung, nun mit den meisten anderen südostasiatischen Staaten und Australien verstärkt Bündnisse schließen zu wollen, könnte den Riesen bald in eine schwierige, nämlich isolierte Lage bringen.[9]

Bisher beteuert China, dass es seinen Aufstieg allein mit friedlichen Mitteln erreichen will. Doch es ist unklar, wie eine streng kontrollierte Gesellschaft, die friedliche Kompromissbildung angesichts fehlender Rechtsstaatlichkeit und Meinungsfreiheit nicht wirklich trainiert hat, auf die Herausforderung etwa eines Wirtschaftseinbruchs reagieren wird. Schon heute zeigt sich, dass die Regierung in Peking durchaus nationale Gefühle schürt. Dem derzeitigen Präsidenten Xi Jingping wird auch innenpolitisch ein restriktiverer Kurs attestiert. Vor allem in Washington hegt man Befürchtungen, dass die Führung in Peking einen stramm nationalistischen Kurs wählen könnte, wenn sinkende Wachstumsraten die Legitimation der Kommunistischen Partei als unumschränkte Führungsmacht infrage stellen könnten.[10]

Dazu kommt, dass China den berechtigten Anspruch erheben wird, dass sich der wirtschaftliche Boom irgendwann auch in politische Macht auf globaler Ebene übersetzen muss. Das Ziel ist dabei erkennbar weder die Weltherrschaft noch die globale Verbreitung einer neuen Ideologie wie im Falle der Sowjetunion. Sehr wohl aber beanspruchen die Chinesen die Rückeroberung eines Status, den das Land vor vielen Jahrhunderten bereits einmal innehatte – den des mächtigsten Volkes auf dem Globus. Das kollidiert mit dem amerikanischen Anspruch auf weltweite Dominanz und mit der weitverbreiteten Selbstwahrnehmung, eine auserwählte, anderen überlegene

Nation zu sein. Zudem gibt es mit Indien auf dem asiatischen Kontinent noch ein sehr selbstbewusstes zweites Milliardenvolk, das in wenigen Jahren ohnehin als bevölkerungsreichster Staat der Erde China hinter sich lassen wird. Es ist alles andere als sicher, dass die Konkurrenz zwischen diesen Machtblöcken, zu denen sich dann auch noch die EU gesellt, zwangsläufig friedlich bleiben wird. Der Streit um und militärische Drohgebärden wegen beanspruchter Inselgruppen im Süd- und Ostchinesischen Meer wirken wie Vorboten dieser Entwicklung.

Das erstarkte Selbstbewusstsein Chinas und der Wachstumsdruck lassen mögliche Konflikte auch auf wirtschaftlichem Gebiet wahrscheinlicher werden, wie es sie bereits 2010 um Exportbeschränkungen für Seltene Erden gegeben hat, also Metalle, die für Hightech-Produkte essentiell wichtig sind. Hintergrund des Konflikts ist, dass China in Zukunft eben nicht mehr hauptsächlich Produzent von Billigprodukten und Exporteur von Rohstoffen wie Seltenen Erden sein will, sondern den Status einer Technologiemacht einnehmen möchte. Der Westen besteht darauf, dass er eine Art Anrecht auf die chinesischen Rohstoffe hat. Im Fall der Seltenen Erden hatte die chinesische Regierung allerdings schon Jahre zuvor angekündigt, dass man im Interesse der Versorgung der eigenen Firmen die Exporte der für Hightech-Produkte benötigten Metalle in einigen Jahren würde drosseln müssen. Die Fabriken und die Produktion von Konsum- und Industriegütern wachsen so schnell, dass Regierung und Firmen bei ihrer Eigenversorgung mit Rohstoffen kaum hinterherkommen. Mit gutem Recht warf die Pekinger Führung dem Westen eine gewisse Doppelzüngigkeit vor: Bei der Empörung über Exportbeschränkungen werde gerne unterschlagen, dass die bisherige Produktion von Seltenen Erden in China zu erheblichen Umweltschäden geführt hat. Der Westen wolle nur billige Rohstoffe, ohne sich um die Folgeschäden der Produktion kümmern zu müssen.

Es geht also keineswegs nur um Systemauseinandersetzungen zwischen Diktaturen und Demokratien. Im Streit um die Exportbeschränkung prallt auch die chinesische Planwirtschaft mit ihren Langfristzielen auf die viel kurzfristigeren Denkweisen westlicher Firmen. Versorgungsengpässe bei Seltenen Erden drohten auch deshalb, weil zuvor unrentable Bergwerke etwa in den USA oder Australien geschlossen worden waren. Obwohl der wachsende Bedarf etwa der Autoindustrie absehbar war, wurden die Minen wegen des vorübergehenden Preisverfalls für Rohstoffe nicht wieder rechtzeitig geöffnet und keine neuen Vorkommen erschlossen.

Zum Ausdruck kommt die erhebliche Machtverschiebung von West nach Ost auch bei den Rüstungsausgaben. Diese waren auch nach dem Ende des Kalten Kriegs bei den USA auf beunruhigende Weise hoch und wurden durch die Attacken am 11. September 2001 noch höher. Doch nun zeichnet sich eine Trendwende ab. Einer Studie der renommierten Consultingfirma »IHS Jane« vom Juni 2013 zufolge könnten die Rüstungsausgaben derzeitigen Trends zufolge in Asien bis 2020 um 35 Prozent auf 501 Milliarden US-Dollar steigen, während sie in den USA um 28 Prozent auf 472 Milliarden Dollar fallen. Die Zahlen spiegeln die extreme Aufrüstung der USA ebenso wider wie ein beunruhigendes Wettrüsten vor allem von China, Indien und Indonesien untereinander und gegenüber dem Rest der Welt.

Privatisierung der Sicherheit

Abseits der spürbaren Verschiebung von Macht aus dem Westen nach Asien findet ein zweiter, eher schleichender Prozess statt: die Privatisierung der Welt – und damit auch der Sicherheit. Seit Jahren lässt sich beobachten, dass zumindest in der westlichen Welt Staaten zwar riesige Schuldenberge, Privatleute dagegen riesige Vermögen anhäufen. Solche Phänomene hat es schon früher in der Geschichte gegeben. Der Aufstieg des Bürgertums gegenüber dem Adel erklärt sich daraus, dass Händler, Handwerker und Bürger eigenes Vermögen in erheblichem Maße bilden konnten. Es ist eine der Triebkräfte für die Entwicklung der westlichen Demokratien, dass nicht nur Bildung, sondern auch Vermögen ein Breitenphänomen wurde und viele Akteure selbstbewusste Mitsprache in einer Gesellschaft einfordern konnten.

Noch nie hat es ein so dramatisches Auseinanderdriften der Gewichte zwischen Staat und Privatpersonen gegeben wie Anfang des 21. Jahrhunderts. So schätzt die US-Unternehmensberatung Deloitte allein das Vermögen der Haushalte von Millionären in den 25 wichtigsten Volkswirtschaften auf rund 92 Billionen Dollar. Bis zum Jahr 2020 soll es bis auf 202 Billionen Dollar steigen.[11] Zum Vergleich: Die Staatsschulden der USA betragen bereits über 15 Billionen Dollar. Der Forschungshaushalt von Google für das Jahr 2015 entspricht mit umgerechnet 9 Milliarden Euro etwa dem, was die großen deutschen Forschungsorganisationen – Max-Planck-Gesellschaft, Helmholtz-Gemeinschaft, Leibniz-Gemeinschaft und Fraunhofer-Gesellschaft – insgesamt von Bund und Ländern bekommen. Auch das macht die Unterschiede in den Handlungsspielräumen gut sichtbar.

Die hohe Konzentration von Vermögen in den Haushalten mit mehr als einer Million Dollar Vermögen ist alles andere als ein nur westliches Phänomen. Bereits heute gehört China zu den Staaten mit den meisten Millionärshaushalten. Zwar bieten Erbschaftssteuern theoretisch eine Möglichkeit, einen erheblichen Teil des erzielten Vermögens nach einer Generation wieder zu vergemeinschaften. Nur scheut auch ein relatives Hochsteuerland wie Deutschland vor einer massiven Anhebung der Erbschaftssteuer zurück. Der internationale Steuerwettbewerb und die Flüchtigkeit des Kapitals führen dazu, dass Steuersätze niedrig angesetzt werden, um Vermögen im Land zu halten und wenigstens einen geringen Betrag des Vermögens zu bekommen.

In den USA und zunehmend auch in Europa bieten Stiftungen zudem eine Möglichkeit, die Überführung von angehäuftem privaten Vermögen an den Staat zu vermeiden. US-Milliardäre wie Bill Gates bauen damit riesige private Organisationen auf, die sicher viel Gutes tun können – aber ebenfalls dazu beitragen, dass sich die Gewichte immer mehr zugunsten des Privatsektors neigen.

Die klammen westlichen Staaten werden in den kommenden Jahren ihre Leistungen erheblich kürzen und einige Dienstleistungen in private Hände auslagern müssen – daran ändert auch die teilweise Rekommunalisierung privatisierter lokaler Energieversorgungsbetriebe in Deutschland nichts. Private Akteure werden im Umkehrschluss mehr und mehr einst staatliche Aufgaben übernehmen, daran verdienen und die Entwicklung maßgeblich mitprägen. Dies muss nicht schlecht sein: Die jährlichen Entwicklungshilfeleistungen allein der Gates-Stiftung übertreffen mittlerweile die Zuwendung vieler westlicher Staaten. Und sie sind zumindest bisher »nachhaltig«: Das jeweils ausgegebene Geld stammt aus den Erträgen des Stiftungsvermögens, nicht wie bei Staaten aus neuen Krediten.

Langsam sickert diese Umkehrung staatlicher und privater Finanzmacht auch in die öffentliche Debatte ein. So erregte im Sommer 2011 auf dem Höhepunkt des US-Budgetstreits die kleine Meldung Aufsehen, dass das flüssige Kapital der Firma Apple höher sei als das der US-Regierung. Man mag dies noch für einen PR-Gag halten. Aber auch wenn man die Umsätze von großen multinationalen Unternehmen mit dem Bruttoinlandsprodukt von Staaten vergleicht, zeigt sich die Verschiebung. Als *Forbes* im Juli 2011 die neue Liste der größten Unternehmen der Welt vorlegte, konnte man erneut sehen, welche

Giganten entstanden sind. Bereits in der Statistik des Vorjahres war Wal-Mart mit über 400 Milliarden Dollar Umsatz der größte Konzern. 42 Konzerne hatten mehr als 100 Milliarden Dollar Umsatz zu verzeichnen. Zum Vergleich: Der Umsatz von Wal-Mart war 2009 etwa so groß wie das gesamte Bruttoinlandsprodukt von Schweden.

Wie dramatisch die Entwicklung ist, zeigt eine Analyse der US-Geheimdienste, in der verschiedene Szenarien für die Welt bis 2025 vorgestellt werden. Eines heißt »October Surprise« und geht ausdrücklich davon aus, dass Gestaltungsmacht in den kommenden Jahren immer stärker von Regierungen an multinationale Unternehmen, Megacitys und Nichtregierungsorganisationen übergeht. Hält die Entwicklung an, wird der Staat erheblich an Einfluss verlieren.[12]

Durch die Globalisierung wird spürbar, dass sich die Kräfteverhältnisse zwischen Staaten und Multis verändern – nicht nur wegen der schieren Größe der Firmen, sondern auch, weil diese sich mit ihrem weltweiten Firmennetzwerk immer stärker den nationalen Regelungskompetenzen der Staaten entziehen. Die Zugriffsmöglichkeiten einer Regierung auf einen Konzern sinken entscheidend, wenn etwa ein deutscher Automobilkonzern wie Daimler den größten Teil seines Umsatzes im Ausland erzielt – und rund 80 Prozent der Aktien der Firma ohnehin in der Hand ausländischer Investoren liegen. Die nationale Identität ist immer weniger ausgeprägt, und damit sinkt die Abhängigkeit der Multis von der Politik im Heimatland erheblich. Firmen wie Bosch ersetzen das früher stolz getragene »Made in Germany« durch »Made by Bosch«, weil sowohl Herstellungsprozesse als auch Absatzmärkte nicht mehr an nationale Grenzen gebunden sind. Konzerne entkoppeln sich von den Nationalstaaten. Firmen schieben Kapital und Arbeitsplätze dorthin, wo es ihren Interessen am meisten dient.

In einem staatlich durchorganisierten Land wie Deutschland mag die These von einem schrumpfenden, an Macht verlierenden Staat immer noch verblüffen. Aber diese Perspektive eines Vormarschs des Privatsektors in den kommenden Jahrzehnten ist in den stark verschuldeten Staaten sowohl in Amerika als auch in Europa sehr real. Dazu kommt die Entwicklung der Finanzmärkte, die mit ihren Hebelwirkungen etwa in den Derivategeschäften plötzlich ein Vielfaches des Kapitals bewegen können, das in der sogenannten Realwirtschaft kursiert. Private Anleger können deshalb Volumina aktivieren, die auch große Staaten in ihrem Kurs beeinflussen können. Welche Folgen dies hat, zeigte sich, als zu dem Euro-Sondergipfel am 21. Juli 2011 erstmals auch Bankenvertreter wie der damalige Deutsche-Bank-Chef Josef Ackermann hinzugeladen wurden. Dies war ein Eingeständnis, wie sehr Regierungen mittlerweile auf die Kooperation der Banken beim Kampf um den Euro angewiesen sind.

Sicherlich darf die Möglichkeit nicht ausgeschlossen werden, dass sich die Regierungen irgendwann einmal die Macht zurückholen wollen und werden. Schon in früheren Jahrhunderten haben etwa Geldgeber wie die Fugger zu spüren bekommen, dass auch bankrotte Herrscher Besitzverhältnisse sehr schnell und entscheidend wieder zugunsten des Staates ändern können, wenn sie noch über das Gewaltmonopol verfügen und bereit sind, brutal genug vorzugehen.

Im extrem vernetzten 21. Jahrhundert wird dies nicht mehr so einfach werden wie früher. Zudem prognostizieren die US-Geheimdienste, dass private Akteure zunehmend auch in das wachsende Vakuum im Sicherheitsbereich vorstoßen werden, das schrumpfende Staaten etwa in Form un- oder unterbesetzter Stellen hinterlassen. Anders als früher geht es nicht mehr vorrangig um Söldner, die sich für gutes Geld in den Dienst jeder Sache stellen und einen Putsch in einem Entwicklungsland mit organisieren, sondern um einen von den Nationalstaaten selbst entschiedenen Einsatz. »Der Einfluss der Wirtschaft sickert auch in die Sicherheitsfunktionen ein, die traditionell staatlichen Kräften vorbehalten waren. Denn multinationale Konzerne verlassen sich mehr und mehr auf private Militärdienstleister, um ihren Besitz und ihre Angestellten weltweit zu schützen«, heißt es in dem Ausblick der US-Dienste für 2025.[13]

Wer glaubt, dass der im Irakkrieg bereits breit diskutierte Einsatz von Privatfirmen nur ein Phänomen der Supermacht USA ist, der sei an die Debatte um den Einsatz privater Sicherheitsdienste auf deutschen Handelsschiffen im Anti-Piratenkampf vor Somalia erinnert. Die Bundesregierung hat neben dem reinen Sparzwang ein weiteres Motiv, die Einsatzmöglichkeiten privater Sicherheitsfirmen zu lockern. Gerade in Deutschland ist der Bundeswehreinsatz so stark reglementiert und an ständige Zustimmungsverfahren des Bundestages gebunden, dass Regierungen oft eine neue Debatte um veränderte Anforderungen scheuen. Das Abtreten von Sicherheitsaufgaben an wesentlich weniger transparente Privatfirmen erscheint deshalb sehr attraktiv – mit allerdings ungeahnten Folgen. »Ich möchte behaupten, dass in vielen Ländern der Staat nicht mehr Träger der politischen Macht ist, sondern nur noch ein Agent der wahren Machthaber – des Ökosystems multinationaler Unternehmen«, sagt der frühere Informatiker und heutige Science-Fiction-Autor Daniel Suarez.[14]

Mittlerweile sind tatsächlich sehr große Firmen im Sicherheitsbereich entstanden. Als das in der Öffentlichkeit kaum bekannte britische Unternehmen »Group 4 Securicor« die dänische Firma ISS übernahm, entstand ein Konzern mit einer Million Mitarbeitern, der von Söldnertruppen über die Bewachung von Geldtransporten bis zur Reinigung und dem Management von Gebäuden alle möglichen Dienste verkauft.[15] Angesichts des schnellen technologischen Fortschritts ist zumindest erkennbar, dass es Staaten und Regierungen immer schwerer fällt, Entwicklungen in die von ihnen oder den Wählern gewünschte Richtung zu lenken. Wie ungleich der Kampf zwischen multinational agierenden Konzernen und Regierungen geworden ist, zeigt auch die Debatte über Datenschutz. Staat und Firmen rücken auch in Demokratien zusammen, weil die Unternehmen Schutz gegen feindliche Attacken brauchen – und die Sicherheitsbehörden die Daten. Die »Prism«-Abhöraffäre brachte Mitte 2013 ans Licht, wie sehr auch amerikanische IT-Giganten wie Google, Microsoft oder Facebook kooperieren wollen oder müssen – wie wahrscheinlich viele andere Firmen.

Dass an anderer Stelle die Grenzen zwischen Privatem und Staatlichem verschwimmen, haben auch die Angriffe fanatischer Islamisten gezeigt. Ihre Anschläge haben den Begriff »asymmetrischer Krieg« geprägt, in dem einzelne Akteure oder Gruppen öffentliche Strukturen ganzer Staaten angreifen. »Asymmetrische« Auseinandersetzungen gibt es in vielen, manchmal verwirrenden Varianten. Regierungen, kriminelle Gruppen oder einzelne Hacker können die Infrastruktur eines großen Industrielands oder den Computer einer Privatperson durch einen Computervirus lahmlegen. So griffen südkoreanische Hacker japanische Regierungswebseiten an, um gegen die aus ihrer Sicht fatale Verharmlosung japanischer Kriegsverbrechen in Schulbüchern zu protestieren.[16] Nichtregierungsorganisationen aller politischen Couleurs oder informelle Gruppen von Aktivisten wie bei WikiLeaks oder Hackergruppen wie »Anonymous« werden zu eigenständigen, auch Staaten und deren Interessen gefährdenden Akteuren.

Verteilung von Gemeinschaftsgütern

Mit der Kolonialisierung durch die europäischen Mächte schien die Verteilung der bekannten Welt abgeschlossen zu sein. Nationalstaaten eroberten und verteilten Gebiete. Ein Grund für die Spannungen vor dem Ersten Weltkrieg war gerade das Gefühl von sich wirtschaftlich spät entwickelnden, aufstrebenden Staaten wie Deutschland, nicht genug von dem Kuchen abbekommen zu haben. Viele Konflikte im 20. Jahrhundert waren vor allem davon geprägt, dass die einmal gesetzten Grenzen nicht akzeptiert wurden. Das Ringen um die Grenzen hat Millionen Menschen das Leben gekostet, bevor nach dem Ende des Zweiten Weltkriegs eine Ordnung geschaffen wurde, die in etwa heute noch gilt – auch nach dem Zerfall der Sowjetunion und der Dekolonialisierung. Letztlich hat das Völkerrecht der Kolonialisierung ein Ende gesetzt, indem es auf den Landmassen der Erde die Besitzrechte und Grenzen der Nationalstaaten definiert.

Doch das 21. Jahrhundert wird durch ein neues Rennen geprägt. Denn mit fortschreitenden technischen Möglichkeiten und dem Klimawandel können nun auch Gebiete erschlossen und wirtschaftlich ausgebeutet werden, die bisher nicht genutzt wurden. Dazu zählen vor allem die Arktis, die Ozeane und der Weltraum. Diese Gebiete gehören zu den »Commons«, zu den Räumen, die bisher nicht »verteilt« wurden, für die es keine klaren Besitzansprüche und keine klaren Nutzungsregeln gibt. Nur die direkten Küstenabschnitte sind nationalen Staaten zugeordnet worden. Ansonsten aber mischt sich der Besitz- und Kontrollanspruch weniger mächtiger Küstenstaaten mit einer kollektiven Verantwortungslosigkeit. Man muss sich im Pazifik nur die wachsenden Flächen anschauen, in denen die Strömungen der Weltmeere Plastikmüll anspülen, um das Ausmaß des Problems zu verstehen. Umweltverschmutzung und Überfischung sind weitere Symptome für die Krise der Ozeane im Anthropozän. Und das Ringen um die Arktis ist ein beängstigendes Beispiel für die Spannungen, die im Kampf um unterseeische Rohstoffe auftreten können. Wegen der vermuteten Rohstoffe streiten dort vor allem Russland, Norwegen, die USA und Kanada um große Gebiete, aber auch China drängt in die Arktis. Dies schafft potenzielle Konfliktherde überall auf der Erde.

Erschwerend kommt hinzu, dass in den meisten Weltregionen überregionale Schlichtungsgremien fehlen. Das wirkt sich auch bei den Spannungen etwa im Südchinesischen Meer aus, wo China seinen Besitzanspruch auf die Spratly- und Paracel-Inseln gegenüber Vietnam, Malaysia, den Philippinen, Brunei und Taiwan sehr deutlich macht. Seit 2012/13 kommt die Verschärfung des Konfliktes um die Inseln hinzu, die von den Japanern als Senkaku, von den Chinesen dagegen als Diaoyu beansprucht werden. Hinter diesem Territorialanspruch verbirgt sich neben nationalen Territorialansprüchen das Interesse an einem Zugang zu wichtigen Energiequellen, Fischressourcen und anderen wertvollen maritimen Rohstoffen.

Es zeichnet sich ab, dass es künftig um lebenswichtige Ressourcen aus dem Meer Verteilungskämpfe geben wird, was gerade Industrienationen in härterem Maße zu Konkurrenten macht als bisher. Denn auch die engagiertesten Debatten in der UN ändern nichts an der Tatsache, dass die natürlichen Ressourcen zwischen immer mehr Menschen geteilt werden müssen.

Im Weltall findet ein anderes Rennen statt. Eine Rohstoffausbeutung auf dem Mond oder anderen Planeten gehört auf absehbare Zeit ins Reich der Science-Fiction. Die Kosten sind viel zu hoch, um Mineralien mit Raketen auf die Erde zu bringen. Aber im Orbit tobt ein Kampf um Kontrolle: Die großen Hightech-Nationen sind immer stärker auf die Hilfe von Satelliten angewiesen – für eine Vielzahl von Dienstleistungen und Nutzungen auf der Erde, von der Navigation über Erntevorhersagen bis zur Kommunikation. Ein digital vernetztes und gesteuertes Militär kann nur mithilfe von Satelliten geführt werden, die die nötige Aufklärung liefern und Waffen in ihr Ziel lenken. Wer die Kontrolle über das Weltall hat, kann somit den militärischen Aktionsradius seines Gegners erheblich begrenzen. Wer sie nicht hat, ist blind. Das Wettrüsten im All hat schon begonnen.

Der dritte, nicht durch klare internationale Regeln geordnete Raum ist das Internet. Die Frage der nationalen Souveränität stellt sich neu, wenn nicht nur Bürger, sondern auch Firmen und Kriminelle zunehmend grenzüberschreitende E-Commerce-Geschäfte machen. Welche Regeln sollen gelten? Was ist souverän in Zeiten globaler Dienstleistungen und Netze, in denen Anbieter und Server in anderen Staaten stehen? Kann staatliche Gewalt eingesetzt werden, um etwa gegen Hacker in anderen Staaten vorzugehen, die ihre Angriffe wiederum über Server in Drittländern leiten? Wer bestimmt in der grenzüberschreitenden Welt des Internetangebots wirklich die Regeln, was erlaubt ist und was verboten?

Sinkende Gewaltschwellen

Für die Regierungen ist die Herausforderung bereits groß genug, die beschriebenen Triebkräfte Demographie, Ökologie, Technologie zu kanalisieren und deren Folgen kontrollieren zu können. Sie müssen Gesellschaften führen, die im 21. Jahrhundert in erhebliche Stresssituationen und in Konflikt miteinander geraten – oft aus einer Vielzahl sich überlappender Gründe.

Erschwerend kommt hinzu, dass im 21. Jahrhundert trotz aller Bemühungen die Schwelle für gewalttätige Konflikte eher sinken dürfte. Das liegt weniger an der größer werdenden zeitlichen Distanz zum Zweiten Weltkrieg, die die Schrecken des Kriegs in Vergessenheit geraten lassen könnte. Ein Teil der relativen Stabilität in der zweiten Hälfte des 20. Jahrhunderts zumindest in Europa erklärte sich vielmehr dadurch, dass die USA und die Sowjetunion sich mit gegenseitiger Auslöschung bedrohten. Das Gleichgewicht des Schreckens der beiden Atommächte im Kalten Krieg funktionierte.

Mittlerweile hat sich die Lage geändert. Die heute in viel größerer Zahl existierenden Atommächte wissen zwar ebenfalls, dass ein nuklearer Krieg in jedem Fall einem Selbstmord für die betroffenen Nationen gleichkommt. Aber zum einen planen Terroristen, die keinerlei Angst vor Selbstauslöschung haben, »asymmetrische« Kriege und drohen an immer handlichere Versionen von Atombomben oder sogenannte »schmutzige Bomben« zu kommen, bei denen die Explosion konventionellen Sprengstoffs radioaktives Material verbreitet. Der Zugriff auf Waffen mit enormer Vernichtungskraft wird immer leichter.

Zum anderen ahmt das Militär diese Asymmetrie bei der Kriegführung nach. Die neu entwickelten Militärtechnologien etwa in den USA dienen fast alle dem Einsatz in begrenzteren Konflikten. Der Phase der atomaren Abschreckung mit der Anhäufung von Tausenden von Sprengköpfen und seinen »Stellvertreterkriegen« an der Peripherie der Machtzentren wie in Afrika folgt nun eine Phase der Nadelstichstrategien. »Chirurgische Schläge«, ob nun derzeit mithilfe von ferngesteuerten Drohnen oder später mittels ganz anderer Technologien, werden im US-Militär immer beliebter – auch weil sie die eigenen Verluste minimieren. Damit sinkt die Hemmschwelle für ihren Einsatz, wie die zahlreichen US-Drohnenangriffe in Pakistan oder im Jemen zeigen. Künftig wird Krieg in Ländern geführt, die teilweise offizielle Verbündete der USA sind. Die fortschreitende Digitalisierung ermöglicht heute eine andere Art der Kriegführung – zumindest bei den Hightech-Staaten. Der Soldat arbeitet nicht mehr in oder an Waffen, er muss sich nicht in ihrer Nähe aufhalten. Krieg per Fernsteuerung am Bildschirm ist Realität. »Das Problem ist vielleicht, dass das 21. Jahrhundert durch die Auflösung der Trennlinie zwischen Krieg und Frieden gekennzeichnet ist«, sagte der Politologe Herfried Münkler im Juni 2014 in einem FAZ-Interview.

Eine neue Welle der »Waffen« besteht zudem nicht mehr aus klassischen, von harten Stahlmänteln umhüllten Geschossen. Teilweise sind sie physisch gar nicht mehr greifbar, sondern bestehen aus Codes. Schon heute lassen Hackerangriffe aus und auf das Pentagon und andere US-Militäreinrichtungen ahnen, wie real die Gefahr von Cyber-Kriegen ist. Beim Besuch des chinesischen Staatschefs Xi Jinping in den USA im Juni 2013 spielte deshalb die Gefahr von Cyber-Konflikten bereits eine prominente Rolle. Berichte über massive Angriffe kommen fast monatlich. Die Strukturen von Konflikten verändern sich dadurch dramatisch. Der Ablauf von Kriegen muss neu gedacht werden, wenn ohne einen einzigen Schuss die Infrastrukturen eines anderen Landes durch Cyber-Angriffe zugrunde gerichtet oder neue Biowaffen punktuell gegen eine ganz bestimmte Bevölkerungsgruppe eingesetzt werden können. Elektromagnetische Waffen wiederum beleben die alten Träume, Kriege führen zu können, die nur die Maschinen zerstören, aber keine Menschen töten. Die U.S. Air Force ist kurz davor, ein »Active Electronically Scanned Array« (AESA) einzusetzen, eine Art Radar, mit dem Kampffugzeuge die Elektronik anfliegender Raketen ausschalten sollen.[17]

Noch ist Militärstrategen unklar, welche Auswirkung dies in letzter Konsequenz haben wird. Nicht nur die Angriffsziele werden sich ändern, sondern auch die Kriegsziele. »Vernichtungskriege« bleiben ideologischen Fanatikern vorbehalten. Ansonsten wird es in Zukunft weniger darum gehen, Konflikte final und langfristig für sich zu entscheiden. Im Vordergrund steht vielmehr, Dominanz auszuüben. Die USA müssten künftige Kriege nicht gewinnen, es gehe im Wesentlichen darum, ihren eigenen »Fehlerspielraum« möglichst groß zu halten, schreibt George Friedman.[18] Das Ziel kann dabei sein, die Wirtschaftsentwicklung eines Gegners zu verlangsamen oder Gruppen von Menschen oder Staaten den freien Zugang zu Ressourcen, von Wasser über Nahrungsmittel bis hin zu speziellen Industrierohstoffen, abzuschneiden.

Bei all ihrer Faszination für die gigantischen Forschungslaboratorien der Militärapparate und -industrien wissen die Experten selbst noch nicht, wie zielgenau sie ihre neuen Instrumente wirklich einsetzen können. Beim Abfeuern eines konventionellen Geschosses lässt sich die Wirkung noch einigermaßen vorhersagen. Die Kollateralschäden beim Einsatz biologischer oder digitaler Viren sind schwer abzuschätzen, der Einsatz ist deshalb – bisher – kaum beherrschbar.

Mitentscheidend wird sein, wer Zugang nicht nur zu bestimmten Technologien und Meeresregionen, sondern vor allem auch zum Orbit und zum Weltraum haben wird. Bei fast jeder Form der Kriegführung großer Staaten ist in der digitalisierten Welt Information aus dem Weltraum eine entscheidende Voraussetzung. Die amerikanische Kriegführung und ihr weiterentwickelter Einsatz von Marschflugkörpern gründen darauf, aus dem Orbit Aufklärung zu erhalten und über Satelliten Angriffe zu steuern. Die Europäer und etliche anderen Nationen folgen langsam, China dagegen immer schneller. Die frühere Debatte um die Militarisierung des Weltraums im Zusammenhang mit der amerikanischen SDI-Initiative war eher irreführend. Man muss nicht riesige Laserkanonen im Weltall installieren, um von dort aus Kriege steuern und entscheiden zu können.

Im 21. Jahrhundert wird dabei die Kluft zwischen den Nationen mit Hightech-Militärprodukten und solchen ohne Zugang zu diesen neuen Waffen immer größer. Bereits die Irakkriege haben gezeigt, wie »blind« ein Land ist, dass sich seine Soldaten ohne Gegenwehr ergeben oder töten lassen müssen, wenn der Gegner technologisch so übermächtig ist wie die USA. Die jetzige Debatte um die Frage, ob ein Staat wie der Iran durch Urananreicherung in den möglichen Besitz von Atomwaffen gelangen kann, ist sicher wichtig. Nur lenkt sie letztlich davon ab, dass sich die Frage der »Haves and Have-Nots« künftig nicht mehr nur im Hinblick auf Atombomben stellen wird. Digitale Überlegenheit und die Kontrolle über den Weltraum erlangen eine ähnliche Bedeutung. Wenn es den USA gelingt, das Ende ihrer globalen Vorherrschaft zu verhindern oder hinauszuzögern, dann wohl am ehesten durch die Stärke der amerikanischen IT-Firmen, auf deren Produkten die Unternehmen sehr vieler Industrienationen bei der fortschreitenden Digitalisierung aufbauen müssen – und durch Dominanz im Weltraum.[19]

Ändern werden sich bei diesen neuen Konflikten nicht nur Ziele, Akteure und eingesetzte Mittel, sondern auch die zeitlichen Dimensionen. US-Geheimdienste warnen davor, dass die Warn- und Entscheidungszeiten für den Einsatz von staatlicher Gewalt wohl radikal verkürzt werden müssen. Im Kalten Krieg mit der atomaren Abschreckung gibt es für den Fall der extremen Eskalation nur Vorwarnzeiten von wenigen Minuten bis zur Entscheidung, ob man eine gegnerische Atomrakete abfangen und einen nuklearen Gegenschlag starten sollte. Bei einem Cyber-Krieg könnten aus Minuten Sekunden werden.

4. SZENARIEN OHNE VERHARMLOSUNG UND PANIKMACHE

Es gibt sicher noch andere wichtige Einflüsse, die unsere Zukunft und künftige Kriege prägen oder beeinflussen werden. Außen- und sicherheitspolitische Experten haben ihre jeweils eigenen Schwerpunkte, welches die großen Bedrohungen des 21. Jahrhunderts sind.[1] Atomwaffen in Terroristenhand gelten etwa im deutschen Außenministerium als eine der Hauptgefahren dieses Jahrhunderts. Die Vorstellung, dass der Iran zur Atommacht werden oder von Israel durch einen Angriff davon abgehalten werden könnte, verbreitet Angst und Schrecken. Auch die Möglichkeit eines Angriffs mit biologischen oder chemischen Waffen auf die anfällige Infrastruktur in großen Städten, auf U-Bahnen und die Wasserversorgung wird als drohende Gefahr gesehen.

Neben neuen Terroranschlägen sind auch neue große Verwerfungen an den Finanzmärkten denkbar, die Staaten (und Staatengemeinschaften) ins Chaos stürzen können. Bereits durch die seit 2008 anhaltende Finanzkrise sind einige europäische Staaten so unter Druck geraten, dass die Wucht der innenpolitischen Debatten über nötige harsche Einschnitte Regierungen etwa in Lettland, Portugal, Island, Irland, Spanien, Italien und Griechenland aus dem Amt gefegt hat. Verläuft die Entwicklung evolutionär, wird die Überschuldung des Westens im Kontext der schrumpfenden Bevölkerung einen langsamen, gleitenden Abstieg bewirken. Rohstoffreiche Länder, die bereits in den vergangenen Jahren Vermögen und Währungsreserven angehäuft haben, werden an Bedeutung weiter gewinnen. Vielleicht wird ein neuer fataler »Crash« an den Finanzmärkten die gesamte Struktur der globalen Finanzbeziehungen auf den Kopf stellen. Dass nun auch die Europäische Zentralbank den Markt mit billigem Geld flutet, führt zu neuen Warnungen vor Kredit- und Spekulationsblasen.

Genauso wenig lässt sich ausschließen, dass dramatische Naturkatastrophen unser Leben grundlegend verändern könnten. Denkbar ist, dass irgendwo auf der Welt ein Fanatiker oder gefährlicher Charismatiker die Macht an sich reißt und eine für die Weltwirtschaft entscheidende Region in einen klassischen Krieg stürzen könnte. Religion und Ideologien werden auch im 21. Jahrhundert benutzt werden, um Hass gegen Andersdenkende anzufachen. Die Religionskonflikte zwischen Hindus und Muslimen in Indien, zwischen Muslimen und Christen in vielen afrikanischen Ländern, zwischen Schiiten und Sunniten im Nahen Osten oder zwischen Muslimen und einer atheistischen Führung in China sind meist verwoben mit sozialen Spannungen in den jeweiligen Gesellschaften und damit potenziell gefährlich.

Doch die Welt ist noch viel komplexer. Wie wirkt sich die Präsenz von neun Milliarden Menschen auf der Erde zusammen mit den neuen Cyber-Technologien und dem Wettrennen um Rohstoffe aus? Welche politischen, sozialen und militärischen Umbrüche bringt es mit sich, wenn sich Millionen Menschen auf der Suche nach einem Überleben auf die Wanderung machen müssen, was wir in Europa gerade erleben. Was bedeutet es, wenn die Klimaveränderungen so dramatisch werden sollten, dass einst mächtige Nationen sich nicht mehr ausreichend ernähren können? Wird der Kampf um die Fische dazu führen, dass die Meere noch schneller leer gefischt werden, als dies zur Zeit droht, oder wandelt sich die Welt in eine Art Ökodiktatur, in der zum Überleben der Menschheit zentrale Verhaltensvorschriften nicht nur für Einzelpersonen, sondern auch für Staaten erlassen werden? Wie reagiert eine schrumpfende europäische Bevölkerung darauf, dass der Einwanderungsdruck massiv steigt? Was, wenn die großen Trends unserer Zeit in den Bereichen Technologie, Rohstoffe, Demographie und Ernährung eine völlig neue Konstellation von Gefahren ergeben? Die Zukunft kann also in ganz vielfältige Richtungen erkundet werden.

So unsicher die Antworten auf diese Fragen sind – eines steht fest: Mit den herkömmlichen Mitteln lassen sich die Herausforderungen nicht mehr bewältigen. Dies gilt sowohl für die praktischen Maßnahmen, die ergriffen werden müssen, als auch für unser Denken. Im Kalten Krieg wurde das strategische Denken darauf trainiert, den Status quo zu erhalten. Für künftiges strategisches Planen ist eine sehr viel dynamischere, sich stets erneuernde Denkweise nötig. Gerade weil die Erkenntnis wächst, dass sich die Welt so schnell ändert, gilt es zu lernen, in Optionen zu denken. Entwicklungen für »alternativlos« zu halten ist im wahrsten Sinn des Wortes brandgefährlich.

Dass es anders geht, hat die CIA nach den Anschlägen des 11. September 2001 gezeigt. Der völlig verunsicherte amerikanische Geheimdienst musste damals zwangsläufig seine bisherige Arbeit auf den Prüfstand stellen. In der Not griff man zu einem ungewöhnlichen Mittel: Man lud Science-Fiction-Autoren ein, um sie um Prognosen für die künftige Entwicklung und mögliche neue Bedrohungen zu bitten. Ob dieses Experiment die Arbeit der CIA in den Folgejahren wirklich maßgeblich geändert hat, sei dahingestellt. Zumindest zeigt das Projekt, wie sehr man bereit war, die eigene Arbeit infrage zu stellen.

Es gibt einen Mittelweg zwischen purer Fiktion und den traditionellen wissenschaftlichen Expertisen – Szenarien. Sie basieren auf bekannten Fakten, nehmen einen erkennbaren Trend auf und gestatten daran anschließend, eine oder mehrere wahrscheinliche Varianten einer Entwicklung durchzuspielen. Szenarien sind gedankliche Lockerungsübungen. Sie versetzen uns in die Lage, sich von den durch Erfahrungen oder altes Wissen geprägten Denkpfaden zu lösen. Sie ermöglichen einen Weg zwischen Panikmache und Verharmlosung, weil sie eine leichter zugängliche Auseinandersetzung mit teilweise sehr komplizierten Sachverhalten erlauben. Ausdrücklich erheben sie nicht den Anspruch, eine Prophezeiung zu sein. Sie sollten nie so verstanden werden. Vielmehr geht es darum, in der Möglichkeitsform für die Zukunft Schlüsse aus dem zu ziehen, was sich heute bereits andeutet.[2]

»War Games« sind bei den Militärs schon lange eine bekannte Option, um Strategien durchzuspielen, weil auch sie gedanklich klarer machen, wohin eine Entwicklung gehen *könnte*. Das Instrument der Szenarien erfreut sich mittlerweile zunehmender Beliebtheit bei Geheimdiensten, den Strategieabteilungen großer Konzerne sowie in der Wissenschaft. Einer der Ersten, die das Mittel auch für die interne Entscheidungsfindung in den 1970er-Jahren einsetzten, war der Ölkonzern Shell. Damals hatte der Multi eine »Scenario Unit« eingerichtet, die entgegen aller gängigen Annahmen durchspielte, was bei einem stark steigenden Ölpreis passieren würde. »Als dann kurze Zeit später der erste Ölpreisschock einsetzte, war Shell das einzige Unternehmen, das mit bereits vorliegenden Strategien reagieren konnte, während andere Unternehmen mit beträchtlichen Markteinbrüchen zu kämpfen hatten. Das verschaffte Shell einen erheblichen Vorsprung.«[3]

Politiker und regierungsnahe Einrichtungen zögern aus verständlichen Gründen, die Methode der Szenarien zu nutzen. Die Angst überwiegt, falsch verstanden zu werden, wenn solche internen Planspiele bekannt werden – was in unserer relativ offenen Demokratie nicht unwahrscheinlich ist. Medien verwechseln gerne das Nachdenken über das »Mögliche« mit dem »Gewollten«, auch weil sich dies besser verkaufen lässt. Die Skandalisierung trägt dazu bei, dass Regierungsapparate aus Sorge um den zu zahlenden politischen Preis das

Vorausdenken über mögliche Konflikte gleich ganz systematisch meiden.

Dabei hat der deutsche Bundesnachrichtendienst bewiesen, dass es auch anders geht: Auf dem Höhepunkt der Finanzkrise ließ er von einer interdisziplinären internen Arbeitsgruppe drei Szenarien entwerfen, wie die Turbulenzen an den Finanzmärkten die Welt verändern könnten, wer die »Gewinner« und wer die »Verlierer« sein könnten.[4] Die Stiftung Wissenschaft und Politik (SWP), der wichtigste deutsche Thinktank in der Außen- und Sicherheitspolitik, nutzt mittlerweile ebenfalls die Szenarientechnik und hatte erstmals im November 2011 zehn allerdings auf die nahe Zukunft ausgerichtete politische Szenarien vorgelegt.[5]

In diesem Buch werden elf mögliche Entwicklungen in der Zukunft durchgespielt. Dabei gibt es keine Aussagen darüber, wann bestimmte Ereignisse eintreten könnten. Die Szenarien verfolgen vielmehr den Ansatz, Einflüsse sehr verschiedener Bereiche aufeinander deutlich zu machen. Es soll kein einheitlicher Zukunftsentwurf entstehen, kein vorweggenommener Geschichtsatlas des Kommenden. Vielmehr soll jedes Szenario die Bedeutung oder das Konfliktpotenzial eines einzelnen Themas, wie etwa des Kampfs um die Meere, der Neurobiologie oder des Ringens um Dominanz im Weltraum, deutlich machen. Das Hauptaugenmerk liegt nicht nur auf bisher unterschätzten Gefahren mit sehr langfristigen, aber oft schon ablesbaren Folgewirkungen. Es soll auch verdeutlicht werden, dass Konflikte je nach Verhalten von Gesellschaften und Staaten gefährlicher oder friedlicher ablaufen können. Zwangsläufig führt die jeweilige Überbetonung eines Aspekts zu sehr unterschiedlichen Ausgängen der Entwicklung. Mal setzen sich die USA in einem Konflikt durch, mal tut es China, mal treten Staaten als Akteure der Weltpolitik in Erscheinung, die bisher eher im Schatten der Großmächte stehen. Die Schwächen Europas im 21. Jahrhundert werden auf jeden Fall sehr deutlich – sowohl demographisch, technologisch als auch mental. Egal, welches Szenario man betrachtet: Auf dem alten Kontinent werden sich die Menschen daran gewöhnen müssen, nach jahrhundertlanger weltweiter Dominanz langsam in die Rolle eines Zuschauers zu geraten, wenn es ihnen nicht gelingt, die gegenwärtigen Trends zu ändern.

Dass China und die USA dabei in vielen Szenarien die Hauptakteure sind, sollte nicht überraschen. Dies liegt an der Annahme, dass diese beiden Staaten für lange Zeit die Weltgeschichte am stärksten prägen werden. Keineswegs soll dabei die »gelbe Gefahr« an die Wand gemalt werden. Chinas Anspruch auf einen angemessenen Platz in der Welt ist berechtigt. Nur bedeutet der rasante Aufstieg eben eine enorme Herausforderung nicht nur für das Land, sondern für die ganze Welt. Angesichts des rigiden politischen Systems muss in bestimmten Szenarien zudem durchgespielt werden, zu welchen Schritten eine unter Druck stehende chinesische Führung getrieben werden könnte. Dieses Buch teilt die Welt ohnehin nicht in »Gut« und »Böse« ein, zumal auch die USA und die EU eine erstaunliche Flexibilität darin zeigen, je nach politischer Opportunität Länder zu Parias zu erklären oder sie aus dieser Kategorie zu entfernen. Wenn sich große Staaten in den Szenarien durchsetzen oder gar zu militärischen Mitteln greifen, dann keineswegs, weil dort »dunkle Kräfte« regieren, sondern weil sie in bestimmten Situationen in die Versuchung kommen können, aus realen oder vermeintlichen nationalen Interessen so zu handeln. Will man entstehende Konflikte besser verstehen, ist es sinnvoller, relativ nüchtern und ohne den üblichen ideologischen Ballast die Interessen und Gegensätze von Regierungen, Staaten, Gesellschaften, Firmen und Gruppen zu beschreiben.

Natürlich gibt es Diktatoren, deren Antrieb vor allem die eigene Bereicherung, der Machterhalt oder das Ausleben eines Wahns ist. Natürlich hatte Winston Churchill recht, als er die demokratische Organisation einer Gesellschaft als die beste aller schlechten Möglichkeiten beschrieb, weil sie durch einen offenen Schlagabtausch von Argumenten am ehesten Konsens herstellen und Fehlentwicklungen relativ rasch korrigieren kann. Aber als Kompass bei den Verteilungskämpfen des 21. Jahrhunderts hilft es wenig, immer nur darauf zu verweisen, dass Demokratien untereinander nie Krieg führen.

Die unangenehme Wahrheit ist, dass selbst die erwünschte Demokratisierung aller Staaten die Welt nicht automatisch vor Kriegen schützen wird. Denn die Politik in allen Ländern muss eine ständige Güterabwägung vornehmen. Regierungschefs können im politischen Alltag oft nur die bessere von zwei schlechten Optionen wählen. Wenn ein US-Präsident glaubt, sein Land durch einen neuen Raketenschirm gegen Raketenangriffe verteidigen zu müssen, muss ihm klar sein, dass dies andere Länder wie Russland schreckt. Dennoch hält nicht nur der frühere US-Präsident George W. Bush, sondern auch dessen Nachfolger Barack Obama dies für nötig, damit sich die mächtigste Demokratie in einer neuen geopolitischen Situation behaupten kann – durchaus auch im Interesse Europas. Wenn andererseits Chinas Staatsführung Autobahnen und neue Kohlekraftwerke bauen lässt, tut sie dies im Bewusstsein des stark steigenden Ausstoßes an Treibhausgasen, der Gefahren für die Umwelt. Sie glaubt, unbedingt ein hohes Wirtschaftswachstum aufrechterhalten zu müssen, um die sehr heterogene chinesische Bevölkerung überhaupt zusammenhalten zu können. Manchmal bedeutet eine vermeintlich richtige nationale Antwort allerdings, gegen Interessen von Nachbarstaaten zu verstoßen.

Oft sind Regierungen ohnehin nur Getriebene einer Entwicklung, in der radikales Umsteuern schwer bis unmöglich ist. Vor allem demokratische Regierungen stehen außerdem noch vor einer widersprüchlichen Aufgabe. Sie müssen immer wieder Wahlen gewinnen und deshalb im Rhythmus von Legislaturperioden und im Rahmen nationaler Interessen denken. Herausforderungen wie der Klimawandel lassen sich jedoch nur durch internationale Kooperation, Kompromisse und einen sehr langfristigen Ansatz lösen. Europäer und Amerikaner müssen daneben riesige Schuldenberge abbauen, wollen ihre Werte energisch verteidigen und sich angesichts der demographischen Veränderungen in einer neuen Welt behaupten. Manchmal droht ein kaum auflösbar scheinender Interessenkonflikt.

Dies schafft ein sehr kompliziertes Geflecht. Statt vom Kampf des Westens gegen Asien oder der Demokratien gegen Diktaturen als künftige Konfrontationsmuster auszugehen und unterschiedlichen Systemen verschiedene Grade an »Vernunft« zuzuweisen, erscheint es uns deshalb als der sinnvollere Ansatz, von einem durchweg rationalen Vorgehen auszugehen. Den Führungen der im 21. Jahrhundert bestimmenden Kräfte – der USA, Chinas, der EU und der wichtigsten Schwellenländer wie Indien, Mexiko oder Brasilien – unterstellen wir gleichermaßen, dass sie zunächst einmal durchaus berechtigte nationale Interessen vertreten und nicht per se aus ideologischen Gründen die Herrschaft über andere anstreben.

Warum gerade »11 drohende Kriege« und nicht acht oder 20? Theoretisch bietet sich tatsächlich eine unübersehbare Zahl an Geschichten und möglichen Konflikten, die erzählt werden können. Zerbricht ein autoritäres Russland an seinen inneren Widersprüchen oder geht es zunehmend aggressiver gegen seine Nachbarn vor – so lautet etwa eine der durchaus angebrachten Fragen, die man gerade nach dem Ukraine-Konflikt zusätzlich stellen könnte. Wie wird die zunehmende Kontrolle der Humangenetik über das Leben von Tieren und Menschen die Gesellschaften verändern? Führt der Aufstieg der Türkei zur Etablierung einer großen Regionalmacht im Nahen Osten und zu neuen Konflikten mit Russland um die rohstoffreichen Länder Zentralasiens? Eskaliert der Atomstreit mit Iran am Ende doch noch? Zerfällt nicht vielleicht auch die kommende Supermacht China, weil die Spannungen zwischen einer boomenden Ostküste und dem ökonomisch rückständigen Binnenland einfach zu groß werden?

All diese gar nicht so unwahrscheinlichen Geschichten könnten sicher ebenfalls erzählt werden. Aber die elf Szenarien zielen nicht darauf ab, die Zukunft der Welt in allen Facetten auszuleuchten. Sie sollen eher wichtige Muster bei der Entstehung von Konflikten aufzeigen und unterschätzte Gefahren beleuchten.

Dabei mischen sich bekannte Elemente mit vielleicht unerwarteten Entwicklungen. Die Gefahr von Cyber-Kriegen etwa rückt in der Öffentlichkeit bereits stärker in den Vordergrund, etwa durch den im Juni 2015 bekannt gewordenen massiven Hackerangriff auf den Bundestag. Aber hierbei wird etwa das Zusammenspiel von Staaten und Unternehmen weiter völlig unterschätzt. Eine Abspaltung der südwestlichen US-Bundesstaaten dagegen werden wohl viele Leser nicht nur in die Kategorie des »Unknown« einordnen, sondern möglicherweise eher für absurd halten. Nur sprechen die heute bekannten Daten etwa über die demographische Entwicklung in den Vereinigten Staaten eine ganz andere Sprache. Nicht alles, was heute absurd klingt, ist morgen noch unwahrscheinlich. Ohnehin werden der Zerfall von bisherigen Staaten und das Entstehen neuer Staaten auch im 21. Jahrhundert ebenso wie ethnische Auseinandersetzungen eine Grundkonstante der internationalen Beziehungen bleiben. Allerdings werden sie nicht mehr nur auf Länder an der Peripherie der Macht beschränkt sein oder wie im Fall der Sowjetunion dem Tod einer Ideologie folgen, sondern möglicherweise eben auch bestehende Machtzentren wie die Vereinigten Staaten von Amerika und China treffen.

5. LÖSUNGEN STATT APOKALYPSE

Unsere Szenarien sind zwangsläufig konfliktorientiert. Im Fokus steht, warum aus einer anfangs noch undramatisch wirkenden Situation ein »Krieg« mit völlig unterschiedlichen Facetten entstehen kann. Doch so viel Tod und Zerstörung die Szenarien auch beschreiben mögen: Der Grundansatz ist ein ganz anderer als bei den düsteren Untergangs- und Verschwörungsszenarien.[1]

Die Menschheit ist weder zu Klimakriegen noch zu fatalen Fehlentwicklungen in der Forschung, noch zu Kriegen um Ressourcen verdammt. Die EU muss nicht zerfallen. Immer wieder hat die Geschichte gezeigt, dass neue technologische Entwicklungen Lösungen für scheinbar unlösbare Probleme hervorbrachten. Ein banales, gerade deshalb schönes Beispiel ist das in London im 19. Jahrhundert auftretende Problem des Pferdedungs. Angesichts der rapide steigenden Bevölkerungszahl und -dichte in der Stadt konnte man hochrechnen, dass London innerhalb weniger Jahre im Pferdedung erstickt wäre. Doch dann wurde das Auto entwickelt. Die alten Probleme verschwanden urplötzlich – und wurden durch ganz neue ersetzt.[2] Oft liegt gerade in Problemen der Ansatz für eine neue Entwicklung. Oft ermöglichen erst Krisen eine neue, bessere Zukunft, weil sie die Menschen zu Entscheidungen zwingen, die sie ohne Druck nie getroffen hätten. Die Europäische Union ist das beste Beispiel dafür, wie aus unglaublichem Blutvergießen und Terror unter Druck ein echtes Friedensprojekt erwachsen kann.

Um Missverständnissen vorzubeugen, sei deshalb noch einmal das Ziel des Buches hervorgehoben: Ausdrücklich geht es bei den beschriebenen Szenarien um Entwicklungen, die gerade verhindert werden sollen. Der Hinweis auf demographische Entwicklungen und ihre gesellschaftlichen und politischen Folgen soll keineswegs nationalistischen oder xenophoben Ideen das Wort reden. Die ethnische und zahlenmäßige Zusammensetzung von Gesellschaften, die Wanderungen von Menschen dorthin, wo sie Frieden, Sicherheit, Nahrung und Arbeit finden, gehören ebenfalls zu den Grundkonstanten der Geschichte. Die daraus folgenden Veränderungen in Gesellschaften schaffen Spannungen. Diese müssen mental, finanziell und politisch bewältigt werden, um Gewaltexzesse wie etwa in dem Vielvölkergemisch auf dem Balkan zu vermeiden.

Das gilt auch für die Spannungen, die die Schuldenkrise in Europa ausgelöst hat. Angesichts der teilweise beängstigenden Rückfälle in alte Träumereien einer angeblich heilen nationalen Welt muss auch bei dem für einige Zeitgenossen möglicherweise verstörenden Szenario über ein Auseinanderbrechen der EU betont werden: Es geht gerade nicht darum, dieses anzustreben, sondern es zu verhindern. Es gibt keine sinnvolle Alternative zur europäischen Integration und einer immer engeren Zusammenarbeit der EU-Staaten. Nur erfordert dies harte Arbeit und eine klare Vorstellung davon, was kommen könnte, wenn man diesen Weg verlässt. Nichts ist zwangsläufig, gerade in der komplizierten, für den Rest der Welt immer wieder überraschenden, einzigartigen und sogar verstörenden Geschichte der europäischen Integration. Wohl nie zuvor seit ihrer Gründung standen die EU und die Euro-Zone so sehr unter Druck wie seit Beginn der Finanzkrise im Jahr 2008 − deren Nachwirkungen sich heute in den Grexit- und Brexit-Debatten um Griechenland und Großbritannien zeigen. »Niemand sollte glauben, dass ein weiteres halbes Jahrhundert Frieden und Wohlstand in Europa selbstverständlich ist. Es ist es nicht«, hatte Bundeskanzlerin Angela

Merkel in ihrer Regierungserklärung vor dem Euro-Zonen-Gipfel am 26. Oktober 2011 zu Recht gewarnt und damals hatte sie noch gar nicht die Flüchtlingskrise im Kopf, die sie im Sommer 2015 dann als die »größte europapolitische Herausforderung« ihrer Amtszeit betrachtet. Das 6. Szenario soll also daran erinnern, wie trügerisch es ist, Frieden und Wohlstand als Selbstverständlichkeiten zu betrachten.

11 drohende Kriege will dazu beitragen, vor diesen Fehlentwicklungen zu warnen. Deshalb folgen auf die Szenarien Überlegungen dazu, was nötig ist, um die künftigen Herausforderungen friedlich oder zumindest friedlicher als bisher zu meistern. Die Geschichte der Menschheit ist zwar maßgeblich von Kriegen geprägt, aber im mindestens gleichen Maße von Kooperation und Erfindungsreichtum. Im 21. Jahrhundert wachsen zudem die wissenschaftlichen und auch kulturellen Kräfte, um künftige Ereignisse modellieren, vorwegnehmen und präventiv mit ihnen umgehen zu können.

Deshalb ist unsere Grundhaltung trotz aller düsteren Szenarien, aller tatsächlichen Fehlentwicklungen und schrecklichen Katastrophen zuversichtlich. Von zentraler Bedeutung dafür ist es aber, Gefahren genau zu kennen, um sich rechtzeitig wappnen zu können. Das wird immer wichtiger in einer Zeit, in der das Wort »Krise« für viele Deutsche trotz des friedlichen Wohlstands, in dem die meisten von ihnen leben, den Normalzustand zu beschreiben scheint.

II. ELF SZENARIEN AUS DER ZUKUNFT

1. KLIMAWANDEL – DER KÜHLKRIEG

Tibet/China

Einen Augenblick lang ist es still. Die Arbeiter sind geschockt von der Nachricht, dass sie die Maschinen ausschalten und zusammenpacken sollen. Dann schreien sie los, zuerst wild durcheinander, bis sich aus der Menge ein Chor formt: »Vorwärts, weiter«, rufen sie im Takt, »weitermachen!«

Sechs Jahre haben sie unter der Erde verbracht. Sechs Jahre waren sie zwischen ihrer Barackensiedlung im tibetischen Nirgendwo und dem finsteren Erdinneren gependelt. Selbst an freien Tagen konnten sie ihre Siedlung kaum verlassen. Es gab in weitem Umkreis auch nichts, was sie hätten tun können. Morgens oder abends um fünf Uhr holte ein Bus die Arbeiter ab, fuhr sie hinauf zu einem der schwarzen Löcher im Fels zu den gigantischen Bohrmaschinen und brachte sie nach der Schicht wieder zurück.

Ihr Projekt war so geheim, dass der Abraum nachts aus dem Tunnel gebracht und mit Lastwagen weit weggefahren wurde, damit auf Satellitenbildern keine Baustelle zu sehen war. Welchem Zweck genau der Tunnel dienen sollte, hatte man ihnen nie gesagt. Ein Eisenbahnprojekt, eine militärische Anlage, ein wissenschaftliches Experiment, so lauteten die Gerüchte. Jedenfalls etwas »von nationaler Bedeutung«.

Wenige Jobs sind härter, als einen 50 Kilometer langen Tunnel durch das Gestein des Himalajas zu bohren. Aber das Ende war nah, die sechs Jahre bald abgelaufen. Seit Tagen hatten die Arbeiter von kaum etwas anderem gesprochen. Schichtleiter hatten ihnen erzählt, dass nur noch wenige Meter bis zum Ziel fehlten. Und jetzt, kurz vor dem Durchbruch, sollten sie aufhören?

»Vorwärts, weiter!«, rufen die Arbeiter empört. »Der Baustopp kommt von ganz oben«, schreit der Projektleiter, »und wenn ihr aufhört zu schreien, dann kann ich euch erklären, was los ist. Denn wenn ihr hier weiterbohrt, dann braucht ihr einen Taucheranzug.« Das macht die Arbeiter neugierig. Wasser in ihrem Tunnel? »Was ihr hier geleistet habt, wird bald die ganze Welt erfahren«, sagt der Chef. »Unser Ziel war nämlich nicht, einen Eisenbahn- oder einen Militärtunnel zu bauen, sondern etwas viel Wichtigeres. Wir sind nur wenige Meter vom großen Yarlung Tsangpo entfernt, der neuen Lebensader Chinas.«

Wenige Tage später bekommen die Arbeiter saubere Arbeitsanzüge ausgehändigt. Die komplette Staatsspitze hat sich zu Besuch angekündigt. Die Politiker bringen Horden von Fernsehteams und Journalisten mit. Eine Bühne wird oben an einer Einfahrt aufgebaut, eine zweite tief unter der Erde. Der Präsident Chinas tritt vor die Kameras.

3780 Kilometer entfernt, in Neu-Delhi, wird der indische Premier wenig später von seinen Leibwächtern mitten in einer Rede von der Bühne geholt und in sein kugelsicheres Auto bugsiert. Auf der Fahrt in den Regierungsbunker berichtet ihm sein Stabschef, was passiert ist. »Sie werden es tun, sie werden es wirklich tun – sie werden den Brahmaputra abzweigen.«

Er schaltet den Bildschirm an, um dem Premierminister den Auftritt des chinesischen Präsidenten vorzuspielen: »Der Klimawandel stellt China vor große Probleme«, hebt dieser an. »Die Gletscher schmelzen, deshalb gibt es im Himalaja für einige Zeit viel, ja zu viel Schmelzwasser. Doch schon jetzt lassen die Dürren im Norden des Landes uns ahnen, was nach der großen Gletscherschmelze droht. Die Bilder von verdursteten Tieren und ausgemergelten Bauern sind unvergessen. An diesem glorreichen Tag eröffne ich deshalb ein neues Kapitel in der Geschichte der Volksrepublik China. Wir haben geschafft, wovon unsere Vorväter nur träumen konnten. Wir haben die Infrastruktur gebaut, um das Schmelzwasser des Himalajas in großen Kavernen zu lagern und bei Bedarf in die trockenen Ebenen Nordchinas zu leiten. Wir können nicht länger zusehen, wie das Schmelzwasser Tibets von Indien und Bangladesch verschwendet wird, indem ein Großteil einfach ins Meer fließt. Nun, da die Gletscher für einige Jahrzehnte ihr Wasser freisetzen, werden wir den Fluss Yarlung Tsangpo mit unseren Nachbarn teilen. Wir werden die Hälfte seines Wassers entnehmen und es über ein ausgeklügeltes Tunnelsystem für künftige Generationen speichern. Ich möchte betonen, dass dies kein aggressiver Akt ist, sondern Selbstverteidigung. Der Fluss ist von der Quelle bis zur Mündung 2906 Kilometer lang, von denen 1625 Kilometer auf chinesischem Staatsgebiet liegen, 918 Kilometer in Indien und 363 Kilometer in Bangladesch. Wir entnehmen also weniger als den Teil, der uns zusteht. Der Klimawandel hat China so zugesetzt, dass bei der nächsten Dürre in Nordchina Millionen Menschen sterben, wenn wir nicht das Wasser aus Tibet nutzen. Weil wir keine andere Wahl haben, ergreifen wir diese Chance zum Wohl des chinesischen Volks.«

Zweimal muss die Staatskarosse des indischen Premierministers wenden, weil die Einwohner von Neu-Delhi nun zu Zehntausenden auf die Straßen strömen, um zu protestieren. Die Nachrichtenbanner an den Hochhäusern könnten eindeutiger nicht sein: »Die Lebensader Indiens in chinesischer Hand« – »China stiehlt den Brahmaputra« – »Peking beginnt Wasserkrieg«.

Der indische Premierminister ist geschockt. Ein ums andere Mal hatte er das Thema bei seinen Gipfeltreffen mit der chinesischen Führung angesprochen. Immer wieder war ihm versichert worden, dass es sich bei den Berichten über die

»Große Westliche Wasserbrücke« um »Hirngespinste westlicher Medien« handle. Es gehe bei den Staudämmen am Oberlauf des Flusses allein darum, Strom zu gewinnen, hatten seine Gesprächspartner ihm versichert. Daran, Wasser abzuzweigen, dächten höchstens einige verrückte Ingenieure und pensionierte Generäle. Und nun das, der Brahmaputra, die Lebensader des östlichen Indien, von dem Millionen Menschen existenziell abhängig sind, für Bewässerung, Grundwasser, Nahrung, Schifffahrt, alles.

»Wir haben ein zweites Problem«, sagt der indische Premierminister plötzlich zu seinem Stabschef, während sein Wagen in die Tiefgarage seines Regierungsbunkers einfährt. »Wir müssen umgehend unsere eigenen Projekte in Kaschmir und am Ganges stoppen, sonst nimmt uns niemand auf der ganzen Welt ernst.« Denn Indien hatte Projekte wie den Kishenganga-Tunnel vorangetrieben, um den Rivalen Pakistan von einem erheblichen Teil des Himalaja-Wassers abzuschneiden. Auch wurde daran gearbeitet, das Flusssystem des Ganges mit neuen Projekten in der Art des Farakka-Kanals von Bangladesch auf indisches Territorium umzuleiten. Das muss nun alles angehalten werden. Wie könnte Indien China wegen Wasserdiebstahls anklagen, wenn es das Gleiche mit Pakistan und Bangladesch vorhat?

Als der indische Premierminister vom Büro des chinesischen Präsidenten auf den nächsten Tag vertröstet wird, befiehlt er, die Atomstreitkräfte seines Landes in Alarmbereitschaft zu versetzen und an der Grenze zu China, besonders im nordöstlichsten Bundesstaat Arunachal Pradesh, Truppen aufmarschieren zu lassen. Über Nacht randalieren militante Demonstranten in Neu-Delhi, Mumbai, Kolkata und vielen anderen Städten, attackieren Regierungsgebäude und stecken chinesische Konsulate und Kulturzentren in Brand. Zu Hunderttausenden strömen friedfertige Inder an die Ufer der heiligen Flüsse Ganges und Brahmaputra, entzünden Feuer, steigen ins Wasser, beten. Die indische Nation steht unter Schock und fühlt sich von ihrer Regierung im Stich gelassen. Ebenfalls über Nacht versetzen Pakistan und Bangladesch ihre Armeen in Alarmbereitschaft. Der indische Geheimdienst meldet Truppenbewegungen in Kaschmir und verstärkte Aktivitäten auf den Raketenbasen der pakistanischen Armee.

Am nächsten Morgen um 6.30 Uhr Delhi-Zeit kommt das Telefongespräch mit Peking endlich zustande. Der chinesische Präsident versucht zu beschwichtigen. Die Hälfte des Schmelzwassers werde ja weiterhin in Indien und Bangladesch ankommen, und wenn wirklich Wassernot drohe, werde China »seine helfende Hand ausstrecken«. Doch der indische Premier lässt sich nicht beruhigen. Es sei alles andere als eine großzügige Geste, Indien weiter mit Wasser des Brahmaputra zu versorgen. Denn dieses Wasser gehöre Indien ebenso wie China, ja, es sei Grundlage der indischen Kultur. Dass nach der großen Gletscherschmelze die Dürre drohe, treffe alle Länder im Himalaja. Dann droht er unverhohlen: »Wir sollten den Fehler von 1962 nicht wiederholen und Krieg gegeneinander führen. Aber wenn Sie uns dazu zwingen, um die Lebensgrundlagen unseres Volkes zu kämpfen, dann ist uns kein Opfer zu groß, dann werden uns auch die Hänge des Himalaja nicht davon abhalten, uns zu holen, was uns gehört.«

»Das sind große Worte«, antwortet der chinesische Präsident. »Was werden Bangladesch und Pakistan mit Indien machen, wenn sie von Ihren Projekten erfahren, die unseren in nichts nachstehen? Ist Ihre Kriegsdrohung gegen China zugleich eine Einladung an diese beiden Länder, Indien anzugreifen?« Der indische Premier ist einmal mehr geschockt, wie effizient der chinesische Geheimdienst arbeitet. »Wenn wir uns nicht umgehend treffen, kann ich für nichts garantieren, aber ich hoffe, dass dies nicht der Zeitpunkt ist, zu dem Indien eine ganze Generation opfern muss, um die Landkarte der Region zu bereinigen«, antwortet er.

* * *

Im Juli 2011 fasste der Sicherheitsrat der Vereinten Nationen einen weitreichenden Beschluss. Das Gremium der Mächtigen, das besonders dann gefragt ist, wenn auf der Welt Kriege und Krisen ausbrechen, verabschiedete eine Resolution, die vor den Folgen des globalen Klimawandels warnt: »Der Sicherheitsrat bringt seine Sorge zum Ausdruck, dass mögliche schädliche Effekte des Klimawandels langfristig bestimmte, bereits bestehende Gefahren für den internationalen Frieden und die Sicherheit verstärken.«

Zuvor hatte Achim Steiner, der Leiter des Umweltprogramms der Vereinten Nationen (UNEP), dem Rat in klaren Worten die Bedrohung geschildert: Es sei klar, dass die Erderwärmung schwerwiegende Folgen für das Zusammenleben der Menschen haben werde. Der Meeresspiegel drohe bis zum Ende des Jahrhunderts um mehr als einen Meter anzusteigen, was weite Küstenregionen, etwa in Bangladesch, unter Wasser setzen und ganze Inselstaaten wie Tuvalu versinken lassen könne. Eine durchschnittliche Erderwärmung um vier Grad Celsius bis 2060 und um sieben Grad Celsius bis 2100 gehöre zum Spektrum des Möglichen. Dies könne negative Veränderungen in Ökosystemen bewirken und die Produktion von Nahrungsmitteln beeinträchtigen, warnte der UNEP-Chef.[1]

Besonders stark hob Steiner die Risiken für Zentralasien und die Himalaja-Region hervor. Der UNEP-Chef berichtete dem Sicherheitsrat von Streitigkeiten um Staudämme, von den schmelzenden Gletschern Chinas und davon, dass Peking bereits seine Wasserpolitik an die neue Lage im Hochland von Tibet anpasse. Weltweit sei die Frage nicht mehr, *ob* der Kli-

Das Dach der Welt – anfällig für den Klimawandel

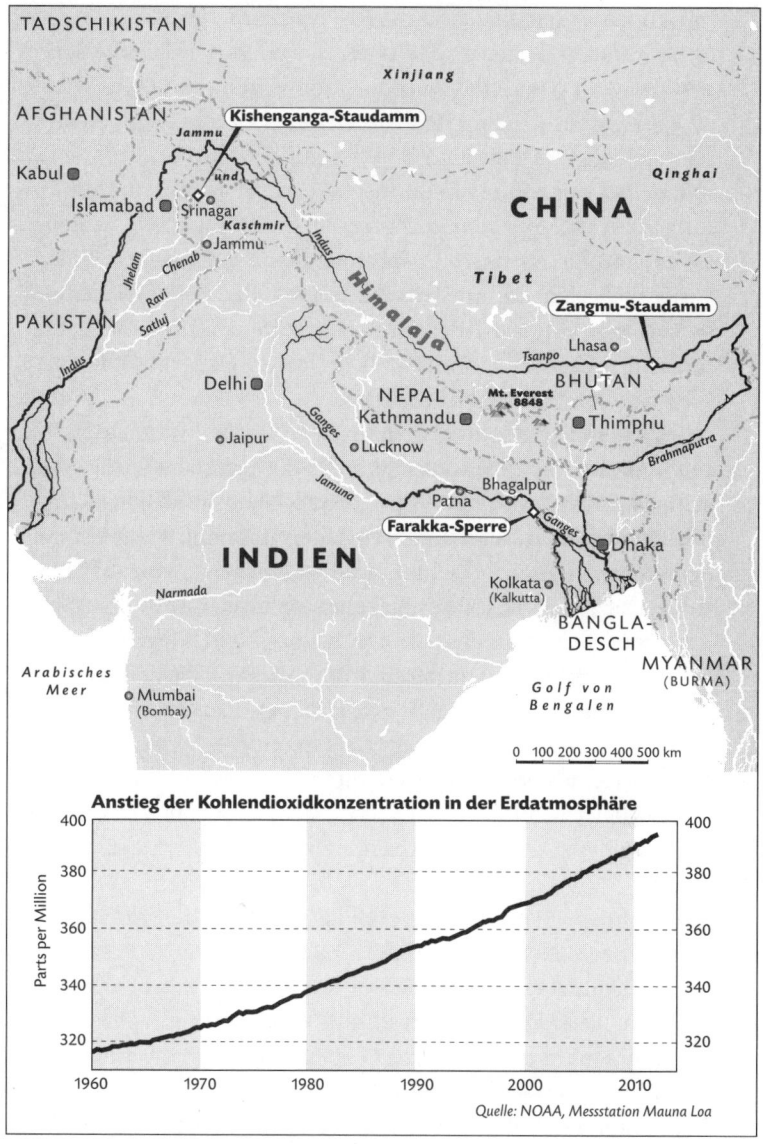

Anstieg der Kohlendioxidkonzentration in der Erdatmosphäre

Quelle: NOAA, Messstation Mauna Loa

mawandel eine Sicherheitsbedrohung sei, sondern *wie* die internationale Gemeinschaft die Risiken bewältige.

In wenigen anderen Regionen der Welt werden die Folgen des vom Menschen verursachten Klimawandels so stark zu spüren sein wie im Himalaja-Gebirge. Und in wenigen anderen Regionen können erhöhte Temperaturen und Wassermangel so weitreichende politische, wirtschaftliche und militärische Konsequenzen entfalten. Drei Atommächte, Indien, China und Pakistan, stoßen hier aneinander. Zwischen ihnen verläuft die längste umstrittene Grenze der Welt. Zwischen Indien und China ist der Grenzverlauf auf weiten Strecken ungeklärt. Zudem befindet sich Indien im Dauerkonflikt mit Pakistan um die Kaschmir-Region.

Das Himalaja-Gebirge hat in den vierzig Millionen Jahren, in denen sich die indische unter die eurasische Erdplatte schiebt, selbst das Klima Asiens massiv beeinflusst. Seine Gipfel, von denen elf sich über 8000 Meter über den Meeresspiegel erheben, halten kalte Luft aus dem Norden davon ab, nach Indien zu strömen, und umgekehrt warme Luft aus dem Süden, gen Norden zu fließen. Doch nun sagen Klimaforscher massive Veränderungen binnen sehr kurzer Zeit voraus. Die Temperaturen werden wissenschaftlichen Prognosen zufolge schneller und stärker ansteigen als in anderen Weltregionen. Das dürfte den Monsunregen verändern, der die Ernährung von bald 1,5 Milliarden Indern existenziell beeinflusst. Dies führt zugleich zu einem Abschmelzen der mächtigen Gletscher.

Als »dritter Pol« wird das Himalaja-Gebirge oft bezeichnet, weil seine Gletscher die größten Eismassen abseits von Arktis und Antarktis bergen. Allein in den Einzugsgebieten der großen Flüsse Indus, Ganges und Tsangpo/Brahmaputra haben indische Forscher 33000 Gletscher gezählt, die eines der größten Süßwasserreservoirs der Erde bilden.

Für die 1,5 Milliarden Menschen, die in Indien, China,

Nepal, Bhutan, Bangladesch und den südostasiatischen Ländern an jenen Flüssen leben, die im Himalaja entspringen, ist das Schmelzwasser der Gletscher von existenzieller Bedeutung.[2] Es steht nämlich bisher genau dann zur Verfügung, wenn von Natur aus Trockenheit und Wasserknappheit herrschen. Die Flüsse sind die Lebensadern Asiens, sie bieten nicht nur Nahrung, Wasser für die Landwirtschaft und Transportmöglichkeiten, sondern haben besonders in Indien auch eine große spirituelle Bedeutung.

Eine dauerhafte Versorgung weiter Teile Asiens mit Schmelzwasser setzt voraus, dass sich die Gletscher des Himalaja jedes Jahr erneuern können. Doch chinesische und indische Forscher beobachten seit Jahren einen kontinuierlichen Schwund.

Eine Prognose im Vierten Sachstandsbericht des Weltklimarats IPCC von 2007, dass die Gletscher des Himalaja bis 2035 verschwunden sein könnten, hat sich zwar als peinlicher Fehler entpuppt, der nicht durch wissenschaftliche Daten gedeckt ist.[3] Doch die indische Regierung veröffentlichte im Frühjahr 2011 die Ergebnisse einer von Satelliten unterstützten Langzeituntersuchung von knapp 2800 Gletschern, die Klarheit schafft. Ihr zufolge schrumpfen drei Viertel der Gletscher mit einem sehr hohen Tempo von 3,75 Prozent pro Jahr, während nur acht Prozent der Gletscher zulegen.[4] Eine intensive Untersuchung von knapp 500 indischen Gletschern hat 2007 ergeben, dass ihre Fläche seit den 1980er-Jahren um ein Fünftel kleiner geworden war.[5]

Wissenschaftler der Chinesischen Akademie der Wissenschaften haben 2010 Daten vorgelegt, denen zufolge die chinesischen Gletscher in den vergangenen 30 Jahren um 17 Prozent geschrumpft sind.[6] Yao Tandong, der führende Gletscherexperte der Akademie, hält Studien für glaubhaft, wonach die Himalaja-Gletscher bis 2030 um weitere 30 Prozent und bis 2050 um 40 Prozent schrumpfen werden.[7, 8]

Vollends geklärt ist die Frage nicht, wie schnell der Schmelzprozess laufen könnte. So legen neuere Analysen der University of Colorado nahe, dass die Erderwärmung mit der Luftfeuchtigkeit auch den Schneefall vergrößern und dies bei Gletschern zu Wachstum führen könnte. Das International Centre for Integrated Mountain Development (ICIMOD) in Nepal sieht die Himalaja-Gletscher aber auf breiter Front auf dem Rückzug.

Regionale Klimaprognosen sind enorm schwierig, weshalb der Weltklimarat IPCC stets auf Unsicherheiten in seinen Vorhersagen hinweist.[9] Für Indien, Pakistan und Bangladesch rechnet der IPCC mit einer Erwärmung um zwei bis 4,7 Grad Celsius bis zum Jahr 2100 gegenüber dem Beginn der Industrialisierung, für das tibetische Hochland um 2,8 bis 5,1 Grad Celsius.[10] Das klingt vielleicht nach wenig, doch hinter solchen Durchschnittswerten verbergen sich für die betroffenen Menschen und Ökosysteme enorme Temperaturunterschiede. So war es während der letzten Eiszeit auf der Erde durchschnittlich nur vier bis fünf Grad Celsius kälter als heute. Eine Zunahme um drei oder vier Grad käme da einer »Heißzeit« gleich.

Wie diese Erwärmung das wichtigste Wetterphänomen der Region, den Monsun, der Landwirte mit Wasser versorgt, beeinflussen wird, ist noch unklar.[11] Doch Klimaforscher sind sich weitgehend einig, dass der Himalaja-Region eine schwierige Entwicklung bevorsteht: Während die Gletscher abschmelzen, ist tendenziell deutlich mehr Wasser in den Flüssen als heute. Das kann zeitweise zu sehr positiven Effekten führen, wenn die Sorge um Wassermangel entfällt.[12, 13] Zugleich steigt die Gefahr von Überschwemmungen. Sobald die Gletscher deutlich geschrumpft sind, tritt allerdings ein chronischer Wassermangel ein. Besonders für die Landwirte würde es schwierig, Trockenperioden zu überstehen, in denen sie sich bisher aus den Flüssen über Bewässerungskanäle mit Wasser versorgen.

Gleichzeitig nimmt die Nachfrage nach Süßwasser deutlich zu. Schon heute kämpfen die beiden asiatischen Großmächte mit extrem harten Folgen von Wassermangel und ökologischem Stress durch Umweltveränderungen.[14] Die Industrialisierung Chinas und auch Indiens findet vor allem in den großen Flusstälern statt. In Indien wird für die kommenden Jahrzehnte ein starkes Bevölkerungswachstum auf mehr als 1,5 Milliarden Menschen vorhergesagt, in Pakistan sollen bis Mitte des Jahrhunderts hundert Millionen Menschen hinzukommen, in Bangladesch fünfzig Millionen.[15] Mit dem Wohlstand wächst in Asien auch die Nachfrage nach Fleisch, was eine intensivere Bewirtschaftung mit hohem Wasserverbrauch voraussetzt.[16]

Die fünf großen Flüsse, die in der Himalaja-Region entspringen – Indus, Ganges, Tsangpo/Brahmaputra, Jangtsekiang und der Gelbe Fluss –, versorgen zusammengenommen jeden fünften Menschen auf der Erde mit Wasser. Modellberechnungen, die im Wissenschaftsjournal Science veröffentlicht wurden, haben ergeben, dass die vom IPCC vorhergesagte Erderwärmung die Wassermengen in diesen Flüssen deutlich verringern würde.[17] Zwar wird fehlendes Schmelzwasser teilweise durch höhere Niederschläge ausgeglichen, doch kommt die Studie zu dem Ergebnis, dass das verfügbare Wasser aus dem Indus um acht Prozent, aus dem Ganges um 18 Prozent, aus dem Brahmaputra um 20 Prozent und aus dem Jangtsekiang um fünf Prozent abnehmen könnte. Nur der Gelbe Fluss zeigt in den Modellberechnungen eine Zunahme des verfügbaren Wassers.

Die Autoren warnen vor Unwägbarkeiten in ihren Annahmen, stellen aber zugleich fest: »Obwohl zunehmende Niederschläge ausgleichend wirken können, erwarten wir, dass sich die Wassermengen des Indus und Brahmaputra im Frühjahr und Sommer zwischen 2046 und 2065 dauerhaft und deutlich verringern, wenn eine Zeit steigender Abflüsse aus beschleunigter

Gletscherschmelze vorüber ist.« Im Einzugsgebiet des Brahmaputra könnte dies die Ernährungssicherheit von 34 Millionen Menschen gefährden, am Indus von 26 Millionen Menschen und am Ganges von 2,4 Millionen Menschen. Insgesamt könnte die Ernährung von 4,5 Prozent der Bevölkerung entlang der Himalaja-Flüsse bedroht sein. Die Austrocknung des Aralsees, der früher der viertgrößte Binnensee der Welt war, zeigt, welche gewaltigen Dimensionen Wasserfragen annehmen können.

Trotz mannigfaltiger Warnungen vor »Wasserkriegen« hat die Menschheit es bisher meist verstanden, Verteilungskonflikte entlang von Flüssen mit friedlichen Mitteln zu lösen.[18] Der Geograph Aaron T. Wolf von der Oregon State University, einer der weltweit führenden Experten für Wasserkonflikte, hebt hervor, dass bisher nur ein wirklicher Wasserkrieg bekannt ist, der schon vor 4500 Jahren im Euphrat-Tigris-Becken stattgefunden hat. Während es seit 1950 rund 500 Streitigkeiten zwischen Nationen um Wasser gegeben habe, seien gleichzeitig mehr als 1200 Kooperationsabkommen abgeschlossen worden. »Gewaltanwendung im Umgang mit Wasser ist strategisch nicht rational, hydrographisch nicht effektiv und wirtschaftlich nicht tragfähig«, schreibt Wolf. So sei es zum Beispiel unklug, wenn ein Land am Unterlauf eines Flusses einen Staudamm am Oberlauf bombardiere – »das würde eine Wand von Wasser zum Angreifer schicken«.

Ein gutes Beispiel für eine friedliche Lösung stammt aus dem Frühjahr 2015: Nach langen Streitigkeiten um das Wasser des Nils, bei denen Ägypten Äthiopien mit einem Krieg gedroht hat, kam es zu einem vom Sudan vermittelten Abkommen über die Nutzung des Nilwassers. Ausgelöst hatte den Streit die Errichtung des »Renaissance-Staudamms« am Blauen Nil in Äthiopien, der Afrikas größter Staudamm werden soll. Letztlich nahm Ägypten aber seine Drohungen zurück, ein gemeinsames Nutzungsabkommen wurde besiegelt.

Ähnlich friedlich verläuft die gemeinsame Bewirtschaftung des Colorado River an der Grenze der USA zu Mexiko. Der Fluss spiegelt den enormen Wasserbedarf der Region wider – seit vielen Jahren wird vor allem für die Landwirtschaft so viel Wasser entnommen, dass der Colorado sein Mündungsgebiet gar nicht mehr erreicht und vorher trockenfällt. Doch die USA und Mexiko kooperieren dabei, regelmäßig einen Wasser-»Puls« durch das Flussbett zu schicken, damit das Feuchtgebiet-Ökosystem wenigstens ansatzweise erhalten bleibt.

Doch trotz dieser Beispiele sieht Forscher Wolf durchaus die Möglichkeit, dass bei Streitigkeiten zwischen Ländern um die Ressource Wasser in Zukunft doch »Gewalt wahrscheinlich« wird: wenn sich die Wasserverfügbarkeit schnell verändere, wenn sie stärker als früher schwanke und wenn Institutionen aller Art damit überfordert seien, die neue Situation zu regeln. »Das ganze Netzwerk von Wasserrechten und Wasserverteilung hängt in vielen Teilen der Welt davon ab, dass Wasser in den Schnee- und Eismassen von Gebirgen gespeichert wird.« Angesichts der Klimawandelszenarien, folgert Wolf, seien Wasserkriege durchaus denkbar.

Insbesondere an Staudammprojekten entzünden sich weltweit Streitigkeiten zwischen Ländern. Sie erlauben es dem Land am Oberlauf, sowohl Wasser für die Trockenzeit zu speichern als auch es mithilfe von Kanälen und Tunneln abzuzweigen und so den Menschen am Unterlauf des Flusses vorzuenthalten. In Syrien und im Irak löste deshalb in der Vergangenheit das türkische Großvorhaben, den Tigris mit dem Ilusu-Projekt und den Euphrat mit dem Beyhan-Projekt aufzustauen, Angst vor Wasserknappheit aus. In Kenia sorgen sich viele Menschen vor negativen Effekten des äthiopischen Gibe-Damms. Und auch wenn der Streit um das Nilwasser zwischen Ägypten und Äthiopien vorerst beigelegt ist, zeigen die militärischen Drohungen Ägyptens doch sehr deutlich, wie existenziell dieses Thema ist und wie schnell Kriegsdrohungen im Raum stehen. Auch für die Himalaja-Anrainer können Staudämme zur Existenzfrage werden. Seit vielen Jahren streiten sich China und die weiteren Anrainerstaaten um chinesische Staudammprojekte am Mekong, die am Unterlauf des Flusses als Bedrohung angesehen werden.

Die drei Himalaja-Flüsse, die sich mehrere Nationen miteinander teilen, entspringen allesamt in einem eng umgrenzten Gebiet rund 500 Kilometer nordöstlich von Neu-Delhi. Nur der Ganges hat seinen Ursprung auf indischem Territorium. Der Indus sowie der Yarlung Tsangpo, der später zum Brahmaputra wird, entspringen in China.

Trotz zahlreicher militärischer Konflikte im Himalaja seit dem Zweiten Weltkrieg und dem nuklearen Kräftemessen zwischen Indien und Pakistan ist es bisher gelungen, die Wasserressourcen weitgehend friedlich zu teilen. Nach langen, schwierigen Verhandlungen haben Indien und Pakistan 1960 den »Indus-Vertrag« abgeschlossen. Er spricht Indien zu, das Wasser der drei westlich entspringenden Flüsse Ravi, Beas und Satluj zu nutzen, und Pakistan das Wasser der drei östlich entspringenden Flüsse Indus, Jhelam und Chenab. Indien und Bangladesch haben 1977 nach langjährigen Konflikten ebenfalls ein Wasserabkommen unterzeichnet.

Das verhindert nicht, dass die Nationen sich um die Wassernutzung streiten. Besonders kontrovers ist zwischen Indien und Pakistan der Bau des Kishenganga-Staudamms, für den ein 24 Kilometer langer und fünf Meter breiter Tunnel durch die nordkaschmirische Gebirgskette gebohrt wird. Der Tunnel entzieht dem Fluss Neelum, den Pakistan für sich beansprucht, Wasser, um daraus Strom für Indien zu gewinnen. Indien argumentiert, dass das Wasser letztlich wieder im Jhelam-Fluss lande, der nach Pakistan fließt. Doch Pakistan will sich den Eingriff in das Neelum-Tal nicht gefallen lassen und warnt, dort entstehe sonst eine Wüste. Auch zwischen Bangladesch und Indien bleibt die Lage gespannt, denn Bangladesch wirft seinem großen Nachbarland vor, systematisch zu viel Wasser aus dem Ganges abzuzweigen, um es in die Region von Kolkata zu leiten.

Die größte Spannung entwickelt sich allerdings zwischen Indien und China. Die beiden Mächte haben bisher keinen Vertrag geschlossen, wie sie die Wasserressourcen ihrer Region teilen. China beansprucht den nordöstlichsten Bundesstaat Indiens, Arunachal Pradesh, wo der Tsangpo den Himalaja hinunterdonnert und zum Brahmaputra wird, fast vollständig für sich. Der Grenzverlauf in den Regionen, in denen der Indus und der Satluj von China nach Indien fließen, ist ebenfalls nicht geklärt.[19] Bis vor Kurzem gab es im gesamten Oberlauf des Tsangpo auf chinesischer Seite keinen Staudamm. Medienberichte über mögliche Projekte ließ die chinesische Regierung mehrere Jahre lang konsequent dementieren.

2009 jedoch gab es erste Berichte in chinesischen Zeitungen über eine Serie von fünf Staudämmen, die in der Nähe von Gyaca am Oberlauf des Tsangpo realisiert würden. Die indische Öffentlichkeit bemerkte dies erst mit Verzögerung, war aber dann umso schockierter über Satellitenbilder, die bei einem der Dämme, Zangmu, bereits einen erheblichen Baufortschritt erkennen lassen. 2010 und 2011 kam es zu hitzigen Debatten im indischen Parlament, in denen sich die Regierung vorwerfen lassen musste, nicht vehement genug gegen die chinesischen Staudämme protestiert zu haben und so die Interessen Indiens zu verraten.[20] Zu den Gründen, warum viele Inder so sensibel auf das chinesische Projekt reagieren, gehört, dass in China immer wieder Pläne diskutiert werden, in großem Stil das Wasser des Tsangpo abzuzweigen und in das trockene Nordchina umzuleiten, wo der Bedarf enorm ist. Mit dem Bau großer Kanäle hat China lange Erfahrung, die Arbeiten am »Kaiserkanal«, der Peking und Shanghai verbindet, begannen bereits vor 2400 Jahren. Eine Wasserleitung quer durch das tibetische Hochland mit seinen Gebirgsketten zu legen würde freilich eine ganz andere Dimension von Ingenieurs-kunst darstellen. Nichtsdestotrotz haben sich einflussreiche Kreise in China immer wieder mit der Idee befasst.

2005 veröffentlichte einer der Vordenker des Projekts, Li Ling, das Buch *Tibets Wasser wird China retten*, das einen konkreten Vorschlag für eine Route unterbreitet. Diese Route wurde von der chinesischen Regierung zwar als »Fantaste-rei« abgetan, doch wenige Jahre später wurde am Staatlichen Laboratorium für Wasserwissenschaft und Ingenieurswesen ein ähnlicher Plan mit einer neuen Route entwickelt, die vom im Bau befindlichen Staudamm Zangmu abzweigt. Der Autor, Wang Guangqian, schlägt vor, 200 Milliarden Kubikmeter Wasser pro Jahr aus dem Tsangpo abzuzweigen und in den durstigen chinesischen Norden zu leiten.

Nachdem China zwischen Herbst 2010 und Sommer 2011 von einer Rekorddürre heimgesucht wurde, die fast acht Mil-lionen Hektar Land betraf und für zweieinhalb Millionen Men-schen das Trinkwasser knapp werden ließ, gibt es Anzeichen, dass Pläne dieser Art inzwischen ernster genommen werden als bisher.[21] So ernst jedenfalls, dass in Indien große Ängste entstehen, dass eines Tages aus dem Lebensstrom Brahmapu-tra ein Rinnsal wird. Die chinesische Seite versucht, die indi-schen Bedenken zu zerstreuen. Die Gebiete am Unterlauf des Flusses hätten keine Beeinträchtigung zu befürchten, zitierte die Frankfurter Allgemeine Zeitung im November 2010 Li Chaoyi, Chefingenieur des Energiekonzerns Huaneng. »Nach der Inbetriebnahme wird das Wasser durch Turbinen und Schleusen geleitet, um den Wasserstand am Unterlauf nicht zu beeinflussen«, sagte der Ingenieur. Die Gesamtkapazität des Zangmu-Staudamms gab der Ingenieur mit 510 Megawatt an. Die Investitionen liegen laut dem FAZ-Bericht bei 7,9 Mil-liarden Yuan, umgerechnet 880 Millionen Euro. Einer Mittei-lung der staatlichen chinesischen Nachrichtenagentur Xinhua zufolge ging der Zangmu-Damm samt Wasserkraftwerk Ende

November 2014 in Betrieb. Der Bericht deutete an, dass dieses Projekt erst der Anfang sei: Tibet habe jährliche Wasserressourcen von 449,2 Milliarden Kubikmetern, die potenziell 201,36 Millionen Kilowatt erzeugen könnten. Zum Vergleich: Die Kapazität des Zangmu-Damms beträgt eine halbe Million Kilowatt. Dass China bei der Wasserversorgung in großen Dimensionen denkt, zeigt auch das Süd-Nord-Wassertransferprojekt, das weltweit größte Projekt zur Umlenkung von Wasser, für das viele Menschen umgesiedelt wurden.

Ein weiterer Himalaja-Fluss, um den es zwischen China und seinen Nachbarländern Streit gibt, ist der Nu. Im indischen Himalaja-Teil sind einem Bericht des Wissenschaftsjournals *Nature* vom 5. Dezember 2012 zufolge 300 Staudämme in Bau oder Planung, von denen viele wegen der ökologischen und ökonomischen Folgen stark umstritten sind.

Der Klimawandel dürfte alle diese Konflikte noch verschärfen, zumal eine global abgestimmte Lösung der tieferen Ursachen nicht in Sicht ist. Schon seit den 1950er-Jahren sind die Gefahren eines weltweiten Klimawandels durch Treibhausgase bekannt. 1992 beschlossen mehr als 190 Staaten auf dem »UN-Erdgipfel« von Rio des Janeiro, den Ausstoß an Treibhausgasen so zu limitieren, dass es nicht zu einem gefährlichen Klimawandel kommt. 1997 wurde das Kyoto-Protokoll beschlossen, das Industrieländer verpflichtet, weniger Treibhausgase in der Atmosphäre zu entsorgen. Doch seither herrscht weitgehend Stillstand bei den Verhandlungen. Vor allem Amerika verhindert seit Jahren systematisch das Zustandekommen eines Weltklimavertrags mit verbindlichen Zielen. Auch China und Indien treten als potente Blockierer auf. Trotz der Gefahren, die der Klimawandel für ihre Länder bedeutet, reklamieren sie, dass die westlichen Industrieländer historisch betrachtet für einen Großteil des zusätzlichen CO_2 in der Atmosphäre verantwortlich seien. Verbindliche CO_2-Ziele lehnten die beiden asiatischen Mächte über viele Jahre hinweg so strikt ab, dass daran 2009 der mit hohen Erwartungen verbundene Klimagipfel von Kopenhagen scheiterte.

Immer neue Klimagipfel werden angesetzt, um das Problem zu lösen. 2015 kam erstmals seit vielen Jahren wieder Bewegung in das Thema. Im Juni des Jahres beschlossen die Regierungschefs der G7-Staaten bei ihrem Treffen im oberbayerischen Elmau, dass bis zum Ende des Jahrhunderts die Nutzung der fossilen Energieträger Erdöl, Kohle und Erdgas beendet sein soll. Und das ganze Jahr über liefen Vorbereitungen für den Weltklimagipfel von Paris, mit dem Ziel eines umfassenden Weltklimavertrags, der alle großen CO_2-Emittenten einbezieht und 2020 in Kraft treten soll. Erleichtert wurden die Verhandlungen durch ein amerikanisch-chinesisches Klimaabkommen vom November 2014, bei dem die US-Seite sich verpflichtete, ihren Ausstoß an Treibhausgasen bis 2025 um 26 bis 28 Prozent im Vergleich zu 2005 zu reduzieren, und die chinesische Seite versprach, ihre Emissionen ab dem Jahr 2030 zu senken. Das Abkommen wurde gefeiert, doch zugleich hat es Schwächen: In den USA ist unklar, wie es mit der Klimapolitik nach dem Ende der Amtszeit von Präsident Barack Obama weitergeht. Republikaner sind erbitterte Gegner von internationalen klimapolitischen Zusagen. In China wiederum bleibt offen, wie stark die Emissionen bis 2030 steigen. Schon heute ist das Land weltgrößter Verursacher von Emissionen. Der durchschnittliche Chinese emittiert bereits so viel wie der durchschnittliche EU-Bürger. Zwar unternimmt China im eigenen Land ambitionierte Versuche, den Energieverbrauch zu mindern und erneuerbare Energien zu nutzen, doch das Wirtschaftswachstum führt dazu, dass der absolute Ausstoß weiter steigt. Für China könnte es allerdings attraktiv werden, eine globale Führungsrolle im Klimaschutz einzunehmen. Das würde die USA isolieren und die technologische Modernisierung Chinas beschleunigen.

Die CO_2-Konzentration in der Atmosphäre lag zu Beginn

der Industrialisierung bei 280 ppm (parts per million), beim Erdgipfel von Rio 1992 bei 356 ppm und im Jahr des neuerlichen Erdgipfels 2012 in derselben Stadt bei über 390 ppm.[22] Im Mai 2013 erreichte der Messwert erstmals die Marke von 400 ppm. Die CO_2-Emissionen selbst erreichten 2010 einen neuen Rekordwert. Die Menschheit setzte für Energie, Landwirtschaft und andere Zwecke 50 Milliarden Tonnen Kohlendioxid frei. UNEP-Chef Steiner rechnet vor, dass die Emissionen bis 2020 auf 44 Milliarden Tonnen sinken müssten, um eine gefährliche Erderwärmung aufzuhalten. 2014 wurde erstmals ein Stagnieren der globalen Emissionen festgelegt. Im bisherigen Trend liegt aber ein Wachstum auf 56 Milliarden Tonnen. Die Internationale Energieagentur warnt, dass bis 2020 so viele neue Kohlekraftwerke am Netz sein könnten, dass ein späteres Umsteuern kaum oder nur zu immensen Kosten möglich sein wird. Die Entscheidung über die Energie-Infrastruktur der Menschheit fällt also bis 2020.

Die Herausforderung ist riesig, und es wurde schon viel Zeit verloren. Um unter dem international vereinbarten Ziel zu bleiben, die Erderwärmung auf weniger als zwei Grad Celsius im Vergleich zur vorindustriellen Zeit zu begrenzen, dürfen insgesamt nur zwischen 750 Milliarden und maximal 1000 Milliarden Tonnen Kohlenstoff (als CO_2) zusätzlich in die Atmosphäre gelangen. Bis Ende 2011 hatte die Menschheit von diesem Budget bereits rund 551 Milliarden Tonnen emittiert. Modellberechnungen zufolge wird der Schwellenwert zu einer gefährlichen Erderwärmung nach heutigen Emissionstrends bereits zwischen 2028 und 2044 erreicht sein. Die Emissionen müssten um 2,5 bis fünf Prozent jährlich sinken, um dies zu vermeiden – wofür es jedoch keinerlei Anzeichen gibt. Läuft der Menschheit also die Zeit davon, einen gefährlichen Klimawandel zu vermeiden, der Missernten, Wetterextreme, Ressourcenkonflikte, Hunger und Wassermangel verschärfen könnte?

Der frühere indische Umweltminister Jairam Ramesh warnte in einem Interview mit der ZEIT im Juni 2015: selbst bei einem sehr guten Verhandlungsergebnis könne der Klimagipfel von Paris nicht garantieren, dass die Erderwärmung unter der gefährlichen Schwelle von zwei Grad Celsius im Vergleich zu vorindustriellen Zeiten bleibe.

Und so lässt das bisherige Versagen der Weltklimapolitik Klimaforscher über mögliche Notlösungen nachdenken.[23] Dazu könnten künstliche Eingriffe in das Weltklima gehören, mit dem Ziel, die Durchschnittstemperaturen zu senken. Für dieses sogenannte »Geo-Engineering« gibt es zahlreiche Vorschläge. So ist eine Idee unter mehreren, die Ozeane mit Eisenspänen zu düngen, damit Algen mehr Kohlendioxid aus der Atmosphäre aufnehmen können. Andere schlagen die Installation von gewaltigen Spiegeln oder anderen reflektierenden Oberflächen in der Atmosphäre vor, um wärmendes Sonnenlicht zurück ins All zu lenken.

Als realistischste Alternative erscheint die gezielte Freisetzung von Gasen wie Schwefelaerosolen, die in der Atmosphäre den gegenteiligen Effekt von Treibhausgasen haben, indem sie verhindern, dass Sonnenstrahlen überhaupt erst zur Erde gelangen. So haben Wissenschaftler wie der Chemie-Nobelpreisträger Paul J. Crutzen vorgeschlagen, den gezielten Ausstoß von kühlenden Gasen zumindest zu untersuchen.

Die Befürworter argumentieren, dass solche kühlenden Effekte auch auf natürliche Weise etwa nach dem Ausbruch von Vulkanen auftreten. So hat allein der Ausbruch des Vulkans Pinatubo 1991 die globale Bodentemperatur in den Folgejahren um 0,1 bis 0,2 Grad Celsius gesenkt. In den vergangenen Jahren dämpften vom Menschen ausgestoßene Stoffe, wie schwefelige Aerosole aus Kohlekraftwerken, den wärmenden Effekt der CO_2-Emissionen um rund ein Viertel. Wissenschaftler schätzen, dass zum Ausgleich der menschlichen CO_2-Emissionen pro Jahr 1,5 bis fünf Millionen Tonnen Schwefel pro Jahr in die Stratosphäre eingebracht werden müssten. Zu den prominentesten Befürwortern aktiver Erforschung des Geo-Engineering zählt der kanadische Wissenschaftler David Keith von der Harvard-Universität: »Was die Wissenschaft heute weiß, legt nahe, dass ein moderates Kühlprogramm erhebliche Vorteile für uns Menschen bringen könnte, vor allem für die Ärmsten, die einem ungebremsten Klimawandel und den Veränderungen in der Natur, die er mit sich brächte, schutzlos ausgeliefert wären«, sagte er in einem Interview mit der Zeitschrift Geo.

Bisher wurde das »Geo-Engineering« von den meisten Umweltorganisationen und vielen Regierungen abgelehnt. Die Gegner warnen, dass künstliche Eingriffe in ihren Folgen weder absehbar noch kontrollierbar seien und nur die Aufmerksamkeit davon ablenken würden, die CO_2-Emissionen wirksam zu reduzieren. Der US-Strategieexperte John T. Ackerman vom Air Command and Staff College (ACSC) mahnt: »Beim Klima-Engineering sind unerwartete und vielleicht unerwünschte, nonlineare Konsequenzen wahrscheinlich.« Und der Klimahistoriker James R. Fleming vom US-amerikanischen Wilson Center wirft den Befürwortern vor, »das Mögliche zu übertreiben und die politischen, militärischen und ethischen Implikationen« von gezielten Kühlmaßnahmen zu ignorieren.

Auch Befürworter wie David Keith warnen vor geopolitischen Risiken, die zu Konflikten führen könnten. Als besonders gefährlich gilt das Szenario, dass ein einzelnes Land oder ein kleines Bündnis von Ländern allein beginnen könnte – oder dass künftige Geo-Engineering-Methoden es erlauben würden, das Klima nicht global ausgeglichen zu verändern, sondern regional unterschiedlich. So könnten zum Beispiel die vom Untergang bedrohten Südsee-Inseln Geld für einen klimapolitischen Präventivschlag sammeln und Kühlgase ausbringen, warnt David Keith. Oder Länder versuchen, ihre eigenen Lebensbedingungen auf Kosten anderer zu optimieren.

»Es ist vorstellbar, dass an einem gewissen Punkt in der nahen Zukunft ein Land, das nicht genug gegen den Klimawandel getan hat, zu dem Ergebnis kommt, dass die Erderwärmung nun so sehr seinen Interessen schadet, dass es einseitig Geo-Engineering betreiben sollte«, schrieb der Rechtswissenschaftler David A. Victor, Leiter des Programms für Energie und Nachhaltige Entwicklung an der Stanford University, bereits 2009 zusammen mit Kollegen in einer Analyse in Foreign Affairs. Für so ein »ausreichend überhebliches oder verzweifeltes« Land könnte Geo-Engineering »weniger hässlich aussehen als ungehinderte Klimaerwärmung«. Es könnte dann die Technologie nutzen wollen, ohne andere zu fragen, und anderen Staaten einseitig Kosten für veränderte Niederschlagsmuster, Tourismusschäden oder Nachteile in der Landwirtschaft aufzubürden bereit sein.

Erschwerend kommt hinzu, dass eine internationale Einigung über das Geo-Engineering noch schwieriger erscheint als eine Einigung über CO_2-Reduktionen. Außer in einer absoluten Katastrophensituation sei es unwahrscheinlich, dass eine globale Einigung über Geo-Engineering erzielt werden kann, da die Interessen sehr unterschiedlich ausfielen, glaubt Victor. Das Konfliktpotenzial sieht er deshalb als groß an. Manche Experten warnen davor, dass Kühltechniken, einmal entwickelt, als »Massenvernichtungswaffe« eingesetzt werden könnten.

Donald Johnston vom International Risk Governance Council glaubt, dass Geo-Engineering »eines der umstrittensten und am stärksten polarisierenden Themen in der Klimadebatte werden könnte, wenn es nicht umgehend ausführlich diskutiert wird«. Denn auch das kennzeichnet die Diskussion über Kühllösungen: Es gibt bisher mit Ausnahme eines einzelnen UN-Votums gegen die Ozeandüngung keinerlei internationale Regeln für gezielte Eingriffe dieser Art in das Weltklima. Bei den Olympischen Sommerspielen in Peking hat China bereits gezeigt, wie effektiv es das Wettergeschehen regional beeinflussen kann. Mit speziellen Partikeln wurden Regenwolken aufgelöst, um gutes Wetter zu schaffen. Nichts verbietet es bisher einem Land oder einem Bündnis von Ländern, ohne die Zustimmung anderer Länder Geo-Engineering zu betreiben – zumal wenn, durch Wetterextreme hervorgerufen, international eine Art »Paniksituation« entsteht.

Der US-amerikanische Thinktank RAND Corporation warnte 2011 in einer Analyse des Geo-Engineering davor, dass »im Gegensatz zu den meisten Ansätzen zur Minderung von Treibhausgasemissionen einige Geo-Engineering-Ansätze sich als rasch wirksam und billig herausstellen könnten und von einer oder einer kleinen Zahl von Nationen angewandt werden könnten«. Dies bringe »erhebliche Herausforderungen für das Risikomanagement, die nationale Sicherheit und die internationale Weltordnung mit sich, mit deren Untersuchung gerade erst begonnen wurde«.[24] Die Technologie könne unter bestimmten Umständen »das Risiko von Konflikten zwischen Nationen erhöhen«.

Ähnlich sehen es die Wissenschaftler vom »Kiel Earth Institute«, einem Zusammenschluss des Instituts für Meeresforschung und des Instituts für Weltwirtschaft an der Universität Kiel. Sie legten im Oktober 2011 im Auftrag des Bundesforschungsministeriums eine Studie zum »Climate Engineering« (CE) vor, in der es heißt: »Im Gegensatz zur Emissionskontrolle, die nur durch eine Übereinkunft einer Vielzahl von Staaten effektiv werden kann, können einige CE-Maßnahmen technisch und finanziell ohne Weiteres von einem einzelnen Staat oder einer kleinen Anzahl von Staaten durchgeführt werden. Eine solche Möglichkeit birgt die Gefahr internationaler Konflikte.«[25]

* * *

Zwei Tage nach ihrem Schlagabtausch am Telefon landen die Regierungschefs von Indien und China in kleinen Jets auf dem Flughafen von Thimpu. Das Königshaus von Bhutan hat sich bereit erklärt, das Geheimtreffen auszurichten. Nach ein paar Stunden gegenseitiger Vorwürfe kommen sie zu den Gemeinsamkeiten: Sie reden darüber, wie sehr ihre Vorgänger den Klimawandel unterschätzt haben. Dass der innenpolitische Druck, Wasserressourcen zu sichern, einfach gigantisch ist. Und dass sie die nahende Zeit fürchten, in der das Gletscherwasser des Himalaja zur Neige gehen wird, wenn sich die Eismengen nicht wieder erneuern können.

Damit sind sie bei dem Thema, auf das der chinesische Präsident das Gespräch lenken will. Denn aus seiner Sicht gibt es nur einen Weg, das Wasserproblem im Himalaja und viele andere Klimaprobleme ohne Krieg und Katastrophen in Asien zu lösen: Die Erde muss insgesamt wieder kühler werden. Nur eine globale Abkühlung kann den Kreislauf von Eisbildung und Eisschmelze im Himalaja wieder in Gang setzen, nur so kann in den Trockenperioden wieder ausreichend Wasser zur Verfügung stehen. Die führenden Köpfe der Chinesischen Akademie der Wissenschaften haben ihn überzeugt, dass Global Cooling machbar ist. Aber er hatte es bisher nicht gewagt, dies bei internationalen Gipfeltreffen als Strategie vorzuschlagen – aus Angst, sich zu isolieren oder sogar für verrückt erklärt zu werden. Doch nun, da der CO_2-Gehalt mit 560 ppm doppelt so hoch liegt wie bei Beginn der Industrialisierung, droht eine katastrophale Heißzeit anzubrechen. Die Zeit ist reif für globale Gegenmaßnahmen unter asiatischer Führung.

Die Weltgemeinschaft würde das Problem nicht lösen können. Vor zehn Jahren war die vorerst letzte UN-Weltklimakonferenz in einem gewaltigen Streit zwischen den alten und den neuen Industriemächten zu Ende gegangen. Der Generalsekretär der Vereinten Nationen kündigte damals an, dass weitere Gipfel dieser Art keinen Sinn mehr machen. »Wir hatten eine Chance, und wir haben sie nicht genutzt«, sagte er. »Weitere Konferenzen abzuhalten würde bedeuten, unsere Bevölkerungen anzulügen.« Über diese Entwicklung waren die Großmächte USA, Indien und China zunächst erleichtert. Die jährlichen Gipfel, bei denen ihre Länder als Übeltäter vorgeführt wurden, gehörten der Vergangenheit an. Jedes Land entschied nun auf Dauer selbst, wie viele fossile Brennstoffe es verbraucht.

Die Vorgänger an der Spitze Chinas hatten die Lücke in der Weltklimapolitik genutzt, um die Industrialisierung auf bisher rückständige Gebiete auszuweiten. Um den Millionen von jungen Männern, die auf der Suche nach Arbeit und Frauen in die Städte kommen, eine neue Heimat zu geben, war der große Plan entstanden, Tibet noch viel stärker zu industrialisieren. Mithilfe staatlicher Subventionen entstanden am Himalaja-Gebirge neu angelegte Städte mit hohem Energieverbrauch. Neue Staudämme wurden nötig, um den Wasser- und Energiebedarf des Entwicklungsprojekts zu decken und die wachsende Zahl der Menschen in diesem unwirtlichen Gebiet zu versorgen.

Wenige Jahre später häuften sich gerade im Himalaja die Zeichen, dass der menschengemachte Klimawandel mit genau jener Wucht zuschlägt, die Klimaforscher vorhergesagt hatten. Mehrere Dürren in den Tiefebenen, bei denen Ernten ausfielen, Menschen an Trinkwassermangel litten und Kraftwerke mangels Kühlwasser stillgelegt werden mussten, brachten die Staatsführung in Peking dazu, die Umleitung des Himalaja-Schmelzwassers gen China in Angriff zu nehmen und an einem globalen Kühlprogramm arbeiten zu lassen.

Am Ende ihres Treffens in Bhutan beraten der chinesische Präsident und der indische Premier hauptsächlich über das Kühlprogramm: Ist es nicht so etwas wie ein militärischer Angriff auf Asien, dass der Westen die Welt in den Ölverbrauch getrieben hat und die Folgen nun hauptsächlich die armen Menschen in ihren Ländern treffen? Gibt es nicht sogar eine ethische Pflicht, kühlend in das Klima einzugreifen? Schnell finden die beiden einen gemeinsamen Kurs.

Der indische Premier fährt mit der guten Nachricht nach Hause, dass China einstweilen darauf verzichtet, den Tunnel in Betrieb zu nehmen. Die Bevölkerung kommt daraufhin wieder zur Ruhe und feiert ihren Premier sogar als Helden. Er hat in Thimpu das Ehrenwort erhalten, dass Pakistan und Bangladesch nichts von den indischen Bauarbeiten erfahren würden. Der chinesische Präsident seinerseits hat sein strategisches Ziel erreicht: Sein Land kontrolliert nun durch das Tunnel- und Speichersystem das Wasser des Tsangpo. Ob China in diesem Jahr oder erst bei der nächsten Dürre davon Gebrauch machen wird, spielt keine Rolle. Zugleich hat China Indien demonstriert, welche von den beiden aufstrebenden Milliarden-Mächten die stärkere ist.

Wenig später stellen die beiden Präsidenten das Vorhaben, die Erde durch die Freisetzung riesiger Mengen spezieller Gase in die Atmosphäre künstlich zu kühlen, den Regierungschefs von Bangladesch, Nepal und Pakistan vor. Diese treten der Initiative umgehend bei. »Global Cooling Project« nennen sie ihr Vorhaben. Mithilfe von Spezialflugzeugen sollen die Aerosole hoch oben in der Stratosphäre ausgebracht werden, wo die Partikel die stärkste und langfristigste Wirkung entfalten können.

Die Chinesische Akademie der Wissenschaften und die indischen Technologieinstitute sind bald mit ihren Berechnungen fertig, wie viel Schwefelaerosole nötig sind, um die globale Durchschnittstemperatur wieder auf das Niveau vor der Industrialisierung zu senken. Es sind viele Millionen Tonnen, verteilt über einen längeren Zeitraum, weil sonst die Wirkung nachlassen würde. Zwanzig oder dreißig Jahre Zeit könnte man auf diesem Weg gewinnen, heißt es in der Stellungnahme. Eine Dauerlösung könne die Kühltechnik nicht sein, wegen der erforderlichen Schwefelmengen, aber auch wegen ihrer Wirkung auf die Gesundheit und auf säureempfindliche Lebensräume. Die Kühlphase müsse dringend genutzt werden, um der Atmosphäre Treibhausgase zu entziehen. »Wir brauchen nicht nur Nullemissionen, sondern negative Emissionen. Ohne eine aktive Minderung des CO_2-Gehalts der Luft gibt es keine dauerhafte Lösung des Klimaproblems«, heißt es im gemeinsamen Bericht der Wissenschaftler.

Der Bericht der Wissenschaftler schließt mit einer Warnung: »Vermehrte Eisbildung im Himalaja ist sehr wahrscheinlich, doch ebenso wahrscheinlich ist es, dass es in Europa und Nordamerika zu einer drastischen Abkühlung kommen wird, mit massiven Folgen für die Landwirtschaft und den Alltag von vielen hundert Millionen Menschen.«

Die Länderchefs wissen, dass es angesichts dieser Prognose fast müßig ist, in Europa und Amerika vorfühlen zu lassen, wie man dort einen solchen Plan sähe. Doch sie erachten es als nötig, eine Mission zu entsenden. Schließlich wäre es das erste Mal in der Geschichte der Menschheit, dass eine Gruppe von wenigen Staaten gezielt in das Weltklima eingreift, mit unklaren Folgen für den Globus.

Die Emissäre treffen in Berlin auf einen Referatsleiter im Landwirtschaftsministerium, der ihnen ruhig zuhört und zum Abschied noch erzählt, dass ihm das Thema nicht neu sei. Die Universität, an der er studiert habe, sei 1818 gegründet worden, drei Jahre nach dem Ausbruch des Vulkans Tambura in Indonesien. »Die Vulkanasche führte zu einer globalen Abkühlung, zu einem Jahr ohne Sommer, zu Missernten und Hungersnöten weltweit – und zur Gründung der Agraruniversität Hohenheim, damit die Landwirtschaft wieder in Schwung kommt«, sagt der deutsche Beamte. Fast glauben die Besucher, er finde ihren Plan gut.

Als sie das Zimmer verlassen, alarmiert der Beamte jedoch

sofort seinen Minister. In Paris wird der Termin vom Agrarministerium ins Wirtschaftsministerium verlegt, die Abgesandten treffen auf einen nervösen Staatssekretär, der sie fragt, ob es sich um eine Art Planspiel handle oder um ein echtes Projekt. Als sie ihm erzählen, dass die Infrastruktur bereits existiere, um die Kühlgase auszubringen, verlässt er kurzerhand den Raum.

In Washington werden die Emissäre aus China und Indien nicht mehr im Landwirtschaftsministerium empfangen, sondern im Pentagon. »Unsere europäischen Verbündeten haben uns informiert«, sagt der US-Verteidigungsstaatssekretär, »und wir kommen in unserer Analyse zu dem Ergebnis, dass wir Ihren Plan als schwerwiegenden Verstoß gegen die Klimakonvention der Vereinten Nationen betrachten, die es verbietet, das Weltklimasystem aufs Spiel zu setzen.« Die Erwiderung, dass die USA die Konvention immer abgelehnt und das Klimasystem durch ihre extrem hohen CO_2-Emissionen gefährdet haben, lässt der Amerikaner unbeantwortet. »Wir sorgen uns, dass der Klimawandel in Ihrer Region destabilisierend wirkt. Aber hier geht es um einen unilateralen Eingriff von außen in die Lebensbedingungen der Menschen in den Vereinigten Staaten von Amerika«, betont er. »Und wenn ich mich mit meinem Verweis auf die Klimakonvention zu feinfühlig ausgedrückt habe, dann lassen Sie es mich noch einmal versuchen: Wir würden es als feindlichen Akt ansehen, wenn Ihr Bündnis das Risiko eingeht, die nördlichen Breiten zurück in die Eiszeit zu katapultieren.«

Doch die Staaten der Kühlallianz wollen sich nicht von jenen Ländern in die Knie zwingen lassen, die einen Großteil der Treibhausgase in der Atmosphäre zu verantworten haben. Ihre Regierungschefs nutzen die nächste Generalversammlung der Vereinten Nationen in New York, um sich zu rechtfertigen. Nacheinander treten sie ans Rednerpult. »Millionen Menschen in meinem Land sind vom steigenden Meeresspiegel betroffen, aber noch schlimmer wird es, wenn wir uns mit unseren Nachbarn um das Gletscherwasser streiten, bevor es versiegt«, sagt der Premier von Bangladesch. »Unsere Länder haben seit Jahrzehnten versucht, das Wasser von Indus, Ganges und Brahmaputra gerecht zu teilen, aber wir stoßen an unsere Grenzen, wenn der Klimawandel so weitergeht«, warnt der Vertreter aus Pakistan. »Wir stehen rund um den Himalaja vor einer riesigen Wasserkrise, die uns, obwohl China eine friedfertige Nation ist, in einen Krieg treiben könnte, wenn wir nicht gegensteuern«, sagt der chinesische Premier.

Schließlich ist es der indische Premierminister, der den Kühlplan verkündet, denn mit knapp 1,6 Milliarden Menschen ist Indien das bevölkerungsreichste Land der Welt. »In den vergangenen Jahrzehnten haben die alten Industriemächte die Erde unkontrolliert aufgeheizt. Sie haben vor langer Zeit in Kyoto, in Kopenhagen und bei vielen anderen Klimakonferenzen versagt, das Nötige zu tun, und uns damit angeleitet, ihrem falschen Entwicklungsmuster zu folgen. Nun, da die Konsequenzen nicht länger zu leugnen sind, wollen es die Staaten Asiens in die Hand nehmen, die Erde kontrolliert zu kühlen.« Es folgt der knappe Hinweis darauf, dass man das Leben von Milliarden Menschen nicht mit Blick auf die »Minderheiten« in Europa und den USA aufs Spiel setzen dürfe. Der Rest der Generalversammlung geht in Tumulten unter.

Drei Wochen später steigen zeitgleich von indischen und chinesischen Luftwaffenstützpunkten Geschwader von Spezialflugzeugen auf. In 20 Kilometer Höhe beginnen sie, die Kühlpartikel freizusetzen. Nach Bekanntwerden dieser Aktion schließen sich andere Nationen dem Kühlprogramm an – dazu zählen Pakistan, die Allianz der Südseestaaten und afrikanische Länder.

Washington hält sich mit einer militärischen Antwort zunächst einige Monate zurück. Dann treten erste negative

Effekte für die USA auf. In Washington erfrieren die Kirsch-
bäume mitten in der Blüte, in Iowa schneit es Anfang Juni,
und die Maisernte halbiert sich. Im folgenden Winter bersten
in Alaska Tausende von Wasserleitungen und erfrieren Tausende Menschen an der Ostküste, weil extreme Minustempe-
raturen auftreten. Ähnliches passiert in Nordeuropa.

Die USA und die EU kündigen an, jeden weiteren Flugzeug-
start in Asien zu vereiteln, bis das Kühlprogramm gestoppt
ist. Die Kühlallianz antwortet darauf mit der Forderung, Washington und die EU müssten ihre CO_2-Emissionen unilate-
ral um 90 Prozent senken und drei Billionen Dollar in globale
Aufforstungsprogramme investieren – und zwar sofort, weil
der Westen noch immer für einen erheblichen Teil der historischen Emissionen verantwortlich sei und die ganze Welt auf
den Pfad der Verschwendung fossiler Energie gebracht habe.
»Wenn das nicht geschieht, werden wir das Kühlprogramm
trotz aller unverantwortlicher Drohungen fortführen«, heißt
es in einem Statement.

Das ist der Beginn einer globalen Eskalation: Der »Kühlkrieg«
beginnt, ein politisch-militärisches Ringen, wer größere Macht
über das Weltklima hat. Wenig später explodiert ein chinesisches Kühlgas-Flugzeug beim Start aus unklarem Grund. An
einem Seitenfluss des Yarlung Tsangpo birst eine chinesische
Staumauer, was eine Flutwelle gen Indien in Gang setzt, die
Hunderte Menschen mit sich reißt. Washington äußert sein
»tief empfundenes Beileid für diesen tragischen Fall von Ma-
terialschwäche«. Die chinesische Führung findet keine Be-
weise, dass amerikanische Kommandos hinter den Vorfällen
stecken könnten. Doch das Misstrauen ist groß, zumal die
Stimmung im US-Kongress nach Vergeltung ruft. Das asiatische Bündnis reagiert nicht mit direkter Aggression, sondern
mit der »Operation Kühlnetz«: Alle Starts von Spezialflugzeugen werden abgesagt, was westliche Medien erleichtert als
Einlenken interpretieren. Doch die drei Atommächte Indien,

China und Pakistan haben einen anderen Plan. Sie beginnen damit, die Schwefelpartikel dem Treibstoff von Verkehrsflugzeugen und Militärmaschinen beizumischen. Der Kühlkonflikt beginnt nun erst richtig – und die Flugpassiere werden zu seinen Geiseln. Die Herrschaft über das Weltklima wird zur alles entscheidenden Machtfrage.

2. DEMOGRAPHIE – PANCHO VILLAS RACHE

San Diego

Der Marsch der Mexikaner ist seit Langem für den 18. Dezember angekündigt. Mehr als drei Millionen Menschen machen sich aus allen Teilen Kaliforniens und den angrenzenden US-Bundesstaaten auf den Weg zur Großkundgebung in der Stadt. »San Diego – Teil des ewigen Mexiko« steht auf vielen der Spruchbänder. Die US-Nationalgarde hat 40 000 Soldaten in die einst reiche, von weißen Exmilitärs bevölkerte südkalifornische Stadt am Pazifik verlegt. Die Gardisten warten gespannt darauf, ob die Demonstration friedlich bleiben wird oder ob sie erneut gegen Gewalttäter vorgehen müssen. Einer solchen Menschenmasse haben sie noch nie gegenübergestanden.

In Washington hat der US-Präsident in den vergangenen Tagen immer wieder mit seinen Beratern getagt und überlegt, wie eine Eskalation vermieden werden könnte. Die Geheimdienste haben der Regierung eine übereinstimmende Einschätzung gegeben: Die Demonstranten aus der mehrheitlich hispanischen Bevölkerung in Kalifornien werden von ihrer Forderung nicht abweichen, dass sich ihr Bundesstaat von den USA abspaltet. Der Präsident und seine Berater ringen um eine Antwort: Soll das demokratische Grundrecht Vorrang haben, dass Bürger selbst über ihr Schicksal entscheiden können? Soll die Bundesregierung in Washington ein Referendum in einem Landesteil akzeptieren, selbst wenn dieses eine Mehrheit für die Abspaltung von den USA ergibt? Oder dominiert das nationale Interesse, das den Zusammenhalt der USA gebietet und vor allem den Verbleib der kalifornischen Hightech-Schmiede in einer ökonomisch ohnehin schon gebeutelten Nation?

Immerhin war und ist Kalifornien mit seinen mittlerweile rund 60 Millionen Einwohnern ein Schlüsselstaat für die USA. Er sichert einen guten Zugang zum Pazifik und damit zu den Ländern des boomenden Ostasien. In dem bevölkerungsreichsten US-Bundesstaat befindet sich nach wie vor ein wichtiges Zentrum der amerikanischen Hightech-Industrie. Zwar haben einige Erdbeben und Sturmfluten im 21. Jahrhundert dazu geführt, dass in- und ausländische Konzerne ihre Investitionen drosselten und ihre sensibelsten Labors ins Landesinnere der USA verlegten, um weiteren Naturkatastrophen zu entgehen. Aber noch immer ist Silicon Valley eines der wichtigen industriell-technologischen Zentren der Supermacht.

Offiziell soll es an diesem Tag nur darum gehen, ob sich die zweitgrößte kalifornische Metropole San Diego mit ihren rund drei Millionen Einwohnern eine neue Stadtsatzung gibt, die ihre Geschichte bewusst in die Tradition der Gründung durch die spanischen Kolonialisten im Jahr 1769 stellt. Doch es ist allen klar: San Diego kann zum Fanal werden. Seit einigen Jahren gibt es schließlich auch in den anderen Bundesstaaten im Südwesten starke Bewegungen, sich von den USA abzuspalten.

Der Hauptgrund für das Erstarken der Separatisten ist ökonomischer Natur. Die USA locken zwar immer noch viele Einwanderer, etwa aus Mittel- oder Südamerika, an, weil das Land den Menschen bessere Möglichkeiten als zu Hause bietet. Aber der jahrzehntelange Niedergang der Wirtschaft im Südwesten und vor allem die weiter wachsende Kluft zwischen Arm und Reich hat das Grundgefühl vieler mexikanischstämmiger Einwanderer in Kalifornien, Texas, Arizona oder Nevada zerstört, dass ihre Familien trotz gelegentlicher Rückschläge mit immer mehr materiellem Wohlstand rechnen könnten. Die Arbeitslosigkeit ist stetig gewachsen. Die Schuldenlast in den USA hat über Jahrzehnte einen kontinuierlichen Abbau staatlicher Leistungen erzwungen. Wer immer es sich leisten kann, finanziert Bildung und Sicherheit privat. Die faktische Spaltung des Bildungssystems in einen sehr teuren, für viele unerschwinglichen privaten und einen unterfinanzierten öffentlichen Sektor verhindert gerade bei den Migranten den sozialen Aufstieg der eigenen Kinder. Statt wie früher mit Stolz die amerikanische Staatsbürgerschaft und das damit oft verbundene Gefühl anzustreben, Teil einer Weltmacht zu sein, die stets auf der richtigen Seite der Geschichte steht, besinnen sich viele Einwohner auf ihre ethnischen Wurzeln. In den größeren Städten bietet vor allem der Rückzug in die oft ethnisch immer stärker getrennten Submilieus einen Rückhalt. Nationalismus und Patriotismus fördern plötzlich nicht mehr den Zusammenhalt, sondern den Zerfall der amerikanischen Nation. Die USA mit ihren nunmehr 460 Millionen Einwohnern haben mit dem gleichen Problem wie der Vielvölkerstaat China zu kämpfen, wo die gemeinsame Vision von mehr Wohlstand für alle wegen zahlreicher Wirtschaftskrisen ebenfalls an Bindekraft verliert.

Dieser Rückzug in das eigene Milieu ist vor allem bei den Amerikanern mit hispanischem Hintergrund zu beobachten. Mittlerweile stellen sie in acht Bundesstaaten im Südwesten die Bevölkerungsmehrheit, sind deshalb selbstbewusster, fühlen sich aber zunehmend benachteiligt. In gleich sieben US-Bundesstaaten sind in den letzten Jahren Referenden angestoßen worden, Englisch als erste Amts- und Schulsprache durch Spanisch zu ersetzen. In Kalifornien und Arizona ist die hispanische Bevölkerung schon einen Schritt weiter: Einflussreiche Gruppen fordern ganz offen die Abspaltung beider Bundesstaaten von den USA. Die Separatisten bezeichnen die einst stolze Föderation amerikanischer Bundesstaaten mit Sitz in Washington, D.C., und selbst die amerikanische

Verfassung als »Diktat der weißen Ostküste«. Daran ändern weder der stetige Vormarsch der hispanischen Bevölkerung noch der Siegeszug des Spanischen auch an der Atlantikküste nichts.

Gerade der »Sonnenstaat« Kalifornien hat in den vergangenen Jahren viel von seinem alten Glanz verloren. Die Innenstädte von Metropolen wie Los Angeles, San Francisco oder Sacramento sind heruntergekommen. Die Zahl der Lehrer und Polizisten ist stark gekürzt worden. Immer wieder kommt es zu ethnischen Konflikten, gegen die die Krawalle zwischen Koreanern und Farbigen in Los Angeles in den 1980er-Jahren harmlos wirken.

In Washington wird deshalb seit Monaten immer besorgter diskutiert, wie man auf die Entwicklung reagieren soll. Etliche Berater des US-Präsidenten plädieren für Härte. Der Nationale Sicherheitsberater des Präsidenten warnt eindringlich davor, »dass andere Bundesstaaten wie Arizona und New Mexico, vielleicht sogar Texas folgen werden, wenn wir eine Abspaltung Kaliforniens zulassen. Es ist unvorstellbar, was dies für unseren Ruf und unsere Stellung in der Welt bedeutet.« Nach dem Verlust der Supermachtrolle an China würde dies als endgültiger Zerfall der Weltmacht angesehen, auch wenn die USA immer noch über erhebliche militärische Mittel verfügten.

Im Kreis der engsten Präsidentenberater hält nur die amerikanische UN-Botschafterin dagegen: »Die stärkste Waffe der USA sind auch im 21. Jahrhundert unsere Werte und Ideale: Wie sollen wir künftig die brutale Unterdrückung separatistischer Bewegungen, etwa in China, noch kritisieren, wenn wir den eigenen Bürgern dieses Selbstbestimmungsrecht verweigern?« Nach der Abspaltung des Kosovo von Serbien 2008 habe man doch 2011 auch die Abspaltung des Südsudans vom Sudan unterstützt und beide als eigene Staaten anerkannt.

Der Nationale Sicherheitsberater widerspricht energisch und erinnert an das Trauma des Amerikanischen Bürgerkriegs von 1861 bis 1865, als mehrere Südstaaten ihren Austritt aus den Vereinigten Staaten erklärt und am 4. Februar 1861 die »Konföderierten Staaten von Amerika« (CSA) gegründet hatten. Sie hielten die Sezession damals auch für verfassungsrechtlich möglich. Erst nach blutigen Kämpfen konnte der Norden die besiegten Südstaaten zurück in die USA holen. Damals starben mehr Amerikaner als in irgendeinem anderen Krieg, an dem das Land seither teilgenommen hat. Weite Landstriche des Südens wurden verwüstet. »Die Lehre aller nachfolgenden US-Regierungen aus dem Bürgerkrieg war, nie wieder eine Teilung des Landes zuzulassen«, mahnt der Berater. Eine Sezession müsse unter allen Umständen verhindert werden. Der Präsident im Oval Office hört die Argumente an, legt sich auf keine Linie fest.

Die Ratlosigkeit der kleinen Runde im Weißen Haus spiegelt die konfuse Lage im ganzen Land wider. Bereits seit Monaten diskutieren die US-Öffentlichkeit, Regierung und Thinktanks nun über die Entwicklung im Südwesten des Landes. Noch immer ist die Verwirrung spürbar, die eine völlig neue Herausforderung für das Land bedeutet. Jahrhundertlang hatten die USA Kriege gegen Briten, Spanier, Mexiko, später Deutschland und Japan geführt, um das moderne Amerika zu gründen, zu verteidigen und es schrittweise zu einer globalen Macht auszubauen. Die Erfolge brachten ab dem 20. Jahrhundert – abgesehen von der Kubakrise und dem atomaren Gleichgewicht des Schreckens mit der Sowjetunion – ein bemerkenswertes Privileg für die amerikanische Nation: Wenn eine amerikanische Regierung über Krieg und Frieden entscheiden musste, konnte sie dies im Bewusstsein tun, dass die Kämpfe auf anderen Kontinenten stattfanden.

Das eigene Staatsgebiet war im Vergleich mit dem aller anderen großen Nationen sehr sicher – aus geographischen und historischen Gründen. Mit Kanada und Mexiko besaßen die USA zudem über lange Jahrzehnte zwei moderate, westlich orientierte Nachbarn. Doch die Führung der Vereinigten Staaten fühlt nun den Preis einer jahrzehntelangen militärischen Überlegenheit. Sie konnte nur mit immensen Rüstungsausgaben und großer Innovationskraft erreicht und bewahrt werden, hat aber zugleich das Denken auf gefährliche Weise verändert. Amerikanische Strategen waren nur darin trainiert, wie sie die militärische Überlegenheit zum Sieg in Konflikten außerhalb der USA nutzen können.

Der Marsch auf San Diego stellt die Führung der Supermacht vor ein neues Problem, bei dessen Lösung ihr der hochgerüstete Militärapparat nicht mehr viel nützt: Es droht die Implosion. Gegen die neue Bedrohung von innen können auch die milliardenteuren, modernsten Hypersonic-Geschosse der U.S. Space- und Airforce nichts ausrichten.

Als ob der Ruf der hispanischen Bevölkerungsmehrheiten nach Selbstbestimmung und Abspaltung noch nicht genug wäre, geht am Tag der Demonstration eine bizarr wirkende Botschaft der mexikanischen Regierung ein. Der frühere enge Partner in der Nordamerikanischen Freihandelszone (NAFTA) und Nachbar beansprucht nun offiziell die Gebiete zurück, die er im 19. Jahrhundert an die USA verloren hatte. Im Oval Office des Weißen Hauses in Washington ahnt der amerikanische Präsident, dass er vor einer historischen Entscheidung steht. Vor ihm auf dem Tisch liegt das Memo eines jungen Beamten des National Security Council, der vor der »Rache der Geschichte« warnt.

* * *

Bereits im Jahr 2011 war absehbar, dass sich im Westen und Südwesten der USA ein grundlegender demographischer Wandel mit langfristigen Folgen für das gesamte Land vollzieht. So stellte der US-Zensus fest, dass der Anteil der Latino- oder hispanischen Bevölkerung in etlichen Bundesstaaten im Südwesten erheblich zunimmt. In Kalifornien beträgt der Anteil der Menschen hispanischer Herkunft an den knapp 38 Millionen Einwohnern heute bereits 38 Prozent, er ist damit mehr als doppelt so hoch wie im Rest der USA.[1] Von 2000 bis 2010 ist der Anteil der europäischstämmigen weißen Bevölkerung an den Bewohnern Kaliforniens um fünf Prozent gesunken, während der Anteil der Hispanics um 28 Prozent stieg.[2]

Die Integration dieser Bevölkerungsgruppe im amerikanischen »Schmelztiegel« kommt offensichtlich nicht so schnell voran, wie dies nötig wäre. Sicher gibt es immer mehr hispanische Professoren, Ingenieure und Manager. Aber das Gros der Einwanderer aus Mexiko und anderen lateinamerikanischen Staaten ist hauptsächlich in Billigjobs anzutreffen. Sie pflegen Gärten, entsorgen den Müll, bedienen in Fast-Food-Restaurants und verdingen sich als Hotelpersonal. Das scheint Distanz zum Heimatland zu schaffen, zumal sich starke Submilieus ausprägen: Ende 2009 sprachen 42 Prozent der Kalifornier zu Hause eine andere Sprache als Englisch.[3]

Noch gravierender ist die Entwicklung, dass anscheinend in den USA erstmals seit Jahrzehnten in der Gesamtbevölkerung der Optimismus abnimmt und ernsthafte Zweifel am Fortbestand des »American Dream« und den Selbstheilungskräften einer extrem robusten demokratischen Gesellschaft wach werden. So sinkt offenbar die Erwartung, dass Amerikanern aus niedrigeren Einkommensschichten ein sozialer Aufstieg gelingen kann. Forscher warnen, seit mehreren Jahrzehnten werde die Kluft zwischen Arm und Reich in den USA immer größer. »Es ist eine Tatsache, dass die Einkommen seit 25 Jahren immer ungleicher verteilt sind«, räumte auch der damalige republikanische US-Präsident George W. Bush im Januar 2007 ein. Im selben Jahr – also noch vor der großen

Finanzkrise – stellte eine Untersuchung des Pew Charitable Trust fest, dass amerikanische Männer erstmals weniger verdienten als ihre Väter in dem Alter.[4] Die Finanzkrise hat diese Entwicklungen noch dramatisch verschärft. Viele Mitglieder der amerikanischen Mittelklasse mussten ihre Häuser verkaufen, die Arbeitslosigkeit ist für amerikanische Verhältnisse ungewohnt hoch. Und im ganzen Land wird darüber diskutiert, wie lange die Gesellschaft das enorme Auseinanderklaffen zwischen Arm und Reich aushält. Die Bindungskräfte in der Konföderation drohen zu schwinden. Wissenschaftler wie Steve Murdock von der Rice University warnen, dass wegen schlechterer Bildungszugänge ein permanentes hispanisches Armenmilieu entstehen könnte.

Die Spaltung der Gesellschaft hat Konsequenzen: Nicht von ungefähr entstand 2012/13 in Texas eine Unabhängigkeitsbewegung mit dem Ziel, den Bundesstaat von den USA abzuspalten. Sie hat nach eigenen Angaben mindestens eine Viertelmillion Unterstützer. In Texas sind die Sezessionisten hauptsächlich Weiße. Noch gibt es in Kalifornien keine vergleichbare Bewegung von Hispanics, aber dafür verschieben sich wichtige demographische und ökonomische Faktoren. An der amerikanischen Westküste wachsen auch die zahlreichen Einwanderergruppen aus Asien. Aber keine Zahl steigt so schnell an wie die der Spanisch sprechenden Kalifornier: Bereits 2008 prognostizierte das private Public Policy Institute of California (PPIC), dass die Hispanics im Jahr 2020 die größte ethnische Gruppe im Bundesstaat bilden und 2025 die Mehrheit stellen werden. In Wahrheit geht die Entwicklung viel schneller: Bereits Juli 2015 meldete die *Los Angeles Times*, dass es laut Volkszählung erstmals mehr hispanische als weiße Kalifornier gibt. Zur Mehrheit sollen sie nun bereits 2020 werden. Das liegt nicht nur an der weiteren Zuwanderung: Bereits 2008 wurde die Hälfte der Kinder in Kalifornien von Latino-Müttern geboren.[5]

Die offiziellen Zahlen deuten in dieselbe Richtung: Die kalifornische Regierung prognostiziert, dass im Jahr 2050 von den dann rund 60 Millionen erwarteten Kaliforniern europäischstämmige Weiße mit nur noch knapp 16 Millionen in der klaren Minderheit sein werden. Zu diesem Zeitpunkt dürfte die Gruppe der Hispanics bereits aus 31 Millionen Menschen bestehen und dann in 22 der 23 kalifornischen Bezirke die Mehrheit stellen.[6]

Die demographischen Trends verschieben die Gewichte aber nicht nur im Südwesten, sondern in den gesamten Vereinigten Staaten. Um das darzustellen, errechnen Demographen einen ideellen Punkt, von dem aus gesehen die Bevölkerung gleichmäßig verteilt ist. Durch den Einwanderungsdruck aus dem Süden und die höhere Geburtenrate bei den asiatischen und hispanischen Amerikanern verschiebt sich dieser »Bevölkerungsmittelpunkt« der USA immer weiter nach Südwesten.[7]

Noch immer macht es das Wohlstandsgefälle der USA zu Mexiko und den mittelamerikanischen Staaten für viele Menschen sehr attraktiv, nach Norden zu wandern. Dazu trägt bei, dass das Leben in vielen Teilen Mexikos durch den Vormarsch der Drogenbanden sehr unsicher geworden ist, vor allem im Norden des Landes. Noch stärker ist der Druck in mittelamerikanischen Ländern wie Guatemala, Honduras oder El Salvador, in denen brutale Banden, die sogenannten »Maras«, ganze Städte terrorisieren. Eine Auswanderung in die USA gilt deshalb noch immer als ernsthafte Alternative, auch wenn sich die große Abwanderung nach Norden durch die Wirtschaftskrise etwas abgeschwächt hat. Hunderttausende machen sich jedes Jahr auf den Weg. Obwohl der Trend die ganzen USA betrifft, werden die langfristigen Folgen des demographischen Wandels aber fast ausschließlich im Südwesten auf regionaler Ebene intensiv diskutiert. An der Ostküste wird die sicherheitspolitische und strategische Debatte seit den Terroranschlägen des 11. September 2001 dagegen immer

Die neue Identität der südlichen USA

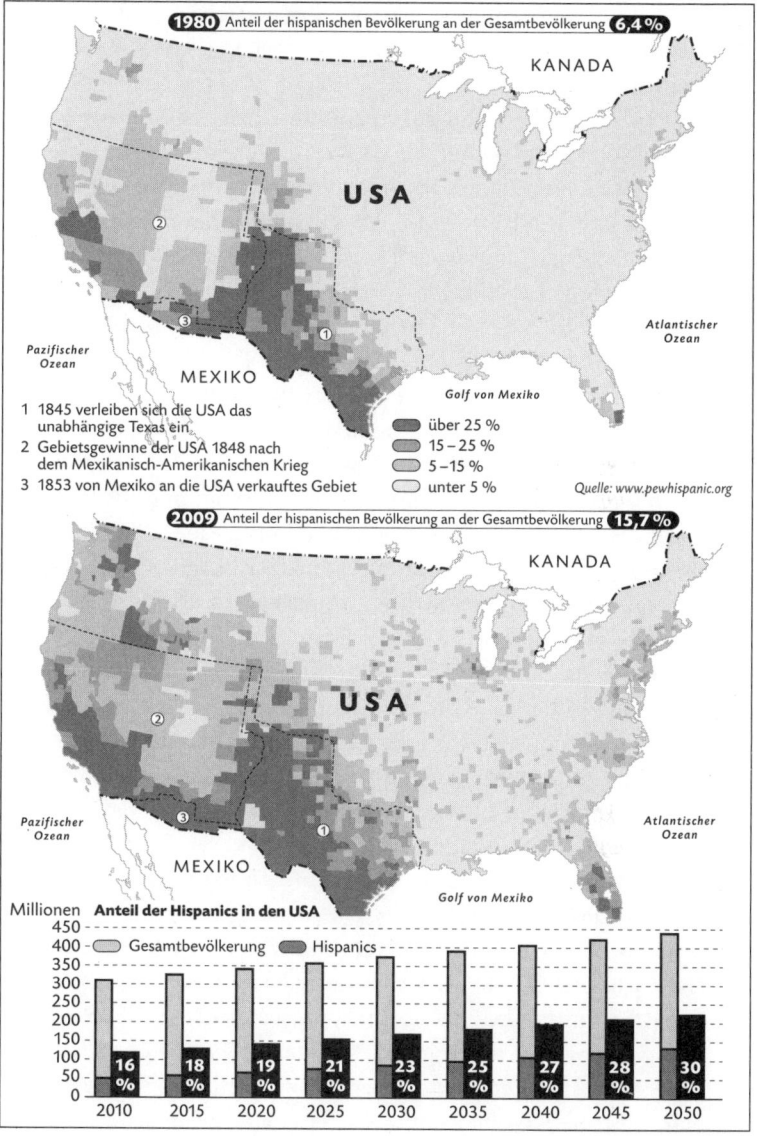

1980 Anteil der hispanischen Bevölkerung an der Gesamtbevölkerung **6,4 %**

KANADA

USA

Atlantischer Ozean

Pazifischer Ozean

MEXIKO

Golf von Mexiko

1 1845 verleiben sich die USA das unabhängige Texas ein

2 Gebietsgewinne der USA 1848 nach dem Mexikanisch-Amerikanischen Krieg

3 1853 von Mexiko an die USA verkauftes Gebiet

- über 25 %
- 15 – 25 %
- 5 – 15 %
- unter 5 %

Quelle: www.pewhispanic.org

2009 Anteil der hispanischen Bevölkerung an der Gesamtbevölkerung **15,7 %**

KANADA

USA

Atlantischer Ozean

Pazifischer Ozean

MEXIKO

Golf von Mexiko

Anteil der Hispanics in den USA

Millionen

Gesamtbevölkerung   Hispanics

	2010	2015	2020	2025	2030	2035	2040	2045	2050
%	16 %	18 %	19 %	21 %	23 %	25 %	27 %	28 %	30 %

113

noch von Gefahren dominiert, die den USA von außen drohen: Dazu gehören islamistische Terroristen, auch die Konkurrenz durch China oder Attacken durch »Schurkenstaaten« wie Iran oder Nordkorea. Dass sich das Land von innen heraus auf eine Weise verändern könnte, die langfristig zur Gefahr für den Fortbestand der USA wird, steht wegen der vielen kurzfristigen Probleme kaum im Fokus. Immerhin wird im Zusammenhang mit der US-Präsidentschaftswahl 2016 verstärkt diskutiert, wie wahlentscheidend hispanische Wähler sein könnten. Zwischen 2015 und 2028 werden jährlich mehr als 900 000 Latinos 18 Jahre alt und damit wahlberechtigt.

Angesichts von jährlich 1,8 Millionen offiziellen Einwanderern herrscht der Glaube an die positive Kraft des »Schmelztiegels« vor.[9] Tatsächlich haben es die USA über Jahrhunderte besser als fast jeder andere Staat geschafft, Menschen aus aller Welt aufzunehmen und ihnen eine amerikanische Identität zu geben, ohne ihnen ihre kulturellen Wurzeln zu nehmen. Das hat kulturelle und manchmal sogar sprachliche Submilieus entlang ethnischer Grenzen geschaffen, die bisher aber nie eine Gefahr für den Zusammenhalt des Landes bedeutet haben.

Im Süden der USA, entlang der Grenze zu Mexiko, baut sich seit Jahren wegen der illegalen Einwanderung aber in zunehmendem Maß eine aggressive Stimmung gegen Einwanderer auf.[10] Arizona hat harte Gesetze verabschiedet, die eine Ausweispflicht erzwingen und es bereits unter Strafe stellen, einen illegalen Einwanderer als Anhalter mitzunehmen. Unter US-Präsident George W. Bush, der aus Texas stammte und deshalb mit den Problemen im Südwesten des Landes vertraut war, wurde die 3144 Kilometer lange Grenze zwischen den USA und Mexiko seit 2006 immer stärker als Schutzwall ausgebaut. Grundlage ist der Secure Fence Act, den der US-Kongress am 26. Oktober 2006 verabschiedet hat. Neben einem Ausbau des Grenzzauns sieht er eine erhebliche personelle Ausweitung des amerikanischen Grenzschutzes vor, der United States Border Patrol. Teilweise ist seither auch die US-Nationalgarde mit der Sicherung der Grenze beschäftigt.

Die Erfolge sind bisher begrenzt. Offiziell werden nach Schätzungen des U.S. State Department jährlich aus Mexiko von organisierten Banden »nur« zwischen 14 500 und 17 500 Menschen in die USA geschmuggelt.[11] Die inoffizielle Zahl wird auf ein Vielfaches geschätzt. Eine hohe Zahl an Mexikanern oder Lateinamerikanern versucht im Lauf des Jahres, auf eigene Faust über die Grenze zu kommen. Hunderte sterben nach Angaben von Menschenrechtsgruppen, weil sie sich im unwirtlichen Gelände auf beiden Seiten des Grenzzauns verirren und verdursten.

Noch immer ist der Schutzwall offenbar kein abschreckendes Instrument gegen die illegale Einwanderung. So stellt das U.S. Government Accountability Office (GAO) des US-Kongresses im Februar 2011 fest, dass die amerikanischen Grenzschützer Ende 2010 nur 1405 Kilometer oder 44 Prozent der Grenze einigermaßen effektiv mit einem hohen Grenzzaun kontrollierten.[12] In den Entwürfen für das Budget 2012 hat die Obama-Administration deshalb 300 Millionen Dollar für neue Grenzkontrollausrüstung und weitere 229 Millionen Dollar für die personelle Aufstockung eingeplant. An der Grenze sind zudem mittlerweile unbewaffnete »Predator«-Drohnen unterwegs, um große unbewohnte Abschnitte zu überwachen. Der republikanischen Senatorin Kay Bailey-Hutchinson aus Texas ist dies nicht genug: Sie forderte, die gesamte Grenze durch unbemannte Aufklärungsdrohnen zu überwachen. Obama wies den Vorwurf mangelnder Hilfe aus Washington zurück und verwies im Juli 2014 darauf, dass jedes Jahr mehr als 400 000 illegale Immigranten abgeschoben würden. Dennoch werden jedes Jahr allein Zehntausende Jugendliche und Kinder aufgegriffen, die die Grenze überqueren.

Doch auch wenn die US-Behörden die Grenze in den Griff

bekommen sollten – an den demographischen Trends ändert dies nichts mehr. Zwischen 2000 und 2010 wuchs der mexikanisch-amerikanische Bevölkerungsanteil einer Studie des Pew Hispanic Center zufolge erstmals stärker durch Geburten in den USA (um 7,2 Millionen Menschen) als durch weitere Zuwanderer (4,2 Millionen Menschen). Mexikanischstämmige Frauen sind im Durchschnitt 25 Jahre alt, weiße Frauen dagegen 41 Jahre. Und sie bekommen im Durchschnitt mit 2,5 Kindern sehr viel mehr Nachwuchs als weiße Amerikanerinnen und asiatische Einwanderinnen (durchschnittlich 1,8).[13] Im Jahr 2012 starben erstmals mehr weiße Amerikaner, als geboren wurden, zehn Jahre früher, als die US-Bevölkerungsbehörde das eigentlich angenommen hatte. Während die weiße Bevölkerung laut US-Zensusbehörde um 12 400 Menschen abnahm, legten die Hispanics um 873 000 Menschen zu. Die Wachstumsrate der Hispanics-Bevölkerung wurde mit 2,2 Prozent beziffert, was eine Verdoppelung innerhalb von 32 Jahren bedeuten könnte. Die *Süddeutsche Zeitung* berichtete im Mai 2012 von neuen Volkszählungsergebnissen, nach denen Kinder von Schwarzen, Latinos, Asiaten und gemischten Paaren inzwischen 50,4 Prozent aller Geburten ausmachten, die von Weißen nur 49,6. »Für die USA hat das enorme Konsequenzen. Zwar haben die Weißen in der Gesamtbevölkerung mit 63 Prozent noch eine klare Mehrheit. Doch diese wird Stück für Stück zusammenschmelzen. Hinzu kommt, dass die Weißen mit durchschnittlich 42 Jahren erheblich älter sind als etwa die Latinos, die auf gerade einmal 27 Jahre kommen«, urteilte die Zeitung. 2060 wird der Anteil der Weißen in den USA auf rund 44 Prozent gefallen sein.

Nun müssen demographische Veränderungen an sich kein Problem sein. Gerade in den USA hat sich vielmehr gezeigt, dass die Zuwanderung aus allen Teilen der Welt sogar für eine sehr lebendige, erfolgreiche Gesellschaft sorgen kann. Aber derzeit kommen drei Entwicklungen zusammen – das beschriebene zunehmende Gewicht einer bestimmten Gruppe von Einwanderern, die massive Überschuldung Kaliforniens und die Existenz einer durchaus lebendigen Erinnerungskultur an die Zeit, in der der Südwesten noch zu Mexiko gehörte.

Sicher sind es bisher nur Einzelstimmen, die eine Rückbesinnung der amerikanischen Hispanics auf ihre Wurzeln und eine Abspaltung der Südwest-Bundesstaaten von den USA propagieren – entweder als eigene Republik oder mit Anschluss an Mexiko. Dazu gehören etwa der Politologe José Ángel Gutiérrez von der University of Texas oder Charles Truxillo, der bis 2007 an der University of New Mexico unterrichtete. Truxillo entwarf bereits 2003 die Vision einer »Republica del Norte« – also einer von den USA und Mexiko unabhängigen eigenen Hispanischen Republik, die wegen der demographischen Entwicklung und eigenen Identität unabweislich sei. Zwar gelten beide als Randfiguren in der amerikanischen Debatte. Aber schon 2002 hatte eine Umfrage ergeben, dass auch 58 Prozent der befragten Mexikaner angaben, dass die Südwest-Bundesstaaten ihrer Meinung nach zu Mexiko gehören sollten.[14]

Im Bewusstsein der Mexikaner ist sehr präsent, dass die US-Bundesstaaten Kalifornien, Utah, Nevada und New Mexico bis zum Amerikanisch-Mexikanischen Krieg (1846–1848) zu Mexiko gehörten. Erst danach integrierten die militärisch überlegenen Amerikaner diese Provinzen in ihr Staatsgebiet. Hintergrund des Krieges war damals die Weigerung Mexikos gewesen, die Gebiete Kalifornien und New Mexico zu verkaufen – worauf die Amerikaner zu anderen Mitteln griffen. Die Provinz Texas wiederum hatte sich 1836 nach einer zuvor starken Einwanderung von Amerikanern ebenfalls von Mexiko losgesagt und war 1846 in das US-Staatsgebiet eingegliedert worden. Der heutige US-Bundesstaat Arizona besteht vor allem aus Gebieten, die das militärisch und politisch geschwächte Mexiko dem mächtigen nördlichen Nachbarn bis

1853 zusätzlich verkaufen musste. Das Verhältnis zwischen den USA und Mexiko ist auch wegen dieser Gebietsverluste bis heute ambivalent.[15]

Dennoch spielt die Entwicklung im nach wie vor vorwiegend weißen, vom Ostküstendenken geprägten amerikanischen Establishment keine Rolle. Auch ein scharfer Denker wie der Harvard-Professor Joseph Nye glaubt nach wie vor an die heilende Kraft des amerikanischen »Schmelztiegels«.[16] Aber es gibt andere Stimmen. So schrieb der Politologe Samuel Huntington, der mit seinen umstrittenen Thesen vom »Kampf der Kulturen« weltweit für Aufmerksamkeit gesorgt hatte, bereits 2004: »Demographisch, sozial und kulturell hat die Reconquista des US-Südwestens bereits begonnen [...]. Keine andere Immigrantengruppe in der US-Geschichte könnte einen historischen Anspruch auf US-Territorium haben [...]. Mexikaner und mexikanische Amerikaner haben diesen Anspruch aber.«[17]

Die Gefahr einer möglichen Eskalation scheint nicht unrealistisch. Die Kombination aus Wirtschaftskrise in den USA, demographischem Trend sowie der in den Köpfen nach wie vor präsenten problematischen amerikanisch-mexikanischen Geschichte bilden ein brisantes Gemisch. Dazu kommt die offensichtliche Unfähigkeit der mexikanischen Regierung, die Drogenkartelle in den Griff zu bekommen.

Im Norden Mexikos haben sich die »Narcos« immer weiter ausgebreitet und konkurrieren mit dem Staat in allen Provinzen um die Macht. Auch die groß angelegten Aktionen des mexikanischen Militärs gegen die Kartelle verpufften, weil diese sich wie ein Krebsgeschwür in der mexikanischen Gesellschaft festgesetzt haben.[18] US-Politiker hatten deshalb sogar einen Einsatz der US-Armee im Norden Mexikos gefordert.[19]

Seit Jahren nimmt die öffentliche Auseinandersetzung mit dem Drogenkrieg ab, weil Hunderte von Journalisten ermordet worden sind.[20] Bei Wahlen wagen Kandidaten immer weniger, sich den Antidrogenkampf offen auf ihre Fahnen zu schreiben. Zu viele Funktionsträger des Staates sind zu Kollaborateuren der organisierten Kriminalität geworden. Korrupte Polizisten und Richter unterhöhlen zudem das Vertrauen in den Staat und fördern die Bereitschaft, das Recht und die eigene Sicherheit selbst in die Hand zu nehmen. Inmitten des Drogenkriegs nimmt Mexiko paradoxerweise dennoch einen erstaunlichen wirtschaftlichen Aufschwung. Volksvermögen und Exporte wachsen, und viele internationale Konzerne investieren in das Land.

Dass die Idee eines Zerfalls von US-Bundestaaten gar nicht so absurd ist, zeigt auch die 2013 gestartete Initiative des Investors Tim Draper, Kalifornien in sechs Teile aufzuspalten. Damit sollten sich der wohlhabende Norden und vor allem Silicon Valley vor wachsenden Steuerlasten für andere Teile Kaliforniens schützen. In Südkalifornien würde dann mit San Diego als Hauptstadt ein schon heute überwiegend hispanischer neuer US-Bundesstaat entstehen. Draper scheiterte zwar mit dem Versuch, die Kalifornier im November 2016 über die Auflösung des Bundesstaates abstimmen zu lassen. Aber im April 2015 kündigte er an, weiter an einer radikalen Reform Kaliforniens arbeiten zu wollen.

* * *

Der Marsch auf San Diego wäre zu verhindern gewesen. Doch dazu hätte über viele Jahre vieles anders laufen müssen. In den USA hat sich angesichts einer langjährigen Rezession die öffentliche Stimmung zunehmend gegen Einwanderer gewandt. Die Grenze zwischen den NAFTA-Ländern USA und Mexiko wird Schritt für Schritt zu einer der meistgesicherten der Welt ausgebaut. Die Mauer, die mittlerweile auf ganzer Länge zwei Meter tief in den Boden eingelassen ist, und die

Wachtürme erinnern an die frühere innerdeutsche Grenze. Mit ausgefeilter Elektronik versuchen sich die USA gegen die Wirtschaftsmigranten aus dem Süden und die Drogenhändler abzuschotten – vergebens.

Hinzu kommt, dass im Norden Mexikos wieder so etwas wie Sicherheit einzieht, seit die Kartelle das Gebiet völlig kontrollieren – zumindest für den wachsenden Teil der Bevölkerung, der sich den Drogenbanden nicht entgegenstellt. Auch in der Stadt Monterrey nehmen die Investitionen zu, obwohl die Drogenbanden dort eine Schreckensherrschaft verbreiten. Wer mit ihnen zusammenarbeitet, kann von ihrem zunehmend dichteren sozialen Netzwerk profitieren. Ähnlich wie islamistische Gruppen in anderen Teilen der Welt übernehmen die Banden jetzt auch die Verantwortung für Gesundheitsversorgung und Schulen. Es entwickelt sich ein Verhaltenskodex, der die illegalen Geschäfte der Banden nicht infrage stellt, der Bevölkerung aber ein Mindestmaß an Sicherheit bietet.

Schrittweise wandelt sich das Verhalten der Bandenbosse, wofür es ein banales Motiv gibt: Auch sie haben Familie, auch sie wollen ihren Kindern und Enkeln ein sichereres Leben ermöglichen als für sich selbst. Ein informeller Kodex, wie es ihn auch in einigen Maras-Jugendbanden in El Salvador gibt, schreibt vor, keine Drogen mehr an unter 16-Jährige zu vertreiben. Einige Banden verbieten den Drogenverkauf in den von ihnen kontrollierten Gebieten ganz und betonen, dass diese Drogen nur für die »Yankees« bestimmt seien. Junge Mädchen in den von den Banden beherrschten Gebieten werden nicht mehr zur Prostitution gezwungen oder verkauft. Ganz bewusst besorgen sich die Banden Nachschub auch für den Menschenschmuggel in die USA in anderen Teilen Mexikos und ärmeren lateinamerikanischen Staaten.

Gleichzeitig wird immer mehr Drogengeld durch Investitionen in die legale Geschäftswelt gewaschen. Die Kartelle investieren die horrenden Gewinne aus ihren illegalen Geschäften in Unternehmen, kaufen sich die Aktienmehrheit an vielen mexikanischen Industriekonzernen und drängen die Inhaber kleinerer Firmen aus den Leitungsfunktionen. Danach setzt ein für den Kapitalismus in vielen Staaten typischer »Zivilisierungseffekt« auch für die Drogenoligarchen ein. Weil sie legal Geld mit erfolgreichen Firmen verdienen können, pochen sie zunehmend auf Rechtssicherheit. Kriminelle, die den neuen Frieden stören, werden eiskalt ausgeschaltet. Ausgerechnet der Norden boomt wirtschaftlich und wird zur Vorbildregion in Mexiko, erste Auswanderer kommen aus den USA zurück.[21] Daneben geht das lukrative Geschäft des Menschenschmuggels allerdings weiter. Schleuserringe haben mittlerweile ein weltweites Netz aufgebaut.

In den USA wird die Lage dagegen immer prekärer: Die Überschuldung und der steigende Druck ausländischer Geldgeber auf Reformen machen sich sowohl auf der Bundesebene als auch in den Bundesstaaten bemerkbar. Das staatliche Personal wird in fast allen Bereichen drastisch abgebaut. Die Tea-Party-Anhänger setzen sich mit ihrer Weltanschauung durch, dass der Staat sich so weit wie möglich zurückziehen müsse. Steuererhöhungen lassen sich auch von demokratischen Präsidenten nicht durchsetzen, der einzelne Bundesstaat muss seine ordnende Rolle zurückfahren. Dies wirkt sich in völlig überschuldeten Staaten wie Kalifornien besonders stark aus. Anders als früher sparen Kommunen, die Bundesstaaten und die Regierung in Washington nun auch im Innen- und Justizbereich.

Die Folge ist, dass auf der amerikanischen Seite der gemeinsamen Grenze zunehmend ein rechtsfreier Raum entsteht. Zu wenig Personal bei den Grenzwächtern, bei der Polizei und den Staatsanwaltschaften höhlen die staatliche Gewalt aus. In mehreren Wellen müssen aus Kostengründen aus den ohnehin völlig überfüllten kalifornischen Gefängnissen Zehntausende von Straftätern entlassen werden. An der sich verschlechternden Sicherheitslage ändert auch nichts, dass Washington in den folgenden Jahren mehrfach die Nationalgarde einsetzt, um die grassierenden Überfälle von Drogen oder Schlepperbanden auf Dörfer und kleinere Städte auf der US-Seite zu stoppen. Die Strafaktionen der Kartelle, bei denen Hunderte von Menschen sterben, gelten denjenigen US-Gemeinden, die die Schlepper anzeigten oder selbst gegen sie vorgingen. Demonstrativ werden die Angriffe nicht mehr von kleinen Gruppen, sondern von Trupps mit mehreren Dutzend Bewaffneten vorgenommen, die morden und brandschatzen.

Die um sich greifende Rechtlosigkeit und hohe Arbeitslosigkeit in den amerikanischen Südwest-Staaten führt zu einem langsamen Umdenken der Amerikaner mit Migrationshintergrund. Über Jahrhunderte sind für sie vor allem die Freiheit, die Sicherheit und der mögliche wirtschaftliche Aufstieg ihrer Kinder das Bindeglied gewesen. Jetzt nehmen nicht nur die sozialen Aufstiegsmöglichkeiten drastisch ab. Der Südwesten versinkt in einer Orgie der Gewalt, während der Norden Mexikos zunehmend als Hort der Stabilität erscheint. Immer mehr weiße Amerikaner ziehen aus Bundesstaaten wie New Mexico, Kalifornien, Texas, Arizona und selbst Nevada fort und versuchen einen Neuanfang im Osten des Landes. Der Rückzug beschleunigt sich: In den Städten werden die letzten weißen Politiker aus den Ämtern gewählt. Farmer werden verjagt. Auch große Unternehmen ziehen ihre Zentralen aus Kalifornien ab.

Schritt für Schritt wird zudem innerhalb der USA die Möglichkeit eingeschränkt, sich in anderen Landesteilen niederzulassen. Etliche Bundesstaaten im Norden und Nordosten erlassen angesichts der hohen Arbeitslosigkeit Auflagen, um den Zuzug zu begrenzen. Dies wird ausdrücklich nicht als Maßnahme gegen bestimmte Bevölkerungsgruppen deklariert. Da der Haupteinwanderungsdruck aus den spanischsprachigen

Ländern Mittelamerikas kommt, ist die Stoßrichtung dennoch klar. In Staaten wie Michigan votieren nicht nur die Weißen, sondern auch farbige Amerikaner und sogar seit Langem ansässige Latinos für eine Zuzugsbeschränkung, denn in der anhaltenden Wirtschaftskrise gibt es immer weniger zu verteilen.

Der »Schmelztiegel« verändert sich. Der Anteil der Hispanics, der vor allem in den großen Städten des Ostens mittlerweile ebenfalls rund 25 Prozent beträgt, wird offen als zu hoch kritisiert. Ihr Anteil an der US-Gesamtbevölkerung wächst Jahr für Jahr, weil diese Gruppe neben der Zuwanderung immer noch eine wesentlich höhere Geburtenrate aufzuweisen hat als andere Immigranten. Auch für die nun in Scharen nach Osten wandernden weißen Exkalifornier gibt es wenige Sympathien. Es trägt nicht zur Beruhigung der Gemüter bei, dass es bereits drei Anläufe für ein landesweites Referendum gegeben hat, um Spanisch neben Englisch als offizielle Amtssprache der USA einzuführen.

In den sieben südwestlichen Bundesstaaten verliert die nun klare hispanische Bevölkerungsmehrheit angesichts der Entwicklung und der zunehmend unfreundlicheren Töne aus dem Osten die Hoffnung, dass sich ihre Lage innerhalb der USA noch verbessern kann. Nach und nach lässt der zerbrochene amerikanische Traum eine Abspaltung sogar den alteingesessenen »Chicanos« in Kalifornien attraktiv erscheinen, die sich in den Jahrzehnten zuvor noch voller Eifer als amerikanische Staatsbürger bekannt hatten. Vielen gilt der Traum eines Groß-Mexiko nur als erster Schritt zu einem panamerikanischen Latino-Staat, der von San Francisco bis nach Feuerland reichen könnte. Charismatische Figuren der Hispanics, die in den spanischsprachigen TV-Kanälen hohe Einschaltquoten haben, fördern diese Vision.

De facto haben die amerikanischen Behörden nun einen Streifen von rund 100 Kilometern nördlich der US-mexikanischen Grenze aufgegeben. Die Grenze wird zwar durch unbemannte Aufklärungs- und Abwehrdrohnen und ferngesteuerte Fahrzeugroboter überwacht, die sowohl eine Schießerlaubnis haben als auch Festnahmen vornehmen. Aber informell hat sich die US-Regierung mit den Gouverneuren der an Mexiko angrenzenden Bundesstaaten darauf verständigt, vor allem das Gebiet nördlich der Linie Los Angeles – Phoenix – Albuquerque zu schützen. Südlich davon herrscht auf US-Seite weitgehende Anarchie.

Die wirtschaftlichen Spannungen verschärfen auch die ökologische Lage. Der gesamte Südwesten ist zunehmend von Wasserknappheit betroffen, die eine landwirtschaftliche Nutzung des Bodens im trockenen Südwesten immer schwieriger macht. Investitionen in innovative, sparsame Wassernutzung und in die Energieversorgung fehlen. Stundenlange Unterbrechungen der Wasser- und Stromversorgung, wie man sie früher nur aus Entwicklungsländern kannte, gehören mittlerweile zur Alltagserfahrung für die meisten Amerikaner im Westen. In den Medien häufen sich die Berichte, dass das früher rückständige Mexiko seinen Bürgern eine sehr viel bessere Grundversorgung bieten kann – vor allem im Norden, wo die von den Kartellen getragene politische Führung der Provinzen massiv in die Infrastruktur investiert.

Für US-Präsidentschaftskandidaten mit Latino-Hintergrund werden die erstarkenden Unabhängigkeitsbewegungen im Südwesten zum Problem. Die Forderung nach einer Abspaltung wirkt wie ein Brandsatz im ganzen Land, das bisher in seiner Geschichte keine Erfahrungen mit dem eigenen Zerfall, sondern immer nur mit der Expansion gesammelt hat. Florida hat mit seinem mittlerweile 65-prozentigen Latino-Anteil an der Bevölkerung zwar keine Ambitionen, sich für unabhängig zu erklären – es fehlt eine Nation in der unmittelbaren Nachbarschaft, die als Vorbild dienen könnte. Unter weißen Amerikanern breitet sich dennoch das Gefühl aus, im eigenen Land fremd zu werden. Rechtsradikale »White-Supremacy«-Bewegungen schießen überall aus dem Boden. Tödliche Zwischenfälle zwischen diesen rechtsradikalen Bürgerwehren und Hispanics-Gangs häufen sich im ganzen Land. Die Mahnungen moderater Kräfte, dass die Stärke der USA gerade die Vielvölkergemeinschaft ist, verhallen.

Die Entwicklung stärkt die Kontakte zwischen mexikanischen Amerikanern und mexikanischen Nationalisten. Überall in Kalifornien tauchen Plakate von Pancho Villa auf, einem mexikanischen Präsidenten Anfang des 20. Jahrhunderts. Sehr gezielt wird mit einem alten Mythos Stimmung gemacht. Jedes Schulkind in Mexiko weiß, dass Villa am 9. März 1916 mit rund 500 Mann ein Militärcamp der US-Kavallerie in der Kleinstadt Columbus in New Mexico angegriffen hatte – aus Wut darüber, dass die US-Regierung seinen Gegner bei der mexikanischen Präsidentschaftswahl unterstützte. Zwar folgte die Rache der überlegenen US-Truppen rasch. Aber für viele Mexikaner ist Pancho Villa mit seiner Aktion zur Symbolfigur für den Widerstand gegen die jahrzehntelange »Yankee«-Unterdrückung geworden.[22]

Im Internet wird Villa in vielen Foren verehrt, sein Gesicht findet sich auf vielen Hauswänden. Der Führer der oppositionellen sozialnationalistischen Groß-Mexiko-Partei erhält bei der Parlamentswahl 25 Prozent der Stimmen. Er fordert offen, dass die USA die früheren mexikanischen Gebiete abtreten oder zumindest zurückverkaufen. Der US-Präsident lässt alle Forderungen durch einen Sprecher als »völlig unsinnig« zurückweisen. In republikanischen Kreisen wird der Ruf nach einer Strafaktion gegen den Norden Mexikos laut, um dort die Arbeit der mexikanischen Armee zu übernehmen und die Drogenbanden ein für alle Mal zu besiegen.

Dem US-Präsidenten fehlt ein wirklicher Ansprechpartner in Mexiko-Stadt, um den Konflikt unter Kontrolle zu halten. Beim südlichen Nachbarn hat sich die Lage fundamental verändert. Seit die Drogenkartelle die Kontrolle über den Norden errungen haben, tragen sie die Auseinandersetzung mit der Regierung immer mehr in den Süden und Osten des Landes, unterbinden aber die schlimmsten früheren Gewaltexzesse. Immer wenn ein mexikanischer Präsident versucht, die Macht der Kartelle ernsthaft zu beschneiden, werden diese Bemühungen jedoch mit viel Gewalt im Keim erstickt – zweimal sterben Präsidenten durch Attentate, mehrfach werden aussichtsreiche Kandidaten im Wahlkampf ermordet, weil sie versprachen, nach der Wahl mit den Drogengangs aufzuräumen. Die wiederholten Versuche der US-Regierung, helfend einzugreifen – einmal sogar mit dem Angebot der Entsendung von mehreren tausend Soldaten –, erweisen sich als erfolglos. Der Verdacht, mit den Amerikanern unter einer Decke zu stecken, diskreditiert die alte politische Elite in Mexiko-Stadt endgültig.

Geschickt erwecken die Kartelle mit massiven Spenden an nationalistische Organisationen im In- und Ausland dagegen den Eindruck, dass nur sie Mexiko »historische Gerechtigkeit« gegenüber den USA bringen können. Das macht sie im ganzen Land populär. Erstmals wird auf Bundesebene ein Präsident gewählt, dem offen enge Kontakte zur organisierten Kriminalität nachgesagt werden. Im Auftrag der Kartelle, die ihre führende Position im Staat auch gegen neue Konkurrenten zementieren wollen, schränkt er in der »Regierung des nationalen Übergangs« demokratische Rechte weitgehend ein und bildet ein autoritäres Regime. Die Kartellbosse sagen ihm einen weitgehenden Gewaltverzicht und eine schrittweise Reduzierung des Drogenhandels zu.

Weil der blutige Kampf zwischen Staat und Banden fast augenblicklich endet, punktet der Präsident trotz des Abbaus demokratischer Rechte in der Bevölkerung. Mexiko erscheint nach Jahrzehnten des Bürgerkriegs stabiler denn je. Ausländische Firmen erhöhen ihre Investitionen, weil sie vor allem auf sichere Rahmenbedingungen setzen. Mexiko begibt sich im Vergleich zu seinem nördlichen Nachbarn auf einen wirtschaftlichen Höhenflug. Etliche Firmen siedeln von Kalifornien nach Mexiko um. Das Land wird nun auch für viele Emigranten zum Symbol eines möglichen eigenen Aufstiegs, viele kehren aus den USA zurück. Woher das Geld für milliardenschwere staatliche Investitionen ursprünglich stammte, fragt niemand mehr.[23]

Die Zustimmung zum Präsidenten und den ihn tragenden Kartellen wird noch größer, als diese offen die Separatisten auf US-Seite unterstützen und an die nationalen Gefühle der Mexikaner appellieren. Heimlich liefern die Banden Waffen und organisieren Terroranschläge gegen staatliche Einrichtungen in kalifornischen Großstädten wie San Jose, San Francisco und Los Angeles.

Deshalb prallen nun beim Marsch auf San Diego zwei Strategien aufeinander. Die Organisatoren fordern ausdrücklich eine friedliche Demonstration: Ihrer Meinung nach können sie das Ziel einer Selbstbestimmung und der damit verbundenen Abspaltung am besten erreichen, wenn die US-Regierung in Washington und die amerikanische Öffentlichkeit an die Bürgerrechte erinnert werden. Der massive Einsatz des Militärs würde dagegen die Spannungen weiter steigen lassen und im Übrigen Investoren einen noch größeren Bogen um Kalifornien machen lassen, als dies ohnehin schon der Fall ist, lautet das Kalkül.

Die Kartelle dagegen verdienen prächtig am Chaos. Der militärische Arm der kalifornisch-mexikanischen Partei »Vamos« vertritt zudem die Ansicht, dass Gewalt durchaus ein probates Mittel ist, um den Fortzug der verhassten weißen Amerikaner aus dem Südwesten zu beschleunigen. Nach etlichen Übergriffen setzen sich auch viele Zehntausende asiatische Einwanderer, die bisher in den Bundesstaaten Kalifornien, Arizona, New Mexico und Texas lebten, nach Norden ab.

Es ist in Washington bereits Mitternacht, als beim »Marsch auf San Diego« das erste Mal Blut fließt. An einer Ausfallstraße im Norden der Stadt explodiert ein Sprengsatz, der ein Dutzend Demonstranten tötet. Wenig später geht bei Nachrichtenagenturen ein Schreiben der »White Suprematists« ein, in dem sich die rechtsradikale Organisation zu dem Anschlag bekennt. In dem Schreiben wird gefordert, alle Illegalen nach Mexiko zu deportieren und den Norden Mexikos zur Abwehr weiterer Einwanderer von den US-Streitkräften besetzen zu lassen. Die Information verbreitet sich in Windeseile unter den Demonstranten.

Die US-Geheimdienste sind sich schnell sicher, dass diesmal keine amerikanischen Neonazis hinter dem Anschlag stecken. Denn seit Längerem stehen sie unter intensiver Überwachung. In Kalifornien sind die Neonazi-Gruppen organisatorisch ohnehin nicht mehr in der Lage, eine so breit angelegte Aktion zu starten. Was die Öffentlichkeit nicht weiß: Die Bundespolizei hat bereits Wochen vor dem Marsch ohne großes Aufsehen landesweit fast 5000 aktive Mitglieder bekannter Neonazi-Organisationen stillschweigend aus dem Verkehr gezogen. Deshalb lautet die Analyse in Washington, dass wohl eher die mexikanischen Drogenkartelle hinter der Bombe stecken. Aber entsprechende Hinweise an Medien haben kaum noch einen Effekt, die Gerüchte haben sich unter den Demonstranten schnell verbreitet.

Und die Rechnung der Extremisten geht auf. Nachdem zwei weitere Sprengsätze explodiert sind, verwandeln sich einige der Demonstrationszüge in einen Lynchmob. Im Osten San Diegos ziehen Gruppen junger Hispanics marodierend durch wohlhabende Stadtteile. Überall über der Stadt sind Rauchwolken von Häusern zu sehen, die angezündet wurden. Der Einsatz der Nationalgarde kann nur das größte Unheil verhindern. Es gibt Hunderte Tote und Tausende Verletzte.

Zugleich wird die »Tortilla Wall«, wie der 22,5 Kilometer

lange amerikanisch-mexikanische Grenzabschnitt zwischen dem Grenzübergang Otay Mesa in San Diego und dem Pazifischen Ozean seit Jahrzehnten abfällig genannt wird, attackiert. An der Südgrenze Kaliforniens brennen die Gebäude des verhassten amerikanischen Zolls und des Grenzschutzes. Mithilfe von Luftabwehrraketen werden einige US-Drohnen von Unbekannten vom Himmel geholt.

Die Vorfälle von San Diego wirken nun wie ein Brandbeschleuniger. Nach dem blutigen Ende der Demonstration werden überall in den USA Demonstrationen angemeldet – sowohl von Hispanics und Menschenrechtsgruppen, die die Schuld weiter bei weißen Rassisten sehen, als auch von Weißen, Asiaten und farbigen Amerikanern, die vor der drohenden Spaltung der USA warnen und den Latinos Verrat an der amerikanischen Idee vorwerfen. Alteingesessene Kalifornier wollen zudem für Toleranz und ein klares Bekenntnis zur weiteren Zugehörigkeit zu den USA auf die Straße gehen.

Sowohl in Mexiko-Stadt als auch in Washington wirken die zersetzenden Kräfte nun ebenfalls. Zwar versucht der US-Präsident erneut, bei einem Telefonat mit seinem mexikanischen Kollegen die Lage unter Kontrolle zu bringen. Aber dieser ist bei der Konferenzschaltung nur kurz angebunden und wirft der US-Regierung mutwillige Eskalation und ein über Jahre unentschlossenes Vorgehen gegen weiße Rechtsextremisten vor. In Mexiko-Stadt demonstrieren bei der ersten einer Reihe von Großkundgebungen Hunderttausende für eine »Befreiung« der ehemals mexikanischen Gebiete.

Im US-Senat kippt die Stimmung. Besonnene Politiker der Demokraten und Republikaner rufen zur Mäßigung auf. Aber die Aussicht, dass sich erstmals wirklich Landesteile abspalten könnten, lässt die Emotionen hochkochen. Einige Südstaatenvertreter warnen vor einem zweiten verheerenden Bürgerkrieg wie im 19. Jahrhundert. Ein US-Senator gibt zu bedenken, dass die Sicherheit der USA existenziell gefährdet sei. Denn in Kalifornien befinden sich auch Teile des mittlerweile global installierten Raketenabwehrschirms, der die USA vor Angriffen mit ballistischen Flugkörpern schützen soll. Ein Ersatz würde Jahre dauern. Als weitere strategische Gefahr wird der Verlust der verbliebenen Hightech-Schmieden im Silicon Valley und der Militärhäfen in San Diego und Concord gesehen. Die Republikaner bringen den Antrag ein, dass der US-Kongress einen Verfassungszusatz beschließen soll, der den Austritt eines Bundesstaates schlicht verbietet. Begründet wird dies unter anderem mit der Unteilbarkeit amerikanischer Werte. Bürger eines abtrünnigen Landesteils dürften nicht der Gefahr ausgesetzt werden, künftig weniger Rechte zu haben. Da dies nicht hinnehmbar sei, müsse in einem solchen Fall die US-Nationalgarde, im Notfall auch die Armee eingreifen.

In der Besprechung mit den Geheimdiensten hört der US-Präsident beunruhigende Neuigkeiten. Die Kartelle und der militärische Arm von »Vamos« planen offenbar generalstabsmäßig eine weitere Eskalation in den Südwest-Staaten. In der Nacht hat es in sechs Bundesstaaten gezielte Anschläge gegen staatliche Einrichtungen gegeben. In mehreren Städten brennen die Rathäuser. Einrichtungen von Bundesbehörden sind mit Brandsätzen attackiert worden. Zugleich hat es Hackerangriffe sowohl gegen etliche Ministerien in Washington als auch gegen die Homepages vieler Bundesbehörden in den Südwest-Staaten gegeben. Der Vertreter des Heimatschutzministeriums weist auf die angespannte Personallage hin und bittet das Pentagon zu überlegen, ob nicht US-Truppen aus dem Ausland wegen der wahrscheinlichen Eskalation zurückgeholt werden sollten.

Dies wird vom Weißen Haus zunächst abgelehnt, auch wegen des negativen außenpolitischen Signals. In den Tagen danach folgt zumindest das Okay für zahlreiche, zum Teil mit modernster Technik unterstützte Angriffe der US-Streitkräfte gegen Schaltzentralen der Drogenkartelle. Ausdrücklich will die US-Regierung nicht die Nationalisten ins Visier nehmen, um dort die Stimmung nicht weiter anzuheizen. Tausende werden bei Razzien in nahezu allen Bundesstaaten verhaftet. In Großstädten wie Los Angeles, San Francisco und San Jose stürmen Sondereinheiten etliche Vorratslager der Banden, in denen sich neben tausenden Gewehren auch modernste Luftabwehrraketen finden. Haziendas führender Drogenbosse in Kalifornien werden gestürmt und dann von der US-Nationalgarde demonstrativ niedergebrannt.

Tatsächlich gelingt es, die logistische Struktur der Banden in den USA empfindlich zu treffen. Allerdings ist die US-Luftwaffe zu weit gegangen. Sie hat auch vier Ziele auf der mexikanischen Seite ins Visier genommen, wo Ausbildungs- und Schulungslager der Kartelle mit von Drohnen abgefeuerten Raketen zerstört werden. Die Begründung der US-Militärs lautet, dass die eigentlichen Drahtzieher von mexikanischem Gebiet aus operierten und deren Strukturen auch dort getroffen werden müssten. Die mexikanische Armee sei von den Angriffen nicht informiert worden, weil man angesichts der massiven Unterwanderung der mexikanischen Sicherheitsbehörden fürchtete, dass die Informationen über den Angriff verraten werden würden.

Die Nachrichten von den Marschflugkörper- und Drohnenangriffen sorgen in Mexiko für einen Aufschrei der Empörung. Immer mehr Abgeordnete in Mexiko-Stadt fordern angesichts der aufwallenden nationalistischen Stimmung eine militärische Antwort, einige sogar eine Mobilmachung. Mexiko schließt die Grenzen zum nördlichen Nachbarn. Die Truppen werden in Alarmbereitschaft versetzt.

Zugleich ruft Mexiko den UN-Sicherheitsrat an, der nach der Reform von 15 auf 27 Mitglieder aufgestockt wurde. Neben den fünf ständigen Vetomächten und den zehn nicht ständigen Mitgliedern, die für je zwei Jahre gewählt wurden, sitzen nun weitere zwölf Staaten mit im höchsten UN-Gremium, die für sieben Jahre gewählt wurden, aber als »semipermanente« Mitglieder nicht über ein Vetorecht verfügen.

Die USA verhindern mit ihrem Veto eine Verurteilung, auch einige alte europäische Verbündete im höchsten UN-Gremium weisen die Vorwürfe zurück. Doch auch die UN-Generalversammlung nimmt sich des Themas an. Die große Mehrheit der UN-Mitglieder schlägt sich bei dieser zweiten Abstimmung auf die Seite Mexikos, verurteilt die Angriffe und fordert von Washington, eine Loslösung der Südwest-Bundesstaaten zu akzeptieren. Zugleich wird in einer Resolution vor dem weiteren Einsatz von Gewalt gewarnt.

China und Russland drängen Washington dagegen auf einen Einsatz gegen die Separatisten. Beide haben schließlich seit Jahren mit muslimischen Aufständischen sowie starken Autonomiebestrebungen in ihren Ländern zu kämpfen und lehnen deshalb alle separatistischen Tendenzen ab. Die Vorgänge im Südwesten der USA haben ohnehin Minderheiten in Europa, im Kaukasus und in China Auftrieb gegeben. Zudem, so das weitere Kalkül, würde es nicht schaden, wenn nun auch die US-Regierung mit Gewalt gegen Aufständische im eigenen Land vorgeht. Dies würde jede moralische und politische Kritik vonseiten der USA an der Unterwerfung etwa von Tibetern, Taiwanern, Uiguren oder Kasachen verstummen lassen.

In Washington steht der einsame US-Präsident deshalb vor der schwierigsten Entscheidung seines Lebens. Während in Kalifornien Tag für Tag Hunderttausende auf die Straße gehen und Mexikos Armee mobilmacht, muss er entscheiden, ob er die US-Armee für das Ziel einsetzen soll, den Zerfall des Landes zu verhindern – oder ob er als erster Präsident in die US-Geschichte eingeht, der hingenommen hat, dass das Territorium der einstigen Supermacht schrumpft.

3. ROHSTOFFE – BEUTELAND AUSTRALIEN

400 Seemeilen nordöstlich von Perth

Der Deckoffizier des australischen Kriegsschiffs »Brisbane III« betrachtet durch sein hochauflösendes Fernglas den Erzfrachter, den er und seine Kameraden auf dem Weg nach Europa beschützen sollen. Mit 600 Meter Länge gehört der Frachter zur neuen Superklasse. In seinem Inneren lagern Rohstoffe im Wert von vielen hundert Millionen Dollar. Menschen sind an Bord des Frachters, der sich einen Kilometer vor der »Brisbane III« befindet, kaum zu sehen. Fast alles an Bord ist automatisiert.

Der Offizier, ein chinesischstämmiger Australier, hat sich seit Wochen auf diesen Einsatz gefreut. Der Landgang in Rotterdam verheißt Abwechslung zum Alltag in den Marinekasernen. Australien–Europa und zurück, diesen Weg legt er nun zum zehnten Mal zurück. Bereits seit 15 Jahren begleitet die australische Marine ausgewählte Rohstofflieferungen nach Europa. Die australische Regierung ordnete den Geleitschutz an, als sich Piratenangriffe auf die Frachter vom fünften Kontinent häuften. Ob vor dem Horn von Afrika oder im Indischen Ozean – stets waren die Angreifer gut informiert darüber, welche Rohstoffe an Bord waren, ob Eisenerze, Kohle oder jene Seltenen Erden, die für die Herstellung von Hightech-Produkten in Europa gebraucht werden.

Der Deckoffizier sucht den grauen Tarnanstrich des Superfrachters nach Auffälligkeiten ab. Es ist schon vorgekommen, dass Rohstoffpiraten Schiffe von kleinen U-Booten aus geentert und dann ins Schlepptau genommen haben. Wenn keine australischen Kriegsschiffe zu Hilfe kommen können, wird die Ladung noch auf dem Meer auf andere Schiffe verbracht. Bis die Marine eintrifft, sind sie verschwunden. Manchmal verschleppen die Piraten die Schiffe in asiatische Häfen, wo die Ladung gelöscht wird und dann trotz der massiv verbesserten Luftaufklärung durch Satelliten in dunklen Kanälen verschwindet. Obwohl die chinesische Führung dementiert, hinter den Aktionen zu stecken, wird das Regime in Peking seit Jahren verdächtigt, auch auf diesem Wege den unersättlichen Hunger des Landes nach Rohstoffen zu stillen – und ausländischen Konkurrenten den Nachschub mit strategisch wichtigen Rohstoffen zu erschweren.

Seit Wochen hat sich die Lage im Pazifik und im Indischen Ozean verschärft. Ursache ist der lauter werdende Anspruch chinesischer Firmen und der Regierung in Peking, dass Australien der Supermacht einen Exklusivvertrag über die Lieferung seiner wichtigen Rohstoffe gewähren soll. Immer wieder hat es in China Demonstrationen gegeben, auf denen Aktivisten Banner mit der Aufschrift »Australien – Asiens kleiner Bruder« trugen.

Zwar ist die australische Regierung diesem Anspruch sofort entschieden entgegengetreten. Aber in Canberra macht man sich keine Illusionen über die Größe des Problems. Chinas aggressive Töne sind ein Zeichen dafür, wie sehr die Regierung der Supermacht selbst ein Getriebener geworden ist. Die chinesische Führung muss das starke Wirtschaftswachstum im Land unbedingt weiter fortsetzen. Nur mit dem Versprechen stetig steigenden Wohlstands kann es ihr gelingen, ihr Riesenreich zusammenzuhalten und die Abspaltung einzelner Hightech-Regionen zu verhindern. Doch die weltweite Jagd nach begehrten Metallen und Kohle gestaltet sich immer schwieriger. Viele Bergwerke in Afrika, Lateinamerika, auch in China selbst sind erschöpft.

Wie rabiat sich Peking dabei in der Not die begehrten Rohstoffreserven für die eigene Industrie sichert, hat in den vergangenen Jahren etwa der nördliche Nachbar, die Mongolei, zu spüren bekommen. Eingeklemmt zwischen den Riesen Russland und China hatte sich die Regierung in Ulan-Bator immer stärker um Kunden in Europa und ostasiatischen Staaten für die riesigen Vorkommen an Kupfer, Kohle und Metallen bemüht. Dies lief über einige Jahrzehnte reibungslos, zumal die Investoren dringend benötigte Bergbautechnologie ins Land brachten. Die Arbeitsteilung war auch für die Chinesen kein Problem: Ausländische Firmen sorgten für einen effizienten Abbau, ein Großteil der Kohle und Industriemetalle blieb in der Region.[1]

Doch als mit einem deutschen Konsortium neue, milliardenschwere Verträge zur Versorgung Europas mit Kupfer, Gold und seltenen Metallen geschlossen werden sollten, machte Peking kurzen Prozess. Ein von China unterstützter Putsch einiger Armeeoffiziere und mongolischer Oligarchen beendete das noch junge, nach dem Zerfall der Sowjetunion begonnene demokratische Experiment in dem nur etwas mehr als drei Millionen Einwohner zählenden zentralasiatischen Staat. Die bereits geschlossenen Lieferverträge für koreanische, japanische, deutsche und amerikanische Kunden wurden annulliert und die Förderungen des Kohletagebaus und der Kupfer- und Goldminen ausschließlich nach China umgeleitet.

Vor Kurzem hatte sich die chinesische Rhetorik auch Richtung Australien zugespitzt. Der australischen Marine war deshalb eingeschärft worden, auf bedrohliche Zeichen zu achten und nicht auf die befürchtete Provokation durch chinesische Schiffe zu reagieren. Man wolle China keinen Vorwand für ein militärisches Eingreifen bieten, hieß es im australischen Verteidigungsministerium zur Begründung.

Aber der Offizier an Bord der »Brisbane III« hat gar keine Zeit mehr, sich keine Gedanken über eine mögliche Reaktion auf chinesische Provokationen zu machen: Mit mehrfacher Überschallgeschwindigkeit schlägt eine Rakete in die Fregatte ein und verwandelt sie in einen Feuerball. Alle Besatzungsmitglieder sind sofort tot, das stolze Marineschiff bricht nach nur einer Minute auseinander und versinkt in den Fluten des Indischen Ozeans. Drei chinesische Tarnkappenschiffe, die selbst der hochmodernen Überwachungstechnik der »Brisbane III« entgangen waren, erscheinen wie aus dem Nichts und drängen den Rohstofffrachter in Richtung Norden ab. In Peking ordert der Präsident eine Bildleitung zum australischen Ministerpräsidenten.

* * *

Vom Urkontinent Gondwana bekam Australien so gut wie jede Gesteinsart in gigantischen Mengen mit auf seinen langen Weg durch die Erdgeschichte. Es sind durchweg Gesteine, die heute als Rohstoffe für Wohlstand und Wirtschaftswachstum gebraucht werden. Australien ist mittlerweile der weltgrößte Exporteur von Steinkohle und könnte Südafrika bald als führendes Goldförderland überholen. Es besitzt nach Angaben der Regierung die weltweit größten Vorkommen etwa an Uran und Zink sowie große Lagerstätten von Mangan, Silber, Kupfer, Diamanten und vielem mehr.

Dieser Rohstoffreichtum verleiht dem riesigen Land im 21. Jahrhundert eine besondere strategische Bedeutung. Angesichts des Aufstiegs der Schwellenländer und der zunehmenden Weltbevölkerung wird eine schnell wachsende Nachfrage nach Kohle sowie Metallen erwartet. Deshalb rückt Australien stärker in den Fokus nicht nur der Finanzmärkte, sondern auch der Weltpolitik. Die beiden Bundesstaaten Queensland und Western Australia erwarten in den kommenden Jahren jeweils mehr als 250 Milliarden Dollar an Investitionen zur Erschließung vor allem von Kohle und Gasvorkommen. Be-

Weltfabrik und Rohstoff-Eldorado

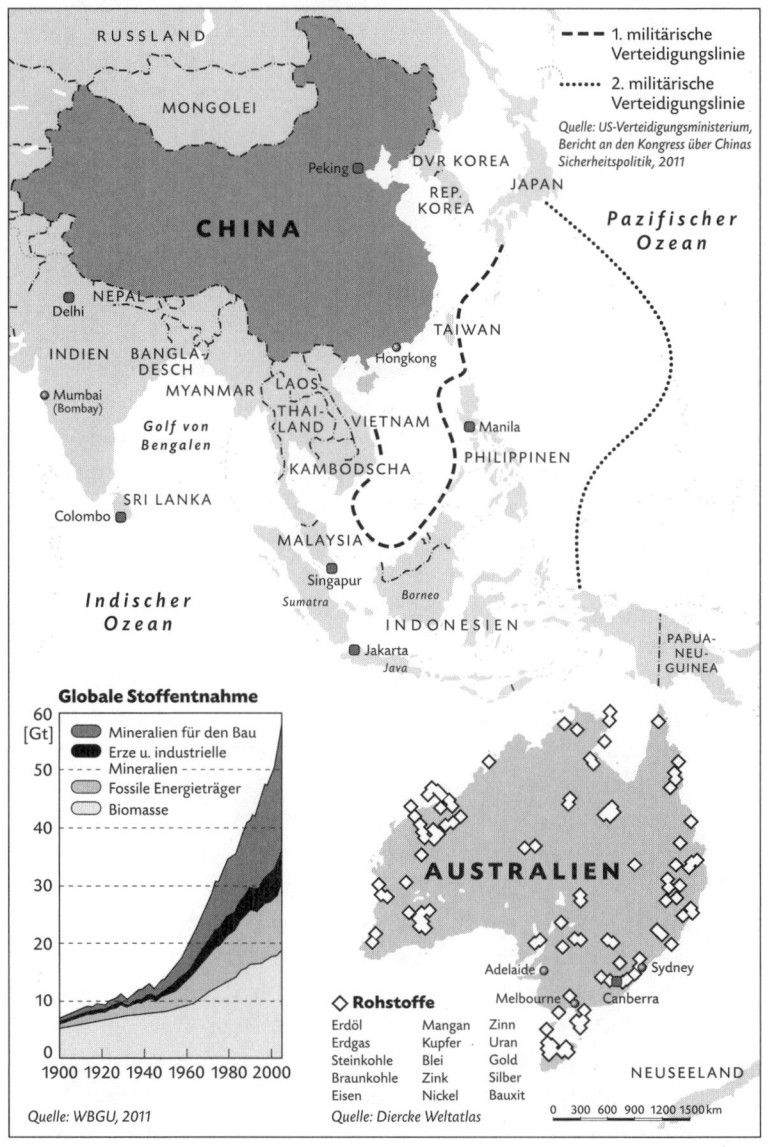

1. militärische Verteidigungslinie

2. militärische Verteidigungslinie

Quelle: US-Verteidigungsministerium, Bericht an den Kongress über Chinas Sicherheitspolitik, 2011

RUSSLAND

MONGOLEI

Peking

DVR KOREA

REP. KOREA

JAPAN

CHINA

Pazifischer Ozean

NEPAL
Delhi

INDIEN

BANGLA-DESCH

Mumbai (Bombay)

MYANMAR

TAIWAN

Hongkong

LAOS

THAI-LAND

VIETNAM

Golf von Bengalen

KAMBODSCHA

Manila

PHILIPPINEN

SRI LANKA

Colombo

MALAYSIA

Singapur

Sumatra

Borneo

Indischer Ozean

INDONESIEN

PAPUA-NEU-GUINEA

Jakarta

Java

Globale Stoffentnahme

- Mineralien für den Bau
- Erze u. industrielle Mineralien
- Fossile Energieträger
- Biomasse

60 [Gt]
50
40
30
20
10
0

1900 1920 1940 1960 1980 2000

Quelle: WBGU, 2011

AUSTRALIEN

Adelaide

Sydney

Melbourne

Canberra

◇ **Rohstoffe**

Erdöl	Mangan	Zinn
Erdgas	Kupfer	Uran
Steinkohle	Blei	Gold
Braunkohle	Zink	Silber
Eisen	Nickel	Bauxit

Quelle: Diercke Weltatlas

NEUSEELAND

0 300 600 900 1200 1500 km

sonders im entlegenen, kaum bewohnten Westen des Landes herrscht eine wahre Goldgräberstimmung, sodass der jährliche Durchschnittsverdienst für Arbeiter in Bergbausiedlungen wie Newman oder Port Hedland mittlerweile bei mehr als 100 000 Australischen Dollar liegt – und damit doppelt so hoch wie im Rest des Landes.[2] Es hat ein regelrechter Run auf die Bodenschätze Australiens eingesetzt.

Australien verfügt auch über bedeutende Vorkommen an sogenannten Seltenen Erden, einer Gruppe von 17 besonders begehrten Metallen, um die es in den vergangenen Jahren hitzige internationale Debatten gegeben hat. Stoffe wie Lanthan und Neodym gelten als geologische »Vitamine« für Hightech-Produkte von Lasern bis zu Handys. Lanthan und Cer werden für Katalysatoren oder als Zusätze für Legierungen verwendet, um die Stabilität etwa von Eisen- und Stahlprodukten zu verbessern, Yttrium wird in der Keramikindustrie eingesetzt. Zwar werden die Seltenen Erden meist nur in kleinsten Mengen benötigt, ihr Einsatz ist aber für den Bau von Batterien für Elektroautos, für Magneten und die Waffenproduktion unerlässlich.[3]

So klein die benötigte Menge jeweils auch ist, so groß ist die strategische Bedeutung der Vorkommen: Denn derzeit dominiert China, das über die Hälfte der bekannten Weltreserven verfügt, die Produktion vor allem bei den besonders begehrten schweren Seltenen Erden wie Terbium oder Erbium mit 97 Prozent des Liefervolumens fast vollständig. Angesichts eines wachsenden eigenen Bedarfs hatte China vorübergehend Exportrestriktionen verordnet. Das ließ den Weltmarktpreis stark steigen und löste in anderen Teilen der Welt eine hektische Suche nach alternativen Rohstoffquellen aus. Aber nach einem neuerlichen Preisverfall erklärte sich der letzte amerikanische Seltene-Erden-Produzent Molycorp im Juni 2015 für pleite.

Australien verfügt zwar nach verschiedenen Schätzungen nur über rund 1,5 bis sechs Prozent der bisher bekannten Weltvorkommen an Seltenen Erden. Aber es gibt gleich drei interessante Abbaugebiete – und Lagerstätten eben auch der besonders begehrten schweren Seltenen Erden. Im Mount Weld in Westaustralien befindet sich das größte derzeit erschlossene Abbaugebiet außerhalb von China. Daneben sind vor allem im Gebiet Dubbo Zroconia in New South Wales große Vorkommen gefunden worden. Geologen glauben zudem, dass in dem Land noch viel größere Ressourcen schlummern könnten, weil bisher noch gar nicht flächendeckend nach weiteren Lagerstätten gesucht worden ist.[4] Fast noch wichtiger: Australiens Regierung hat etwa dem Hightech-Land Japan, wo die Ängste vor einem chinesischen Lieferstopp am größten sind, noch im November 2010 zugesichert, man werde das Land weiter mit Seltenen Erden versorgen.[5]

Geopolitisch zählt sich Australien zum Westen – als dessen äußerster und einsamster Vorposten, ob man gedanklich nun von Kalifornien oder von Europa aus dorthin reist. Es ist eine nach westlichem Muster funktionierende Demokratie. Und es gibt nur etwas mehr als 22 Millionen Menschen, die diese geologische Schatztruhe bewohnen, 2,7 pro Quadratkilometer. Die Bevölkerungsdichte ist damit mehr als sechzigmal geringer als in China.

Gleichzeitig gehört Australien zu den wenigen Staaten des Westens, in denen die Bevölkerung noch stark wächst. Dazu tragen eine vergleichsweise hohe Geburtenrate und eine starke Einwanderung von Asiaten bei, die bereits fast zehn Prozent der Bevölkerung von 23,5 Millionen im Jahr 2014 stellen. Insgesamt hat das australische Statistikamt die Zahl der nicht in Australien geborenen Einwohner im Juni 2011 auf rund sechs Millionen beziffert. Größte Gruppe waren damals noch immer Briten, bereits an dritter Stelle der Ursprungsländer hinter Neuseeland lag aber China mit 380 000 Personen. Indien folgt mit 341 000 Immigranten.[6]

Australien liegt, weit entfernt von den Spannungsgebieten

der Weltpolitik, weitgehend ungeschützt an der Grenze von Pazifischem und Indischem Ozean. Der enge Verbündete der USA und der NATO verfügt über eine für die Größe des Kontinents nur kleine Armee und ist existenziell auf den Schutz durch die US-Pazifikflotte angewiesen, auf jene 180 Schiffe, 2000 Flugzeuge und 125 000 Soldaten, mit denen Washington auf dieser Hälfte der Erdkugel seinen Einfluss geltend macht.

Die Beziehungen zwischen Australien und China sind in den vergangenen Jahren immer intensiver geworden – auch wenn der Abstand zwischen den Küsten beider Länder 4250 Kilometer beträgt, wenn man eine gerade Linie von Hongkong über die Philippinen und Osttimor bis nach Darwin zieht. China lässt sich in fast allen Kategorien als Gegenpol zu Australien beschreiben. Dort leben 1,3 Milliarden Menschen, 137 pro Quadratkilometer. Um Guangzhou herum entsteht gerade eine »Metastadt« mit doppelt so vielen Einwohnern, wie Australien insgesamt hat. Während die meisten Australier seit Jahrzehnten einen westlichen Lebensstil im Wohlstand pflegen, streben die meisten Chinesen noch immer mit großer Energie danach, in möglichst kurzer Zeit einen Lebensstandard mit Eigenheim, Auto, Fernreisen und Elektronikausstattung zu erreichen. Die Stabilität des Staates hängt davon ab, ob das gelingt.

Dazu brauchen die chinesischen Kraftwerke schon heute immer mehr Kohle und Uran und die Fabriken eine stetig wachsende Zufuhr an Rohstoffen, von Eisenerz bis zu den Seltenen Erden. Nur so können jene Massenprodukte entstehen, für die Europäer und Amerikaner Milliarden bezahlen und damit Wohlstand nach China bringen. China verfügt zwar selbst über große Rohstoffvorkommen, doch die Abhängigkeit von Importen nimmt zu. Experten schätzen, dass das Land im Jahr 2035 für rund 20 Prozent des gesamten Energieverbrauchs der Erde verantwortlich sein wird. Und die chinesische Bergbauindustrie erwartet, dass das Land im Jahr 2020 bei 19 von 45 wichtigen Rohstoffen mit Engpässen zu rechnen hat.[7] Hektisch versuchen die chinesischen Import- und Rohstofffirmen deshalb in aller Welt, vor allem in Afrika, sich mithilfe ihrer Regierung Vorkommen zu sichern. Denn die Zufuhr an Rohstoffen entscheidet darüber, wer in den kommenden Jahrzehnten die Werkbank und Fabrik der Welt sein kann.[8]

Weil sich in Australien viele der benötigten Rohstoffe befinden, hat China den Kontinent schon längere Zeit im Visier. Die Investitionen in australische Rohstoffe gehen in die zweistellige Milliardenhöhe, in zahlreichen Fällen versuchten chinesische Staatsfirmen, australische Bergbauunternehmen zu kaufen. »Wir haben in den vergangenen drei Jahren chinesische Investitionen von 60 Milliarden Australischen Dollar im Rohstoffsektor erlaubt«, betonte der damalige australische Außenminister Kevin Rudd am 14. April 2011.[9]

Im Oktober 2012 bekräftigte der chinesische Botschafter in Australien, Chen Yuming, gegenüber *China Daily* die enge Bindung beider Länder. Langfristig gebe es »keine Zweifel an den engen bilateralen ökonomischen und handelsbezogenen Beziehungen zwischen China und Australien«, sagte er. China werde weiterhin der Wachstumsmotor für die australische Wirtschaft sein. Yuming klang in dem Interview so, als hätten die Australier Grund zu Dankbarkeit: Die gute wirtschaftliche Lage des Landes »sollte China mit seinem Wirtschaftswachstum und seinem riesigen Bedarf an Gütern und Ressourcen zugerechnet werden.« Deshalb seien China und Australien »zunehmend abhängig voneinander«.

Das wachsende Interesse Chinas hat in Australien seit den 1990er-Jahren eine wahre Euphorie ausgelöst: Mit dem Aufstieg Asiens beendete der Kontinent seine lange als Nachteil empfundene Randlage in der Weltgeschichte. Das zeitigte auch überraschende politische Wirkungen: Mit erheblicher Verärgerung hatte etwa der frühere US-Präsident George

W. Bush im Oktober 2003 feststellen müssen, wie sehr sich die Perspektive des Verbündeten geändert hatte. Während er selbst eher unfreundlich im australischen Parlament begrüßt wurde, erwartete Chinas Präsidenten Hu Jintao nur einen Tag später in Canberra warmer Applaus. Die Australier berauschten sich damals an der Perspektive gigantischer Rohstoffgeschäfte mit China.[10]

Ökonomisch war und ist dies völlig verständlich: Die Welthandelsorganisation WTO stellte Anfang 2011 fest, dass Australien vor allem deshalb wesentlich besser aus der Finanzkrise gekommen war als die meisten anderen westlichen Staaten, weil Chinas Nachfrage nach Rohstoffen dem Land kontinuierliche Einnahmen beschert. 2009/10 gingen bereits 72 Prozent der Eisenerze aus Australien nach China, nur noch 17 Prozent in die westliche Industrienation Japan.[11] Australiens Handelsminister Craig Emerson betonte denn auch im August 2011 erfreut: «Es gibt keinen Zweifel, dass Chinas Industrialisierung und Stadtentwicklung weiter sehr hohe Mengen australischer Rohstoffe benötigen wird.»[12]

In Australien wächst nun aber das Bewusstsein dafür, dass der Segen auch zum Fluch werden kann. Die Abhängigkeit von China wird immer größer. Bereits 2009 hat es erste chinesisch-australische Konflikte über die Rohstoffversorgung gegeben. Damals hatte der chinesische Konzern Aluminium Corporation of China Ltd., kurz Chinalco, seinen Anteil beim australischen Minengiganten Rio Tinto Ltd. auf 18 Prozent aufstocken wollen. Chinas Führung argumentierte damals, dass ihr Land ohnehin zum eindeutig größten Abnehmer australischer Kohle, Eisenerze und Seltener Erden aufsteigen würde. Mit der Kapitalverflechtung wollte Peking die Lieferbeziehungen langfristig absichern.

Die damalige australische Regierung entschied sich jedoch gegen die Kapitalaufstockung. Denn in Canberra wuchs trotz aller Freude über Profite die Sorge, dass sich der Bergbaukonzern von einem einzigen Kunden abhängig macht. Einige durch die Enthüllungsplattform WikiLeaks bekannt gewordene Berichte der US-Botschaft in Canberra offenbaren die Sorgen, die damals bestanden. Zum einen wird in einem Bericht beschrieben, wie Patrick Colmer, der Chef der australischen Behörde für Auslandsinvestitionen (FIRB), im September 2009 intern die restriktiveren Zustimmungsregeln für Auslandsinvestitionen als Maßnahme beschrieb, die sich klar gegen China richtete. Beim FIRB hätten damals die Alarmglocken geschrillt, weil im Schnitt jede Woche eine neue chinesische Eingabe für die Übernahme einer australischen Firma eingereicht worden sei. Zum anderen wird der damalige Ministerpräsident und spätere Außenminister Rudd – ein Mandarin sprechender Diplomat – zitiert. Er warnte US-Außenministerin Hillary Clinton, die USA müssten angesichts des raschen Aufstiegs Chinas auch zum Einsatz von Gewalt in der Region bereit sein.[13]

Auch wirtschaftliche Überlegungen bremsten die australische Regierung damals, der Kapitalverflechtung zuzustimmen. Intern wurde gewarnt, dass Chinas Nachfrage irgendwann ihren Zenit überschreite, wenn die Verstädterung weitgehend abgeschlossen sei und eine modernisierte Recycling-Industrie den chinesischen Bedarf an Rohstoffen abdecken könne. Die geplante Aufstockung musste sehr zum Ärger der Chinesen abgeblasen werden, der Staatskonzern Chinalco begnügte sich mit einem eher kleinen Aktienpaket. Doch Peking zeigte bereits damals, dass man sich nicht mehr ungestraft mit der kommenden Supermacht anlegen kann: Kurz nach der Absage wurden Mitarbeiter von Rio Tinto in China wegen Korruption vor Gericht gebracht und zu harten Strafen verurteilt. Es war eine unverhohlene Drohung.[14]

2011 entfaltete dieser harte Kurs eine erstaunliche Wirkung. Plötzlich bauten Chinalco und Rio Tinto die Zusammenarbeit auch ohne größere Kapitalverflechtung aus. Gemeinsam entwickelten sie neue Bergbauprojekte in Westafrika. Beide Firmen ergänzen sich mit ihren Interessen: Chinalco braucht nicht nur die Rohstoffe, sondern auch das technische Know-how für einen effizienten, modernen Abbau. Rio Tinto wiederum benötigt Kunden, um im Wettbewerb mit anderen internationalen Bergbaukonzernen bestehen zu können. In der Führung des Konzerns ist klar, dass man von China bereits erheblich abhängiger ist, als australische Politiker dies wahrhaben wollen. Im November 2013 verkündeten sie eine enge Kooperation.

In einem anderen Fall schritt die australische Regierung nach einer Intervention des Verteidigungsministeriums ein: 2009 untersagte der Australian Foreign Investment Board die Übernahme der Minengesellschaft Lynas durch den staatlichen Konzern China Non Ferrous Metal Mining. Denn Lynas ist jene Firma, die in Mount Weld die Vorkommen an Seltenen Erden abbaut. Kurz zuvor hatte das australische Verteidigungsministerium auch ein Joint Venture zwischen der staatlichen chinesischen Firma Wuhan Iron and Steel und dem australischen Unternehmen Western Plains Resources untersagt, weil die Eisenerzmine Hawks Nest zu nahe an dem Raketentestgebiet Woomera liege.[15]

Der Widerstand gegen chinesische Firmenaufkäufe ändert nichts an der überwölbenden Bedeutung des Landes als Hauptkunde Australiens. Chinas Antwort auf die Vorbehalte gegen Firmenübernahmen ist eine dreifache: Zum einen schließen chinesische Firmen nun langfristige Lieferverträge mit australischen Unternehmen ab. Zum anderen zeigt etwa das gigantische »Sino-Iron«-Projekt in der Pilbara-Region an der Nordwestküste, dass die Chinesen auch selbst aktiv werden. So will die chinesische Firma Citic Pacific dort in den kommenden 25 Jahren zwei Milliarden Tonnen an Eisenerzen abbauen. Die Erze werden noch in Australien verarbeitet und dann mit einer Flotte spezieller Containerschiffe nach China transportiert. Wie selbstverständlich wird dafür ein eigener

Hafen gebaut. Da eine erhebliche Anzahl australischer Arbeiter eingestellt wird, profitieren beide Seiten von der Milliardeninvestition.[16]

Der dritte chinesische Weg ist der für Australien gefährlichste. Weil der Widerstand in der Hauptstadt Canberra gegen ein weiteres chinesisches Vordringen in der Rohstoffindustrie wächst, unterläuft China einfach die australische Bundesregierung und schließt Verträge mit einzelnen Bundesstaaten ab. So unterzeichnete Colin Barnett, Ministerpräsident von Western Australia, am 16. September 2011 mit der chinesischen Entwicklungs- und Reformkommission eine Absichtserklärung für direkte Beziehungen und milliardenschwere Investitionen. »Dies bedeutet, dass es für alle wichtigen Projekte jetzt einen direkten und formellen Kontakt zwischen China und Western Australia gibt«, frohlockte Barnett.[17] »Western Australia schaut wirklich über den Horizont nach Asien, nicht nach Canberra«, hatte er bereits im Mai des vergangenen Jahres provokant betont – und nur eine halbherzige Absage an eine Abspaltung hinterhergeschoben. Es gehe ja gar nicht um Unabhängigkeit, sondern »einfach um ökonomische Realitäten.«[18]

Die Angst vor einer zu großen Abhängigkeit von, auch einer Dominanz durch China wird in dem Maße erneut anschwellen, in dem sich die Lage an den Rohstoffmärkten verschärfen wird. Zwar sorgen in einer Marktwirtschaft Mechanismen dafür, dass ein stark steigender Preis wie bei den Seltenen Erden neue Investitionen in Gang setzt und damit auch politisch motivierte Lieferengpässe auszugleichen hilft. Die hohe Zahl von 393 Seltene-Erden-Projekten, die 244 Firmen in 35 Ländern nach Angaben des US-Experten Gareth Hatch im Oktober 2011 betrieben, täuscht jedoch: In der Bundesanstalt für Geowissenschaften und Rohstoffe (BGR) wird geschätzt, dass nur bei 17 Projekten überhaupt mit einem erhöhten Anteil an den besonders begehrten schweren Seltenen Erden, die für einen profitablen Abbau taugen, zu rechnen ist.[19] Und die Bergbau-Pleite in den USA zeigt, dass mit dem Preisverfall in offenen Volkswirtschaften das Interesse von Investoren sofort wieder sinkt.

Neue Bergwerke mögen also etwas helfen, die Sorgen bezüglich Versorgungslücken für einige Zeit zu dämpfen. Aber solange Hightech-Produkte den Einsatz dieser Metalle benötigen und die Schwellenländer wachsen, wird die Nachfrage steigen. Alternativen gelten als viel zu teuer und technisch nicht überzeugend. Und allen Schätzungen zufolge wird der Bedarf gerade für die Batterietechnologie etwa bei Elektroautos enorm steigen. Es klingt paradox: Ausgerechnet der auch von Deutschland forcierte Umstieg auf erneuerbare Energien, für deren wirtschaftlichen Einsatz in viel größerem Maße als bisher Energie gespeichert werden muss, fördert das Rennen um seltene Rohstoffe. Insgesamt – daran ändert auch der Einbruch der Rohstoffpreise in den vergangenen Jahren nichts – wird die Nachfrage wegen der wachsenden Weltbevölkerung weiter steigen.

Dazu kommt, dass Chinas bisherige Strategie der Firmen- und Bergwerkaufkäufe sichtlich an eine Grenze stößt. Die Angst vor einer zu großen Dominanz wächst weltweit. Die erste Alternative sind langfristige Lieferverträge, um die sich auch andere Nationen zunehmend bemühen. Reicht dies nicht, um den Hunger an energetischen und nicht-energetischen Rohstoffen zu stillen, so wird die zweite Alternative ein sehr viel »robusteres« Vorgehen bei den Verteilungskämpfen um Ressourcen sein.

Egal auf welchem Wege, die Abhängigkeit von China jedenfalls wächst weiter. Experten schätzen, dass sich die Chinesen bereits heute auf verschiedenen Wegen den Zugriff auf 30 Prozent der australischen Rohstoffvorkommen gesichert haben. »Wenn China niest, bekommen wir mehr als nur eine Erkältung«, stellt deshalb die australische Journalistin Clancy

Yeates fest. Von einer »Sinodependency« ist die Rede.[20] Dies bezieht sich längst nicht mehr nur auf Rohstoffe. China stellt auch die meisten Auslandsstudenten und steuert ein Fünftel zu den Einnahmen in der 19 Milliarden Dollar schweren Bildungsindustrie in Australien bei. Der chinesische Telekommunikationsgigant Huawei versucht, sich mit der Anstellung prominenter Lobbyisten wie des früheren Außenministers Alexander Downer einen Teil des künftigen Breitbandnetzes in Australien zu sichern. Außerdem planen chinesische Unternehmen große Aufkäufe in der australischen Landwirtschaft. Der »PwC Melbourne Institute Asialink Index« misst, wie groß das regionale Engagement bei einer Reihe von Faktoren wie Erziehung, Tourismus, Einwanderung und humanitärer Hilfe ist – demnach haben sich die Beziehungen zwischen Australien und China seit 1990 um den Faktor 16 verstärkt.[21] Beide Länder profitieren bisher davon. Das Verhältnis beider Länder ist dabei genau das Gegenteil der Beziehungen zwischen Deutschland und Russland. In Westeuropa wird wegen des Bezugs von russischem Gas das Thema »Versorgungssicherheit« in einer anderen Art und Weise diskutiert. Die Ängste kreisen um eine zu hohe Abhängigkeit eines demokratischen Abnehmerstaates von einem eher autoritären Lieferland, das Energie und Ressourcen in der Vergangenheit auch als politische Waffe eingesetzt hat. In den Beziehungen zwischen China und Australien sorgt sich jedoch das wesentlich weniger potente demokratische Lieferland, dass der mächtige, autoritär organisierte Abnehmerstaat immer mehr an Einfluss gewinnt. In einer Umfrage des Lowy-Instituts sagten im vergangenen Jahr 56 Prozent der Befragten in Australien, dass es bereits zu viel chinesisches Investment im Land gebe. Im Februar 2015 kündigte die Regierung in Canberra an, ausländische Aufkäufe vor allem von Farmland genauer zu untersuchen. Dies richtete sich allerdings nicht nur gegen chinesische, sondern etwa auch gegen amerikanische Investoren.

In der Diskussion über das Binnenverhältnis beider Staaten geht es aber zunehmend um geostrategische Fragen. Die Amerikaner sorgen sich, dass Australien als wichtiger Partner und Standort für ihre weltweite Präsenz eines Tages ausfallen könnte. Je größer die wirtschaftliche Abhängigkeit des Landes von der aufstrebenden Supermacht sein wird, desto weniger kann es sich Australien leisten, mit China in Konflikt zu geraten. Schon heute ist zu beobachten, dass die australische Regierung ihre Kritik an China bei allem Unwohlsein über die Entwicklung nur sehr verhalten äußert.[22]

Deshalb verstärkt sich auch die geostrategische Debatte. Als US-Präsident Barack Obama im November 2011 eine Asien-Pazifik-Rundreise unternahm, sagte er bei seinem Besuch in Australien: »Nach einer Dekade, in der wir zwei Kriege ausgefochten haben, wenden die Vereinigten Staaten ihre Aufmerksamkeit dem riesigen Potenzial der asiatisch-pazifischen Region zu.« Dazu gehörte dann auch, dass Obama die Verstärkung der amerikanischen Truppenpräsenz in Australien ankündigte. 2500 zusätzliche US-Marines sollen im nordaustralischen Darwin stationiert werden, was Beobachter als »erste, langfristig angelegte Expansion amerikanischer Militärpräsenz im Pazifik seit dem Vietnamkrieg« deuteten.[23] Die *Frankfurter Allgemeine Zeitung* resümierte: »Das Engagement in Australien zeigt: Amerika trifft auf China.«[24]

Noch deutlicher kamen die Spannungen beim Ostasien-Gipfel auf der indonesischen Ferieninsel Bali zum Ausdruck, der auf Obamas Australienbesuch folgte. Als »Bühne eines Machtkampfs« um den Pazifik beschrieb ein Korrespondent den Gipfel[25]: Die USA äußerten sich deutlich zu den Konflikten um das Südchinesische Meer, China verbat sich jede Einmischung und ließ erkennen, dass es den Pazifik zu seiner Machtsphäre zählt. Die asiatische Presse sprach von einer »Atmosphäre des Kalten Kriegs«. Mit großem Engagement versucht Washington ein Handelsabkommen mit den meisten Staaten Ostasiens abzuschließen (TPP). Denn auch China sammelt gerade Freihandelsabkommen mit asiatischen Staaten – und mit Australien – ein.

In der amerikanischen Militärführung wächst zugleich die Sorge vor einer massiven Aufrüstung der chinesischen Marine und vor Chinas Plänen, Amerika die Machtausübung zumindest über den Pazifik streitig zu machen. Wirklich neu wäre diese Wiederkehr auf den Weltmeeren ohnehin nicht. Als Handelsnation war China schließlich schon im Mittelalter eine Weltmacht gewesen. Doch nachdem die See-Expeditionen des Entdeckers Zheng He im 15. Jahrhundert enorm viel Geld verschlungen hatten, orientierten die Kaiser der Ming-Dynastie ihr Reich ganz nach innen. Sie zerstörten die mächtige chinesische Flotte freiwillig, einen Nachfolger hat es seither nicht mehr gegeben.

Im beginnenden 21. Jahrhundert laufen in den Kommandozentralen in Washington immer eindeutigere Berichte darüber zusammen, dass China zur See wieder massiv aufrüstet, auch für Missionen, die fern der eigenen Küste liegen. Um knapp 13 Prozent sind die offiziellen Rüstungsausgaben allein im Jahr 2011 gegenüber dem Vorjahr gestiegen – auf 91,5 Milliarden Dollar. 2015 sollen sie bereits bei umgerechnet 135 Milliarden Euro liegen. Pekings Führung kündigt an, dass in den kommenden Jahren zwei Flugzeugträgerverbände entstehen sollen. China will damit nicht nur seinen Einfluss im Chinesischen Meer vergrößern, sondern auch die weltweiten Handelswege schützen, die für das eigene Wachstum so wichtig sind. »Es ist unvermeidlich, dass viele Nachbarn jetzt alarmiert sind«, meint der China-Experte Chengxin Pan von der Deakin University in Australien.[26] In der neuen, im Mai 2015 veröffentlichten Militärstrategie heißt es denn auch offen, dass die Marine zusätzlich zum Küstenschutz nun auch den Schutz der offenen Meere übernehmen solle.

Im Pentagon wird darauf verwiesen, dass sich bereits seit

2009 in China die strategische Debatte auf die Verteidigung in fernen Seegebieten verlagert. So werde offener diskutiert, ob die chinesische Marine in anderen Ländern militärische oder zumindest Reparaturstützpunkte für die langsam aufgebauten Übersee-Einheiten der Marine einrichten sollte.[27] In etlichen Teilen der Welt finanziert China den Bau von Häfen, die zunächst für kommerzielle Zwecke und die Anlandung chinesischer Produkte ausgebaut werden, möglicherweise später auch eine militärische Komponente erhalten. Es soll Verhandlungen geben, dass der Hafen in Dschibuti im Golf von Aden als Stützpunkt genutzt werden kann.

Im September 2015 kreuzten erstmals chinesische Kriegsschiffe vor Alaska. Dazu kommt neben der veränderten Strategie und den ständig steigenden Militärausgaben auch ein anderes, offensiveres Verhalten in der direkten Nachbarschaft. Scharmützel der chinesischen mit der vietnamesischen Marine um die potenziell rohstoffreichen Spratly-Inseln zeigten bereits im Sommer 2011, dass Peking mittlerweile trotz seiner stets friedliebenden Rhetorik auch bereit zu sein scheint, militärische Mittel einzusetzen, wenn es um die Durchsetzung wichtiger Interessen geht. Dies zeigt auch der schwelende Konflikt mit Japan um die Inselgruppe, die von Japan Senkaku und von China Diaoyu genannt wird. Die US-Regierung veröffentlichte 2015 Luftaufnahmen davon, wie die chinesische Marine auf den umstrittenen Spratly-Inseln eine künstliche Insel aufschüttet und befestigt. Aus Peking gibt es die selbstbewusste Ansage an Washington, die USA sollten sich aus allen Territorialkonflikten in der Region heraushalten. US-Präsident Obama hielt zunächst dagegen.

Geopolitisch hat diese Aufrüstung in der Region aber eine dramatische Folge: Die alleinige amerikanische Vormacht über den Pazifischen und den Indischen Ozean dürfte mit dem weiteren Ausbau der chinesischen Flotte schwinden. Auch das australische Verteidigungsministerium hat in einer

Studie über die Entwicklung bis 2030 den Abbau der amerikanischen Militärkapazitäten im asiatisch-pazifischen Raum als wahrscheinliche Entwicklung bezeichnet. Der militärische Aufstieg Chinas wird zwar nicht als Bedrohung, aber als »Herausforderung« bezeichnet. Weil man die neue Supermacht nicht vor den Kopf stoßen wollte, wird in dem Bericht nur indirekt davor gewarnt, dass »Umfang, Geschwindigkeit und Struktur« der chinesischen Aufrüstung angebracht seien, Misstrauen der Nachbarn zu erzeugen.«[28]

Für Australien, einst von den Traumpfaden seiner Ureinwohner geprägt, dann vom britischen Empire als Strafkolonie missbraucht und schließlich zum westlichen Außenposten avanciert, beginnt damit eine neue Phase seiner Geschichte. In einer Welt, in der Zugang zu Rohstoffen über Wohlstand und Niedergang entscheidet, liegt der Kontinent wie eine kaum zu schützende fette Beute im Ozean. Australien ist eine Schatzkammer, die in sehr kurzer Zeit ins Zentrum des Weltgeschehens rücken könnte. Ein früherer australischer Verteidigungsminister sagte bei unseren Recherchen auf die Frage, ob es für die australische Armee überhaupt ein Kriegsszenario gebe: »Eigentlich nur eines: mit China, um die Kontrolle über Rohstoffe.«

* * *

Lange bevor die »Brisbane III« versinkt, hatten sich Exploration und Förderung von Rohstoffen in allen Landesteilen des spärlich besiedelten Kontinents beschleunigt. Nachdem die Vorkommen in Europa weitgehend erschöpft waren, kauften sich auch westliche Industrienationen wie Deutschland und Frankreich verstärkt in Bergwerke ein. Gleichzeitig wuchs Jahr für Jahr der Anspruch der asiatischen Staaten, Australien als »ihren« Kontinent anzusehen.

In Australien kam der immer unverhohlenere Anspruch nicht

besonders gut an, sondern vergiftete das politische Klima. Der Kampf gegen den wachsenden chinesischen Einfluss im Land wurde nach einigen Jahrzehnten zum Hauptwahlkampfthema. Zwei Lager konkurrierten miteinander: Die einen argumentierten, dass eine Abschottung des Landes angesichts der geographischen Lage unsinnig sei – wenn Australien eine Zukunft habe, dann eine asiatische. Die anderen sprachen sich für einen deutlich antichinesischen Kurs aus, der auch in anderen Einwanderergruppen populär war. Selbst in der großen indischen Community und bei den vielen indonesischen Einwanderern gab es zunehmend Vorbehalte gegen die chinesische Minderheit im Land. Australische Nationalisten forderten, alle chinesischstämmigen Soldaten aus den Streitkräften zu entlassen, weil man sich ihrer Loyalität nicht mehr sicher sein könne.

In der australischen Gesellschaft machte sich eine antichinesische Stimmung breit. Denn die demographischen Trends in Australien veränderten sich so dramatisch, dass die früheren Debatten über asiatische Einwanderer plötzlich harmlos wirkten. Mittlerweile zählte das Land 50 Millionen Einwohner – offiziell. Wie hoch die Zahl tatsächlich war, wusste in Wahrheit schon lange niemand mehr. Bereits vor einiger Zeit war die alte Mehrheitsgruppe, die der Weißen, eine Minderheit geworden.

Dafür gab es viele Gründe: Immer mehr Südseebewohner mussten wegen des Klimawandels und des steigenden Meeresspiegels ihre untergehenden Inseln verlassen und wohnten nun in den Slums an den Rändern der australischen Großstädte. Im Vergleich zur asiatischen Einwanderung fielen sie aber zahlenmäßig kaum ins Gewicht. Schleuserbanden brachten Zehntausende illegale Flüchtlinge pro Jahr ins Land, meist Indonesier, Filipinos und vor allem Chinesen. Die meisten flohen vor den sich verschlechternden wirtschaftlichen Bedingungen und den Umweltkatastrophen in ihrer Heimat. Teile

Chinas etwa waren durch eine zu intensive industrielle und landwirtschaftliche Nutzung kaum noch bewohnbar, die Böden und das Wasser vergiftet. Auch der Ausbau der australischen Küstenwache konnte den generalstabsmäßig organisierten Menschenschmuggel nicht aufhalten.

Unterstützung durch die Regierungen der Heimatländer der Ankömmlinge konnte Australien nicht mehr erwarten. Die schwachen Zentralregierungen in Jakarta und Manila waren eng mit den Banden verwoben. Viele Regierungsmitglieder, Beamte und Soldaten verdienten an dem Menschenschmuggel mit. Etliche asiatische Regierungen waren froh, einen Teil der unzufriedenen Bevölkerung in andere Staaten abwandern zu sehen. Systematisch hatten etwa die Behörden in Manila begonnen, gesamte Belegschaften von Gefängnissen durch Zahlung eines Millionenbetrages an Schlepperbanden außer Landes zu bringen.

Für viel gefährlicher hielten die Australier, dass die chinesische Führung begann, die Kampagne »Seht und erobert die Welt« ins Leben zu rufen. Das chinesische Wirtschaftswachstum hatte sich verlangsamt, die neuen Fabriken besaßen einen immer höheren Grad an Automatisierung. In der Wirtschaft kamen vor allem gut ausgebildete junge Frauen nach vorne. Obwohl der gesellschaftliche Status von Frauen stark gestiegen war, wirkten Traditionen und die Folgen früherer Bevölkerungspolitik stark nach. Unzählige schwangere Frauen ließen mithilfe von Ultraschall und Gentests ermitteln, ob sie einen Jungen oder ein Mädchen erwarteten. Weil Söhne traditionell als Garanten von Wohlstand galten und nur ein Kind erlaubt war, wurden Millionen Mädchen abgetrieben.[29]

Das führte dazu, dass nicht nur in Indien, sondern auch in China Millionen von überzähligen Männern ohne familiäre oder wirtschaftliche Perspektiven lebten. Ihre Probleme überforderten den chinesischen Staat, der bereits mit der stark wachsenden Zahl hochbetagter Menschen zu kämpfen hatte.

Um den gesellschaftlichen Druck abzubauen, den dies erzeugte, rief die chinesische Führung die Kampagne ins Leben, die die Emigration mit einem Schuss nationaler Welteroberungspropaganda förderte. Die Überschuss-Männer wurden als Instrument geopolitischer Interessen Pekings eingesetzt. Sie sollten nach Afrika übersiedeln, in die Weiten Sibiriens oder eben in wohlhabende Länder wie Australien und dort die kulturelle Überlegenheit der Chinesen demonstrieren.

Die Zahl der illegal in Australien einreisenden Chinesen schwoll nun dramatisch an. Anfangs fing die australische Küstenwache noch viele Schiffe ab, die meist mit offen gehissten Bannern »Wir kommen« von der chinesischen Küste aus nach Süden gefahren waren. Doch weil China sich weigerte, die Menschen zurückzunehmen, kam die australische Demokratie an die Grenzen ihrer Möglichkeiten. Als in den Aufnahmelagern irgendwann die Zahl von 500 000 Flüchtlingen überschritten war und die Kosten für die Versorgung explodierten, kapitulierte die australische Regierung. Sie duldete, dass sich die bereits existierenden chinesischen Gemeinden in Australien der Neuankömmlinge annahmen – offiziell nur auf Zeit, inoffiziell unbegrenzt.

Über die Jahre baute sich eine chinesische Parallelgesellschaft in Australien auf, über die die Behörden keine Kontrolle mehr besaßen. Offiziell waren die Neu-Australier zwar keine Bürger und durften nicht wählen – das erklärte das starke Abschneiden antichinesischer Kräfte bei den Wahlen. Aber als billige Arbeitskräfte waren sie seit Langem durchaus willkommen, vor allem im Nordwesten des Landes, der überwiegend in chinesische Hand gekommen war. Ausgehend von den ersten Bergbau- und Stahlfirmen, hatten sich dort mittlerweile fast rein chinesische Städte entwickelt. Der Nordwesten mit seinen regelmäßigen Schiffsverbindungen nach China galt auch als das eigentliche Einfallstor für die illegale Einwanderung. Die großen Unternehmen haben sich damit abgefunden, in der Landwirtschaft und in den immer zahlreicheren Bergwerken die billigen Immigranten zu beschäftigen. Weil die australische Wirtschaft gerade wegen der Geschäftsbeziehungen zu China insgesamt weiterboomte und die Steuereinnahmen in die Höhe schossen, drückte der Staat bei den arbeitsrechtlichen Vorschriften beide Augen zu.

Die Folge waren erbärmliche Arbeitsbedingungen für die billigen, illegalen Arbeitskräfte. »News«, der größte australische Informationskonzern, berichtete, dass im Arbeitsministerium die Zahl der inoffiziellen Toten durch Arbeitsunfälle jedes Jahr auf weit über 10 000 geschätzt werde. In der öffentlichen Debatte wurden die Illegalen mittlerweile von den rechtsgerichteten und nationalistischen Kräften als »Plage« bezeichnet – und damit auf eine Stufe mit früheren australischen »Plagen« wie Kängurus und Kaninchen gestellt.

Über lange Jahre hatten sich sowohl Canberra als auch Peking mit dieser Situation arrangiert. Wenige Monate vor dem Zwischenfall mit der »Brisbane III« zeigte sich, dass das Stillhalteabkommen bröckelte. Zum einen lag dies an einer zunehmend nervöseren Regierung in Peking, zum anderen am Verhalten der chinesischen Einwanderer. Die kommunistische Führung hatte – schon um die wachsende Unzufriedenheit im Land zu kanalisieren – immer häufiger und offener ihren Anspruch auf Australien ausgesprochen. Die führenden Politiker in Peking sprachen aber offiziell nie von einem »chinesischen«, sondern von einem zweiten »asiatischen« Kontinent, der ihnen vorübergehend von den Europäern gestohlen worden sei.

Das chinesische Kulturministerium inszenierte in Peking mit großem Pomp eine Ausstellung über das »asiatische Erbe in Australien«. Demonstrativ nahmen die gesamte Staatsführung und die Regierungschefs von zehn weiteren asiatischen Staaten teil. Immer lauter erhob die chinesische Führung zudem den Anspruch, dass sie weltweit auch für das Schicksal aller Auslandschinesen zuständig sei – deren Zahl inzwischen auf weit mehr als 50 Millionen geschätzt wurde. Ein Parteitagsbeschluss verlieh der Regierung das Recht, weltweit eingreifen zu können, wenn dies zum Schutz der eigenen Bürger notwendig sei. Zunächst marschierten chinesische Truppen in Laos ein, als es dort zu antichinesischen Ausschreitungen kam.

Das hatte seine Rückwirkungen in Australien, wo sich die Konflikte zwischen alten Einheimischen und den Migranten seit Monaten verschärften. Berichte über illegale Spionage- und Überwachungsaktionen durch chinesische Firmen, die große Teile des australischen Kommunikationsnetzes betrieben, heizten die Stimmung ebenso an wie die wachsende Dominanz chinesischer Firmen in der australischen Wirtschaft. Zwar schrieben australische Gesetze vor, dass die Rohstofffirmen mehrheitlich in der Hand von Australiern sein müssen. Aber viele Firmen waren mit der Hilfe von Strohmännern und Tarnfirmen faktisch in chinesischer Hand. Der Markt für Konsum- und Investitionsgüter wurde ohnehin von den mächtigen Industriegiganten aus dem Reich der Mitte beherrscht.

Die Stimmung verschärfte sich. Mehrfach kam es zu Massenschlägereien an den Rändern der Chinatowns. In Melbourne zogen Tausende Chinesen kurz vor dem Angriff auf die »Brisbane III« marodierend durch die Straßen, nachdem ein junger Chinese von australischen Hooligans grausam gefoltert und dann umgebracht worden war.

Bei den Nationalwahlen schaffte ein Mann auf Anhieb einen Erdrutschsieg, der in den sozialen Netzwerken zuvor eine Gruppe namens »White Australia« gegründet hatte. Innerhalb kurzer Zeit zählte er dort 5,7 Millionen Unterstützer. Die zentrale Botschaft nach seiner Wahl zum Ministerpräsidenten lautete: »Lasst uns den chinesischen Drachen dort treffen, wo es ihm richtig weh tut.« Geschickt bediente er die Ressentiments und Ängste von Einwanderern aus anderen Nationen bezüglich einer chinesischen Dominanz. »Wir haben uns einst von der Kolonialmacht Großbritannien losgelöst, nun schütteln wir die neue Kolonialmacht China ab«, sagte der neue Ministerpräsident.

Die chinesischen Netzfilter spielten diese Nachricht über alle Hierarchiestufen hinweg sofort auf den Bildschirm des Staatschefs der Volksrepublik China. Dieser berief umgehend den Nationalen Sicherheitsrat ein. Denn Chinas Wohl und Wehe entschied sich mit dem Zugriff auf australische Rohstoffe. Das Land hatte sich zwar Afrika gefügig gemacht und das russische Sibirien durch eine gezielte Einwanderung faktisch übernommen. Doch der Wettbewerb mit Europa, Japan und Amerika um Rohstoffe war noch härter geworden. Der technologische Fortschritt im Recycling hatte global mit der Nachfrage nach neuen Gütern nicht mitgehalten. Die Zahl der Autos in China war von 80 Millionen im Jahr 2010 auf 500 Millionen angestiegen. Um ihre Kunden bei Laune zu halten, mussten Elektronikkonzerne ihre Modelle im Halbjahresrhythmus erneuern. Groß war die Nachfrage nach Rohstoffen auch aus dem Militär, das den wachsenden Herrschaftsanspruch mit Stützpunkten in aller Welt zu sichern suchte.

Als die »Brisbane III« im Meer versinkt, verfügt China bereits über zwölf Flugzeugträgerverbände, genauso viele wie Amerika. Fünf von ihnen sind rund um Afrika stationiert, vier im Indischen Ozean, der Rest im Pazifik. Die absolute Dominanz der Amerikaner über die Weltozeane gehört der Vergangenheit an – längst sind ihre Truppen wieder von Stützpunkten wie dem im nordaustralischen Darwin abgezogen, weil das Geld fehlt, sie zu unterhalten.

Diese Schwäche soll nun für alle Welt sichtbar werden. Noch bevor die Kommandozentrale der australischen Marine den Ministerpräsidenten von dem Vorfall unterrichten kann, klingelt in dessen Jackentasche das Telefon. Auf der Videoleitung warte der chinesische Präsident. Der Ministerpräsident eilt zum Regierungssitz, wo ihm der Präsident auf der Plasmawand nach einigen Eingangsfloskeln in perfektem Englisch sein Bedauern über die getöteten australischen Soldaten erklärt und betont, dass sein Land kein Interesse an einer Eskalation habe. Die Führung in Peking müsse aber darauf bestehen, dass alle Lieferverträge mit nicht-chinesischen Firmen gekündigt würden und eine Holding großer chinesischer Rohstoffimportfirmen die Leitung der australischen Bergwerke übernehme. Der Ministerpräsident muss so tun, als wisse er Bescheid. Als er auflegt, hängt bereits der Oberkommandierende der Marine in der Leitung.

In Canberra tritt schnell ins Bewusstsein, dass sich in den kommenden Stunden und Tagen das Schicksal Australiens entscheidet. Entweder wird die Regierung den chinesischen Forderungen nachkommen – dann wäre das Land endgültig von Peking abhängig. Oder es droht eine Eskalation. Auf jeden Fall muss der Regierungschef mit dem amerikanischen Präsidenten sprechen. Diesem schildert er eine Stunde später den Vorfall. Im Oval Office im Weißen Haus hört man sich den Bericht an, seufzt und verspricht zurückzurufen. In der Hoffnung, eine eindeutige Verurteilung Chinas durch die internationale Gemeinschaft zu organisieren, ruft der australische Ministerpräsident auch in Japan und Europa um Hilfe. Doch überall erntet er die gleiche hinhaltende Reaktion. Der japanische Regierungschef scheint über den Vorfall bereits informiert zu sein. Doch er drückt nicht einmal sein Beileid für die Besatzung aus, sondern erzählt dem australischen Ministerpräsidenten etwas über die bedeutende Verflechtung der japanischen und chinesischen Elektronikindustrie. Der europäische Staatschef zeigt mehr Taktgefühl, nur um dann von den chinesischen Billionenkrediten für das europäische Rentensystem zu sprechen.

Wenige Stunden später meldet sich der US-Präsident zurück: Die USA plädierten für einen Kompromiss, sagt er. Die Entführung eines Kohlefrachters, der Verlust der Seltene-Erden-Lieferung und selbst die sicher verdammenswerte Zerstörung der Fregatte könnten kein Grund für eine harte Auseinandersetzung mit China sein. Die amerikanische Pazifikflotte sei einem solchen Konflikt nicht mehr gewachsen, fügt er nach kurzem Schweigen hinzu. Seit Jahren müsse man bei Ausrüstung und Waffen kürzen. Außerdem müsse man bedenken, dass Amerikas Wohlstand auf Krediten aus China beruhe, belehrt er seinen australischen Kollegen. Statt einer offenen Konfrontation solle dieser besser einen hohen Preis für die Abhängigkeit von Peking einfordern. Canberra solle den Chinesen die Kontrolle über die Bergwerke überlassen und im Gegenzug festschreiben dürfen, dass die Rohstoffsteuer jährlich um einen Prozentpunkt steigen könne. Er könne ja behaupten, mit den Einnahmen die Lebensbedingungen in den Schattensiedlungen zu verbessern. Den Untergang der »Brisbane III« solle er in der Öffentlichkeit lieber als Unfall darstellen. Dann beendet der amerikanische Präsident das Gespräch.

Doch der australische Ministerpräsident ist kein Mann der Kompromisse. Seinen Nationalen Sicherheitsrat schwört er trotz der amerikanischen Beschwichtigungsversuche darauf ein, sich nicht in die völlige Abhängigkeit von Peking zu begeben. Seine in harter Tonlage vorgetragene Netzansprache verfolgen fast alle der 50 Millionen Australier.

In der folgenden Nacht brennen in mehreren australischen Großstädten chinesische Schattensiedlungen. Zahlreiche Australochinesen werden vom Mob getötet, nachdem fast überall im Land spontane Demonstrationen in Gewalt gegen chinesische Einrichtungen umschlagen. Doch die Gegenwehr fällt hart aus. Nur einen Tag später sterben Hunderte Regierungsangestellte, als paramilitärisch gekleidete Chinesen aus den Schattensiedlungen heraus Rathäuser und Bundesbehörden angreifen. Woher sie ihre Waffen haben, stellt die Polizei und

Armee zunächst vor ein Rätsel. Dabei hat der australische Geheimdienst seit Jahren gewarnt, dass in den Schattenstädten eigene Sicherheitsorganisationen aufgebaut und massenweise Waffen über die weitgehend unbewohnte australische Westküste ins Land geschmuggelt würden. Keine australische Regierung hatte es bisher gewagt, dagegen vorzugehen – weil es bedeutet hätte, mit sehr großem Aufwand die Kontrolle über die völlig selbst verwalteten Schattenstädte zu übernehmen.

Die australische Regierung muss nun handeln. Mit Verweis auf die nationale Sicherheit ordnet der Regierungschef an, dass alle Chinesen des Landes, egal, ob sie illegal oder legal im Land leben, in geschlossene Camps umgesiedelt und biometrisch erfasst werden.

In der Sekunde, in der er diesen Beschluss seinem Kabinett schickt, bekommt der australische Ministerpräsident einen weiteren Anruf aus Peking. Wenn er nicht wolle, dass es in Australien zum Bürgerkrieg komme und die Privatvermögen australischer Bürger bei chinesischen Banken beschlagnahmt würden, solle er sofort einlenken. Die »Brisbane III« könne ein Einzelfall bleiben, müsse es aber nicht. Dann werden dem Australier eine Liste mit der exakten Standortbestimmung aller australischen Schiffe und eine Übersicht über die Zieleinstellungen der neuesten chinesischen Angriffsdrohnen übermittelt.

Aus Stolz verlangt der Ministerpräsident eine Stunde Bedenkzeit, die ihm in Peking auch gewährt wird. Dort weiß man, dass sich der Konflikt gelohnt hat und China als Sieger dastehen wird – auch ohne blutigen langen Krieg. Australien fällt künftig als Rohstofflieferant für andere Teile der Welt aus. Chinas Verhandlungen mit Afrikanern, Europäern und Amerikanern um Zugang zu ihren Gesteinen und Energiequellen laufen plötzlich viel besser als noch kurz zuvor.

4. PANDEMIE – FLUCH DES WISSENS

London

Der junge Student aus Niedersachsen ist für eine agrarwissenschaftliche Konferenz nach London gekommen. Schon am zweiten Konferenztag quälen ihn Brustschmerzen, Übelkeit und hohes Fieber. 24 Stunden leidet er in seinem kleinen Motelzimmer im Londoner Südwesten. Dann weiß er sich nicht mehr anders zu helfen, als sich mit dem Taxi ins nächstgelegene Krankenhaus fahren zu lassen. Die Notaufnahme des Kingstown Hospital ist wie immer überfüllt. Doch die Ärzte erkennen, dass sich der junge Deutsche in einem kritischen Zustand befindet. Die Gefahr einer Sepsis besteht, einer Vergiftung von innen heraus mit Stoffen, die von Bakterien abgesondert werden.

Die Ärzte verabreichen ihrem Patienten hoch dosierte Breitband-Antibiotika, um zu verhindern, dass die Erreger sich weiter in seinem Körper vermehren. Zugleich lassen sie das Labor ermitteln, mit welchem Erregerstamm sie es zu tun haben, um notfalls zu spezifischeren Medikamenten greifen zu können.

Was die Ärzte noch nicht wissen, ist, dass der Student aus Deutschland bald den Namen »Patient 1« bekommen und weltweit auf furchtbare Weise berühmt werden wird. Während sie um sein Leben kämpfen, beginnen sich in London zahlreiche Menschen unwohl zu fühlen. Sein Sitznachbar aus dem Flugzeug, die Reinigungskraft im Motel, Konferenzteilnehmer, der Taxifahrer. In ein paar Tagen werden sie zu den ersten Opfern eines neuen Erregers zählen, der im landwirtschaftlichen Betrieb der Eltern des jungen Mannes entstanden ist.[1]

In ihrer riesigen Schweinemastanlage nahe dem niedersächsischen Vechta praktizieren die Eltern, was in der industriellen Tierproduktion schon seit Jahren wieder üblich ist. Sie setzen in großen Mengen eine neue Generation von Antibiotika ein, um bei den eng zusammengepferchten Tieren Infektionskrankheiten vorzubeugen. Die Medikamente haben den Vorteil, dass sie zugleich das Wachstum der Tiere fördern. Die Schweine erhalten mehrere Antibiotikagaben pro Jahr, bisher ohne unerwünschte Nebenwirkungen.

Doch im unsichtbaren Reich der Bakterien von Vechta hat sich Gewaltiges ereignet. Als der Sohn der Schweinemäster während der Semesterferien im Betrieb arbeitete, gelangte am letzten Tag über eine kleine Wunde an seinem Finger etwas in die Blutbahn, wovor Mediziner und Mikrobiologen schon lange gewarnt haben: eine besonders aggressive und ansteckungsfähige Variante von *Staphylococcus aureus* (»Staph«), einem Bakterium, das dem menschlichen Körper auf vielen Wegen Schaden zufügen kann. Es kommt überall häufig vor, meist in einer ungefährlichen Form. Doch es kann Varianten hervorbringen, die schwere bis tödliche Krankheiten verursachen. Besonders gefährlich wird das Bakterium, wenn es resistent gegen gängige Antibiotika ist. Schweinemastbetriebe sind ideale Brutstätten für solche Resistenzen. Hier vermehren sich Bakterien stark, denen die Mittel nichts mehr anhaben können.

Am nächsten Tag zur Mittagszeit erhalten alle Ärzte und Pfleger des Kingstown Hospital eine Warn-SMS aus dem Labor. Der Erreger, mit dem der junge Deutsche infiziert ist, vermehrt sich nicht nur doppelt so schnell wie andere Staph-Stämme, sondern er zeigt auch Resistenzen gegen die handelsüblichen Antibiotika. Zudem hegen die Mikrobiologen den Verdacht, dass die neue Variante sich über Tröpfchen verbreiten kann, wie sie beim Ausatmen, Husten oder Niesen entstehen. »Den Patienten sofort isolieren, hoch dosierte Behandlung mit dritter Verteidigungslinie beginnen, höchste Warnstufe im gesamten Krankenhaus«, heißt es in der Mitteilung.

Der Student und die Hunderttausende andere Menschen, die später mit dem Erreger aus Vechta infiziert werden, sind aber in einer Situation, die sich noch als vergleichsweise gut herausstellen wird. Es gibt noch Mittel gegen ihre Infektionen: die neuesten und modernsten Antibiotika, die nur in Krankenhäusern eingesetzt werden dürfen. Für einen Moment sieht das Ganze wie eine von den vielen Infektionswellen aus, die kurz hochschwappen, nur um gleich wieder zu verschwinden.

Doch der Vechta-Erreger ist nur der Auftakt. Der junge Mann hat an mehreren Orten im Krankenhaus seine Bakterien hinterlassen. Über Tröpfchen im Atem des Studenten gelangt der Erreger in Umlauf. Und an Händen, Wunden und in Lungen kommen, unsichtbar für das menschliche Auge, die neuartigen Organismen aus der Schweinemast nun mit neuartigen Organismen aus dem Kingstown Hospital zusammen: Bakterien, die gegen die handelsüblichen Breitband-Antibiotika empfindlich sind, treffen auf Bakterien, die resistent gegen die neuesten Antibiotika geworden waren, wie sie nur im Krankenhaus eingesetzt werden. In den Lungen von Patienten und Personal kommen die beiden Bakterienpopulationen zusammen. Sie beginnen, Erbgut miteinander auszutauschen.

Ein viel gefährlicherer Erreger entsteht, der genetische Veränderungen aus der Tierfabrik und dem Krankenhaus in sich vereint. Das kombinierte Erbgut macht die neue Staph-Variante unempfindlich gegenüber allen Antibiotika, die der Medizin zur Verfügung stehen, auch gegenüber den letzten Verteidigungsmitteln, die für den Krankenhauseinsatz reserviert sind. Gegen den neuen Erreger, der später »K1« genannt wird, werden die Ärzte machtlos sein. Er verbreitet sich zwar langsamer und weniger aggressiv als der Vechta-Erreger. Menschen müssen bereits geschwächt sein, etwa durch eine Infektion, damit das Bakterium sich in ihren Körpern vermehren kann. Bis zum Ausbruch von Symptomen können Wochen vergehen. Doch wen es erwischt, der hat kaum eine Chance zu überleben. Eine Infektion kommt einem Todesurteil gleich. Das Einzige, was Menschen gegen K1 schützt, sind ein absolut robustes Immunsystem und ein guter Gesundheitszustand.

Im Kingstown Hospital kommt es zwei Monate, nachdem der Student aus Niedersachsen entlassen worden ist, zu ersten Infektionen mit K1. Zuerst sterben überraschend mehrere Patienten, die wegen Lungenentzündungen behandelt werden. Dann trifft es zwei Krankenschwestern, die eine Sommergrippe verschleppt haben. Bis die Ärzte erkennen, dass sie es mit einem neuartigen Erreger zu tun haben, ist K1 über Besucher und entlassene Patienten bereits aus dem Krankenhaus in die britische Hauptstadt gelangt. Tröpfchen schwirren überall umher, wo Menschen aufeinandertreffen. Es reicht schon, wenn jemand sich in einer Warteschlange räuspert. Von London aus gelangt der Erreger über Heathrow, Gatwick, Stansted und Luton rasch hinaus in alle Welt.

Bald spielen sich rund um den Globus in Krankenhäusern dramatische Szenen ab. In die Notaufnahmen schleppen sich Menschen, die sich kaum noch auf den Beinen halten können und wenig später an Blutvergiftung sterben. Auf vielen größeren Flughäfen in Deutschland, Frankreich, Australien, Südafrika und den USA, dann in allen EU-Ländern, auf kleinen Pazifikinseln, in Namibia und Mexiko, insgesamt in 50 Ländern, spielen sich solche Szenen ab. Die Ärzte, die die Patienten behandeln, glauben nur kurz an Einzelfälle. Im internationalen Frühwarnsystem der Weltgesundheitsorganisation für ungewöhnliche Infektionskrankheiten laufen binnen kürzester Zeit so viele gleichlautende Meldungen ein, dass die WHO umgehenden globalen Infektionsalarm auslöst. Innerhalb weniger Tage werden Hunderte Neuinfektionen registriert. Die Flugrouten, Straßen, U-Bahn-Systeme, die bisher Lebensadern der modernen Zivilisation waren, verwandeln sich zu Infektionsrouten.

Eine globale Epidemie – Pandemie genannt – nimmt ihren Lauf.

Mikrobiologen und Genforscher an den Centers of Disease Control (CDC) in Atlanta, am Robert-Koch-Institut (RKI) in Berlin und an der Shanghai University erschrecken, als sie mithilfe ihrer Erbgut-Sequenziermaschinen und Datenbanken ermittelt haben, wem genau die Menschheit gegenübersteht. Sie sehen ihr Worst-Case-Szenario noch übertroffen. Im Erbgut von K1 kommen so viele neuartige Genbereiche vor, die den Erreger gegen Antibiotika resistent machen und zugleich für seine tödliche Ausbreitung über Tröpfchen sorgen, dass es aussichtslos erscheint, in kurzer Zeit ein Medikament zu entwickeln.

Das Statement, das die WHO veröffentlicht, versetzt die Welt in Aufruhr: »Die Menschheit ist mit einer bakteriellen Bedrohung konfrontiert, wie es sie seit Langem nicht mehr gegeben hat. Wir weisen alle Staaten an, umgehend strenge Sicherheitsvorkehrungen zu treffen, wie sie in den WHO-Richtlinien niedergelegt sind. Wir fordern die Bevölkerung auf, Ruhe zu bewahren und alle Hygieneregeln zu beachten, damit sich die Pandemie nicht noch mehr verschlimmert…«

K1 verändert die Welt. Zuerst ringen die Regierungen darum, wie stark sie den internationalen Flug- und Schiffsverkehr einschränken müssen, um den Erreger an der Ausbreitung zu hindern. Dann richten sie Internierungslager für die Erkrankten ein, die in den Industrieländern von Soldaten und Ärzten in biologischen Schutzanzügen betrieben werden. Als sich die Seuche weiter ausbreitet, werden in vielen Ländern auch Verwandte von Erkrankten mit in die Lager gebracht, meist gegen ihren Willen. Das führt zu panischen Reaktionen. Stadtbewohner kaufen die Supermärkte leer und versuchen, sich auf das Land zurückzuziehen. Hart unterbindet das Militär solche Fluchtbewegungen, denn eine Massenflucht könnte ganze Volkswirtschaften zusammenbrechen lassen.

In den ersten drei Monaten nach Ausbruch der Epidemie sterben weltweit mehrere Millionen Menschen an K1. Der Welthandel schrumpft um mehr als drei Viertel, der normale internationale Personenverkehr kommt fast vollständig zum Erliegen. Die Globalisierung vergangener Jahrzehnte verkehrt sich in ihr Gegenteil, mit Ausnahme des Internets, das Nichtregierungsorganisationen zu neuen Aktionsformen nutzen: Weil die meisten Menschen Informationen ihrer Regierungen nicht mehr glauben, ist die Seite »Deathbook«, auf der Todesopfer dokumentiert und gezählt werden, besonders beliebt. Sekten und dunkle Kulte haben massiv Zulauf.

Die Tatsache, dass nur perfekte Gesundheit vor K1 schützt, verändert den Alltag tiefgreifend: Die Menschen machen alles langsamer und sorgfältiger. Die Reichen tragen, sofern sie sich überhaupt noch aus ihren bewehrten Siedlungen hinauswagen, neuartige biozide Ganzkörperanzüge, die Kratzer und Schürfwunden verhindern sollen. Für die Ärmeren sind sichere Sportmöglichkeiten, Meditation, gesunde Ernährung und der Arbeitsschutz eine Frage des Überlebens geworden.

Kein Mikrobiologe oder Arzt wagt mehr eine Vorhersage, wann das Desaster ein Ende finden könnte. Pharmakonzerne konzentrieren alle Kräfte darauf, ein Mittel zu finden, das den Erreger besiegen könnte. Doch ihre Genetiker und Bioinformatiker verzweifeln an den Mutationen, die K1 so gefährlich machen. Die menschliche Zivilisation scheint dem Erreger hilflos ausgeliefert, ihr Abgleiten in Chaos und Gewalt eine unabwendbare Tatsache zu sein.

An einem sonnigen Montagmorgen, an dem die Zahl der Opfer weltweit die Marke von 200 Millionen übersteigt, erreicht die Militärführungen der Vereinigten Staaten von Europa und der Vereinigten Staaten von Amerika, die in ihren Ländern faktisch die Macht übernommen haben, ein sensationeller Geheimdienstbericht aus Israel. Seine ersten Zeilen lösen bei den Generälen große Freude aus, manchen der hartgesottenen Männer und Frauen treten Tränen in die Augen. Aber beim Weiterlesen schlägt die Freude in Besorgnis um. Die Berichte der Militärführungen, die wenige Stunde später an ihre Regierungen gehen, enden auf beiden Seiten des Atlantiks fast gleich: »Noch nie seit dem Ausbruch von K1 war die Gefahr eines Krieges größer.«

* * *

Neben Stickstoff, der aus der Luft geholt und zu Dünger verwandelt wird, und fossilen Brennstoffen, die tief aus dem Boden gefördert und als Energiequelle eingesetzt werden, zählen Antibiotika zu den wichtigsten Substanzen für das Leben und Überleben in der modernen Zivilisation. Alle drei Stoffe waren entscheidend dafür, dass sich die Menschheit von rund einer Milliarde im Jahr 1800 auf heute sieben Milliarden vergrößern konnte. Ohne sie würde die Welt, wie sie heute funktioniert, schnell kollabieren.

Kunstdünger kann im Zweifelsfall durch Praktiken des organischen Landbaus ersetzt werden, Erdöl durch neue, regenerative Energiequellen. Bei Antibiotika und Impfmitteln verhält es sich anders. Entfallen sie als Wirkstoffe in der Medizin, steht keine vergleichbare Alternative zur Verfügung. Die Menschheit wäre wieder so ungeschützt gegen Infektionen, wie sie es bis zu Beginn des 20. Jahrhunderts war, in den Zeiten, in denen die Lebenserwartung um Jahrzehnte niedriger war als heute und in denen es auch in Europa und Amerika eher die Regel als die Ausnahme war, dass Eltern Kinder an Krankheiten verlieren.

Für Milliarden Menschen auf der Erde, hauptsächlich in Afrika und Asien, sind Infektionskrankheiten auch heute noch eine tagtäglich lebensgefährliche Bedrohung. So starben 2010 weltweit 1,3 Millionen Menschen an Tuberkulose, 1,8 Millionen an HIV und eine Million an Malaria, hauptsächlich in Entwicklungsländern.[2] Für die Menschen in den reicheren Ländern, die über schnellen Zugang zu medizinischer Versorgung verfügen, haben die meisten Infektionskrankheiten weitgehend ihre Bedrohlichkeit verloren, was den westlichen Wohlstand entscheidend prägt.

Im Westen steht eher die Furcht vor Krankheiten des Alters, wie Krebs und Demenz, im Vordergrund. Bakterielle Infektionen sind zwar nicht verschwunden, gelten aber im Großen und Ganzen als beherrschbar. Nur wenn ein neuer Erreger konkrete Probleme verursacht und in kurzer Zeit viele Menschen infiziert oder gar tötet, wie im Fall von EHEC im Frühjahr 2011 oder bei MERS im Jahr 2015, ist für wenige Wochen oder Monate die Panik groß – dann ebbt allerdings auch der politische Aktionismus schnell wieder ab und geht in gepflegte Ignoranz beziehungsweise die Beschäftigung mit anderen Problemen über.

Institutionen wie die Weltgesundheitsorganisation WHO, das Berliner Robert-Koch-Institut und die auf Infektionsabwehr spezialisierten Institutionen der US-Regierung warnen seit Jahren davor, dass Infektionskrankheiten auch in der westlichen Welt ihre frühere Macht über den Menschen zurückgewinnen könnten – und zwar dauerhaft. »Post-Antibiotika-Zeitalter« nennen Mikrobiologen und Biomediziner angstvoll das, was kommen könnte, wenn sie gegen gefährliche bakterielle Erreger keine Medikamente mehr zur Verfügung haben. In zahlreichen Veröffentlichungen beschreiben Experten des US-amerikanischen National Institute of Allergies and Infec-

Risiko Fleischhunger

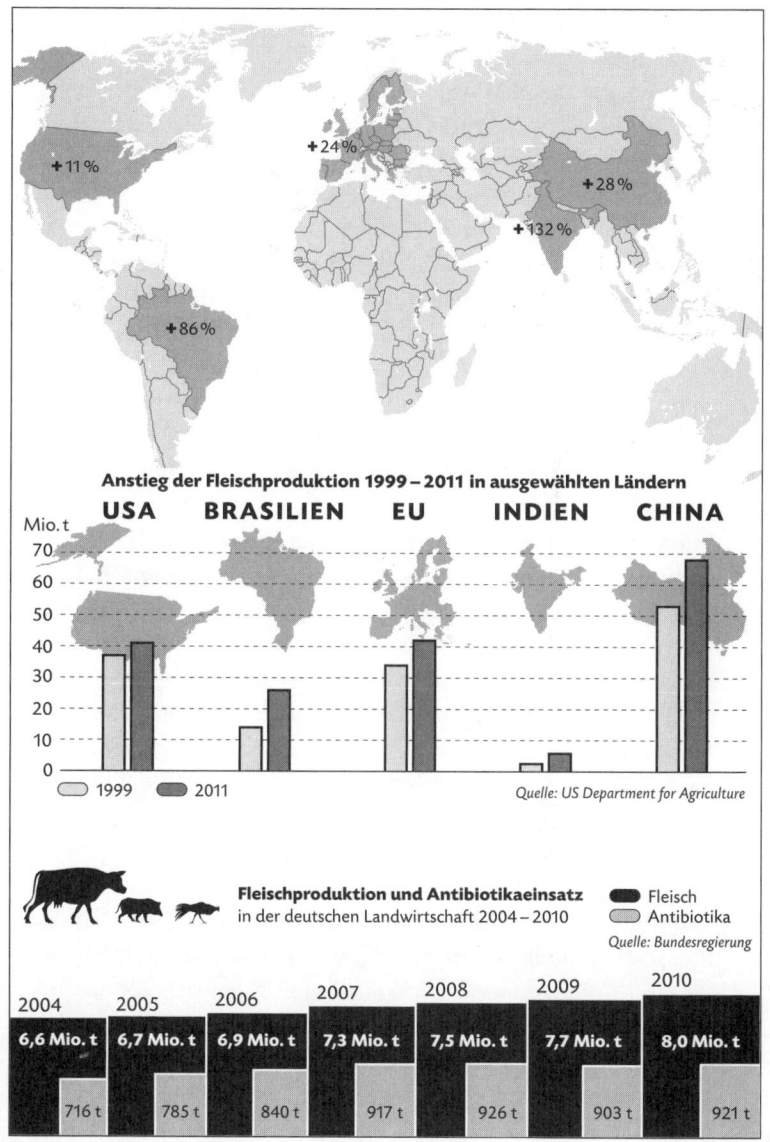

Anstieg der Fleischproduktion 1999 – 2011 in ausgewählten Ländern

USA +11%
EU +24%
CHINA +28%
INDIEN +132%
BRASILIEN +86%

USA BRASILIEN EU INDIEN CHINA

Mio. t
70
60
50
40
30
20
10
0

○ 1999   ○ 2011

Quelle: US Department for Agriculture

Fleischproduktion und Antibiotikaeinsatz
in der deutschen Landwirtschaft 2004 – 2010

● Fleisch
○ Antibiotika

Quelle: Bundesregierung

2004	2005	2006	2007	2008	2009	2010
6,6 Mio. t	6,7 Mio. t	6,9 Mio. t	7,3 Mio. t	7,5 Mio. t	7,7 Mio. t	8,0 Mio. t
716 t	785 t	840 t	917 t	926 t	903 t	921 t

tious Diseases das große Potenzial von Erregern wie Staph, sich den verfügbaren Medikamenten zu entziehen.

Entdeckt wurde *Staphylococcus aureus* im späten 19. Jahrhundert, als Mikrobiologen ihre ersten großen Erfolge feiern und immer mehr Bakterien überhaupt erst beschreiben konnten. Sie fanden heraus, dass dieser Erreger hinter verschiedensten Infektionskrankheiten steckt, von Hautgeschwüren bis zu Lungenentzündungen. Der Erreger ist überall zu finden und in den meisten Fällen harmlos. Schnell wurde klar, dass nicht alle Menschen krank werden, die mit Staph in Berührung kommen. Vielmehr bedarf es besonderer Umstände, damit das Bakterium zum Krankheitserreger wird – etwa wenn es ein geschwächtes Immunsystem ausnutzen oder eine schlecht versorgte Wunde besiedeln kann.

Schon vor dem epochalen Durchbruch des Penicillinentdeckers Alexander Fleming hatten Wissenschaftler wie Bartolomeo Gosio und Ernest Duchesne herausgefunden, dass Schimmelpilze in der Lage sind, die Vermehrung von Bakterien zu hemmen. Doch erst Fleming gelang es, einen medizinischen Wirkstoff zu gewinnen, der den Lauf der Menschheitsgeschichte veränderte. Penicillin machte es erstmals möglich, Bakterien in großem Stil zurückzudrängen. Das Mittel war ein Meilenstein der Medizingeschichte. Und *Staphylococcus aureus* zählte zu den ersten Geiseln der Menschheit, die der Wirkstoff einzudämmen vermochte.

Penicillin hat Millionen von Menschenleben gerettet. Umso beunruhigender war es, als sich abzeichnete, wie schnell die Wunderwaffe abstumpfen kann. Schon 1947 stellten Ärzte fest, dass Penicillin in vielen Fällen nicht mehr gegen Infektionen mit *Staphylococcus aureus* wirkte.[3] Dazu trug die natürliche Mutation des Erregers bei, aber als viel wichtiger stellte sich heraus, dass vorzeitig abgebrochene Behandlungen dazu führen können, dass Resistenzen entstehen. Wenn die Einnahme nämlich zu früh abgebrochen wird oder wenn Antibiotika verschrieben werden, ohne dass es wirklich nötig wäre, wird es wahrscheinlicher, dass die Bakterien ihr Erbgut so verändern, dass es für den Menschen negativ ist. Werden die Medikamente falsch angewendet, entstehen ideale Bedingungen für das Bakterium, resistent zu werden.

Als die ersten Resistenzen bekannt wurden, beeilten sich Biomediziner, einen Ersatz für Penicillin zu finden, der den Erreger wieder besiegen könnte: So kam der neue Wirkstoff Methicillin auf den Markt. Für ein paar Jahre wirkte dieser bestens. Doch bereits 1961 hatte das Bakterium wieder einen Vorsprung gewonnen: Britische Wissenschaftler fanden Stämme, die auch gegen Methicillin resistent waren. Bald tauchten Bakterien auf, denen die gesamte Stoffklasse der penizillinartigen Substanzen nichts mehr anhaben konnte. Als Nächstes warfen die Mediziner völlig neuartige Wirkstoffe, darunter Vancomycin, in die Schlacht – doch in den 1990er-Jahren berichteten japanische Wissenschaftler, dass auch hier resistente Stämme entstanden waren.[4] Seither sind weitere Resistenzen hinzugekommen. Der »*multiresistente Staphylococcus aureus*«, abgekürzt MRSA, ist zwar in der Regel weniger aggressiv als ein normaler, doch ist ein Patient infiziert, sind die Schäden für den Betroffenen in der Regel groß.

In den USA rechnen die Gesundheitsbehörden damit, dass jährlich mindestens 90 000 Menschen von komplizierten MRSA-Infektionen betroffen sind, deren Behandlung das Gesundheitssystem viele Milliarden Dollar jährlich kostet.[5] In Deutschland kommt das Robert-Koch-Institut zu dem Ergebnis, dass 2010 in den 268 Krankenhäusern, für die Daten vorliegen, rund 41 000 Fälle von Infektionen durch MRSA aufgetreten sind. Die Infektionen machen die Behandlungen länger, komplizierter und kostspieliger. Sie sind in vielen Fällen haupt- oder mitverantwortlich für den Tod von Patienten. Besonders alarmierend ist, dass sich die Häufigkeit von MRSA-Infektionen pro 1000 Patienten in Deutschland zwischen

2004 und 2010 verdoppelt hat. Die WHO geht davon aus, dass allein in Europa jährlich mindestens 25 000 Menschen sterben, weil Bakterien nicht auf Antibiotika ansprechen.[6]

MRSA-Bakterien sind in allen Industrienationen an vielen Orten zu finden, doch außer in Krankenhäusern kommen sie vor allem in Tierfabriken gehäuft vor. Die Massentierhaltung hat mit Krankenhäusern gemeinsam, dass dort intensiv Antibiotika eingesetzt werden, was den Druck auf die Bakterien erhöht, resistent zu werden. Die große Nachfrage nach billigem Fleisch in westlichen Ländern führt dazu, dass Tierfabriken trotz aller Umwelt- und Hygienebedenken weiterhin lukrativ sind. Knapp 600 Millionen Hähnchen, 3,7 Millionen Rinder und 58 Millionen Schweine wurden 2010 in Deutschland geschlachtet.[7] In den USA waren es 8,7 Milliarden Hähnchen, 33 Millionen Rinder und 113 Millionen Schweine.[8] Die Bevölkerung verlangt nach billigem Fleisch.

Auch in China bewegt sich der Pro-Kopf-Verbrauch an Fleisch in Richtung des extrem hohen amerikanischen Niveaus. In traditionell vegetarischen Ländern wie Indien führt die Orientierung am amerikanischen Lebensstil ebenfalls zu einem Nachfrageboom. Das bringt Agrarländer wie Deutschland und Frankreich dazu, exportorientierte Geschäftsmodelle noch auszubauen: Europäische Agrarindustrielle kaufen billiges Soja aus Südamerika, verfüttern es in Schweinemastfabriken und verkaufen dann das Fleisch nach Asien. Die Kampfpreise auf den Weltmärkten lassen sich nur erreichen, indem die Schweine massiv mit Antibiotika behandelt werden. Ohne die Medikamente können die hohen Bestandsdichten nicht aufrechterhalten werden. Doch die Umstände, unter denen das Fleisch erzeugt wird, stellen inzwischen ein massives globales Sicherheitsrisiko dar. Die Gefahr wächst, dass aus der Massentierhaltung gefährliche Erreger entstehen, denen die Medizin nichts entgegenzusetzen hat.[9]

Über methicillinresistente Erreger in der Tierhaltung gab

es die ersten Berichte bereits 1972, elf Jahre nachdem sie beim Menschen gefunden worden waren.[10] 2008 teilte das Robert-Koch-Institut mit, dass in deutschen Schweinemastanlagen Tiere »nicht selten« im Nasenbereich mit MRSA-Bakterien besiedelt sind. Eine Untersuchung von Nasenabstrichen bei Schweinen aus 347 Betrieben ergab, »dass 85 Tiere aus 62 Beständen positiv« waren. Zugleich warnte das RKI, dass Menschen, die in solchen Betrieben arbeiten oder mit Mitarbeitern zusammenleben, ebenfalls von den resistenten Bakterien besiedelt sein und an ihnen erkranken können. Die Bundesregierung antwortete im September 2011 auf eine Kleine Anfrage der Grünen, dass deutsche Schweine im Durchschnitt sechsmal pro Jahr einer Antibiotikabehandlung unterzogen werden.[11] Seit 2005 stieg der Antwort zufolge der Antibiotikaeinsatz stark an – von rund 750 Tonnen pro Jahr auf über 900 Tonnen. Die Regierung bestätigte, dass in rund der Hälfte der industriellen Schweinemastbetriebe antibiotikaresistente Erreger kursieren und dass diese Erreger häufig in den Nasenschleimhäuten von Landwirten und ihrem Personal zu finden sind.

Deutschland ist der wichtigste Schweineproduzent der EU. Diese Missstände existieren aber auch in anderen westlichen Industrieländern und in China mit seiner großen und wachsenden Nachfrage nach Schweinefleisch. Die Lebensbedingungen in den Mastbetrieben begünstigen Infektionskrankheiten durch die Art, wie sie konstruiert sind und funktionieren. In den USA gibt es für den Antibiotikaeinsatz kaum Restriktionen. Pro Kilogramm Fleisch kommt ein Vielfaches an Antibiotika zum Einsatz im Vergleich mit der EU. In Europa ist der Einsatz zur gezielten Wachstumssteigerung seit 2006 verboten. Doch selbst das bedeutet nicht, dass das Problem damit aus der Welt wäre. Denn der Einsatz zu therapeutischen Zwecken bleibt auf sehr hohem Niveau. So steigt ausgerechnet in Dänemark, das Vorreiter beim Antibiotikaverbot war, der Mitteleinsatz zu therapeutischen Zwecken seit mehreren Jahren wieder an, auf heute 125 Tonnen Antibiotika für 28 Millionen Schweine, das sind 4,4 Gramm pro Tier. In Deutschland gibt es Experten des RKI zufolge bereits 3,2 Millionen Schweine mit MRSA-Infektionen. Im ökologischen Landbau dagegen sind MRSA bisher kaum verbreitet.[12, 13]

Der Chef der U.S. Center for Disease Control (CDC), Thomas Frieden, sieht »einen starken Zusammenhang zwischen dem Antibiotikaeinsatz bei Nutztieren und der Antibiotikaresistenz beim Menschen« und warnt vor einer Übertragung resistenter Organismen durch Kontakt oder Lebensmittel.[14, 15] Schon kurzer Kontakt mit infizierten Schweinen reicht, dass die Erreger auf den Menschen übertragen werden.[16] Das Verlangen nach Massen von Billigfleisch könnte sich deshalb bald auf dramatische Weise rächen. Bezeichnenderweise ist im US-amerikanischen Agrarsektor der Verbrauch an Antibiotika in den vergangenen Jahren gestiegen – laut Food and Drug Administration von 7686 Tonnen im Jahr 2009 auf 9196 Tonnen im Jahr 2013.

Unter den heutigen Bedingungen erscheint es eher eine Frage der Zeit zu sein, bis irgendwo in einer Agrarfabrik ein hochgefährlicher Erreger entsteht, der über einen erkrankten Beschäftigten in einer Notaufnahme landet und im Krankenhaus mit Bakterien zusammenkommt, die andere, ebenfalls gefährliche Eigenschaften haben. Die Niederlande praktizieren deshalb bereits ein spezielles Screening für Landwirte, die in Krankenhäusern als Patienten aufgenommen werden.

Doch gegen die industrielle Fleischproduktion, die eindeutig ein Risikofaktor für gefährliche Mutationen ist, wird kaum etwas unternommen. In Deutschland feierte sich die Fleischindustrie 2010 für eine Rekordproduktion von acht Millionen Tonnen. Das waren rund 100 Kilogramm Fleisch pro Einwohner. Die USA produzierten sogar 150 Kilogramm Fleisch pro Einwohner, was 410 Gramm Fleischverzehr pro Tag entspricht – ohne dass es eine breite Debatte über die ökologischen und medizinischen Risiken solcher Massenproduktion gibt.

Infektionsgefahren drohen aber nicht nur durch Bakterien. In den vergangenen Jahren hat die echte Virusgrippe oder Influenza erheblich mehr Aufmerksamkeit bekommen. Sie gilt unter Medizinern als noch wahrscheinlicherer Auslöser einer katastrophalen globalen Epidemie mit Millionen Toten. Grippeviren sind völlig andere Gebilde als Bakterien. Sie sind viel kleiner und gelten nicht einmal als richtige Lebewesen, weil sie keinen Stoffwechsel haben.

Wie gefährlich die Influenzaviren sein können, zeigte sich in den Jahren 1918 bis 1920, als bei der sogenannten Spanischen Grippe zwischen 25 und 50 Millionen Menschen starben. 1957 forderte die weltweit verbreitete Asiatische Grippe in kurzer Zeit eine Million Opfer, die Hongkong-Grippe 1968 rund 700 000 Opfer, darunter 30 000 in Deutschland. Bei der vorerst letzten Pandemie starben etwa in Berlin so viele Menschen in so kurzer Zeit, dass die Toten vorübergehend in U-Bahn-Schächten gelagert werden mussten, weil die Friedhofshallen überfüllt waren.

Das Grippevirus ist so tückisch, weil es mit sehr hohem Tempo mutiert und auf diesem Weg verhindert, dass ganze Bevölkerungen immun werden. Um gegen die jährlich im Winter auftretenden Grippewellen rechtzeitig einen Impfstoff zu produzieren, der Millionen von Menschen zur Verfügung steht, unterhalten die Weltgesundheitsorganisation WHO und die Hersteller von Impfstoffen ein weltweites Netz von Laboren, in denen alle auftretenden Varianten untersucht werden. Aus diesen wählen Fachleute dann zwei oder drei aus, die das größte Potenzial haben, sich auf gefährliche Weise auszubreiten. Die Experten müssen also vorausschauend einen Tipp abgeben, gegen welche Influenza-Erreger die saisonalen Impfstoffe schützen sollen.

Dann schließt sich ein komplizierter und langwieriger Produktionsprozess in Fabriken der Pharmaindustrie an, der heute noch davon abhängt, dass in ausreichender Zahl Eier zur Verfügung stehen, die unter besonders hygienischen Bedingungen produziert wurden. Diese Eier werden mit dem Virus infiziert, um in großer Menge Ausgangsmaterial für den Impfstoff zu bekommen.

Schon die saisonale Influenza ist gefährlich und führt jeden Winter weltweit zu 250 000 bis 500 000 Toten, besonders unter älteren und immungeschwächten Menschen. Hinzu kommen neuartige Influenzaviren, die das Potenzial haben, sich als tödliche Welle rund um den Globus zu verbreiten.

Solche Grippepandemien, also weltweit grassierende Epidemien, treten schon seit Jahrhunderten in regelmäßigen Abständen auf. Die moderne Zivilisation mit ihrer globalen Vernetzung von Menschen, Handelsgütern und Transportsystemen führt aber dazu, dass sich das stark ansteckende Grippevirus viel schneller ausbreiten kann, als es bei früheren Pandemien üblich war.

Deshalb löste 2009 das Auftreten der »Neuen Grippe«, die etwas irreführend auch »Schweinegrippe« genannt wurde, obwohl sie nicht aus Schweinebeständen gekommen war, bei Seuchenexperten große Besorgnisse aus. Sollte der Erreger so aggressiv sein wie etwa der Auslöser der Spanischen Grippe, so drohten wieder Millionen von Menschen zu sterben. China ließ Reisende aus Mexiko, wo sie zuerst gehäuft aufgetreten war, festsetzen. Weltweit wurden Kontrollstellen eingerichtet, an denen Körpertemperaturen gemessen wurden, um Erkrankte von der Weiterreise abzuhalten und zu isolieren.

Weil sich das Virus schnell weltweit ausbreitete, rief die Weltgesundheitsorganisation WHO im Juni 2009 offiziell die höchste Stufe ihres Pandemie-Warnsystems aus, was zu zahlreichen Krisenmaßnahmen führte. In erstaunlichem Tempo gelang es verschiedenen Pharmafirmen, einen Impfstoff zu produzieren. Im August 2010 erklärte die WHO die Pandemie für beendet. Der Erreger hatte sich als weniger bedrohlich erwiesen, als zunächst angenommen wurde. Insgesamt starben wohl rund 19 000 Menschen an der »Neuen Grippe«, doch das waren viel weniger, als jeweils im Winterhalbjahr der normalen saisonalen Influenza zum Opfer fallen.

Diese Entwicklung konnte niemand vorhersehen, wie die Chefin der Weltgesundheitsorganisation, Margaret Chan, hervorhob, als sie die Pandemie für beendet erklärte: »Dieses Mal hatten wir Glück. Das Virus hat sich während der Pandemie nicht zu einer tödlicheren Form entwickelt. Es trat keine verbreitete Resistenz gegen das Antivirenmittel Oseltamivir auf. Und der Impfstoff erwies sich als Treffer, der gut zu den zirkulierenden Viren passte und sich als sehr sicher herausstellte. [...] Die internationale Gemeinschaft war gut vorbereitet, sogar Länder mit schwachen Gesundheitssystemen konnten Fälle identifizieren und melden. Doch wäre die Sache auch nur auf einem dieser Gebiete anders gelaufen, wären wir heute in einer sehr anderen Situation.«

Trotz dieser Warnung hat der Umstand, dass die Schweinegrippe glimpflicher verlief, als zunächst befürchtet worden war, eine besondere Situation entstehen lassen: Es breitete sich das Empfinden aus, die Gefahren seien übertrieben worden. Die WHO musste sich sogar gegen Behauptungen zur Wehr setzen, die Pharmaindustrie habe sie dazu missbraucht, das Risiko gezielt zu übertreiben, um an die milliardenschweren Aufträge für Impfmittel zu kommen. Allein in Deutschland wurden 2011 Impfmittel im Wert von 250 Millionen Euro verbrannt, weil die Nachfrage zu niedrig und das Haltbarkeitsdatum überschritten war.

Nachdem bereits zwischen 2004 und 2007 eine Welle der Angst vor der Vogelgrippe um den Planeten geschwappt war, ohne dass es zu der befürchteten Ausbreitung der Krankheit von Mensch zu Mensch gekommen war, herrscht in vielen

Ländern die Ansicht vor, es habe sich um Panikmache gehandelt.

Unterschätzung ist eine gefährliche Haltung, ähnlich gefährlich wie die Ignoranz gegenüber multiresistenten Erregern. Entsteht in der vernetzten und hypermobilen Welt von heute ein Erreger vom Format der »Spanischen Grippe« oder eben ein resistentes Bakterium à la »K1«, so wäre die Menschheit um ein Vielfaches verletzlicher als damals. Zwar stehen nun die Waffen der Molekularbiologie bereit, um Ursprung und Identität von Viren und Bakterien zu ermitteln und maßgeschneiderte Antibiotika und Impfstoffe zu entwickeln, doch zugleich erlauben die moderne Lebensweise und die existenzielle Abhängigkeit von ihr Erregern, sich leicht rund um den Globus auszubreiten. Das Tempo, mit dem etwa die »Neue Grippe« um den Planeten raste, zeigt drastisch auf, wie vernetzt die Menschen nicht nur über das Internet sind, sondern auch über reale Ströme von Reisenden, Lebensmitteln und Handelsgütern.

Die WHO und auch das Robert-Koch-Institut verwenden für die Zeit nach einer Influenzapandemie einen besonderen Namen: »Interpandemische Periode«. Das bringt zum Ausdruck, dass die Frage nicht ist, ob, sondern nur, wann die nächste Pandemie ausbricht. Dann steht die internationale Gemeinschaft wieder vor einer schweren Bewährungsprobe. Denn die Produktionskapazitäten für Impfstoffe reichen erkennbar nicht aus. Die Verteilung von antiviralen Mitteln und Impfstoffen wird zu einer Frage von Leben oder Tod. Wer bekommt die Wirkstoffe zuerst? Werden Politiker, Polizisten und Ärzte bevorzugt? Oder eher Kinder und Alte, bei denen die Gefahr am stärksten ist? Versorgt sich ein Land wie Deutschland zuerst komplett selbst oder übt es Solidarität mit anderen Ländern, die keine Produktionskapazitäten haben – zulasten der schnellen Impfung aller Menschen der eigenen Bevölkerung?

Die Bundesregierung hat für diese Frage in ihrem »Nationalen Pandemieplan« vom Mai 2007 auch nur vorläufige Antworten parat. Priorität bei der Versorgung haben »medizinisches Personal, Personal zur Aufrechterhaltung der öffentlichen Sicherheit und Ordnung sowie erkrankte Personen mit erhöhtem Risiko für Komplikationen (Kinder, alte Menschen, chronisch Kranke)«.[17] Impfstoffe würden »aus einem zentralen Zwischenlager an die zuständigen Stellen in den Ländern« verteilt. Weiter heißt es: »Die Bevölkerung wird grundsätzlich nach Altersjahrgängen geimpft. Die Reihenfolge der Jahrgänge wird so gewählt, dass eine möglichst geringe Krankheitslast und Sterblichkeit zu erwarten ist.«

Als Problem beschreibt der Pandemieplan, dass zwischen dem Auftreten der Erkrankungen und der Auslieferung von Medikamenten oder Impfstoffen drei bis fünf Monate vergehen dürften. Am kritischsten ist, dass wie auch bei der neuesten Generationen von Antibiotika die Produktionskapazitäten weltweit sehr ungleich verteilt sind. Sie konzentrieren sich auf wenige Länder, vorwiegend in Europa und Amerika. Bei einer Pandemie kommt den produzierenden Firmen und den Regierungen der Länder, in denen die Anlagen stehen, eine gigantische Macht über Leben und Tod zu.

Im Mai 2015 beschloss die Bundesregierung eine »Deutsche Antibiotika-Resistenzstrategie«: »Wenn Antibiotika nicht mehr wirken, drohen die Behandlungsmöglichkeiten in ein Vor-Penicillin-Zeitalter zurückzufallen, mit dramatischen Konsequenzen. Krankheiten, die heute gut heilbar sind, wie etwa eine Blasenentzündung oder auch eine entzündete Operationswunde, können dann zu schweren Gesundheitsschäden führen«, warnte Bundesgesundheitsminister Hermann Gröhe. Wichtig sei, Resistenzen frühzeitig zu erkennen, Therapieoptionen zu erhalten und Infektionsketten zu unterbrechen, teilte die Regierung mit. »Nötig sind klare Regeln für den Einsatz von Antibiotika in der Medizin und in der Tierhaltung, aber auch die Forschung und Entwicklung neuer Antibiotika, alternativer Therapiemethoden und von Tests zur Schnelldiagnostik muss vorangetrieben werden«, sagte der Bundesgesundheitsminister. Auf deutsches Drängen waren Antibiotikaresistenzen auch ein Thema auf dem G7-Gipfel im Juni 2015.

Vielleicht können solche politischen Initiativen das Schlimmste verhindern. Vielleicht aber auch nicht. Noch ist unklar, ob, wann und unter welchen Umständen die nächste große Pandemie von Influenzaviren oder Bakterien wie *Staphylococcus aureus* um den Globus rollen wird. Aber Mikrobiologen sind wenig optimistisch, dass sich eine solche Katastrophe langfristig verhindern lässt. Trotz neuer Aktionsprogramme von EU, WHO und USA sieht es so aus, als ob in den kommenden Jahren und Jahrzehnten die Anfälligkeit einer heute schon sieben Milliarden Individuen zählenden Menschheit für eine Pandemie von Viren oder Bakterien vielmehr eher steigen als sinken wird. 2013 warnten die US-amerikanischen Centers for Disease Control (CDC) vor CRE, den »carbapenem-resistenten Enterobacteriaceae«, einer ganzen Familie von gefährlichen antibiotika-resistenten Bakterien, die sich in amerikanischen Krankenhäusern und Pflegeheimen schnell verbreitet, sowie die WHO vor einem neuen Coronavirus namens »MERS-CoV«, der sich von der Arabischen Halbinsel aus verbreitet.

Entsteht in Zukunft ein Bakterium wie K1 oder mutiert die Vogelgrippe zu einer Krankheit, die von Mensch zu Mensch übertragbar ist, so wird das kein Zufall sein. Die Nachfrage nach industriell produziertem Fleisch steigt weltweit stark an, was antibiotikaresistente Bakterien und neue Vogelgrippeviren begünstigt. Zugleich ist es sehr wahrscheinlich, dass im Gefolge der westlichen Überschuldungskrise auch im staatlichen Gesundheitssektor massiv gespart werden muss. Das kann weniger Personal für mehr Patienten, weniger Zeit für

Fortbildungen, weniger Ressourcen für aufwendige Hygienemaßnahmen bedeuten – mit dem Ergebnis, dass sich die Lebensbedingungen für multiresistente Keime verbessern.

So steigt die Wahrscheinlichkeit, dass in Krankenhäusern, ob in London, Berlin, San Francisco, Peking oder Kapstadt, gefährliche Bakterien aus beiden Welten, aus Agrarfabriken und Krankenhäusern, zusammenkommen und ihr tödliches Potenzial kombinieren.

Pandemien löschen die Menschheit nicht aus, denn es gibt immer eine ausreichend große Zahl Menschen, die gegen hochgefährliche Keime resistent sind. Zudem setzen sich im Verlauf von Epidemien oft neue Stämme durch, die weniger tödlich sind und sich deswegen besser ausbreiten können. Doch ein Killer in der Art von K1 kann binnen weniger Monate das Leben fast aller Menschen grundlegend, egal ob sie in Europa oder Asien leben, und auf schreckliche Weise verändern. In unserer hypervernetzten Welt kann die nächste Pandemie auch den Anlass für Kriege liefern.

* * *

K1 tobt um die Welt. Der Tag, an dem die Seuche begann, markiert eine neue Zeitrechnung. Die Menschen sprechen vom »Post-Antibiotika-Zeitalter« und sehnen sich zurück in jene weit entfernt wirkenden Zeiten, in denen ihr Arzt gegen eine Staph-Infektion etwas ausrichten konnte. Familien zerbrechen daran, dass Kinder oder Elternteile versterben. Niemand kann mehr übersehen, wie viele Firmen und Geschäfte geschlossen bleiben.

Seit weltweit die Marke von 200 Millionen Opfern überschritten ist, gibt es keine neuen Zahlen mehr. Manche Regierungen sind überfordert damit, die Leichen zu zählen, andere wollen die Opferzahlen geheim halten, weil sie Angst davor haben, dass Nachbarländer die Katastrophe ausnutzen könnten. Die Vorhersage der Vereinten Nationen, dass die Menschheit bis 2050 auf neun und bis 2100 sogar auf zehn Milliarden Menschen anwachsen könnte, wird von einigen Demographen bereits infrage gestellt.

Doch nun stellt der Geheimdienstbericht aus Israel den Armeeführungen in Washington und Brüssel eine Lösung in Aussicht: Ein Heilmittel scheint in Reichweite zu sein.

Bisher waren die Militärs damit beschäftigt gewesen, die Konflikte auszukämpfen, die sich aus der Ausbreitung von K1 ergeben haben. Ihre Armeen haben die Aufgaben der Polizei übernommen, nachdem sich viele Einheiten aus Angst vor Ansteckung schlicht aufgelöst hatten. Sie betreiben die Internierungslager für Infizierte und ihre Angehörigen und üben gegen Plünderer und angebliche Wunderheiler das Standrecht aus. Sie machen Jagd auf neuartige Bio-Terroristen, die es sich im Dienst von Endzeitsekten zum Ziel setzen, möglichst viele Menschen mit K1 zu infizieren.

Dass der Erreger nur kerngesunde Menschen verlässlich verschont, führt zu gewalttätigen Auseinandersetzungen um Medikamente aller Art. Besonders begehrt sind Influenza-Impfmittel. Denn wer sich inmitten der Bakterienpandemie eine Virengrippe einfängt, ist stark vom K1-Tod bedroht. Rund um Dresden musste die EU-Armee bereits in einem mehrmonatigen Kampf einen Belagerungsring von Bürgerwehren sprengen, die sich Zugang zu einer Produktionsstätte des Militärs für Grippeimpfmittel verschaffen wollten. Nach mehreren ähnlichen Überfällen auf Impfstofffabriken und Transportzüge beginnen in Europa und Amerika die Armeen, die Gegenden um die Impffabriken in einem weiten Radius zu entvölkern. Sie riegeln die neuen Sicherheitszonen mit Zäunen ab. Impfmittel werden nur noch mit Hubschraubern in die Außenwelt transportiert. Ähnliche Konflikte gibt es weltweit um Pharmaprodukte aller Art. In Brasilien, Nigeria und Südafrika versuchen neuartige »Pillen-Milizen«, Fabriken für Vitaminpräparate, für Antibiotika gegen herkömmliche Bakterien und auch für homöopathische Heilmittel in ihre Gewalt zu bringen und die Pharmazeutika teuer weiterzuverkaufen. In China und Indien wurden Pharmafabriken von der örtlichen Bevölkerung überrannt, als das Gerücht aufgekommen war, dort werde ein Heilmittel gegen K1 produziert. Apotheken werden weltweit zu kleinen Festungen umgebaut, die Präparate nur noch durch einen schmalen Schlitz in dicken Metalltüren ausgehändigt.

Nun könnte der Schrecken vorbei sein. Der Geheimdienstbericht aus Israel enthält die Nachricht, dass es einem Team von jungen Wissenschaftlern aus der sehr erfolgreichen Biotechnologiebranche des Landes gelungen ist, die einzige empfindliche Stelle zu identifizieren, die sich auf der gesamten Erbsequenz des Bakteriums befindet. Die Substanz, die diesen Schwachpunkt angreift, hatten die Forscher in einem bis dahin unbekannten Schimmelpilz im Nationalen Referenzzentrum für Mikrobiologie aufgespürt. Durch gentechnische Eingriffe ist es gelungen, die Substanz zu einer Angriffswaffe gegen den Vermehrungszyklus des Bakteriums aufzurüsten. Es hat bereits Versuche an Infizierten gegeben, die zu einer vollständigen Heilung führten. Doch das Herstellungsverfahren für das K1-Medikament könnte komplizierter nicht sein: Aufwendige Zuchtverfahren für den Pilz und biotechnologische Prozesse bei der Massenherstellung des Medikaments müssen aufeinander abgestimmt werden.

Während auf der ganzen Welt in jeder Stunde Hunderte Menschen an K1-Infektionen sterben, besitzt nun ein Land, das im 20. und frühen 21. Jahrhundert ständig damit beschäftigt war, um seine Existenz zu kämpfen, das ersehnte Heilmittel. Nun besteht für Israel nach den jahrzehntelangen Investitionen in Biomedizin und Biotechnologie die Chance, zum Retter der Menschheit zu werden. Doch zugleich plagt die Regierung in Jerusalem Existenzangst. Denn wie groß auch immer das

Produktionsprogramm ist: Es können nicht auf einen Schlag Medikamente für Milliarden Menschen hergestellt werden, die von der Krankheit bedroht sind. Regierungen und Militär werden entscheiden müssen, wer das Mittel als Erstes bekommt und wer als Letztes. Das bedeutet, entweder einem Ansturm auf die Medikamente ausgesetzt zu sein oder sich global zum Herrn über Leben und Tod aufschwingen zu müssen. Vorschläge einzelner Militärstrategen, das Medikament in Israel in das Trinkwasser zu mischen, aber im Rest der Welt die Pandemie weiterlaufen zu lassen, um dadurch Kontrolle über die Lage im Nahen Osten zu bekommen, weist das Büro des Ministerpräsidenten angesichts des Genozids an den Juden in der NS-Zeit als »absurd ahistorisch« und »Anschlag auf das Erbe Israels« zurück.

Die israelische Regierung ist verängstigt, weil sie die weltweiten Kämpfe um Medikamente und Impfstoffe genau verfolgt hat. Keine Regierung der Welt würde es schaffen, das Mittel in so großen Mengen zu erzeugen, um damit in kürzester Zeit die gesamte Menschheit zu versorgen. Das Dokument, das die Geheimdienste nach Washington und Brüssel übermitteln, ist deshalb ein Hilferuf, der harte Fragen aufwirft: Sollte die Existenz des K1-Antibiotikums so lange verschwiegen werden, bis Israel gemeinsam mit den engsten Partnern in der EU und mit Amerika die nötigen Produktionskapazitäten für die gesamte Menschheit geschaffen hat? Für ein solches Programm kämen in jedem Fall nur die engsten Verbündeten infrage, sonst wäre eine Geheimhaltung völlig unmöglich. Eine zweite Möglichkeit bestünde darin, die Entdeckung des Mittels bekannt zu geben und alle Informationen mit Regierungen, Forschern und Pharmaunternehmen in aller Welt zu teilen. Die jeweils frisch produzierten Antibiotika würden bei ausgewählten Gruppen von Menschen eingesetzt.

Die zweite Variante scheint der Regierung auf den ersten Blick die attraktivere zu sein – so ließen sich am schnellsten

Menschenleben retten. »Israel will jeden Eindruck vermeiden, dass wir das K1-Mittel unseren Nachbarländern vorenthalten wollen«, heißt es in dem Dokument, das nach Washington und Brüssel geschickt wird. Ein solches Ungleichgewicht könne »dazu führen, dass wir in der ohnehin katastrophalen Weltlage gezwungen wären, uns gegen Angreifer zur Wehr zu setzen, die unsere Antibiotikafabriken in ihren Besitz bringen wollen«.

In der israelischen Regierung siegt die Angst vor einer Eskalation, wenn in aller Öffentlichkeit entschieden werden müsste, wer die jeweils neuen Chargen Medikamente bekommt. Verteilungskämpfe von unbekanntem Ausmaß könnten ausbrechen. Verschärft würde dies dadurch, dass nicht alle Länder in der Lage wären, das Antibiotikum herzustellen. Mangels technischem Know-how wären sie auf die Gnade anderer angewiesen. Das trifft insbesondere auf die Länder des »Halbmond-Bündnisses« zu, der hochgerüsteten, auf wissenschaftlichem Gebiet aber rückständigen Allianz islamisch geprägter Staaten von der Türkei über Syrien, Iran, Irak, Saudi-Arabien bis nach Nordafrika.

Zwar haben auch sie in Biomedizin und Biotechnologie investiert, doch sind sie vom Forschungs- und Produktionsniveau Israels weit entfernt, weil wichtige Spitzentechnologien für sie zu teuer sind. Die Reaktion dieser Länder auf die Bekanntgabe der Produktion des Impfstoffes in Israel ist kaum vorherzusagen. In islamischen Ländern gilt die »Schweinekrankheit«, wie Millionen Muslime in den Halbmond-Staaten K1 nennen, vielen ohnehin als Biowaffe aus dem Westen, die konzipiert wurde, um die islamische Welt auszurotten. Deshalb wachsen inmitten des medizinischen Chaos auch die politischen Aggressionen.

Die militärischen Führer und einige wenige Regierungschefs beraten in Washington und Brüssel zwei Tage lang, wie sie auf die Neuigkeiten aus Israel reagieren sollen. Dann beschließen sie, Israel die Bildung einer »Pandemischen Allianz« anzubieten: Die USA und die EU würden gemeinsam mit Israel ein Geheimprogramm zur massenhaften Produktion der Antibiotika starten. Die dazu nötigen Pharmafabriken würden in den militärischen Sperrgebieten errichtet, die es rund um die Standorte für Grippeimpfstoffe bereits gibt. Um globale Verteilungskämpfe zu vermeiden, würde der Rest der Welt über das rettende Antibiotika erst informiert, wenn eine Milliarde Dosen zur Verfügung stehen und weltweit ausgeliefert werden können. Experten errechnen, dass dies ein Jahr dauern dürfte. Millionen von Menschen werden in dieser Zeit sterben. Doch das Risiko und die möglichen Opferzahlen eines Krieges um knappe Vorräte schätzen die Militäranalysten als noch höher ein.

Die Militärführungen der EU und der USA stellen eine Bedingung dafür, Israel in der kritischen ersten Phase umfassenden militärischen Schutz zu gewähren: Sie dürfen von jeder in Israel produzierten Charge der Medikamente 25 Prozent abzweigen und diese Mittel in den eigenen Reihen vorab einsetzen. »Ist dies nicht möglich, besteht das Risiko, dass unsere Truppenstärken durch die Epidemie zu stark schrumpfen, um überhaupt noch international einsatzfähig zu sein«, heißt es in ihrem Kommuniqué.

Wenig später läuft die Produktion des Mittels an. Militärmaschinen transportieren Basisstoffe und kleine Teams von israelischen Experten in Nachtflügen aus Israel ab. In ersten Tests, die in Dresden und im amerikanischen Bethesda im Bundesstaat Maryland vorgenommen werden, erzielt das Antibiotikum hervorragende Ergebnisse. Es kann K1 verlässlich auslöschen.

Um den Kreis von Menschen kleinzuhalten, die von dem Medikament wissen, werden die Empfänger nicht eingeweiht. Offiziell wird die K1-Behandlung als Mittel zur Stärkung des Immunsystems deklariert. Soldaten und Pharmamitarbeiter dürfen die Sperrzonen nicht mehr verlassen. Für den Einsatz an den eigenen Soldaten wird das Mittel ohne Etikett den Standardinfusionen mit Vitaminen beigemischt.

Die Produktion von »Lux-1«, wie das Mittel genannt wird, macht gute Fortschritte. Binnen acht Monaten gelingt es, 900 Millionen Dosen zu erzeugen. Doch dann bringt ein Geheimnisverrat den Plan durcheinander. Ein Militärmediziner in Brüssel, der das Projekt mit konzipiert hat, ist in den Besitz einer strategischen Analyse gelangt, wie K1 die demographische Lage der Menschheit verändern könnte. Darunter befinden sich auch Szenarien, denen zufolge der Westen von einer längeren Dauer der Epidemie profitieren könnte. Die Szenarien sind zwar nur von einer kleinen Analystengruppe erstellt und waren von keiner Regierung abgesegnet oder in Auftrag gegeben worden. Doch den Mediziner plagen ohnehin Gewissensbisse, dass Hunderttausende Menschen an der Epidemie sterben, obwohl bereits ein Gegenmittel existiert.

Der Artikel der *New York Times* über das Geheimprogramm, der kurz darauf erscheint, ist keine Stunde online, als ein Sturm der Empörung um die Welt fegt. Die Pandemische Allianz hat mit guten Absichten gehandelt. Doch nun gehen vor allem in muslimischen Ländern Millionen von Menschen auf die Straße, trotz der Infektionsgefahr. Sie werfen der Pandemischen Allianz vor, einen Genozid an den Menschen der Halbmond-Staaten geplant zu haben. »Tod den Schweinen« ist auf ihren Bannern zu lesen.

China, Indien, die Afrikanische Union und das Südamerika-Bündnis verlangen in einer gemeinsamen Erklärung, dass die genetischen und pharmazeutischen Basiscodes veröffentlicht werden, was die Pandemische Allianz umgehend tut. Amerikaner und Europäer entschuldigen sich wortreich und versuchen zu erklären, dass sie die Geheimhaltung gewählt haben, um einen Krieg zu verhindern. Doch die Ansprachen und Telefongespräche zwischen den Hauptstädten fruchten nicht. Der

Verdacht steht im Raum, dass der Westen die K1-Pandemie nutzen wollte, um mittelfristig einen demographischen Vorteil zu erzielen. Wenig später geht eine zweite Erklärung in Brüssel, Washington und Jerusalem ein: »Wir fordern ultimativ, dass die vorhandenen Mittel weltweit ausgeliefert werden.«

Selbst dazu ist die Allianz jetzt bereit. Doch es ist für eine friedliche Lösung bereits zu spät. Die Angst, die Wut und die Frustration, die sich bei Millionen Menschen während der Epidemie aufgestaut haben, entladen sich ausgerechnet an jenem Land, das für ein Heilmittel sorgen wollte. In den Halbmond-Staaten entsteht über Nacht eine Volksbewegung, die zum Angriff auf Israel aufruft. Es kommt zu Terrorakten, Attacken auf die israelischen Grenzen und schließlich zur Mobilmachung in den Ländern der Region. In Israel selbst revoltieren die arabischen Bürger, die befürchten, dass ihnen Impfmittel bewusst vorenthalten werden. Auch öffentliche Beteuerungen der Regierung können die Gerüchte nicht mehr stoppen. Es gärt im Land.

K1 und der Konflikt um das Gegenmittel machen Jahrzehnte von Friedensbemühungen im Nahen Osten endgültig zunichte. Der Westen springt Israel in Bündnistreue bei. Weltweit setzen »Pillen-Milizen« durch Hackerattacken auf Militärsysteme dazu an, die Produktionsstätten für »Lux-1« in Erfahrung und Bestände des Antibiotikums in ihre Gewalt zu bringen. In China brechen massive Unruhen aus, als durchsickert, dass die Regierung Parteimitglieder bevorzugt mit Antibiotika versorgen will – sie werden brutal niedergeschlagen, doch das facht den Bürgeraufstand erst richtig an. Die Pandemischen Kriege nehmen ihren Lauf.

5. INFORMATIONSTECHNOLOGIE – KAMPF DER SOVCOMS

Palo Alto, Silicon Valley

In der Zentrale von Lifeflow, der größten amerikanischen Datenfirma, hat die Firmenleitung eilig den engsten Führungskreis zusammengerufen. Das Treffen findet im »Kloster« statt, dem abhörsicheren Raum in der 130. Etage der gläsernen Zentrale.

Die Stimmung ist angespannt. Der Chef der Sicherheitsabteilung informiert die Topmanager über einen äußerst beunruhigenden Vorfall. »Etwas oder jemand ist in die ›Festung‹ eingedrungen. Und nicht nur das – es oder er haben es bis in den Safe geschafft.« Niemand sagt etwas. Die Männer und Frauen, die den ganzen Tag wortreich die Geschicke des Unternehmens mit 3,5 Millionen Mitarbeitern lenken, sind sprachlos.

Die »Festung« ist das Herzstück des Unternehmens und lagert 400 Meter unter dem ökologisch bewirtschafteten Weingut von Lifeflow. Hier werden die Daten, die in der globalen Wolke verteilt sind, aufbereitet und integriert. Von hier aus wird steuernd in die Millionen von Algorithmen eingegriffen, mit denen das Unternehmen den Datenverkehr in der westlichen Welt beherrscht.

Der CEO hat sich den Spaß gemacht, das Datensystem tief unter der Erde wirklich als Festung mit digitalem Putz und Mörtel visualisieren zu lassen. Hackerattacken, wie sie Lifeflow täglich zu Tausenden registriert, erscheinen an den auf die Mauern projizierten Karten der Staaten und der verschiedenen Weltregionen als kleine rote Punkte, die aber schnell wieder verschwinden, weil das selbstheilende Sicherheitssystem eingreift.

Der »Safe« tief im Inneren ist das Allerheiligste von Lifeflow. Hierhin werden, getrennt von allen Datenleitungen, einmal pro Woche auf höchst altmodische Weise jene hochsensiblen Daten eingespeist, die der IT-Gigant aus den sozialen Netzwerken, Speichern, Kommunikationssystemen fischt und sich von Detektiven zusammenstellen lässt, um einflussreiche Persönlichkeiten notfalls im Dienst des Unternehmens »beeinflussen« zu können. Ein eigenes Team von Mitarbeitern nutzt eine digitale Hochsicherheitsschleuse, um das kompromittierende Material von der »Wolke« in den Safe zu überführen. Das soll eine absolute elektronische Isolation garantieren.

Doch nun muss der Sicherheitschef zugeben, dass in den vergangenen Tagen Dinge passiert sind, die nie hätten passieren dürfen. Zwei Privatkunden von Lifeflow, kleine, unauffällige Nutzer, die im internen Jargon »Plankton« genannt werden, haben jeweils mehrere hundert Millionen Dollar auf ihren Bankkonten vorgefunden. Der Absender war in beiden Fällen das amerikanische Verteidigungsministerium. Wie sich schnell herausstellte, war das Geld von einem besonders sensiblen Pentagon-Konto abgezapft worden, das eigentlich nur für geheime Zuwendungen an Machthaber und Rebellengruppen in aller Welt genutzt wird.

Zudem hatte der Mehrheitsführer der Republikaner im Repräsentantenhaus Filme zugeschickt bekommen, die ihn beim Sex mit Prostituierten zeigen. Die Aufnahmen stammten aus dem »Safe« und waren dem Politiker vom Mobiltelefon des Lifeflow-Chefs aus gesandt worden. Der Lifeflow-Chef ist außer sich.

In aller Eile werden Notmaßnahmen getroffen. Die beiden Nutzer aus dem digitalen Plankton bekommen eine hohe Abfindung dafür, dass sie über die Rüstungsmillionen auf ihren

Konten schweigen. Beide sterben in den kommenden Wochen durch von unbekannten Rowdys verursachte Verkehrsunfälle. Im Eiltempo durchforsten die Lifeflow-Techniker daneben alle anderen 1,4 Milliarden von dem Unternehmen betreuten Bankkonten auf verdächtig hohe Überweisungen. Denn wer immer in die komplexen Datennetze des Konzerns eingedrungen ist, muss mehr wissen als 99,9 Prozent der Mitarbeiter und über beeindruckende Fähigkeiten verfügen. Wenn der oder die Angreifer es ins Allerheiligste geschafft haben, dann können sie an jeder beliebigen Stelle des Lifeflow-Systems unbemerkt Veränderungen vorgenommen haben. »Da die Eingriffe getarnt sind, gleicht die Suche nach ihnen der nach einem falsch abgelegten Buch in den Archiven der British Library im 20. Jahrhundert«, sagt der Sicherheitschef in einer der vielen Sitzungen.

Der Angriff trifft Lifeflow in einer äußerst sensiblen Phase. Seit fünf Jahren arbeitet Amerikas größter Datensammler und Multidienstleister eng mit der amerikanischen Regierung und ihren zahlreichen Sicherheitsagenturen zusammen. Nun überlegt man in Washington, aus Effizienz- und Kostengründen auch die komplette eigene Kommunikation über den Konzern abzuwickeln, mit dem es nicht nur in der Überwachung und Terrorbekämpfung, sondern auch personell und finanziell bereits enge Verflechtungen gibt.

Denn während die US-Konzerne florieren, muss die amerikanische Regierung angesichts riesiger Haushaltslöcher in den öffentlichen Kassen immer stärker sparen. Der neue US-Präsident vertritt deshalb notgedrungen den Kurs, dass privatwirtschaftliche Lösungen in jedem Fall denen der staatlichen Bürokratie überlegen sind. Die gut bezahlten Lifeflow-Experten sind in der Tat technisch versierter als die chronisch unterbezahlten Regierungsbeamten. Angesichts seiner bisher tadellosen Bilanz im Kampf gegen Hacker wurden Lifeflow deshalb gute Chancen eingeräumt, den Auftrag über den

Kommunikationsverkehr zu erhalten, der jährlich mehrere Milliarden Dollar an Servicegebühren bringen würde.

Zumindest in den USA gibt es keinen Konkurrenten mehr, der eine Aufgabe von dieser Größenordnung und Sensibilität managen könnte. Der Lifeflow-Börsenwert liegt bei drei Billionen Dollar, der nächste ernst zu nehmende Konkurrent ist zehnmal kleiner. Der Deal mit der Regierung wäre der endgültige Schritt an die Spitze. Danach, heißt es in den internen Strategiepapieren des Vorstands, würde der weitverbreitete Vorwurf nicht mehr stimmen, dass Lifeflow fast so mächtig sei wie die US-Regierung. »Wir würden die Phase, in der wir auf Augenhöhe sprechen, hinter uns lassen.« Etliche in der Firma sprechen bereits davon, dass dann der Status einer »SovCom« erreicht wäre – einer »Sovereign Company«.

Gerade der Mehrheitsführer im Repräsentantenhaus hat bisher zu den größten Anhängern eines solch großen Privatisierungsschrittes gehört. Der Lifeflow-Vorstandsvorsitzende lädt den Politiker deshalb wenige Tage später zum Abendessen im teuersten Restaurant von Washington ein. Er macht ihm ein attraktives Angebot: Lifeflow säubert die gesamte digitale Sphäre von abträglichen Inhalten und justiert die Algorithmen seiner Suchmaschinen so, dass der Mann tendenziell in einem guten Licht erscheint. Zudem würde der Politiker einmal wöchentlich Dossiers darüber bekommen, was seine Gegner im Schilde führen. »Dieser Vorfall sollte uns zusammenschweißen«, sagt er, »und es wäre uns eine Ehre, wenn dieses Bündnis auch halten würde, sobald Sie im Weißen Haus eingezogen sind.« Das Geschäft wird noch attraktiver, weil ihm das Unternehmen einen äußerst lukrativen Versorgungsposten garantiert, sollte er bei der Präsidentschaftswahl doch unterliegen.

Bei der nächsten Krisensitzung im »Kloster« fallen noch viel weiter reichende Beschlüsse. Die Unternehmensführung ordnet eine technische Sicherheitsüberprüfung an, bei der »kein

Byte auf dem anderen bleiben soll«. Alle Mitarbeiter, die Zugang zu sensiblen Software-Codes haben, werden isoliert und durchleuchtet, alle Geräte und Codes einer doppelten Analyse unterzogen.

Auch von der zweiten Maßnahme soll niemand außerhalb des innersten Zirkels von Vorständen und Entwicklungschefs erfahren. »Wir können den Regierungsauftrag nur dann retten, wenn wir jetzt unter Beweis stellen, dass wir den Angreifer nicht nur finden, sondern auch vernichten können«, sagt der Firmenchef.

Es gibt eigentlich keine Zweifel, wer hinter der Attacke steckt. Der Verdacht war schon einige Monate zuvor aufgekommen, als in Südafrika im firmeneigenen Netzwerk Unregelmäßigkeiten aufgetreten waren, die bei internen Stresstests zunächst ebenfalls nicht entdeckt worden waren. Nach wochenlangen Checks hatte man die Quelle gefunden: Die in Südafrika von der dortigen Lifeflow-Geschäftsleitung verwendeten Computer waren beim Hauptkonkurrenten bestellt worden – dem chinesischen Unternehmen Gongli.

* * *

Die Claims für das digitale Zeitalter scheinen bereits abgesteckt zu sein. Die »magischen Fünf« der amerikanischen IT-Industrie haben den globalen Markt aufgerollt. Apple, Google, Facebook, Microsoft und Amazon sorgen mit ihren Produkten für eine Revolution, die tief in das Leben von Milliarden Menschen eingreift. Das amerikanische Social Network Facebook hatte 2013 weltweit bereits rund eine Milliarde Nutzerkonten, die chinesische Version Renren nannte im März 2013 die Zahl von 184 Millionen aktivierten Nutzerkonten. Google ist mit Abstand die am meisten genutzte Suchmaschine weltweit – und ein im Schnellwachstum begriffenes Imperium nicht nur mit Bilder- und Datendiensten, sondern auch einem breiten Spektrum von Geschäftsfeldern, das von Biotechnologie über Robotik bis zu Haussensoren und künstlicher Intelligenz reicht. Die zweitgrößte amerikanische Buchkette »Borders« schließt ihre Läden, weil sie gegen die Konkurrenz des Internet-Verkaufsriesen Amazon keine Chance mehr hat. So wie Microsoft auf dem Gebiet der Massennutzer-Software einsamer Spitzenreiter ist, so wurde Apple in den vergangenen Jahren mit seinen Produkten zum Symbol hipper Digitalnutzer – und zum wertvollsten Unternehmen der Welt.

Eine neue Infrastruktur der Kommunikation entsteht in einem immensen Tempo: Erst 1988 wurde das erste transatlantische Glasfaserkabel verlegt. Ein Vierteljahrhundert später ist eine weltumspannende Digitalsphäre entstanden, die Milliarden Menschen über Computer, Mobiltelefone und Smartpads einbindet und das Fühlen und Denken verändert. »Online« zu sein ist für viele Menschen Alltag, »offline« löst inzwischen oft ein Gefühl von Unruhe und Verlassenheit aus. Die Google-Spitzenmanager Eric Schmidt und Jared Cohen legten 2013 in ihrem Buch *Die Vernetzung der Welt* (im Original: *The New Digital Age*) dar, dass es weltweit zwei Milliarden Internetnutzer gibt und in naher Zukunft »weitere fünf Milliarden die virtuelle Welt bevölkern« werden. Die Digitalisierung hat zudem in Windeseile unglaublich große Datenmengen produziert: So wird geschätzt, dass der Umfang aller digitalen Informationen 2010 bereits rund 988 Milliarden Gigabytes betrug – das soll rund 18 Millionen Mal so viel sein wie die Zahl jemals in gedruckten Büchern erschienener Zeichen.[1]

Keine Frage: Die neuen Möglichkeiten bieten Menschen völlig neue Chancen der Kommunikation und können ihnen das Leben erleichtern. Aber sie bringen auch wirtschaftliche und politische Umwälzungen mit sich, deren Auswirkungen den meisten Nutzern nicht klar zu sein scheinen. Denn Digital-Konzerne sprengen die Grenzen fast aller klassischen Geschäftsfelder. Amazon vertreibt mittlerweile auch Lebensmittel, Google etwa greift die Geschäftsfelder von Telekommunikationsunternehmen wie der Deutschen Telekom, diejenigen von Banken und Versicherungen und mit selbstfahrenden Fahrzeugen die Automobilbranche gleichzeitig an. Mit der »GCard«, einer Guthabenkarte für Einkäufe im Netz, will der Konzern selbst im lukrativen Finanzgeschäft mitmischen. Die Firma folgt in allen neuen Geschäftsfeldern der gleichen Strategie: Google will die Relaisstellen zwischen Kunden und Anbietern von Produkten und Dienstleistungen besetzen, nun auch als Bank. Weder der Kauf einer Bank noch eine eigene Banklizenz dürfte angesichts der gigantischen Marktkapitalisierung von Google auf Dauer ein Problem sein. Der chinesische Konkurrent Alibaba ist sogar schon einen Schritt weiter und schafft mit seinem Geldmarktfonds Yu'e Bao Ende 2014 mit einem Anlagevermögen von umgerechnet 93 Milliarden Dollar bereits den Sprung unter die fünf größten Geldmarktfonds weltweit.

Da die Datenströme digital vernetzt sind, ist es die Vision, ein Leben allein mit den Produkten einer einzigen Firma organisieren zu können. Deren entscheidender Vorteil ist dabei, nahe am Kunden zu sein – und diesen durch die Auswertung aller seiner Daten am besten zu kennen.[2] Zu den Geschäftsstrategien großer IT-Konzerne, vor allem von Apple, gehört es zudem, sich von Pflichten gegenüber einzelnen Nationen zu entkoppeln. So wurde bei einer Anhörung im US-Senat Ende Mai 2013 bekannt, dass Apple seine Geschäfte über eine Firma namens »Apple Operations International« (AOI) so bündelt, dass es weltweit kaum Steuern bezahlt. 2011 etwa seien auf 22 Milliarden Dollar Vorsteuergewinn zehn Millionen Dollar Steuern entrichtet worden, ein Satz von 0,05 Prozent, wie die *Frankfurter Allgemeine Zeitung* berichtete. Bisher haben weder die EU noch eine G7-Initiative etwas daran ändern können, dass weltweit agierende Konzerne ihre Vorteile optimieren, die daraus entstehen, unterschiedliche Rechtssysteme gegeneinander ausspielen zu können.

Die IT-Giganten befinden sich aber in einem harten Wettbewerb untereinander. Denn auch ein Konzern wie Facebook, der lieber als »soziales Netzwerk« agiert, strebt die Transformation zum »All-inclusive«-Anbieter an, der alle Lebensbereiche durchdringt. Mit dem System »Pay with Facebook« bietet das Unternehmen ebenfalls bereits Finanztransaktionen an. Ziel in dem Rennen ist es, eine möglichst breite Plattform zu schaffen, auf der alle möglichen Geschäfte aufgesetzt werden können.

Egal, welcher Konzern den Kampf um die Märkte der Zukunft am Ende gewinnen wird: Klar erkennbar ist bereits jetzt der Trend, dass früher getrennte Dienstleistungen ganzer Branchen durch die fortschreitende Digitalisierung bei einigen wenigen Anbietern verschmelzen werden. Die Folge sind nicht nur große Umbrüche in der nationalen Geschäftswelt und dem Verhalten der Konsumenten. Es entstehen zudem Firmen mit enormen Datensätzen aus den verschiedensten Lebensbereichen ihrer Kunden. Noch gravierender für die weltweiten Nutzer ist, dass die Digitalisierung des eigenen Lebens zunehmend von einigen wenigen Firmen, meist mit Sitz in den entfernten USA, kontrolliert wird.

In Deutschland hat dies dazu geführt, dass vor allem Bundeskanzlerin Angela Merkel seit 2013 Alarm schlägt und die Bundesregierung die deutsche Wirtschaft bei der Digitalisierung antreibt. Merkel spricht von einem Überlebenskampf als Industrienation: Entweder die deutschen Unternehmen schaffen es, die IT in ihre Produktionsprozesse zu integrieren und die daraus anfallenden Daten selbst auszuwerten – oder aber die amerikanischen IT-Riesen werden die einst stolzen europäischen Industriekonzerne nur noch als Subunternehmer betrachten, die die Produkte herstellen, die sie mit ihren Kunden festlegen.

Die Bedrohungen sind bereits sichtbar, aber nur langsam realisiert die Öffentlichkeit, was vor sich geht. Die gierigen

Datensammler registrieren alles, von Bewegungsprofilen bis zum Einkaufsverhalten. Sie behalten die Daten auch, wenn ihre Kunden sie gelöscht zu haben meinen. Facebook registriert Daten von Nutzern, die gar keine Kunden sind, aber mit Facebook-Nutzern in Kontakt stehen. Seit September 2011 führt das Unternehmen in seinen »Timelines« das gesamte Leben der Nutzer mit allen digital registrierbaren Aspekten zusammen, von der Geburt an. Das Internet wird zum Lebensarchiv, das der Firma zugleich Zugriff zu allen Daten etwa des Konsum- und Informationsverhaltens der Nutzer bringt. 2015 nahm sich das Unternehmen das Recht, auch das Internet-Verhalten seiner Nutzer außerhalb von Facebook zu speichern. Die Datenbanken wurden mit denen des aufgekauften Nachrichtendienstes WhatsApp zusammengelegt.

Facebook ist nicht alleine mit dieser Sammelwut – auch wer Googles »Chrome«-Browser benutzt, wird vollautomatisiert ausgespäht. Für die IT-Firmen sind die Daten letztlich ihr eigentliches Kapital im Wettkampf um Investoren und Märkte.

Damit verschieben sich die Gewichte zwischen staatlicher und privater Sammelwut – obwohl die WikiLeaks-Enthüllungen über die Aktivitäten des amerikanischen Geheimdienstes NSA gezeigt haben, wie weit auch Regierungen beim Sammeln und Überwachen zu gehen bereit sind. Die umfassenden Ausspähungen der NSA betrafen anscheinend nicht nur die Metadaten weiter Bevölkerungsteile, sondern auch fast die gesamte Kommunikation der politischen Führungen Deutschlands und anderer europäischer Verbündeter sowie von zahlreichen Firmen. Im analogen Zeitalter waren es vor allem Regierungen, die sich zu unterschiedlichsten Zwecken, von der Kommunalplanung bis zur Terrorbekämpfung, systematisch den Zugang zu Daten sicherten. Im digitalen Zeitalter sind Privatfirmen dabei, Staaten in ihrer Datenmacht zu überholen. Die neuen technologischen Möglichkeiten und der Vormarsch zunehmend global agierender Digitalunternehmen stellt Regierungen vor die schwierige Frage, wann und mit welchen Mitteln sie einerseits Kriminelle und Terroristen jagen und wann sie die Bürger andererseits gegen eine zu weit gehende Datensammelwut schützen sollen – und können. Die Debatte um »Staatstrojaner«, also Spionageprogramme, die von deutschen Ermittlungsbehörden zur Ausspionierung von Daten in den Computern Verdächtiger installiert werden, ist ein gutes Beispiel für diese Abwägung. Aber der isolierte staatliche Lauschangriff wirkt fast rührend im Vergleich zu den allumfassenden Informationsstaubsaugern, die Kunden mit der Nutzung moderner Software, Browser, Handys oder Social Networks einschalten.

Besonders problematisch sind Beziehungen zwischen NSA und IT-Firmen. Bereits 2013 wurde bekannt, dass die US-Regierung die großen Konzerne systematisch über ein geheimes Gesetz zur Auslieferung von Datensätzen zwang. Die US-Nachrichtenagentur Bloomberg berichtete Mitte Juni 2013 darüber, dass Tausende Firmen die US-Geheimdienste mit Informationen etwa über Schwachstellen in ihren Systemen versorgten und im Gegenzug geheime Daten erhielten. Die Snowden-Veröffentlichungen legten den Verdacht nahe, dass es zwischen IT-Konzernen und NSA formalisierte Verbindungen gibt, auch wenn die Konzerne dies leugneten.

Mit der Speicherung digitaler Daten entstehen sowohl neue Chancen als auch immer neue und kompliziertere Möglichkeiten des Missbrauchs. Hacker sind unermüdlich dabei, Datenbanken und Computersysteme zu knacken. So stellte die sogenannte Enthüllungsplattform WikiLeaks Hunderttausende geheimer Depechen von US-Diplomaten ins Netz – mit fatalen Folgen für jene Menschen in autoritären Regimen, die als Informanten für die USA und die westlichen Demokratien erwähnt waren. Autoritäre Regime nutzen zum anderen Filterfunktionen, um politisch missliebige Debatten im Internet zu unterbinden, oder setzen Metadaten ein, um nach Dissidenten zu fahnden.[3]

Hinzu kommt Online-Kriminalität, die längst kein Randphänomen mehr ist. Beim Bundesnachrichtendienst wird geschätzt, dass 2009 der Gewinn aus den Manipulationen von Bankdaten und dem systematischen Diebstahl und Verkauf von Daten erstmals die Profite aus dem weltweiten Drogenhandel übertraf. Kein Bereich mit digitalisierten Daten ist mehr vor Attacken sicher – weder der Staat noch die Unternehmen, noch die Finanzwelt, geschweige denn Privatpersonen. Es gibt eigene Internetportale, die mit Schadsoftware oder mit ergaunerten Daten handeln. Immer häufiger treten Schutzgelderpressungen im neuen Gewand auf: Firmen sollen monatliche »Versicherungen« an die Erpresser zahlen, damit ihre Homepages nicht durch künstlich erzeugte Massenanfragen (DDoS – Distributed Denial of Service) lahmgelegt werden. Dies kann billig durch sogenannte gekaperte Rechner erreicht werden, die in Gruppen für solche Angriffe fremdgesteuert werden (Botnet) – für eine »Miete« von 50 US-Cent je Rechner. Kriminelle Gruppen verkaufen ihre aufgebauten Computerkapazitäten. So zahlen Spam-Mail-Versender für eine Million E-Mail-Adressen nach Geheimdienstschätzungen nur noch rund 20 bis 100 Dollar. Einen organisierten Angriff auf eine Homepage kann man schon für Beträge zwischen 50 und ein paar tausend US-Dollar kaufen.[4]

Zur Sorge um die Sicherheit der Privatkunden kommt die um die Stabilität der Wirtschaft. So schlug im Oktober 2011 das U.S. Office of the National Counterintelligence Executive (Büro für Nationale Gegenspionage) Alarm mit einem aufsehenerregenden Bericht an den US-Kongress, in dem China, Russland und einigen (nicht genannten) Verbündeten systematische Cyber-Industriespionage in den USA vorgeworfen wird.[5] Umgekehrt behauptete der Whistleblower Edward Snowden im Sommer 2013, dass von US-amerikanischen

Rechnern aus Tausende von Attacken gegen Rechner in China gestartet und die Mobilfunkverbindungen von Millionen von Chinesen überwacht worden seien.

»Cyber-Risiken können zu erheblichen Kosten führen und für Konzerne zu einem eigenkapitalrelevanten Fall werden«, warnt Andreas Schlayer, Experte des weltgrößten Rückversicherers MunichRe.[6] Nicht nur US-Rüstungskonzerne wie Lockheed Martin kommen unter Beschuss der Hacker. Als besonders bedroht sieht Schlayer zudem Banken, Flug- und Bahngesellschaften sowie Autohersteller an. In den USA schaltete sich die National Security Agency (NSA) in die Ermittlungen ein, als im Oktober 2010 der Verdacht aufkam, dass Hacker die Computerbörse Nasdaq OMX Group ins Visier genommen hatten. An der Londoner Börse soll es im August 2010 ebenfalls zu größeren Unregelmäßigkeiten wegen eines Hackerangriffs gekommen sein, bei dem Aktienkurse von fünf großen britischen Unternehmen manipuliert worden sein sollen. Die amerikanische Sicherheitsfirma McAfee warnt, dass chinesische Hacker mit der Aktion »Night Dragon« seit 2009 gezielt Informationen vieler Energiefirmen gestohlen haben. Und im Sommer 2015 wurde der Deutsche Bundestag zum Ziel von Hackerangriffen. Weltweit setzt deshalb ein intensives Nachdenken ein, wie man diesen Gefahren begegnen kann.[7]

Deutsche Geheimdienste entwickeln intern bereits Szenarien, wie Cyber-Kriminalität in eine neue Form von Terrorismus übergehen könnte. »Das Web ist ein Kriegsschauplatz, und wir stehen an der Front«, sagt ein führender deutscher Sicherheitsexperte.[8] Der damalige Bundesinnenminister Hans-Peter Friedrich warnte: »Es ist nur eine Frage der Zeit, bis kriminelle Banden oder Terroristen virtuelle Bomben zur Verfügung haben werden. Mit solchen Angriffen könnte eine Volkswirtschaft empfindlich getroffen werden.«[9] Sein Nachfolger Thomas de Maizière klingt ähnlich alarmiert. Wie vernetzt Verbrecherbanden sind, hat US-Präsident Barack Obama bereits im Mai 2009 anschaulich beschrieben: »In einem besonders dreisten Fall im vergangenen Jahr stahlen Diebe Kreditkarteninformationen aus 130 Geldautomaten in 49 Städten auf der Welt, um Millionen von Dollar zu erbeuten – in nur 30 Minuten.«[10] Seither tobt ein immer intensiverer auch technologischer Wettkampf zwischen kriminellen Hackern und den Sicherheitsbehörden.

Doch die Gefahr geht weit über die Wirtschaft hinaus, sie stellt die Sicherheit der Staaten infrage. 2015 wurden Millionen Personendaten aus Datenbanken amerikanischer Behörden gestohlen – die Spuren gehen laut amerikanischer Ermittler nach Russland und China. Die Informationen sollen auch Listen von Chinesen enthalten haben, die Beziehungen mit den USA pflegen. Neu ist dieser Angriff auf staatliche IT-Datenbanken aber nicht: So gestand der stellvertretende US-Verteidigungsminister William Lynn am 14. Juli 2011 in Washington, dass aus dem Pentagon im März 24 000 sensible Dokumente in die Hände von Hackern gefallen waren. Betroffen waren selbst Bereiche, die gar nicht mit dem Internet verbunden gewesen waren und die offenbar mit simplen USB-Sticks angezapft wurden, vermutlich von Reinigungskräften von Hand in die USB-Slots der Computer geschoben.[11] Und im Oktober 2011 berichteten Computerexperten des US-Militärs in der Creech Air Force Base im US-Bundesstaat Nevada von Problemen in den Steuerprogrammen für die unbemannten Drohnen »Predator« und »Reaper«. Bei den von Nevada aus gelenkten Einsätzen in Pakistan und Afghanistan waren Unregelmäßigkeiten aufgetreten, die an einen Virus und eine Manipulation von außen denken lassen.[12] 2015 registrierten US-Cyber-Verteidiger den bis dahin größten koordinierten Angriff auf ihre Netze.

Das Phänomen des »Cyber Warfare«, also der kriegerischen Auseinandersetzung mit IT-Mitteln, ist nicht neu. Seit Mitte der 1990er-Jahre bereiten sich Supermächte wie die USA, aber auch China darauf vor. Nur hat die digitale Vernetzung der Waffensysteme dazu geführt, dass die militärische Cyber-Aufrüstung mittlerweile als Toppriorität der Großmächte gilt. In den USA zählt die Cyber-Security zu den zentralen Aktivitätsfeldern von Militär und Geheimdiensten. Bereits der damalige US-Präsident George W. Bush hatte der National Security Agency (NSA) 2008 die Kompetenz übertragen, die staatlichen Netze zu schützen. Präsident Obama setzte diesen Kurs konsequent fort. Berichte von 20 000 und mehr staatlich angestellten Cyber-Kriegern allein in China schufen in der US-Öffentlichkeit die Stimmung, damit der US-Kongress das nötige Geld für den Aufbau dieser IT-Truppen bereitstellte. In den USA erhielt der Cyber-Bereich zudem sehr schnell eine eigene Kommandostruktur. Das Pentagon betreibt den Cyberspace heute als fünftes Einsatzgebiet neben Land, Wasser, Luftraum und Weltall. Zwar gab es von Anfang an Kompetenzstreitigkeiten, weil die in den USA sehr eigenständig und selbstbewusst agierenden Teilstreitkräfte wie die Air Force sowie zahlreiche der US-Geheimdienste eigene Cyber-Zuständigkeiten aufbauten, die sich teilweise überschnitten und doppelten.[13]

US-Vizeverteidigungsminister Lynn kündigte 2011 eine neue IT-Offensive an, mit der die immerhin sieben Millionen Computer und 15 000 Netzwerke des US-Militärs effektiver geschützt werden sollen. Das seit Oktober 2010 voll funktionsfähige »Cyber Command« soll zudem eine umfassende Cyber-Strategie umsetzen und die »Hygienestandards«, also die Sicherheitsvorkehrungen für den IT-Bereich, verbessern.

Dies ist nur ein Teil der Antwort – der für die Öffentlichkeit. Im Mai 2011 deutete das Pentagon an, dass die USA überlegen müssten, ob sie auf Cyber-Angriffe nicht auch mit konventionellen Waffen antworten sollten. Auch der im Juli 2011 aus dem Amt geschiedene Verteidigungsminister Robert Gates drohte für solche Fälle mit militärischen Schlägen.[14] Offiziell ist in der 13-seitigen Cyber-Strategie, die die Regierung Anfang Juli 2011 veröffentlichte, davon keine Rede mehr. Aber die Welt ist gewarnt. Der stellvertretende Vorsitzende der Vereinigten Stabschefs, General James Cartwright, betonte, eine nur defensive Antwort reiche nicht mehr aus. Man brauche eine Strategie der Abschreckung.[15]

Wie Cyber War aussehen kann, zeigten Angriffe auf Estland 2007 und auf Georgien 2008, die in Medienberichten Russland zugeschrieben wurden. Weil die Angriffe nach Angaben von Sicherheitsbehörden über Server in den USA und Südamerika sowie Computer in Deutschland liefen, konnte der Angreifer nie wirklich identifiziert werden. Jedenfalls waren damals Regierungsinternetseiten in den betroffenen Ländern lahmgelegt und im Falle Georgiens auch die Kommunikation des Militärs unterbrochen worden. Die Schäden waren zwar begrenzt, wurden aber international als eine Art Testlauf dafür gewertet, wie eine elektronische Datenwaffe die Infrastruktur eines anderen Landes außer Betrieb setzen kann. Die NATO schuf daraufhin ein »Center of Excellence« für Cyber War in der estnischen Hauptstadt Tallinn.

Für Aufsehen sorgte 2010, dass der Iran offiziell einen Angriff mit einem Trojaner namens »Stuxnet« bestätigte, der nicht nur 30 000 Computer befallen, sondern auch für erhebliche Schäden in den Atomanlagen des Landes gesorgt haben soll. Offenbar bewirkte der Computerschädling, dass sich die Zentrifugen für die Produktion von hoch angereichertem Uran zu schnell drehten. Vermutet wurde eine Attacke aus den USA oder Israel, um den befürchteten Bau einer iranischen Atombombe zu verzögern. Dies zeigt das generelle Problem, dass Cyber-Attacken keineswegs nur eine »Spezialität« dunkler chinesischer oder krimineller Kräfte sind, sondern ein Mittel, dessen sich hoch technisierte Staaten wie die USA ebenso bedienen, nur zu anderen politischen oder wirtschaftlichen Zwecken.[16]

Wenn militärische Einrichtungen oder zentrale Infrastrukturanlagen durch Computerviren lahmgelegt werden können, dann eröffnet dies neue Formen der Kriegführung. Auch Deutschland ist von der Gefahr durch Cyber-Angriffe direkt betroffen. Der Wohlstand des Landes beruht auf einer funktionierenden, immer stärker vernetzten Infrastruktur, auf elektronisch gesteuerter Fertigung und auf Erfindungen, die nur deshalb Geld bringen, weil sie in der Frühphase geheim sind und dann mittels Patenten geschützt werden können. Zudem weiß die Bundesregierung, dass selbst befreundete Länder zu den Angreifern zählen können, wenn sie sich etwa durch systematisches Abhören Einblicke tief in den Regierungsapparat verschaffen und dadurch bei politischen Verhandlungen einen Informationsvorsprung haben. Seit 2014 hat Bundesinnenminister de Maizière nach immer neuen Enthüllungen über amerikanische Ausspähungen einen »360 Grad-Blick« der deutschen Sicherheitsbehörden angeordnet. Im Klartext heißt das: Die Spionageabwehr arbeitet nicht mehr nur gegen Angreifer aus nichtdemokratischen Staaten, sondern auch gegen solche aus den USA und von EU-Partnern. Das gegenseitige Misstrauen breitet sich im digitalen Zeitalter in alle Richtungen aus.

In Zusammenarbeit mit der Deutschen Telekom und der Düsseldorfer Firma Scusmart wurden Mobiltelefone mit eigens entwickelten Verschlüsselungsprogrammen an alle höheren Beamten verteilt. In Deutschland wird außerdem darüber nachgedacht, die gerade vollzogene Integration großer Infrastruktur- und Datennetze wieder zurückzufahren. Strategisch wichtige Datennetze etwa in der Energieversorgung könnten Überlegungen der Bundesregierung zufolge ähnlich wie rein militärische Netze vom normalen Internet getrennt und isoliert werden. [17]

Trotz dieser Pläne ist Deutschland in der Welt der IT-Kriegführung ein Nachzügler. Erst seit April 2011 gibt es das

in Bonn beim Bundesamt für Sicherheit in der Informations-
technik (BSI) angesiedelte Nationale Cyber-Abwehrzentrum.
Anders als sein US-Pendant ist es nur eine kleine Clearing-
Stelle für Anfragen etwa der Geheimdienste, keine operative
Einheit. Erst 2015 wurde vom Bundestag ein Gesetz beschlossen, dass Unternehmen überhaupt melden müssen, wenn
sie Opfer von schwerwiegenden Hackerangriffen geworden
sind.

Ganz anders ist da die heimliche Supermacht auf dem
Schlachtfeld des Cyber War aufgestellt, nämlich China. Seit
2002 gibt es im Reich der Mitte eigene militärische Dienststellen mit dem expliziten Auftrag der elektronischen Kriegführung. Dahinter steckt ein Denken ähnlich wie bei der Entwicklung der chinesischen Automobilindustrie: Weil es teurer ist,
den Rückstand zum Westen bei Technologien wie konventionellen Waffen oder dem Benzinmotor aufzuholen, finanziert
China mit großem Aufwand lieber die möglichst schnelle Entwicklung der Zukunftstechnologien – eben Cyber-Fähigkeiten
und Elektromotoren. Mit Alibaba hat China einen Internet-
Konzern, der es von der Größe und auch der Innovationskraft
her mit den amerikanischen Konkurrenten aufnehmen kann.
Dies gilt auch für die Vernetzung von Industrieproduktion
und IT-Technologie, die in Deutschland unter dem Stichwort
»Industrie 4.0« läuft. Es war nur halb im Scherz, als ein hoher
chinesischer Regierungsvertreter davon sprach, China werde
gleich »Industrie 5.0« anstreben.

Seit 2005 registrieren deutsche Sicherheitsbehörden von
China ausgehende gezielte Angriffe gegen deutsche Regie-
rungsstellen, 2009 waren es bereits mehr als 1500, heute liegt
diese Zahl deutlich höher. Die Führung in Peking beteuert
zwar immer wieder offiziell, dass sie nicht involviert sei. Aber
weder deutsche noch amerikanische Geheimdienste halten
dies angesichts der scharfen Kontrolle der Sicherheitsbehörden über das Internet in China für glaubhaft. Vielmehr wird

von systematischen chinesischen Spionageversuchen über das Internet ausgegangen, die nicht nur die Regierung, sondern auch viele deutsche Unternehmen treffen. »Es gibt das klare Ziel Chinas, den Cyber-Raum zu beherrschen«, sagte ein hoher westlicher Geheimdienstmitarbeiter den Autoren im Frühjahr 2013.

Ganz typisch für das Wettrüsten auf dem Feld der Cyber-Kriegführung ist, dass alle Staaten ihre Fähigkeiten massiv verbessern wollen, weil sie Angst haben, selbst Opfer von Angriffen zu werden. Auch die chinesische Führung argumentiert traditionell mit der Notwendigkeit, sich zu verteidigen, so auch in ihrem 2010 veröffentlichten Weißbuch zur Sicherheitspolitik.[18]

Welche Dimension die Vorbereitung auf einen Cyber-Krieg in China hat, zeigt die Zahl von schätzungsweise 6000 bis 12 000 Internetspezialisten, die in drei militärischen Dienststellen im Schichtbetrieb im Auftrag des Staates arbeiten. Dazu kommen noch die Hackerabteilungen bei der chinesischen Miliz und eine unbekannte Anzahl sogenannter »patriotischer Hacker«, also Privatpersonen, die sich aus ideologischer Überzeugung im Auftrag des Staates je nach Bedarf an Angriffen gegen Ziele im Ausland beteiligen können. Vor allem der Einsatz dieser kaum zu lokalisierenden »Patrioten« erschwert die Rückverfolgung von Angriffen, die aus China kommen. Die Nationale Volksarmee arbeitet jedenfalls gezielt an der Weiterentwicklung ihres Know-hows. In fünf Forschungseinrichtungen werden die Fähigkeiten für Cyber-Angriffe verfeinert. Ein Schwerpunkt der Arbeit liegt derzeit nach Erkenntnissen der Geheimdienste darauf, wie Angriffe besser verschleiert werden können.[19]

Anders als Russland und auch der Iran verfügt China zudem über einen einzigartigen Vorteil für den Krieg im und durch das Netz – die eigene Industrie. Als »Werkbank der Welt« liefert das Land Computer und Handys aus eigener Fertigung in alle Welt – und mittlerweile auch an viele Regierungen. Auch in Berlin betreiben chinesische Konzerne intensive Lobbyarbeit, damit alle noch bestehenden Sicherheitsrestriktionen gegen ihre Router oder USB-Sticks aufgehoben werden.

Mehrfach wurden bei Auslieferungen von Geräten aus China bereits sogenannte »pre-infections« festgestellt. Computer, die oft auch in sensiblen Infrastrukturnetzen eingesetzt werden, waren durch auf eingebauten Chips bereits vorinstallierte Schadprogramme für spätere Hacker- und Phishing-Attacken präpariert. Die Unternehmen weisen die Vorwürfe entschieden zurück. Angesichts der Masse der aus China gelieferten Geräte und Komponenten gilt das sogenannte »Reverse Engineering«, bei dem gelieferte Hardwarekomponenten aus dem Ausland detailliert untersucht werden, etwa in Deutschland aber ohnehin als viel zu aufwendig.

Die Alternative für Europa wäre es, eine geschlossene heimische Lieferkette von europäischen Herstellern für verlässliche Software und geprüfte Computer aufzubauen. Wie kostspielig das aber wäre, zeigen die Versuche, mit staatlicher Förderung im Raum Dresden ein »deutsches Silicon Valley« hochzupäppeln. Der Aufbau geschlossener nationaler oder europäischer Produktionsketten würde zudem eine Rückabwicklung jener globalisierten Arbeitsteilung bedeuten, die in den vergangenen Jahrzehnten den materiellen Wohlstand weltweit stark gesteigert hat.[20] Und längst sind im Schlepptau der Computergiganten auch die chinesischen Telekommunikationsausrüster auf dem weltweiten Vormarsch. Im November 2011 kündigte das Geheimdienstkomitee des US-Repräsentantenhauses an, deshalb den Einfluss und die Gefahren eines Vordringens von Konzernen wie Huawei und ZTE auf dem amerikanischen Markt untersuchen zu wollen.[21]

China hat im globalen Geschäft mit Computern und Software bereits heute eine Stellung als Supermacht inne. China ist zugleich der Staat, der die Kontrolle des Internets im eigenen Land am weitesten vorangetrieben hat. Nur wegen der massiven Proteste der Hersteller wurde offiziell ein Plan fallen gelassen, alle verkauften Computer bereits mit Zensurprogrammen auszustatten – was in den Geräten wirklich installiert wird, bleibt ein Geheimnis. Wie weit die Kontrolle geht, berichtete die *New York Times*: Demnach wurden alle Internetcafés angewiesen, ein speziell entwickeltes Spitzelprogramm einer Softwarefirma aus Shanghai einzusetzen. Wer sich weigert, muss eine Geldbuße von umgerechnet 1600 Euro zahlen und damit rechnen, vom Netz abgeknipst zu werden.[22]

Künftig wird dies möglicherweise gar nicht mehr nötig sein. Denn sogenannte »Deep Packet Inspection«-Systeme, kurz »DPI« genannt, können im Auftrag von Regierungen oder Firmen systematisch die Kommunikation zwischen Internetnutzern oder nach Suchwörtern oder Kontakten durchforsten. Mittlerweile decken sich gerade autoritäre Regimes mit DPI-Systemen auch westlicher Firmen ein, weil diese digitalen Waffen nicht nur schnüffeln, sondern Internetkommunikation auch stören können. Dazu müssen sie nur an zentralen Internetschnittstellen in einem Land installiert werden. Oppositionelle, deren Adressen zuvor in schwarzen Listen gespeichert wurden, können plötzlich keine Verbindung mehr untereinander oder nach außen herstellen.[23]

Wegen seines kaum zu umgehenden Milliardenmarktes hat China noch ein anderes Mittel, an sensible Software ausländischer IT-Konkurrenten heranzukommen: Die Praxis der Chinese Compulsory Certification zwingt die nach China exportierenden und dort produzierenden Unternehmen zur Offenlegung ihrer Quellcodes, wenn sie auf dem lukrativen chinesischen Markt aktiv sein wollen. Was zunächst zum Schutz der eigenen Industrie eingesetzt worden war, ist sowohl für Chinas gern kopierende Firmen als auch für das Militär zu einem einfachen Mittel geworden, um Zugriff auf sensible westliche IT-Technologie zu bekommen. Das Thema ist so drängend, dass es eine prominente Rolle beim Treffen von US-Präsident Barack Obama mit dem damals neuen chinesischen Präsidenten Xi Jinping im Juni 2013 spielte.

Doch ausgerechnet kurz vor diesem Treffen wurde von der britischen Zeitung *The Guardian* ein Dokument enthüllt, das belegt, wie sehr die USA beim Thema Cyberwar mit gespaltener Zunge sprechen. Präsident Obama beklagt Attacken, die von China ausgehen, doch er selbst hat in einer präsidentiellen Anordnung vom Oktober 2012 vorgegeben, dass Militär und Geheimdienste binnen sechs Monaten eine Liste möglicher ausländischer Ziele für »Offensive Cyber Effects Operations«, kurz OCEO, also Cyber-Angriffe, vorlegen sollen. Zwar heißt es in dem Dokument auch, dass OCEO im Rahmen des Völkerrechts bleiben müssten, doch zeigt die Anweisung, dass die USA keineswegs nur das Opfer von Cyber-Attacken sind, wie es immer hieß, sondern durchaus auch die Rolle des Aggressors einnehmen können.

Das elektronische Schlachtfeld wird immer größer, immer komplexer und immer realer für den Alltag von Milliarden Menschen. Das erfordert ein neues Denken – nicht nur wegen der Schnelligkeit der Handlungen, sondern auch, weil auf diesem Schlachtfeld sowohl staatliche Armeen gegeneinander kämpfen als auch private Unternehmen als Opfer wie Akteure sehr stark involviert sind. »Es gibt ein immer größeres Bewusstsein dafür, dass sich die Grenzen zwischen staatlicher Sicherheit und der Sicherheit von Unternehmen in schnellem Tempo auflösen«, sagt der frühere Chef der US-Spionageabwehr, Joel Brenner.[24] Zugleich fehlen klare weltweite Regeln für Konflikte im Netz – es gibt nicht einmal einen Verhaltenskodex wie für klassische Kriege, etwa dass humanitäre Einrichtungen wie Krankenhäuser im Falle eines Cyber-Krieges von Angriffen ausgenommen werden müssen. Wer im Falle eines Konflikts wirklich als »Kombattant« einzustufen ist, ist ohnehin ungeklärt.

»Wir können dies nicht länger als ein IT-Thema ansehen«, mahnt Vizeadmiral Carl V. Mauney, der stellvertretende Chef des U.S. Strategic Command, dem das nationale Cyber-Kommando untersteht. »Unsere Netzwerke sind eine Angelegenheit der Chefs – genauso wie sie Angelegenheit der Vorstandsvorsitzenden sind.«[25]

* * *

Niemand außerhalb der Lifeflow-Führung erfährt etwas vom Diebstahl der Pornobilder aus dem elektronischen Safe tief unter Palo Alto. Der Zugriff von Hackern auf ein Geheimkonto des Pentagons, für den die Infrastruktur des Unternehmens genutzt wurde, alarmiert Washington aber zutiefst. Der Lifeflow-Vorstand bekommt zwei Wochen Zeit, die Vorgänge aufzuklären und für Abhilfe zu sorgen. So lange will auch das Weiße Haus den Vorfall völlig geheim halten. Danach allerdings müsse der Vorfall im »Digitalen Kontrollrat« besprochen werden, dem Gremium, in dem der US-Präsident mit den CEOs der größten amerikanischen IT-Unternehmen im Wochenrhythmus wichtige Sicherheitsfragen koordiniert. Kritiker in den amerikanischen Medien werfen diesen »E-Zaren« vor, mächtiger als das Kabinett oder das Repräsentantenhaus zu sein.

Entstanden war der Digitale Kontrollrat bereits Anfang des Jahrhunderts. Aber zur regelmäßigen Einrichtung wurde die geheime Absprache zwischen Politik und IT-Wirtschaft nach den sich häufenden weltweiten Cyber-Zwischenfällen, hinter denen nicht nur kriminelle Hacker steckten, sondern immer häufiger auch Machtkämpfe der beiden Supermächte China und USA. Das Muster entsprach dem des Kalten Krieges: Konflikte flammten an der Peripherie auf, als Stellvertreterkriege und Testläufe für neue Technologien. In Chile etwa war der gesamte Bankenverkehr zusammengebrochen, nachdem von

Computern in den USA, Europa und China aus die Einzelteile eines Virus im Gewand von Datenmüll in das System einer Agrarbank injiziert worden waren, sich dort zusammengesetzt und damit begonnen hatten, das gesamte Finanzsystem des Landes zu infizieren. Überweisungen wurden blockiert, Kontostände gelöscht, Börsentransaktionen in schwindelerregender Höhe ausgelöst. Weil ausländische Banken und Firmen aus Angst vor einer Virenübertragung umgehend den Datenverkehr mit Chile abbrachen, taumelte das Land binnen Stunden in die Zahlungsunfähigkeit, unzählige Firmen gingen Bankrott, das Wirtschaftsleben erlahmte für Monate, bis der IWF Chile langsam wieder auf die Beine half. Ob es sich um einen chinesischen Testkrieg gegen ein westlich ausgerichtetes Land handelte, konnte nie geklärt werden.

Aber auch Terroristen begannen, sich digitaler Waffen zu bedienen. Statt ihre Kommandos wie früher mit Sprengstoffgürteln zu Attentaten zu schicken, setzten sie Softwareexperten ein, die sich Zugang zu wichtigen Schaltstellen in Unternehmen und Regierungen verschafften und dann durch Manipulationen Unglücke auslösten. So bekannte sich eine Gruppe chinesischer Sezessionisten aus der Autonomen Republik Uigurien zu einem Anschlag auf das chinesische Hochgeschwindigkeitsnetz, bei dem durch eine digitale Weichenmanipulation zwei Züge ineinandergerast waren. In Frankreich hatten Hacker die Steuersoftware der nuklearen Wiederaufbereitungsanlage von La Hague beeinflusst, sodass in großem Umfang hochradioaktive Stoffe in den Atlantik geflossen waren und die Küste auf einer Länge von 100 Kilometern verseuchten. In Deutschland legte eine neue Untergrundbewegung namens »Junge Armee Fraktion« aus Protest gegen die angebliche »Herrschaft der Alten« über den Rechner eines Krankenhauses die Herzschrittmacher von 15 000 Hochbetagten lahm, die an einem Pilotvorhaben zur ärztlichen Online-Versorgung teilnahmen.

Den letzten Impuls für die Gründung des Digitalen Kontrollrates hatten aber die Angriffe auf die umfangreichen genetischen Datenbanken mehrerer amerikanischer Krankenkassen, der National Institutes of Health und einiger Biotech-Firmen geliefert. Nachdem zuerst von Industriespionage die Rede gewesen war, enthüllten die Geheimdienste dem US-Präsidenten, dass sie Informationen hätten, wonach ein Land oder eine fanatische Gruppe von Cyber-Terroristen an einer Biowaffe arbeiteten, die auf das Erbgut europäischstämmiger Amerikaner zugeschnitten sei.[26]

Diese Entwicklungen führten zu dramatischen Veränderungen auch in den westlichen Gesellschaften. So wurden in den USA und Europa Internetcafés verboten und eine allgemeine Registrierungspflicht für alle Netzbenutzer eingeführt. Nutzer dürfen seither nur unter ihrem Klarnamen im Netz agieren, der Datenverkehr wird jahrelang gespeichert.

Die großen Nutznießer der Umbrüche sind einige wenige IT-Giganten, die auf ihren Geschäftsplattformen die Bankgeschäfte, den Handel, die Gesundheitsversorgung und das soziale Leben etwa der Schulen organisieren. Denn nur große Unternehmen können die Datenschutz- und Sicherheitsauflagen erfüllen und bezahlen, die nach den ersten verheerenden Diebstählen von Medizin- und Bankdaten erlassen werden. Weltweit beschleunigt dies Fusionen und macht die IT-Firmen zu »systemrelevanten Akteuren«, die auch die US-Regierung nicht mehr an die Kandare nehmen, geschweige denn zerschlagen kann. Als sie bei einer neuen Wirtschaftskrise ins Trudeln kommen, werden sie von der US-Regierung massiv gestützt, das Fusionsfieber verstärkt sich. Am Ende der Entwicklung entsteht mit Lifeflow ein Gigant, gegen den das frühere Google wie ein Zwerg wirkt. Systemkritiker warnen, dass es statt des »militärisch-industriellen Komplexes« des 20. Jahrhunderts nun einen »militärisch-informationellen Komplex« gebe – aber die Öffentlichkeit hört weg.

Mit wachsendem Tempo werden leistungsfähige prädiktive Systeme entwickelt, die aus den Daten der Kunden Vorhersagen über deren Konsumverhalten und künftige Vorlieben errechnen. Sie werden zu einem Instrument der Markt- und Politiksteuerung. Lifeflow kann rund um die Uhr ein Echtzeit-Psychogramm seiner Nutzer erstellen lassen, das sich vom Individuum über spezifische soziale Gruppen bis hin zu ganzen Regionen und Ländern skalieren lässt. Zu den Lieblings-Apps des CEO gehört »WorldFlow«, das ihm exklusiv den aggregierten Gemütszustand der westlichen Hemisphäre präsentiert. Das Tool lässt sich auch zur Vorhersage und Steuerung von Wahlen nutzen, die Politiker stehen Schlange und umgarnen die Firma.

Die nationalen Kartellbehörden und Datenschützer sind den neuen Herausforderungen nicht mehr gewachsen. Marktkonzentrationen ergeben sich daraus, dass Hunderte Millionen Menschen weltweit mit einem Mausklick einen Anbieter wählen können. Die Digitalisierung fördert viel radikaler nur den Marktführer – vor allem wenn dieser gleich auf mehreren Sektoren führend ist. Die US-Regierung denkt um: Wenn sich nur noch ein Konzern durchsetzen kann, dann soll er zumindest im eigenen Land sitzen. Denn die Souveränität von Staaten misst sich im digitalen Zeitalter auch daran, wer überhaupt noch direkten Zugang zu den Datenmengen seiner Bürger hat. Regierungen und IT-Firmen brauchen sich gegenseitig. Ein Schlag gegen Lifeflow wäre auch ein Schlag gegen die USA.

Hauptleidtragende dieser Entwicklung sind die Europäer. Weil sie es nicht schafften, die nationalen Empfindlichkeiten und Sprachgrenzen zu überwinden, sind die viel kleineren IT-Firmen des alten Kontinents keine wirklichen Konkurrenten mehr. Weder sie noch viele der hochverschuldeten EU-Staaten haben die finanziellen Ressourcen, um massiv in neue Technologien zu investieren. Bereits im Zeitalter der Smartphones hatten sie ihren Kommunikations- und Datenverkehr über die USA abwickeln lassen und waren mit dem Aufbau eines gemeinsamen, geschützten europäischen Datenraums gescheitert. Nun können die Regierungen keinen effektiven IT-Schutzschirm um Land und Firmen mehr aufbauen, technologisch sind sie weit abgehängt. Wann immer etwa eine deutsche, schwedische oder französische Firma doch noch einmal eine interessante Software oder ein leistungsfähiges Kryptologie-Programm entwickelt, häufen sich die Cyber-Angriffe. Meist dauert es nur kurze Zeit, bis die Firma aufgibt und sich im besten Fall aufkaufen lässt. Ambitionierte Entwickler gehen sofort in die USA.

Aber auch die einst stolzen Industrieunternehmen Deutschlands werden gnadenlos ausspioniert, und ihr Know-how wird geplündert. Bevor Neuentwicklungen von Elektroautos, Medikamenten oder biothermischen, energieerzeugenden Wänden auf den Markt kommen, ist die Technologie bereits kopiert. Sowohl die USA als auch China stellen ihren Firmen die nötigen Daten zur Verfügung, um bei Ausschreibungen jeweils etwas unter dem Angebot der Europäer zu bleiben. Am Ende stellen sich Europas Regierungen erneut unter einen Schutzschild der USA – nur dass es sich diesmal nicht um einen atomaren, sondern um einen Cyber-Schild handelt. In der westlichen Welt besitzt nur noch Washington im Verbund mit den IT-Riesen die Macht, sich gegen die neue Super-Spionagemacht China und die unzähligen Hackerbanden zu wehren.

Der wichtigste – und einzige – Gegenspieler von Lifeflow ist deshalb die chinesische Firma Gongli. Sie ist aus der Fusion des führenden chinesischen Internet-Providers mit verschiedenen Herstellern von Telefonen und Computern entstanden. Die Chinesen haben bei ihrem globalen Siegeszug ihre ganze Macht als Werkbank der Welt ausgespielt. Während Lifeflow stärker auf Dienstleistungen setzt, versucht Gongli, die Märkte über die eigenen Hardware-Produkte zu dominieren. In jedem in China für die Welt ausgelieferten Computer und in jedem Telefon ist Gongli-Software bereits vorinstalliert, die ebenfalls die ganze Bandbreite der Dienstleistungen anbieten kann.

Doch der weltweite Wettbewerb um die Vorherrschaft der beiden Superkonzerne kommt in seine Endphase. Immer wieder sorgen Berichte von Software-Experten für Aufregung, dass sich Gongli-Software auf den Computern nie völlig löschen lässt und sich verselbstständigt. Es werden Verbote ausgesprochen, Gongli-Computer in der EU und den USA in öffentlichen Verwaltungen und Industriekonzernen einzusetzen, nachdem immer mehr Fälle nachgewiesen worden sind, in denen in der Hardware bereits Spionageprogramme eingebaut sind. Gonglis Siegeszug in Asien und Afrika schadet dies allerdings nicht – zumal die chinesische Regierung die Digitalisierung als Mittel erkannt hat, andere Staaten gefügig zu machen. Jahrzehntelang hat China den Ausbau der Glasfasernetze in den Schwellen- und Entwicklungsländern finanziert, teilweise als Entwicklungshilfe getarnt. Nun kommt es ausgerechnet in denjenigen Staaten zum Zusammenbruch der Stromversorgung und des Bankensystems, die sich chinesischen Wünschen etwa nach Rohstofflieferungen widersetzen. Der Wettbewerb um die wenigen noch nicht von einer der beiden Firmen beherrschten Märkte, wie Südafrika, Indien und Afrika, wird immer heftiger – und schmutziger. Denn die USA und die Führung in Peking haben erkannt, dass die Herrschaft über das Netz auch den entscheidenden politischen Einfluss bedeutet. Beide Firmen/Staaten liefern sich einen Propagandakrieg. Lifeflow wird in China als »fünfte Kolonne« der US-Regierung dargestellt, Gongli in Amerika als Werkzeug der Unterdrückung.

Vor diesem Hintergrund tritt am Tag fünf nach der Katastrophennachricht der Lifeflow-Vorstand ein drittes Mal im »Kloster« zusammen. Der Firmenchef ist in aufgekratzter Laune.

Er begrüßt seine Manager mit Schulterklaps und zeigt ihnen eine seltene Handfeuerwaffe, die er sich am Vortag gekauft hat. »Sie stammt aus der Zeit, als die Chinesen bei uns in Kalifornien Eisenbahnen gebaut haben, und sie gehörte einem Sheriff, der sie gerne benutzt hat«, sagt er. Er legt den Revolver auf den Glastisch und sagt: »Der Täter ist identifiziert. Es war, wie wir alle vermutet haben, Gongli.«

Dabei hatten die Chinesen – eher altmodisch – auf den Risikofaktor Mensch gesetzt, der auch im Digitalzeitalter eine entscheidende Rolle spielt. Einen Tag vor der Sitzung hatte man im Coachella-Tal östlich von Los Angeles die verstümmelten Leichen des stellvertretenden Lifeflow-Direktors für Sicherheitssoftware und seiner Familie gefunden. Offenbar hatte der Sicherheitschef entgegen den Vorschriften Quellcodes für das Sicherheitsprogramm mit in den Urlaub genommen, um daran zu arbeiten. Zudem stellte sich heraus, dass er in den vergangenen Tagen Zugang zu dem »Safe« mit den kompromittierenden Bildern hatte. Wahrscheinlich, so die Vermutung der Sicherheitsabteilung, war er erpresst worden und hatte aus Sorge um seine Familie die nötigen Daten geliefert. »Sie haben an der Tür einer Villa geklingelt und in Wahrheit unsere Schatztruhe geöffnet«, sagt der CEO trocken.

Mit den Quellcodes konnten die Hacker einen Trick benutzen, von dem viele vor ihnen träumten: Ausgerechnet die von Lifeflow verwendete Antiviren-Software, die Millionen Computer in aller Welt eigentlich schützen sollte, wurde nach einer entsprechenden Manipulation zum Trojanischen Pferd und half den Angreifern, die elektronische Festung in Palo Alto zu überwinden.[27] Die Angriffe dazu wurden von den in Südafrika vorinfizierten Gongli-Computern aus koordiniert.

Nachdem der CEO den US-Präsidenten über die Sachlage informiert hat, wird der Gegenangriff vorbereitet. Der Präsident plädiert ebenfalls für einen Gegenschlag, lässt der

Firma freie Hand und sichert sich die Unterstützung der US-Geheimdienste. Allen in der Lifeflow-Führung ist klar: Wenn das Unternehmen jetzt nicht entschlossen reagiert, kann es den Kampf um die IT-Vorherrschaft auf der Welt schnell verlieren. Niemand weiß schließlich, ob beim Sicherheitscheck wirklich alle versteckten Programme der Chinesen in der eigenen Software entdeckt wurden. Vorbereitet wird der Gegenangriff deshalb mit einem parallel entwickelten System, das bisher deaktiviert war und keine Schnittstelle mit dem Lifeflow-Computersystem hat.

Seit Jahren hatte die Lifeflow-Führung für den Fall einer Eskalation Interna über Gongli gesammelt. In der Zentrale im Silicon Valley ist deren entscheidende Software nachentwickelt und mit tückischen Computerviren versehen worden. Wenig später lassen die Lifeflow-Hacker von Südamerika aus die Börse in Shanghai für eine halbe Stunde unterbrechen. Das reicht aus, um vorübergehend Werte in dreistelliger Milliardenhöhe zu vernichten – wobei die Hacker genauestens darauf achten, dass vor allem Aktien von Firmen betroffen sind, die überwiegend in China selbst gehandelt werden. Die Spur der Ermittler wird in Richtung Gongli gelegt, weil die entscheidenden Angriffe nicht nur von Gongli-Rechnern aus, sondern auch über Server in China erfolgen. Die chinesische Regierung merkt nach einigen Stunden, dass sie einer falsche Fährte aufgesessen ist. Aber das Ziel ist erreicht: In Peking und Shanghai weiß man nun, dass sich Lifeflow wehren kann. Sollte die chinesische Seite ernsthaft versuchen, das sensible Gleichgewicht zwischen beiden Supermächten und den sie stützenden Datengiganten zu stören, wird es Krieg geben – zumindest einen elektronischen.

Gleichzeitig heuert Lifeflow etliche Killertrupps an, die im mexikanischen Ciudad Juárez, in São Paulo und Johannesburg Bürogebäude stürmen und die dort untergebrachten Hackergruppen aus den »digitalen Favelas« verhaften oder töten, die Gongli regelmäßig für Angriffe auf kleinere Konkurrenten angemietet hatte. Jetzt zahlt sich für Lifeflow die enge Kooperation mit der US-Regierung aus. Dass die Firma so zielgenau zuschlagen kann, hat sie nicht nur der Expertise ihrer Computerspezialisten, sondern auch den Informationen der US-Geheimdienste zu verdanken. Ein späterer Bericht der *Washington Post*, dass auch US-Spezialeinheiten an den Angriffen teilgenommen haben sollen, wird zwar nicht bestätigt. Aber es herrscht wenig Zweifel daran, dass die Präzision der Einsätze die Hilfe staatlicher Strukturen und eine genaueste Aufklärung aus dem Weltall voraussetzt.

Die Führung in Peking nimmt den Angriff so ernst, dass man sich ebenfalls für eine weitere und umfassende Eskalation entscheidet. Dahinter steckt die Erkenntnis, dass im IT-Zeitalter nur ein Angriff die eigenen Netzwerke wirkungsvoll schützen kann. Ist die eigene Abwehr einmal durchdrungen, so gibt es angesichts der komplizierten und hoch entwickelten Computerviren so gut wie keine Chance zur Gegenwehr mehr. Allerdings trifft Gonglis Vergeltung zunächst nicht die USA, sondern deren engste Verbündete in Europa – man will die direkte Konfrontation meiden. In Deutschland lässt ein von Gongli-Technikern organisierter Angriff im wahrsten Sinne des Wortes sämtliche Lichter ausgehen. Dazu wird eine falsche Spur gelegt, die einen Computerangriff aus Russland vortäuscht. Gleichzeitig wird über die Medien gestreut, dass Lifeflow hinter der Cyber-Attacke stecke, weil es kürzlich amerikanisch-europäische Handelsstreitigkeiten gegeben hatte. Um die Stimmung in der verwirrten deutschen Bevölkerung weiter anzuheizen, wird mit einigen gezielten Angriffen auf die regionale Daten- und Steuerungszentrale des Lifeflow-Konzerns in Nordrhein-Westfalen die Stromzufuhr in deutschen Krankenhäusern gekappt.

In Gesundheitszentren in Großbritannien manipulieren Hacker zudem die gespeicherten Anweisungen für Beatmungsgeräte und Infusionen so, dass in den nächsten Stunden Tausende Patienten sterben. Kühlhallen der großen Lebensmittelketten schalten sich in ganz Europa wie von selbst ab, sodass umgehend wichtige Lebensmittel knapp werden. Im Fernsehen sind nur noch Programme aus Nigeria zu empfangen. Und auf den integrierten Computeruhren läuft die Zeit rückwärts – ein besonderer Einfall eines jungen Programmierers aus der westchinesischen Stadt Xian.

In den USA trifft der Lifeflow-Chef mit dem Präsidenten und der Militärführung zusammen. Der Präsident zollt Anerkennung für die Schläge gegen die chinesische Börse. Aber er ist überzeugt, dass die Warnschüsse nicht reichen, und sorgt sich um die Eskalation. Der Angriff auf Europa zeige, wie skrupellos der Gegner sei. »Es wird Opfer geben, aber unsere Netzwerke werden stärker sein«, versichert der Lifeflow-Chef in der Runde.

Die Kampagne, die nur zwei Stunden später beginnt, ist schon oft von den Cyber-Strategen durchgespielt worden. Bis auf wenige besonders gesicherte militärische Verbindungen werden alle IT-Leitungen der USA zum weltweiten Telefon- und Datennetz unterbrochen, um sich gegen mögliche Angriffe zu schützen. Dann schlagen Millionen weltweit vorbereitete Computer auf ein Kommando der Lifeflow-Führung los.

In China bricht am nächsten Morgen das Chaos aus. Die Signale der chinesischen Navigationssatelliten, die den mittlerweile automatisierten Verkehr steuern, werden elektronisch manipuliert. Die Fahr- und Flugzeuge erhalten Daten, die nicht mehr zum tatsächlichen Straßen- und Schienennetz passen. Es kommt zu Zehntausenden von schweren Unfällen, Flugzeuge rasen über die Landebahn hinaus. Der Containerverkehr in den Häfen bricht zusammen. Entscheidende Kommunikationssatelliten fallen plötzlich aus, mehrere Explosionen zerstören die Hauptkabelverbindungen im Land, mehrere hundert Millionen Chinesen können nicht mehr über ihre sozialen Netzwerke kommunizieren. Ein »schlafender« Computervirus, der bereits vor Monaten in die Steuersoftware des größten chinesischen Schweinezüchters eingeschleust worden war, wird aktiviert. Er legt die vollautomatisierten Tierfabriken lahm. Millionen Tiere verenden in den völlig überhitzten Ställen ohne Wasserversorgung. Ein folgenschweres Unglück ereignet sich an den Staumauern des sogenannten Drei-Schluchten-Damms. Die automatisierte Steuerung der Staumauern sorgt dafür, dass sich plötzlich die Rückhalterohre öffnen und das Wasser in den Stauseen abgelassen wird. Große Überschwemmungen sind die Folge. Als der chinesische Premierminister eine Ansprache halten will, um den Katastrophenzustand auszurufen, flackern in Chinas Wohnzimmern nur Bilder über die Schirme, die ihn nackt zeigen. Der Cyber-Krieg hat begonnen – und er endet nur wenig später.

Nach wenigen Stunden Chaos lässt sich der amerikanische Präsident mit seinem chinesischen Kollegen verbinden. Der lautstarke Dialog ist zunächst gespickt mit gegenseitigen Vorwürfen, wer die Attacken begonnen habe. Am Ende aber einigen sich die beiden auf eine faktische Teilung der digitalen Welt, in der es künftig zwei regional begrenzte Monopole geben wird. Die Datenverbindungen zwischen beiden digitalen Blöcken werden nur noch über wenige, besonders gesicherte Leitungen laufen. Beide Regierungen haben kein Interesse daran, dass sich der Rest der Welt wegen eines Konflikts der beiden Wirtschaftsgiganten China und USA nun stärker der wachsenden Konkurrenz aus Indien oder Brasilien zuwendet. Der Öffentlichkeit, die Fotos und kurze Filme aus den beiden Machtzentralen präsentiert bekommt, wird das Gespräch als gemeinsamer Versuch der beiden mächtigsten Nationen der Welt verkauft, die Angriffe skrupelloser Krimineller zu unterbinden. Sowohl in China als auch in den USA und Mexiko werden medienwirksam Tausende Mitglieder der illegalen Cyber-Armeen der organisierten Kriminalität verhaftet. Man braucht sie nicht mehr, weil der Machtkampf zunächst entschieden ist.

In aller Stille haben in den Firmenzentralen auch die beiden mächtigsten Männer der Welt das Gespräch der Präsidenten live mitverfolgt. Auf einer separaten Bildverbindung prosten sich der Lifeflow- und der Gongli-Chef nun zu. Die Politik hat ihre Aufgabe zur Sicherung der Firmeninteressen erfüllt.

6. ÜBERFISCHUNG – PROTEINKRIEG IM NORDATLANTIK

Reykjanes Ridge

Auf dem Minenleger »Sagitta II« kehrt Ruhe ein. Die Soldatinnen und Soldaten der EU-Marine werfen sich auf die Liegen in ihren Kajüten, die Taucher unter ihnen reden noch über die Prachtexemplare von Heilbutt und Rotbarsch, die sie gerade im Meeresschutzgebiet Reykjanes Ridge gesehen haben. Dann schlafen auch sie ein. Neunzehn Stunden haben sie ohne Unterbrechung gearbeitet. Einen Minengürtel mitten im Nordatlantik zu legen gehört zum Aufregendsten und Anspruchsvollsten, was die Arbeit bei der EU-Marine zu bieten hat.

Viele Meter hoch sind die Wellen um diese Jahreszeit. Es reicht nicht, die Minen einfach ins Wasser zu werfen. Zuerst müssen Meeresbiologen an Bord die Fischschwärme der Region mithilfe biooptischer Messgeräte genau lokalisieren. Dann gehen sie mit Kampftauchern unter Wasser, um die Angaben zu überprüfen. Erst wenn die Unterwasserkommandos ihr Okay geben, sendet der Kapitän ein Signal an das Hauptquartier der EU-Ecoforce-Kräfte in Kiel. Von dort aus werden alle Schiffe in weitem Radius informiert, bevor die Minen scharf gestellt werden.

Die EU-Regierung hat den Einsatzbefehl für den Minenleger sehr restriktiv formuliert. Die Sperrgebiete sind »so klein wie möglich zu halten und auf die am stärksten bedrohten Arten zu konzentrieren« – an diese Formel wird der Kapitän bei jeder Lagebesprechung mit dem Befehlshaber der Flotte in Glücksburg erinnert. Die Fischereinationen, die im Nordatlantik operieren, vor allem Island, Russland, China und Japan, sollen nicht mehr provoziert werden als absolut nötig, damit sie nicht mit direkter Aggression reagieren.

Bis in die Nacht hinein haben sich die EU-Marinesoldaten ein Rennen mit einem mächtigen Feind geliefert – mit dem Kapitän des 150000 PS starken russischen Fischkreuzers »Artur Tschilingarow«, des größten unter den neuen Kombischiffen, die zugleich vor Waffen strotzen und eine komplette Fischfabrik in sich bergen.

Die »Artur Tschilingarow« ist 250 Meter lang, verfügt über sechs Kanonen, 22 Torpedoschächte und eine gigantische Halle im Inneren, wo der frisch gefangene Fisch an Fließbändern vollautomatisch verarbeitet und in Blöcken eingefroren wird. Benannt ist sie nach Artur Tschilingarow, dem russischen Polarforscher und Politiker, der 2007 mit einem U-Boot auf den Grund des Arktischen Meeres hinabfuhr und mit einem Roboterarm die russische Nationalflagge in den Boden rammte, um den Anspruch Russlands auf riesige unterseeische Territorien zu demonstrieren.

Nicht nur der Meeresboden ist international umstritten. Die globalen Fischbestände sind aufgrund von Übernutzung, Lebensraumzerstörung und in manchen Regionen auch durch die Folgen des Klimawandels dramatisch geschrumpft. Weltweit ist ein brutales Wettrennen um Proteine aus dem Meer entbrannt. Die Minengürtel hält die EU deshalb für unerlässlich. Aufgrund der Knappheit ist der Preis für Fisch extrem gestiegen, die Jagd auf die essbaren Arten ist äußerst lukrativ. Auf den Ozeanen sind neben den national kontrollierten Fischereiflotten auch Tausende von illegalen Fangschiffen unterwegs. Alle Schiffe physisch davon abzuhalten, in Meeresschutzgebieten zu wildern, würde eine riesige Flotte an Kontrollschiffen erfordern.

Sieben Jahre ist die »Sagitta II« nun schon im Einsatz. Ihr Name bezieht sich auf den ersten deutschen Fischdampfer im

19. Jahrhundert: Das Nachfolgerschiff soll die Überfischung vergangener Jahrhunderte wiedergutmachen. In mehr als fünfzig Fällen ist es seiner Besatzung gelungen, Laichgebiete mithilfe von Minengürteln abzuschirmen. Der Ecoforce-Verband, den das deutsche Schiff anführt, ist weltweit gefürchtet, weil jeder weiß, dass seine Hightech-Minen wirklich jede Schiffswand zerreißen.

Die Russen tauchen in aller Welt notorisch dort auf, wo es verboten ist, die Meere weiter zu leeren. Die »Artur Tschilingarow« und ihre Begleitboote waren auf den Satellitenbildern, die aus Kiel zur »Sagitta II« übermittelt wurden, immer näher an das Schutzgebiet Reykjanes Ridge gerückt, einen der wichtigsten Lebensräume und Laichgründe des Nordatlantiks. Die EU-Soldaten haben sich mit dem guten Gefühl in ihre Kajüten gelegt, den Angriff der Russen mit ihrem Minengürtel gestoppt zu haben. Doch ihre Nachtruhe endet abrupt. Eine gewaltige Explosion reißt sie aus dem Schlaf.

* * *

Fische liefern heute rund ein Fünftel des tierischen Proteins, mit dem sich die Menschheit ernährt. Weil die Menschheit stark wächst und zugleich der Umweltstress in den Meeren zunimmt, droht eine gefährliche Überfischungskrise.

Bevor die Industrialisierung einsetzte, waren die globalen Ozeane noch voller Leben. Gigantische Fischschwärme lieferten der vergleichsweise kleinen Menschheit tierisches Eiweiß im Überfluss. Frühe Seefahrer berichteten von riesigen schwarzen Flächen im Meer. Manche Meeresregionen würden unpassierbar, wenn Heringe an die Oberfläche aufstiegen, so dicht sei ein Fisch am anderen.

Damals entstand der Mythos von der »unerschöpflichen See«. »Wenn an Land sehr viele jagen und in den Flüssen sehr viele angeln, dann sind die Wälder bald ohne Wild und die

Die endlichen Fischgründe des Nordatlantiks

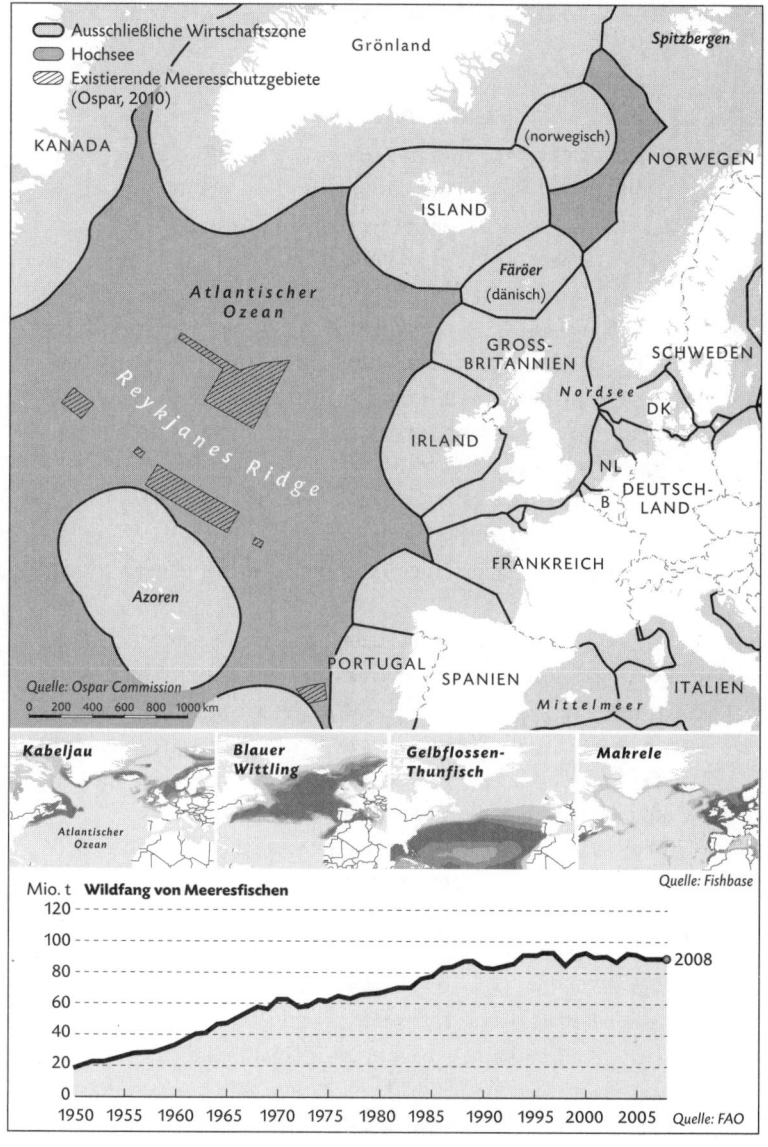

Ausschließliche Wirtschaftszone
Hochsee
Existierende Meeresschutzgebiete (Ospar, 2010)

Grönland
Spitzbergen
KANADA
(norwegisch)
NORWEGEN
ISLAND
Atlantischer Ozean
Färöer (dänisch)
Reykjanes Ridge
GROSS-BRITANNIEN
SCHWEDEN
Nordsee
DK
IRLAND
NL
B
DEUTSCH-LAND
Azoren
FRANKREICH
Quelle: Ospar Commission
0 200 400 600 800 1000 km
PORTUGAL
SPANIEN
Mittelmeer
ITALIEN

Kabeljau
Atlantischer Ozean

Blauer Wittling

Gelbflossen-Thunfisch

Makrele

Quelle: Fishbase

Mio. t **Wildfang von Meeresfischen**
120
100
80
60
40
20
                                                              2008
1950 1955 1960 1965 1970 1975 1980 1985 1990 1995 2000 2005
Quelle: FAO

225

Flüsse ohne Fisch – aber das ist nicht so im Meer«, schrieb der niederländische Gelehrte Hugo Grotius 1609.[1] Das Muster der Fischerei blieb seither immer das gleiche: Wenn es in einer Region zu wenige Fische gab, zogen die Fischer ins nächste Fanggebiet weiter. Das führte schon früh zu Konflikten. Vom 16. bis zum 18. Jahrhundert versuchten fast alle europäischen Küstennationen, sich neue Fanggebiete im Atlantik zu sichern.[2] Der Fischfang bewegte sich von der Küste fort, weil die Fischer zunehmend Salz nutzen konnten, um ihren Fang haltbarer für längere Fahrten zu machen. Im 19. Jahrhundert kamen den Fischereiflotten dann Dampfmaschine und Eisenbahn zu Hilfe. Die Dampfmaschine vergrößerte den Aktionsradius der Schiffe weiter und erlaubte es, deutlich größere und schwerere Fangnetze durch die Meere zu ziehen. Die Eisenbahn eröffnete neue Absatzchancen. Die leicht verderbliche Ware wurde auf industriell hergestelltem Eis gelagert und konnte so in großen Mengen ins Landesinnere transportiert werden. Plötzlich schwoll die Zahl der Konsumenten von Seefisch enorm an.

Dementsprechend rüsteten die Staaten ihre Fischereiflotten auf: 1885 ging in Geestemünde der erste deutsche Fischereidampfer in Betrieb, die »Sagitta«. 1896 gab es bereits 103 deutsche Fischdampfer, 1924 dann rund 400 Fangschiffe – ein Trend, der sich ähnlich in den meisten industrialisierten Ländern vollzog und mit einiger Verzögerung weltweit.

Proteste der traditionellen Fischer gegen die neuen Fabrikschiffe wurden niedergeschlagen – mit dem Argument, die See sei unerschöpflich: »Erstens sind die Bestände so unvorstellbar groß, dass die Fangmengen im Vergleich unbedeutend sind, und zweitens gibt es so viele natürliche Todesursachen, dass die zerstörerische Kraft der Fischer ihre Todesrate nicht wirklich erhöhen kann«, beschied in Großbritannien eine königliche Kommission 1883. Die Schleppnetzfischerei werde den Ertrag vom Meeresboden sogar steigern, weil sie wie ein

Pflug auf dem Acker wirke und die Fruchtbarkeit vergrößere – ein fataler Irrtum, wie sich herausstellte.

In dieser Zeit kamen aber auch Zweifel auf, dass das Meer unendlich stark ausgebeutet werden kann. Also wurden seine Flächen verteilt, um übermäßige Konkurrenz zu vermeiden. So verabschiedeten 1882 Deutschland, Belgien, Frankreich, Dänemark und die Niederlande ein internationales Abkommen, das jedem Land die exklusiven Fischereirechte – nach der sogenannten »Kanonenschussregel« – für eine exklusive Drei-Meilen-Zone zusprach und zugleich internationalen Fischereikontrollen den Weg bereitete.[3, 4] Für jedes Fischereiboot wurde eine einheitliche Kennzeichnung vorgeschrieben, zudem erhielten Kontrollbehörden das Recht, auch in internationalen Gewässern die Boote anderer Nationen zu überprüfen. Doch das reichte nicht aus, die Bestände zu schützen. Im Jahr 1900 warnte Walter Garstang, einer der Begründer der modernen Meeresbiologie, vor einer »Verarmung des Meeres«. Nachdem er systematisch die Fangzahlen für Großbritannien über einen längeren Zeitraum ausgewertet hatte, stellte er alarmiert fest: »In meinen Augen müssen wir uns der Tatsache stellen, dass die Fischbestände am Meeresboden nicht nur erschöpfbar sind, sondern sich in einem schnellen und kontinuierlichen Prozess der Erschöpfung befinden.«[5]

Garstangs Warnung wurde zwar ignoriert, doch die strategische Bedeutung der Fischerei war den Regierungen zu dieser Zeit sehr bewusst. Fische galten als eine so wichtige Ressource, dass Fischerei und Kriegsmarine schon länger in einem engen Verhältnis standen – nicht nur bei der Fischereikontrolle, sondern im Krieg selbst. Im Ersten Weltkrieg versuchten vor allem die Deutschen, die Ernährungslage ihrer Gegner durch Angriffe auf Fischereiboote zu verschlechtern. Die deutsche Kriegsmarine versenkte zwischen August 1914 und November 1918 561 britische Fischereiboote, meist nachdem der Besatzung Zeit gegeben worden war, in ihre Rettungsboote zu steigen.[6] 1918 zerstörten deutsche U-Boote vor der nordamerikanischen Atlantikküste insgesamt 35 unbewaffnete Fischereiboote. Die Fänge gingen in dieser Zeit stark zurück. Es gehört sicher zu den paradoxesten Seiten des Ersten Weltkrieges, dass die Fischbestände sich erholten, während Millionen Menschen litten und starben.

Im Zweiten Weltkrieg nahm das Verhältnis zwischen Marine und Fischerei eine Wendung. Aus Angst vor Luftangriffen tauchten die deutschen U-Boote seltener auf und hörten auf, die Besatzungen von Fischereibooten zu evakuieren. Es wurde ohne Vorwarnung geschossen und versenkt. Die deutsche Marine zerstörte zwischen 1939 und 1941 111 britische Fischereiboote. Dies brachte die britische Marine dazu, die Boote zu bewaffnen und die Seeleute in Kampfhandlungen auszubilden. 1942 begannen die Deutschen, US-amerikanische Trawler anzugreifen. Die Briten schickten beschlagnahmte Fischtrawler zu Hilfe, die von der Royal Navy zur Bekämpfung von U-Booten umgerüstet worden waren. Um schnell von feindlichen U-Booten zu erfahren, bezogen die Amerikaner Fischereiboote in den militärischen Funkverkehr ein. Zudem statteten sie ein Schiff, den Trawler »Wave«, mit der neuesten verfügbaren Technik aus: dem Unterwassersonar, das dazu dienen sollte, deutsche U-Boote aufzuspüren. Die Grenzen zwischen Fischerei und Kriegsmarine, 1907 noch ehern im Haager Vertrag festgehalten, waren damit gebrochen.

Nach dem Zweiten Weltkrieg erfuhr die Sonartechnologie eine erstaunliche Umwidmung: Statt zum Aufspüren von U-Booten diente sie immer mehr Fischereischiffen nun zum Aufspüren von Schwärmen. Damit konnten die Fischereiboote auch in die Tiefsee vordringen. Als Erster machte sich die Sowjetunion daran, Großschiffe für den industriellen Fischfang zu bauen, die der Meereshistoriker Callum Roberts als »schwimmende Städte« beschreibt, »mit Kinos und Krankenstationen an Bord«, gebaut für den Zweck, Meeresleben zu

Lebensmitteln zu verwandeln. Mit der PS-Stärke der Schiffe wuchs wiederum die Größe der Netze. Die Schleppnetzfischerei, bei der gewaltige Balken den Meeresboden aufreißen und so Fische und anderes Getier in die Netze zwingen, erreichte Tiefen von vielen hundert Metern.

In dieser Zeit wurden die Folgen jahrzehntelanger Überfischung immer deutlicher spürbar. Der Europäische Stör zum Beispiel, einer der prächtigsten Fische der Nordhalbkugel, verschwand schon in den 1950er- und 1960er-Jahren aus Meeren und Flüssen. Als die Fische, die ins Netz gingen, kleiner wurden, weil zu viele gefangen worden und die Laichgründe in den Flüssen von Stauwehren blockiert waren, bemühte man sich nicht etwa um angepasste Fangquoten. Die Fischer verkleinerten die Maschen ihrer Netze. In den 1960er-Jahren verzeichneten die Fischmärkte von Hamburg und Kiel die letzten Exemplare des einst häufigen Störs. Er bleibt bis auf wenige Standorte an der französischen Küste so gut wie ausgerottet.[7]

Ganze Meeresregionen durchliefen im 20. Jahrhundert jene »Verarmung«, von der Walter Garstang gesprochen hatte: Das Meer vor Neufundland war berühmt für seinen Reichtum an Kabeljau und anderen Fischen – bis es in den 1980er-Jahren zum Kollaps der Bestände kam. Die Nordsee, einst Heimat riesigen Fischreichtums, verarmte so sehr, dass von 1977 bis 1983 ein Fangverbot für Hering verhängt wurde. Als es erste Wirkung zeigte, begann rasch wieder die Ausbeutung. Die Fangmenge sank von 1,2 Millionen Tonnen 1966 auf nur noch 94 000 Tonnen im Jahr 2010. Das Mittelmeer war einst geprägt vom mächtigen Thunfisch, dem »Tiger der Meere« – bis der Ringwadenfang, eine höchst effektive Technik, bei der ganze Schwärme eingesammelt werden, ihn in Bedrängnis brachte.

Doch Überfischung ist kein allein europäisches Phänomen. Die FAO, die Ernährungsorganisation der Vereinten Nationen, diagnostiziert, dass die Weltmeere in der Tendenz an sehr vielen Stellen stark überstrapaziert werden.[8] Als die FAO in den 1950er-Jahren zum ersten Mal globale Fangdaten erhob, kam sie auf eine jährliche Fangmenge von 20 Millionen Tonnen. Bis zu den 1980er-Jahren stieg die Menge pro Jahr auf 90 Millionen Tonnen. Das klingt nicht nach Knappheit: Doch der Aufwand, um an Fisch zu kommen, stieg im gleichen Zeitraum massiv an. Immer längere Strecken, immer größere Netze, immer mehr PS, immer größere Fangtiefen wurden nötig, um die gleiche Menge einzufahren. Auf 30 Milliarden Euro pro Jahr stiegen die weltweiten Subventionen für die Fischerei, um die Ausbeutung der Meere weiter so rücksichtslos betreiben zu können.[9, 10] Der globale Wettbewerb um die Ressource Fisch nahm im 20. Jahrhundert stark zu.

Dass die Fischerei das Potenzial hat, Kriege auszulösen, zeigte im 20. Jahrhundert eine Serie von ernsthaften Fischereikonflikten im Nordatlantik: Im Zentrum standen zunächst die fischreichen Gewässer um Island und insbesondere eine begehrte Fischart: Kabeljau.[11]

Bereits 1892 hatten deutsche Dampfer die ersten Fangfahrten in isländische Küstengewässer unternommen, später hatten vor allem die Nationalsozialisten versucht, mit »Wiking-Eiweiß« aus der fischreichen Gegend um Island für Autarkie in der Ernährung zu sorgen. Auch britische Trawler hatten ihre Operationen um die Atlantikinsel herum erheblich ausgeweitet, weil ihre küstennahen Gewässer leer gefischt waren.

Nach der Unabhängigkeit von Dänemark setzte sich auf Island die Meinung durch, dass man sich dies nicht länger gefallen lassen könne. Ermutigt vom Vorstoß der USA, die 1945 eine exklusive Wirtschaftszone entlang der Küsten proklamiert hatten, rief Island eine nationale Fischereizone von vier Seemeilen aus. Sie umfasste jene Küstengewässer, in denen sich ein Großteil des Fisches konzentrierte. Reykjavik forderte Briten und Deutsche auf, dieses Territorium zu meiden.

1958 spitzte sich der Konflikt zu, als Island gegen den erklärten Willen des Militärbündnisses NATO, das um den inneren

Frieden fürchtete, die Fischereizone von vier auf zwölf See-meilen erweiterte. Die Regierung in London schickte Kriegs-schiffe gen Island, um die britischen Fischer zu schützen. Die isländische Küstenwache hielt dagegen, es kam zu riskanten, lebensgefährlichen Abdrängmanövern. Deutsche Schiffe be-teiligten sich zunächst nicht am ersten »Kabeljaukrieg«. Sie wichen in den Westatlantik aus.

1972 vergrößerte Island die exklusive Zone einseitig auf 50 Seemeilen, was Großbritannien und Deutschland als Provo-kation empfanden. Der zweite »Kabeljaukrieg« begann. Die isländischen Küstenwächter zerschnitten von ihren Schiffen »Thor« und »Aegir« aus die Netze britischer und deutscher Trawler, die weiter in dem Gebiet auf Fischfang gingen. Dabei nutzten die Isländer sogenannte »Kappdraggen«, geschärfte Haken, die an langen Leinen durchs Wasser gezogen werden. Im Oktober 1972 feuerten die Isländer sogar sechs Schüsse auf den deutschen Trawler »Flensburg« ab, im November verletz-ten sie einen deutschen Seemann auf dem Trawler »Erlan-gen« schwer, als ihn eine gekappte Fangleine mit großer Ge-schwindigkeit am Kopf traf. 1973 einigten sich Großbritannien und Island, aber der Konflikt mit der Bundesrepublik bestand fort. 1974 feuerten die Isländer vier Schüsse auf den deutschen Trawler »Arcturus« ab, der in einem umstrittenen Gebiet auf Fang gegangen war, und eskortierten das Schiff in den Hafen von Heimaey, um den Kapitän vor Gericht zu stellen. Erst 1975 endete der Konflikt mit einer klaren deutschen Niederlage: Island erweiterte seine exklusive Zone auf 200 Seemeilen.

Ein wichtiger Aspekt des Kabeljaukriegs war, dass die NATO eine zentrale Rolle spielte. Zum einen drohten die Is-länder damit, die NATO-Militärbasis in Keflavik zu schließen, die auch von Briten genutzt wurde. Zum anderen übte die NATO-Führung Druck auf ihre Mitgliedsländer aus, zu einer Einigung zu kommen. Wieder trat eine militärische Dimen-sion der Fischereifrage hervor.

Der britisch-deutsch-isländische Konflikt trug maßgeblich dazu bei, dass unter dem Dach der Vereinten Nationen von 1973 bis 1982 über einheitliche Regeln für die nationalen Einflusszonen im Meer verhandelt wurde. Die UN-Seerechtskonvention, die im November 1994 in Kraft trat, gab jedem Staat das Recht, das Gebiet bis 200 Seemeilen vor der Küste exklusiv wirtschaftlich zu nutzen. Das kleine Island hat mit seiner Fischereipolitik die Weltkarte revolutioniert: Die Küstengebiete sind seither in großem Stil Eigentum von Nationalstaaten geworden.

An der zunehmenden Überfischung der Meere änderte die 200-Meilen-Regelung nichts. Sie schafft vielmehr einen starken Anreiz für Staaten, die eigene Kontrolle über Fischbestände strategisch auszuweiten. So versuchen weltweit Staaten, Besitzansprüche auf kleine Inseln zu reklamieren, um so von den Vereinten Nationen auch die umliegenden Meeresgebiete zugesprochen zu bekommen. Ein aktueller Konflikt ist der um die Senkaku- beziehungsweise Ciaoyou-Inseln. In den Meeren um China entwickelt sich der Streit um Meeresgebiete und knappe Fischressourcen zu einer Gefahr für den Frieden. Japan und China haben bewaffnete Schiffe in Stellung gebracht. Anlass ist die Frage, wem eine kleine Inselgruppe gehört. Doch nicht die Inseln selbst sind es, die es den beiden Regierungen sinnvoll erscheinen lassen, auf Konfrontationskurs zu gehen. Vielmehr geht es neben simplen historischen Territorialansprüchen auch um militärische Passagen und um Ressourcen – darunter neben fossilen Brennstoffen vor allem um Fische. Bisher nennt Japan die Felsen im Meer sein eigen, doch China beansprucht sie für sich.

Der Konflikt ist eskaliert, seit vor genau zwei Jahren in dem Gebiet ein chinesisches Fischereiboot zwei japanische Küstenwachschiffe rammte. Japan nahm den Kapitän fest und weigerte sich, ihn nach China ausreisen zu lassen. Peking reagierte scharf, unter anderem indem es die Lieferung von Seltenen Erden, auf die Japans Hightech-Wirtschaft angewiesen ist, einschränkte.

Auch in anderen Meeresgebieten rund um China ist es die Fischerei, an der sich Konflikte entzünden. Ende 2011 erstach ein chinesischer Seemann zwei südkoreanische Küstenschutzpolizisten, die ihn vom Fischen in koreanischen Gewässern abhalten wollten. Die südkoreanische Regierung warf China daraufhin vor, massive illegale Fischerei seiner Flotte in koreanischen Gewässern zu tolerieren. In der Südchinesischen See ist die Konstellation exakt andersherum: Dort wehren sich die Philippinen dagegen, dass China in der Region um das Scarborough-Riff, in der sich bedeutende Fischbestände finden, Schutzmaßnahmen ergreift. Zwar unterstützt die Regierung in Manila prinzipiell den Meeresschutz, doch sie beansprucht das Scarborough-Riff für sich – und will deshalb keine chinesischen Auflagen dulden.

Die Fischereipolitik hat in Asien eine Doppelrolle: Zum einen geht es den beteiligten Staaten darum, ihre Bevölkerung zu ernähren. Fische sind eine wichtige Proteinquelle. Auf einem Planeten, der künftig neun oder zehn Milliarden Menschen ernähren soll, ist der Zugang zu Fischressourcen daher für jedes küstennahe Land zentral. Zum anderen dient die Fischerei dazu, territoriale Ansprüche zu markieren, um dann etwa wie im Fall Chinas die freie Passage eigener U-Boote und Flugzeugträger in den Pazifik zu sichern. Fischereiboote, egal welcher Nation, sind so etwas wie Vorposten auf dem Meer. Darum interpretieren die Nachbarländer es auch als Teil einer expansiven Meeresstrategie, wenn Peking seine riesige Fischereiflotte in die Gewässer anderer Nationen oder in umstrittene Gebiete vordringen lässt.

Dass die internationale Staatengemeinschaft die Ozeane nicht gut bewirtschaftet, erkennen inzwischen auch viele Politiker an. Als die deutsche Bundeskanzlerin Angela Merkel vor einiger Zeit gefragt wurde, um was sie sich als Kanzlerin kümmern würde, wenn es die Eurokrise nicht gäbe, nannte sie spontan die Fischerei- und Meerespolitik. Ihre Zuhörer waren erstaunt, gibt es doch kaum ein Politikfeld, das im Berliner Regierungsviertel als noch unwichtiger gilt. Fische sind allenfalls dann interessant, wenn sie sich auf dem Speiseplan eines der Edellokale finden, die Journalisten und Politiker frequentieren. Merkel sieht das anders: »Über die Meere könnte man stundenlang unglaublich traurige Geschichten erzählen. Es ist zum Teil dramatisch, was dort passiert«, sagte sie bei anderer Gelegenheit.

Eine langfristige Lösung der Probleme und Konflikte kann nur darin bestehen, Fischbestände in internationaler Kooperation verantwortungsbewusst zu managen. Ansätze dazu gibt es bereits. Nach dem Erdgipfel von Rio de Janeiro 1992 arbeiteten Experten im Auftrag der Vereinten Nationen zwei Dokumente aus, in denen das Problem der Überfischung klar benannt wird: den FAO-Kodex für verantwortungsvolle Fischerei und das UN-Abkommen über Fischbestände.

Seither gibt es erhebliche Anstrengungen, die Fischbestände besser zu schützen: Weltweit entstanden in den 1990er-Jahren neue Organisationen, deren Aufgabe es ist, einzelne Fischarten oder ganze Meeresgebiete nachhaltig zu bewirtschaften. Solche Regional Fishery Management Organisations (RFMOs) erklärten sich zum Beispiel für den Atlantischen Thunfisch verantwortlich, für den Lachs oder sogar für den ganzen Antarktischen Ozean. In ihren Gremien arbeiteten jeweils viele Länder zusammen, um Nutzungspläne für Arten und Lebensräume zu erstellen und zu überwachen, dass sie eingehalten werden. An der Arbeit der RFMOs gab es von Anfang an viel Kritik von Umweltschützern, doch vor dem Hintergrund zahlreicher Konflikte um Fischressourcen erwiesen sie sich als gute Foren, um Interessen auszugleichen. Eine vorbildliche Initiative, bei der Staaten in konfliktträchtigen Gewässern demonstrieren, wie friedliche Zusammenarbeit und Umweltschutz gelingen können, ist das »Korallen-Dreieck« (Coral Triangle Initiative) zwischen Indonesien, den Philippinen, Malaysia und Papua-Neuguinea. Es könnte, wie auf einem Workshop im deutschen Auswärtigen Amt 2012 deutlich wurde, als Vorbild dafür dienen, die Konflikte in der Ostchinesischen See zu lösen.

Trotz Warnungen und positiver Einzelnachrichten ist der Niedergang vieler Fischbestände bisher ungebremst weitergegangen.[12] Daran sind auch die Europäer schuld, die zu den führenden Fischereimächten der Welt gehören. Denn die Praxis des rücksichtslosen Leerfischens ganzer Meeresregionen setzten etwa Spanier, Franzosen, Italiener, Dänen und Holländer in fremden Gewässern fort. Die EU machte sich gleich doppelt schuldig: Zum einen sorgte sie mit dem Abschluss von Verträgen mit zahlreichen westafrikanischen Küstenstaaten dafür, dass die dortigen Fischer ihre Lebensgrundlage verloren. Zum anderen subventionierten die EU-Staaten den Bau immer größerer Fangschiffe mit Hunderten Millionen Euro. Jedes Jahr im Dezember beschlossen die zuständigen Fischereiminister zudem Fanquoten, die weit über den wissenschaftlichen Empfehlungen des Rats für Meeresforschung (ICES) lagen. Über viele Jahre ignorierte die Gemeinschaft auch noch Warnungen, dass – zusätzlich zu den überhöhten Fangquoten – eine große Menge Fische illegal gefangen würde. Die Fischereipolitik mit ihren starren Quoten führte zudem dazu, dass ein guter Teil des Fangs ungenutzt, meist tot, wieder über Bord geworfen wurde. Schätzungen der EU-Kommission zufolge gingen bis zu 40 Prozent des Fangs als »Beifang« verloren – das summierte sich zu Millionen Tonnen verschwendeten Fischs.

Besonders an der Westküste von Afrika, wo Meeresströmungen für großen Fischreichtum sorgen, ballten sich die Probleme. Dort begegneten sich regelmäßig Fangschiffe aus Russland, China und Europa, die gemeinsame Sache machten, während die einheimischen Küstenfischer zunehmend leer ausgingen. Viele westafrikanische Fischer verlegten sich, weil das Meer von anderen geleert wurde, auf den Menschenschmuggel nach Europa. Die Kanarischen Inseln wurden zur Drehscheibe für illegal einreisende Afrikaner sowie für illegal gefangenen Fisch. Vor Somalia trug Überfischung durch westliche und asiatische Trawler dazu bei, dass die Piraterie in Gang kam.[13]

Im Pazifik entwickelte sich Amerikanisch-Samoa zur Eintrittspforte für illegal gefangenen Fisch aus dem Pazifik. Zollschranken wurden dort abgebaut, um den Import der Ware zu erleichtern. China dagegen brauchte keine Inseln, um sich mit illegal gefangenem Fisch zu versorgen. Das geschah durch ein ausgeklügeltes Transportsystem auf hoher See. Die chinesischen Fischfabriken, die im Pazifik oder im Atlantik unterwegs waren, luden ihren Fang auf offenem Meer auf kleinere Transportschiffe um, sodass in ihren Bäuchen wieder Platz war.

2006 veröffentlichte das Magazin *Science* einen Alarmruf, der an die früheren Warnungen von Walter Garstang aus dem Jahr 1900 nahtlos anschloss: »Unsere Analysen legen nahe, dass ein ›Weiter so‹ in der Fischerei zu Bedrohungen für die globale Ernährungssicherheit, für die Wasserqualität an den Küsten und für die Stabilität von Ökosystemen führen und heutige und künftige Generationen beeinträchtigen wird.«[14] Werde der Trend fortgesetzt, drohe ein Kollaps der Nutzfischbestände bis zum Jahr 2048. Die UN-Ernährungsorganisation FAO kam in ihren regelmäßigen Berichten zur Lage der Fischbestände zu nicht minder alarmierenden Ergebnissen: Nur 15 Prozent wurden der FAO zufolge im Jahr 2008 so befischt, dass dies keinerlei Schaden für ihre Bestände mit sich brachte. 53 Prozent dagegen fielen in die Kategorie »voll genutzt«, was bedeutete, dass die biologischen Grenzen voll ausgeschöpft wurden, also keine weitere Expansion des Fangs möglich war. 28 Prozent der Bestände galten als stark übernutzt, drei Prozent als erschöpft. Nur ein Prozent war laut FAO dabei, sich zu regenerieren.

Mittlerweile ist die Fischmenge, die den Ozeanen auf legale Weise entnommen wird, von 84 Millionen Tonnen im Jahr 2004 auf 80 Millionen Tonnen im Jahr 2009 gesunken.[15] Der Grund ist aber keineswegs gutes Management, vielmehr sprechen daraus die ersten Anzeichen dafür, dass die Biokapazität der Ozeane zunehmend ausgeschöpft oder überstrapaziert wird.

Aber die Warnungen der FAO hielten Chinesen, Chilenen, Russen und viele andere Nationen nicht davon ab, ihre Operationen auf hoher See auszuweiten. Zudem wurde illegale Fischerei bisher kaum effektiv geahndet. Das Europäische Parlament ging 2011 davon aus, dass 19 Prozent der weltweiten Fänge illegal sind, von nicht registrierten Schiffen, die wie Geisterboote über die Ozeane fahren und kaum je anlanden, weil ihre Ware auf hoher See übernommen wird, abseits der Häfen. Umweltorganisationen wie die Pew Environment Group nehmen sogar an, dass rund ein Drittel der Fänge illegal ist.[16]

Als erste führende Europäerin versuchte sich seit 2010 die Griechin Maria Damanaki an einer grundlegenden Reform der EU-Fischereipolitik. Im Frühjahr 2010 verkündete die Fischerei-Kommissarin der EU einen strengen Maßnahmenkatalog gegen illegale Fischerei, ein Jahr später legte Damanaki weitreichende Reformvorschläge vor.[17] Dazu zählte, den verschwenderischen Beifang zu unterbinden und Fangmengen an den Empfehlungen der Wissenschaft zu orientieren. Damanaki machte sich keine Illusionen: Ihr Kurs würde massive Widerstände heraufbeschwören. Als sie forderte, die Fangquoten für Thunfisch im Mittelmeer drastisch zu senken, sabotierten dies Italien und Frankreich mit allen Mitteln. Im Juni 2013 konnte Damanaki einen großen Erfolg verkünden, denn es war in Brüssel gelungen, eine umfassende Reform der EU-Fischereipolitik zu verabschieden. Dem Beschluss zufolge sollen die erlaubten Fangquoten künftig strikt an wissenschaftlichen Empfehlungen ausgerichtet werden. Zudem soll es schrittweise Pflicht werden, alle gefangenen Fische an Land zu bringen, statt einen großen Teil tot ins Meer zu werfen. Die EU setzt es sich als Ziel, mit dem Jahr 2020 als Ziellinie die Fischbestände in den eigenen Gewässern umfassend zu regenerieren.

Der neue Kurs der EU spiegelt die Einsicht wider, dass es wie bisher nicht weitergehen konnte. Das zeigt sich global auch in vielen Initiativen, größere Teile der Ozeane als internationale Meeresschutzgebiete auszuweisen. Schon früh hatten Fachleute erkannt, dass Schutzgebiete die beste Möglichkeit sind, Fischbestände zu regenerieren. Sie erlauben es Fischen, ungestört Nachwuchs zu erzeugen und sowohl ihre Bestände als auch ihr durchschnittliches Gewicht zu vergrößern.[18]

1975 berief die Weltnaturschutzunion IUCN in Tokio die erste globale Konferenz speziell über Meeresschutzgebiete ein. Doch es dauerte bis zum Welt-Nachhaltigkeitsgipfel im Jahr 2002 in Johannesburg, bis erstmals konkrete Ziele definiert wurden. Bis 2012, versprachen die damals versammelten Regierungschefs und Umweltminister, sollten von jedem Lebensraumtyp im Meer zehn Prozent der Fläche unter Schutz gestellt sein.

2010 zogen IUCN und die UN-Umweltbehörde UNEP eine ernüchternde Zwischenbilanz: Zwei Jahre vor dem Zieldatum war erst ein Wert von 1,5 Prozent erreicht. Einmal mehr hatten die Staaten der Erde die kurzfristige Meeresnutzung über langfristig wirksames Management gestellt. Unter diesen fünf Millionen Quadratkilometern waren nur sehr wenige Schutzgebiete, die einen umfassenden Schutz gewährleisteten.[19]

Beim UN-Naturschutzgipfel im japanischen Nagoya im Herbst 2010 versprach die Staatengemeinschaft, bis 2020 die gesamte Fischerei weltweit nachhaltig zu gestalten und zehn

Prozent der Meeresfläche als Schutzgebiete auszuweisen.[20] Das Tempo der Unterschutzstellung blieb zwar gering, doch weltweit entstanden zu dieser Zeit einige sehr große Meeresschutzgebiete.[21] Dazu gehörten die 408 000 Quadratkilometer große Phoenix Islands Protected Area im Pazifik und das zu Großbritannien gehörende, 544 000 Quadratkilometer große Chagos Archipelago im südlichen Indischen Ozean. Um das Chagos-Gebiet innerhalb des British Indian Ocean Territory (BIOT) entwickelte sich schnell ein Konflikt mit militärischer Dimension. Eine der Inseln, Diego Garcia, wird seit 1971 mit britischer Genehmigung vom US-Militär als globaler Lager- und Umladestützpunkt genutzt, sie ist ein wichtiger Teil der amerikanischen Militärinfrastruktur, um jederzeit an jedem Ort der Welt kriegsfähig zu sein. Um den Stützpunkt zu schaffen, wurden jedoch Einheimische umgesiedelt und an der Rückkehr gehindert.[22] Diese leben nun hauptsächlich in Mauritius und Großbritannien und verlangen, zurückkehren zu können. Das Recht dazu bekamen sie im Jahr 2000 vom britischen High Court zugesprochen, doch die Regierung setzte ein Verdikt durch, dass das Urteil nicht angewandt wird. Meeresschutz, Menschenrechte und Militär mischen sich im Chagos-Archipel auf brisante Weise.

Ähnlich brisant ist das, was sich im Nordostatlantik zusammenbraut. Dort richteten die Vertragsstaaten der »Oslo-Paris-Konvention zum Schutz des Meereslebensraums im Nordostatlantik« (OSPAR) 2010 mehrere Meeresschutzgebiete ein, die sich zusammengenommen über eine Fläche von 433 000 Quadratkilometern erstrecken. Es handelt sich um sechs Einzelgebiete: Charlie-Gibbs South, Milne Seamount Complex, Mid-Atlantic Ridge north of the Azores, Altair Seamount, Antialtair Seamount Complex. Sie umfassen Teile des Mittelatlantischen Meerrückens, der für seine Fischbestände und die Artenvielfalt im Umfeld heißer Quellen am Meeresgrund bekannt ist.[23]

Ein Gebiet schaffte es bei der entscheidenden OSPAR-Tagung im norwegischen Bergen aber nicht auf die Liste der Schutzzonen: Das Meeresschutzgebiet Reykjanes Ridge, rund 1000 Kilometer südwestlich von Island gelegen, war der Regierung in Reykjavík ein großer Dorn im Auge. Denn dort ist auch die isländische Fischereiflotte aktiv. Und nichts braucht das von der Finanzkrise gebeutelte Island dringender als Deviseneinnahmen durch den Fischexport. Der Drang nach schnellem Wohlstand und billigen Krediten hatte das Land kurz nach der Lehman-Pleite an den Rand des Staatsbankrotts gebracht. Zwar war es überschüssiges Geld aus dem Handel mit Fischquoten gewesen, das die isländische Spekulationsblase überhaupt erst möglich gemacht hatte. Doch das hinderte die neue Regierung nicht daran, nach der Krise einen Kurs der Fischereiexpansion zu versuchen.

Anfang 2011 kündigte Island ohne Absprache mit anderen Ländern an, die Fangquote für Makrelen massiv heraufzusetzen. Das Land machte sich zunutze, dass die Meereserwärmung infolge des Klimawandels zu einer Veränderung des Verbreitungsgebiets bedeutender Speisefischarten wie Makrelen geführt und auch zu einer regionalen Vermehrung von Fischbeständen im Nordostatlantik beigetragen hat.[24]

Die Fische suchten kühlere Gewässer und zogen deshalb in nördlichere Breiten. Der Klimawandel treibt den Isländern also Fische zu, die bis dahin in EU-Gewässern gelebt hatten. Ähnliches war mit Kabeljau bereits in einer natürlichen Erwärmungsphase in den 1950er-Jahren passiert und hatte den Isländern eine Milliarde Dollar zusätzlicher Einnahmen verschafft.[25] Eine Studie von Meeresbiologen war 2010 zu dem Ergebnis gekommen, dass die Fischerei um Grönland herum langfristig vom Klimawandel profitieren könnte, während die Bestände in den Meeren südlich gelegener Länder wie Indonesien, Chile und China stark schrumpfen könnten.[26]

Die EU reagierte auf die isländische Offensive mit Plänen

für ein Handelsembargo für Makrelenprodukte aus Island und warnte das Inselvolk, der Beitritt zur Union könnte dadurch gefährdet sein. Einmal mehr zeigte die Fischerei ihre hochpolitische, hochbrisante Seite, die zu oft ignoriert wird.

Wenn sich nichts an den heutigen Trends ändert, sind in den kommenden Jahrzehnten Ereignisse wahrscheinlich, die zu einem Konflikt um Fisch auf den Weltmeeren führen werden. Im Herbst 2011 brachte die südkoreanische Küstenwache eine Reihe von chinesischen Fischereischiffen auf, die in koreanischen Gewässern unterwegs gewesen waren. Die japanische Marine verhaftete den Kapitän eines chinesischen Kutters, was zu massiven Drohungen zwischen beiden Ländern führte.[27] Ähnliche Konflikte können sich im Südatlantik entwickeln, wo sich Großbritannien und Argentinien schon heute einen Wettstreit um die Fischerei liefern. Ein Konfliktherd kann auch der Südpazifik sein, das letzte große Meeresgebiet, das noch der Verteilung harrt und wo bis zur Gründung einer Fischereiorganisation eine regelrechte Wildwest-Fischerei abläuft. Im Nordatlantik und im Arktischen Ozean ballen sich die Risiken aber ganz besonders. Dort prallen zahlreiche nationale Interessen aufeinander. Und der Klimawandel wird dieses Gebiet besonders stark betreffen.

Es ist in der heutigen Entwicklung angelegt, dass sich bei wachsender Weltbevölkerung und steigendem Druck auf die Bestände eine globale Fischkrise entwickelt. Es ist zum Beispiel denkbar, dass die Regierungschefs der führenden Küstenländer die Fischereipolitik zur Chefsache erklären, weil Meereskonflikte immer stärker die internationale Diplomatie bestimmen, wenn klar wird, dass ein existenzieller Wettstreit anläuft. Proteine und ungesättigte Fettsäuren aus dem Meer sind grundlegend wichtige Bestandteile menschlicher Nahrung, sie werden bei fortgesetzt falschem Management aber zur Mangelware. Fische können so zur militärisch bedeutsamen Schlüsselressource werden.

Ohne Fisch lassen sich die drei Milliarden Menschen, die zwischen dem Beginn des 21. Jahrhunderts und dem Jahr 2050 zur Weltbevölkerung hinzugekommen sind beziehungsweise noch hinzukommen werden, kaum ernähren. Diese Menschen leben mehrheitlich an den Küsten von Entwicklungs- und Schwellenländern. Sie wollen ihren Speiseplan mit tierischen Eiweißen bereichern. Sie beginnen zu verinnerlichen, was seit Jahrzehnten in den westlichen Ländern gilt, wo es ein Zeichen von Wohlstand ist, möglichst täglich tierisches Eiweiß zu essen.

Die Grenzen der Tierproduktion an Land sind allerdings schon länger erreicht. Trotz gentechnischer Eingriffe lassen sich nicht noch mehr Tiere in Fabriken erzeugen. Es ist wahrscheinlich, dass die Tierproduktion an Land und auch die Fischzucht in Aquakulturen nicht mit der wachsenden Nachfrage nach Protein mithalten kann. Der Druck auf die Ozeane und ihre Fischbestände wird dann noch viel größer, nach jahrzehntelanger Übernutzung sind die Populationen stark dezimiert. Überfischung, Verschmutzung und Klimawandel setzen den Fischen so zu, dass sie sich immer schlechter reproduzieren können. Die globale Fangmenge könnte im Verlauf einer Fischereikrise von 80 Millionen Tonnen 2009 auf nur noch 20 Millionen Tonnen pro Jahr sinken – das wären jährlich nur noch rund zweieinhalb Kilogramm pro Erdbewohner statt wie früher mehr als zehn Kilogramm. Allerdings kann es regional auch zu einem Wachstum der Bestände kommen – etwa im Nordatlantik und sogar im Arktischen Ozean. Denn durch die Erwärmung der Meere verschieben sich die Verbreitungsgebiete der wichtigsten Fischarten stark nach Norden. Mehr noch als früher konzentrieren sich die Bestände in Richtung der beiden Erdpole.

Es ist denkbar, dass es zu Beginn einer größeren Krise weltweit zu Unruhen und Aufständen in den vielen zehntausend Küstenstädten besonders in Asien und Afrika kommt.

Sie sind so stark gewachsen, dass sich ihre Bewohner nicht mehr ausreichend ernähren können. Fische liefern an den Küsten das Protein für die Armen – steht dieses nicht mehr zur Verfügung, hat das weitreichende Folgen. Revolten, bei denen es um Nahrung geht, können verschiedenste Formen annehmen, von Plünderungen bis hin zu politischen Umstürzen. Geht die Entwicklung so weiter, wird sich die globale Fischkrise auf den Meeren auch in Konflikten um Fischbestände manifestieren.

* * *

Die Konferenzhalle im »Museum der Zukunft« von Rio de Janeiro füllt sich an diesem Morgen mit Staats- und Regierungschefs aus aller Welt. Wieder einmal richten die Vereinten Nationen einen »Erdgipfel« aus. Beim ersten Rio-Gipfel 1992 war die Hoffnung groß, dass eine Wende zu einem nachhaltigen Wirtschaften gelingen würde. Seither sind die Ziele aber immer stärker verfehlt worden. Vom Ziel, zehn Prozent der Weltmeere unter Schutz zu stellen und die globale Fischerei nachhaltig zu gestalten, ist die Staatengemeinschaft weit entfernt.

Die Erdgipfel waren so frustrierend geworden, dass immer weniger Spitzenrepräsentanten überhaupt erschienen waren. Diesmal soll alles anders werden: Die UN-Spitze hat ihre Mitgliedstaaten wissen lassen, dass sie bei Nichterscheinen ein Ausschlussverfahren anstrengen wird. Das gilt zwar nicht als realistisch, aber als Hinweis auf die Dramatik der Lage wirkt es sehr wohl. Die Weltlage sei einfach zu katastrophal, als dass Nichtstun weiter eine Option sein könnte, hieß es in den Tischvorlagen. Eine der wichtigsten Eiweißquellen der Menschheit drohe zu versiegen. Die Fischbestände in vielen Meeresregionen seien regelrecht kollabiert. In Afrika, Asien und an der südamerikanischen Pazifikküste seien bereits politische Unruhen mit vielen Toten ausgebrochen, weil Fisch für die meisten Menschen unbezahlbar geworden sei.

Die Konferenz beginnt mit einem Coup. In seiner Eröffnungsrede verkündet der UN-Generalsekretär, dass diese Konferenz im Gegensatz zu früheren Erdgipfeln nicht zu einem fixen Zeitpunkt zu Ende gehen würde. »Wir müssen so lange hierbleiben, bis dauerhaft tragfähige Lösungen gefunden werden«, sagt der UN-Chef.

Zur Begründung für diesen Schritt verweist der Generalsekretär auf die Pflicht der Vereinten Nationen, kriegerischen Handlungen vorzubeugen. »Die Vorfälle der letzten Jahre sind Warnungen vor einer größeren Auseinandersetzung um Fisch, die niemand wollen kann.« Zudem seien die neuesten Zahlen der Welternährungsorganisation FAO alarmierend. Neunzig Prozent der Bestände seien überfischt oder im Niedergang begriffen. Die Menschheit aber wachse unaufhörlich. »Die Ozeane könnten in Zukunft wieder ausreichend viel Fisch hervorbringen, doch nur, wenn sich die Fischereipraktiken grundsätzlich ändern«, sagt er. Es bedürfe nun harter Einschnitte, um die globalen Fischbestände nachhaltig zu bewirtschaften und den früheren Reichtum der Meere wiederherzustellen.

»Wir dürfen hier nicht aufhören, bevor wir einen Kurswechsel vollziehen«, betont der UN-Generalsekretär. »Die Vereinten Nationen sehen sich auch als Sachwalter der künftigen Erdenbewohner an, die ein Recht auf einen reichhaltigen, lebendigen Ozean haben.« Die Zuhörer sind überrascht, vereinzelte Stimmen des Protests werden laut. Doch da 5000 Journalisten aus aller Welt angereist sind und die Sitzung auf allen Informationskanälen live übertragen wird, wagt keiner der versammelten Mächtigen es, Widerspruch einzulegen.

Es dauert acht Tage, bis ein Abkommen ausgehandelt ist. Der Generalsekretär hatte mithilfe der EU und der USA eine lange Liste konkreter Vorschläge vorbereitet. »Wer sie nicht annimmt, stellt sich vor der ganzen Welt bloß«, sagt er. Die

Staats- und Regierungschefs verzehnfachen die bestehenden Meeresschutzgebiete in ihrer Fläche und belegen diese Areale mit einem totalen Fischereiverbot. Entlang der wichtigsten Laich- und Wanderrouten von Fischen legen sie ökologische Korridore fest. Die Fischereiminister werden verpflichtet, die Schleppnetzfischerei zu verbieten und bei der Festlegung von Quoten streng dem Rat eines internationalen Gremiums von Meereswissenschaftlern und Fischereibiologen zu folgen. Die regionalen Fischereiorganisationen werden zu UN-Institutionen aufgewertet, die nicht nur für einzelne Arten, sondern für das Wohl mariner Lebensräume und Ökosysteme insgesamt verantwortlich sind. Sie bekommen eine neue internationale Polizeibehörde zur Seite gestellt, MARINOPOL. Ihre Aufgabe ist es, die Fischerei umfassend zu kontrollieren und mithilfe von Patrouillenbooten und Drohnen illegale Aktivitäten zu unterbinden. Zuletzt erhält der Generalsekretär sogar noch die Zustimmung zu einem Plan, den er selbst nicht für durchsetzungsfähig gehalten hatte: den Aufbau einer eigenen »Blauhelm«-Marine, die im Dienst des Meeresschutzes steht und zugleich die Aufgabe hat, bei Konflikten auf hoher See zu intervenieren.

Die EU erkennt sofort, welche Chancen dies bietet: Kurz nachdem der Beschluss zur UN-Marine gefallen ist, steht der aus Deutschland stammende EU-Präsident auf und erklärt, dass Europa bereit sei, den Aufbau der Blauhelm-Flotte zu koordinieren und maßgeblich zu finanzieren. Er biete die Ostseestadt Kiel als Flottenstützpunkt an.

Der EU-Präsident errechnet sich vielfältige Vorteile. Zum einen könnte er sich bei seinen Wählern nun, da die Wende hin zu regenerativen Energieträgern geschafft ist, als unvermindert konsequenter ökologischer Vorkämpfer profilieren. Zum anderen aber könnte er Europas Rolle in der Weltpolitik wieder stärken, die Einflusssphäre auf den Weltmeeren sichern und vor allem den deutschen Werften lukrative Aufträge beschaffen. Er überzeugt die US-Präsidentin davon, den Plan nicht zu torpedieren. Zugleich sagt er zu, dass sich die UN-Boote auf Kontrollen beschränken und nicht selbst militärisch aktiv werden dürften. Am Ende des Gipfels bekommt die EU den Zuschlag.

Der Erdgipfel erweist sich als durchschlagender Erfolg. Zwar dauert es einige Jahre, bis die neuen Institutionen voll arbeitsfähig sind und die UN-Blauhelm-Marine zu ihrem ersten Einsatz ausläuft. Doch dann zeigt sich überraschend schnell, dass die Vergrößerung der Meeresschutzgebiete, strenge Kontrollen durch die hellblau gestrichenen Schiffe und niedrigere Fangquoten auf wichtige Fischpopulationen heilsam wirken. Die Kontrolle durch die UN-Boote zeigt Wirkung. Begleitet von einem erheblichen Medieninteresse werden in den ersten Jahren Hunderte von Schiffen, die Fangbeschränkungen oder die Grenzen von Schutzgebieten missachtet haben, beschlagnahmt und verschrottet. Die Fischbestände beginnen tatsächlich, sich zu regenerieren. Dabei hilft auch, dass umweltfreundlichere Verfahren entwickelt werden, in großem Maßstab Süßwasserfische in künstlich angelegten Kulturen als Eiweißlieferanten zu züchten.

Erstmals seit vielen Jahrzehnten nähern sich die Kabeljaubestände vor Neufundland wieder Größen, wie man sie aus den alten Zeiten vor der ungehemmten Fischerei kannte. Im Mittelmeer wird es zur Touristenattraktion, mit ehemaligen Thunfischjägern auszufahren und in Mini-U-Booten die Laichgründe der Raubfische zu besichtigen. Rund um Afrika kommt es zu einer Renaissance der Küstenfischerei, die durch die großen Fischfabriken fast ausgelöscht worden war. Alte Dorfgemeinschaften fangen an, wieder aufzublühen. Und aus dem Pazifik kehren die Forschungsschiffe des Internationalen Rates für Meeresschutz Jahr für Jahr mit besseren Nachrichten zurück.

Doch das alte Denken hat nicht aufgehört zu existieren, im

Gegenteil: Das Anwachsen der Fischschwärme setzt die alte Gier bald wieder frei. Es bildet sich eine »Aquatische Allianz« aus Ländern, die für eine starke Erhöhung der Fangquoten eintreten und dafür, Meeresschutzgebiete wieder zu verkleinern. Die treibenden Kräfte sind Russland und Japan, mit Grönland, Island und Norwegen im Gefolge, unterstützt werden sie von China. Für sie war der UN-Plan zum Meeresschutz nie wirklich akzeptabel gewesen. Sie hatten sich ihm nur aus diplomatischen Gründen gebeugt. Nun sehen sie ihre Stunde gekommen. Im Nordatlantik und im eisfreien Arktischen Ozean sind riesige Schwärme unterwegs.

Die Grönländer reklamieren ein Anrecht auf Reichtum jeglicher Art, weil sie bis zum Einsetzen der Großen Schmelze so lange als Außenposten der Zivilisation ausgeharrt hatten. Die Isländer wollen davon wegkommen, dass ihre Insel das meiste Geld damit verdient, reichen Chinesen und Russen als exotischer Vergnügungspark zu dienen. Treibende Kraft sind aber die Russen. Wie die Norweger leiden sie ökonomisch stark darunter, dass die Europäer ihnen kaum noch Öl und Gas abkaufen. Die EU-Staaten sind kurz davor, sich von fossilen Brennstoffen unabhängig zu machen. Das gigantische Solarprojekt, mit dem Photovoltaikstrom aus Griechenland und anderen Mittelmeerländern gen Norden geliefert wird, ist ebenso ein Erfolg wie Biogasanlagen, in denen gentechnisch veränderte Bakterien aus Pflanzenabfällen Brennstoff für Kraftwerke produzieren. Zwar ist China zum Großabnehmer Russlands aufgestiegen, aber das Wegbrechen des Europageschäfts stellt einen herben Verlust dar.

Erschwerend für Russland kommt hinzu, dass in den USA der sogenannte »Chinagate«-Skandal eine energiepolitische Wende ausgelöst hat: Die *New York Times* hat herausgefunden, dass wichtige Führer der Republikanischen Partei seit vielen Jahren Millionenbeträge von der chinesischen Regierung bekommen haben, um Amerikas Abhängigkeit von

Öl und Kohle aufrechtzuerhalten und so China einen Wettbewerbsvorsprung bei »grünen Technologien« zu verschaffen. Nachdem die zehn Republikaner sich nach China abgesetzt hatten, schmiedete der neue US-Präsident eine transatlantische Cleantech-Allianz und kündigte an, aus sicherheitspolitischen Erwägungen in großem Stil auf Energieeffizienz und erneuerbare Energiequellen zu setzen. Die frisch errichtete Öl- und Gaspipeline von Sibirien nach Alaska droht binnen weniger Jahre überflüssig zu werden.

Russland ist damit in eine schwierige Lage gekommen: Der erhoffte Sprung in ein modernes Industriezeitalter ist nie gelungen, weil das Denken der politischen Führung von der scheinbar einfachen Ausbeutung natürlicher Ressourcen und den damit verbundenen Windfall-Profiten geprägt ist. Weil die fossilen Energien den künftigen Reichtum nicht mehr garantieren, beschließt die Führung in Moskau nun die Ausbeutung der Fischbestände, die infolge des Klimawandels in den Arktischen Ozean eingewandert sind. Man träumt davon, in der globalen Lebensmittelindustrie zu einem führenden Player zu werden.

Die Japaner wiederum haben als erstes Land in ihre Verfassung aufgenommen, dass Fischkonsum ein Menschenrecht sei und mit allen Mitteln, auch militärischen, sichergestellt werden dürfe. Bei einem Treffen der Regierungschefs der Allianz-Staaten in Reykjavik vereinbaren die fünf Länder, dass der Zeitpunkt gekommen ist, einen aggressiveren Kurs einzuschlagen, ja, einen Befreiungsschlag zu versuchen. Es sind die Japaner, die bei dem Treffen vorschlagen, ein gemeinsames Schiffsbauprogramm zu beginnen: Trawler, die zugleich Kriegsschiffe sind und der UN-Marine überlegen. Die Supermacht China, die sich neue Nahrungsquellen für ihre immer noch knapp unter einer Milliarde Menschen zählende, sehr anspruchsvolle Bevölkerung erhofft, stimmt zu. Denn das Land produziert trotz umfangreicher Fischzuchtprogramme nicht mehr genügend Proteine.

Vier Jahre später laufen die ersten »Fischkreuzer« vom Stapel. Die »Aquatische Allianz« feiert das mit einer gemeinsamen Zeremonie. Die Versammlung findet in Reykjavik statt, denn Island ist nun eine Art russischer Vorposten im Nordatlantik. Mit der Atommacht Russland als Verbündetem können die Isländer einen aggressiven Kurs in der Fischereipolitik verfolgen. Vom großen Saal der Philharmonie aus lösen die Regierungschefs mehrere Stapelläufe in ihren Heimatländern aus und beschwören einen neuen Geist der Kooperation. Von einem »schwimmenden Fort Knox, das uns gehört«, spricht der norwegische Ministerpräsident. »Im Meer hat sich durch die Schutzmaßnahmen ein gewaltiger Kapitalstock aufgebaut. Billionen Dollar schwimmen an uns vorbei und werden uns vorenthalten«, sagt sein russischer Kollege. »Unsere Bevölkerung muss sich widernatürlich fischarm ernähren, das ist ein Verrat an unserer Kultur«, erklärt der Premierminister von Japan. »Die Europäer haben über zwei Jahrhunderte den Fischreichtum der Meere geplündert und gut damit gelebt, nun ist es an der Zeit, dass wir das Gleiche tun können«, sagt der Grönländer. Der Chinese stimmt schweigend zu.

Island hat nicht genug Geld, sich einen eigenen Fischkreuzer bauen zu lassen, doch es bekommt von Russland die Zusage, dass es unter dem Schutz Moskaus steht, sofern das Land bereit ist, die Hälfte seiner zusätzlichen Fänge abzugeben. Der große Fischkreuzer »Artur Tschilingarow« stehe zum Schutz Islands bereit. Russland hat Reykjavik auch zu einem Schritt gedrängt, den der isländische Ministerpräsident bei der Zeremonie verkündet: Die exklusive Wirtschaftszone werde von 200 Seemeilen auf 800 Seemeilen ausgedehnt. »Das bedeutet im Wesentlichen, dass wir die meisten Meeresschutzgebiete entlang des Mittelatlantischen Rückens von nun an als nationale Gewässer betrachten und diese Gebiete der ›Aquatischen Allianz‹ für die Fischerei zur Verfügung stehen«, sagt er. Russland will dem mit Blick auf den Arktischen Ozean bald folgen.

Die EU-Regierung sieht durch diesen Schritt nicht nur die frisch erholten Fischbestände gefährdet, sondern auch ihre eigene neue weltpolitische Rolle, die sie nach dem Erdgipfel von Rio eingenommen hat. Die Europäer haben zudem mit stark rückläufigen Fischlieferungen zu kämpfen, denn viele der chinesischen und russischen Firmen stellen unter dem Druck der ›Aquatischen Allianz‹ ihre Lieferungen mit der Begründung ein, die Nachfrage der eigenen Bevölkerung sei zu groß.

Da an einen Einsatz der Blauhelm-Marine im Auftrag der Vereinten Nationen wegen der Frontstellung zu Russland und China nicht mehr zu denken ist, entsteht im Gespräch zwischen UN-Führung, Washington und Brüssel ein neuer Plan: Europa wird die Schiffe übernehmen und in einen eigenen Fischerei-Schutzverband namens »Ecoforce« integrieren. Washington hält sich zwar mit Maßnahmen zurück, doch unterstützt es die EU logistisch. Australien will im Pazifik im Verbund mit den kleinen Südseestaaten agieren.

Zur Mission soll es auch gehören, die wichtigsten Meeresschutzgebiete vor dem Zugriff der räuberischen Fischkreuzer zu schützen, um die weitere Regeneration der Bestände zu ermöglichen. »Europa ist historisch dafür verantwortlich, dass die Weltmeere ihres alten Reichtums beraubt wurden, nun stellen wir uns der Pflicht, gegen eine fortgesetzte Plünderung die nötigen militärischen Maßnahmen einzuleiten«, heißt es im Kommuniqué der EU-Staaten. Der Ecoforce-Verband wird mit Stützpunkten auf ausgewählten überseeischen Territorien der Gemeinschaft ausgestattet, darunter La Réunion und der Kerguelen-Archipel im Indischen Ozean, Neukaledonien und Pitcairn im Pazifik, Saint-Pierre-et-Miquelon im Nordatlantik, Saint Helena und Südgeorgien im Südatlantik sowie Montserrat in der Karibik. »Angriffe auf die ökologische Infrastruktur der Weltmeere, vor allem auf offiziell ausgewiesene Meeresschutzgebiete, werden in Zukunft nicht mehr geduldet«, erklärt die EU. Die wichtigsten geschützten Lebensräume und Laichgebiete könnten deshalb ab sofort mit Minengürteln geschützt werden. Die Europäer wollen solch drastische Maßnahmen vor allem im Atlantik, also in ihrer unmittelbaren Nähe, umsetzen.

Es beginnt eine neue, konfrontative Phase in der Geschichte von Mensch und Meer. Die Mission unter deutscher Führung scheint zunächst ein Erfolg zu sein. Der Minenleger »Sagitta II« fährt überallhin, wo wichtige Fischbestände sich reproduzieren. Auch wenn es Schiffen der ›Aquatischen Allianz‹ immer wieder gelingt, schneller zu sein als die Ecoforce-Truppen, ist der Effekt der von den Europäern und Australiern ausgelegten Minen doch insgesamt abschreckend.

Bis zu dem Einsatz im Meeresschutzgebiet »Reykjanes Ridge«.

Die Besatzung des EU-Kriegsschiffs ist nach ihrem Einsatz gerade eingeschlafen, als ein gewaltiger Knall das Schiff erschüttert. Die deutschen Soldaten eilen an Deck und sehen am Horizont einen riesigen Feuerball. Schnell spricht sich aus dem Kontrollzentrum herum, dass es die »Artur Tschilingarow« erwischt hat, das größte Schiff der Allianz-Flotte.

Auf EU-Seite wird schnell der Fehler gefunden. Das Flottenkommando in Kiel hat die Minen zwar scharf gestellt, aber die dortige Meldezentrale hat es für ein paar entscheidende Minuten versäumt, das Signal wie üblich an alle Schiffe im Nordatlantik weiterzugeben. Die Russen waren mit vollem Tempo in den deutschen Minengürtel gefahren. Eigentlich hätten sie die Minen auch auf ihren Radarschirmen sehen müssen – später wird in Prüfberichten des russischen Militärs von »menschlichem Versagen« der Schiffsführung die Rede sein. Der Kapitän hatte offenbar gedacht, er könne das Schiff durch den Minengürtel hindurchmanövrieren.

Es dauert nach der Explosion nur zwei Stunden, bis die »Aquatische Allianz« reagiert. »Wir lassen der EU und ihren Verbündeten einen Tag Zeit, alle Minengürtel zu entschärfen, dann wird jedes Ecoforce-Schiff angegriffen«, heißt es in einer Erklärung lapidar. Nun werden aus Beschützern Gejagte. Die Besatzung der »Sagitta II« versucht, sich in den größten Fischereihafen der EU im nordspanischen Vigo zu retten. Auf den Weltmeeren beginnt ein neuer Krieg um und gegen die Fischbestände, der Proteinkrieg.

7. MIGRATION – EUROPAS NEU-WALL

In den Pyrenäen

Der französische Colonel des 3. Europäischen Grenzschutzkommandos liebt seinen Job. Dreht er sich auf der Aussichtsplattform um, so überblickt er in der Ferne die Wälder der Pyrenäen hinter ihm. Wendet er sich Richtung Spanien, so kann er von seinem mehr als 70 Meter hohen Turm ohne Mühe nach Osten und Westen über mehrere Kilometer die breite Schneise sehen, die sich durch den felsigen Boden und über die Hügel zieht.

Seit sieben Jahren schiebt er nun schon Dienst an einer der Grenzen der NEU, der Nordeuropäischen Union. Sein Job, so werden die Politiker nicht müde zu betonen, ist einer der wichtigsten in der Gemeinschaft aus 25 Staaten mit ihren 250 Millionen Menschen. Deshalb wird die Arbeit an einem der Grenzwälle der NEU gut entlohnt.

An diesem Nachmittag allerdings zeigen sich die Nachteile des Grenzerjobs. In einiger Entfernung taucht aus spanischer Richtung plötzlich eine Karawane von einigen hundert Menschen auf, die sich mit Bündeln auf dem Rücken zielstrebig dem Grenzwall nähern.

Der Colonel seufzt, weil er weiß, was gleich passieren wird. Vor dem 30 Meter hohen Wall bildet ein elektrischer Zaun in etwa 20 Meter Entfernung eine erste Barriere, die von spanischer Seite aus außer an den fünf offiziellen, schwer gesicherten Grenzübergängen nach Frankreich nicht überwunden werden darf. Riesige Schilder in zehn Sprachen fordern alle Ankömmlinge aus dem Süden auf, den Elektrozaun nicht zu berühren, geschweige denn zu versuchen, den Minengürtel zwischen Zaun und Wall zu überqueren. Sie sollen vielmehr den Streifen verlassen, der offiziell bereits zum Territorium der NEU-Staatenföderation gehört.

Aber wie bereits in der vergangenen Woche scheinen sich die Menschen nicht um die Anweisungen zu kümmern. Stattdessen lagern sie vor dem Zaun. Einige der Neuankömmlinge bringen riesige Zangen in Stellung, mit denen sie den Elektrozaun durchschneiden wollen. Durch das Fernglas beobachtet der Grenzbeamte, dass die Gruppe das Vorgehen offenbar vorher geübt hat. Er schaltet die hochauflösenden Kameras an der Mauer ein und schickt zwei der kleinen Drohnen in die Richtung, um die Aktion von oben zu filmen. Offenbar haben die Schleuserorganisationen es zu einem festen Bestandteil ihrer Dienstleistungen gemacht, die Menschen, die sie um Tausende von Dollar oder Yuan erleichtert haben, zumindest darin auszubilden, wie sie über den Zaun kommen können. Die Professionalität des Trainings suggeriert den Verzweifelten, dass sie eine echte Chance hätten, die Mauer zu überwinden.

Dabei ist der riesige, 20 Meter hohe Grenzwall, der die NEU nach Süden und Osten abschirmt, optisch so abschreckend gebaut wie nur möglich. Die Mauer ist nachts wegen des Flutlichts auf Aufnahmen aus dem Weltall gut zu erkennen und hat die Chinesische Mauer als größtes Bauwerk der Welt abgelöst. Wer immer den Wall sieht, so die Überlegung der Planer, wird den Versprechungen der Schlepper nicht mehr glauben. Dennoch können der Colonel und seine Kollegen durch ihre Kameras stets den überraschten, angstvollen Blick beobachten, wenn die Flüchtlinge das riesige Bauwerk erstmals vor sich sehen.

Der Colonel informiert über Funk seine Kollegen, um sich Anweisungen abzuholen. In seinem Team arbeiten ein Deutscher, ein Norweger, ein Schweizer und eine Polin. Die NEU-

Grenzagentur Frontex hat es sich zur Regel gemacht, nie zwei Grenzschützer einer Nationalität zusammenarbeiten zu lassen.

Aus der 200 Kilometer entfernten Zentrale bekommt der Franzose die Order abzuwarten. Wenn die Flüchtlinge wirklich versuchen sollten, den Zaun zu überwinden, sollen sie sowohl mit optischen als auch mit akustischen Signalen vor den Minen gewarnt werden. Der Colonel aktiviert auch die Hitzekanonen (Active Denial System), die seit Längerem als effizientes Mittel gegen Menschenaufläufe eingesetzt werden. Die elektromagnetischen Geräte erzeugen auf der Haut eine Hitze von bis zu 50 Grad, was normalerweise einen Fluchtreflex auslöst. Der Einsatz dieser Waffen bei Polizei und Armee der NEU-Staaten ist als besonders humane Maßnahme verkauft worden, weil er im Konfliktfall den Gegner eher vertreibt als tötet.

Allerdings begreift der Grenzschützer kurz darauf, dass es diesmal nicht mit diesen Standardabwehrmaßnahmen getan sein wird. Im Abstand von wenigen hundert Metern nähern sich im Osten und Westen weitere Gruppen. Nach zehn Minuten hat sich die Menge so stark vergrößert, dass der Colonel allein in seinem Abschnitt von mehreren tausend Menschen ausgehen muss. Ein Blick auf das jetzt eingeschaltete elektronische satellitengestützte Grenzüberwachungssystem »STOPP« bestätigt dies. Seine Vorgesetzten haben keine Zeit, lange mit ihm zu sprechen. Denn in Genf, der Zentrale von Frontex, gehen zeitgleich mehrere hundert Meldungen wie diese ein. Wirklich überrascht ist man in der Zentrale nicht, weil die Satelliten und auch Nachrichtendienste bereits seit Wochen von ungewöhnlichen Aktivitäten rund um den NEU-Wall berichten.

Jetzt melden die »STOPP«-Satelliten am gesamten, mehrere tausend Kilometer langen Grenzverlauf ähnliche Menschenaufläufe. In Brüssel ahnt der NEU-Ratspräsident, dass der

Gemeinschaft eine der größeren Bewährungsproben seit dem Zerfall der alten EU bevorsteht.[1]

* * *

Die Geschichte Europas ist geprägt durch Völkerwanderungen. Jedes Kind lernt in der Schule, dass Römer und Germanenstämme von Süd nach Nord, von Nord nach Süd zogen, die Hunnen von Osten einfielen, die Deutschen sich seit dem späten Mittelalter in Mitteleuropa ansiedelten und in den Zeiten der Industrialisierung Millionen Menschen aus Osteuropa zum Arbeiten in die boomenden Metropolen West- und Mitteleuropas zogen – um nur einige Beispiele zu nennen. Diese Migration hat dafür gesorgt, dass sich Bevölkerungen mischten, immer wieder Konflikte zwischen Volksgruppen entstanden. Im 20. Jahrhundert wurden zwei Weltkriege im Namen von Nationalstaaten und völkischen Ideologien geführt.

Das Ende des Zweiten Weltkrieges hat die Situation in Europa grundlegend verändert. Der Sieg über Nazi-Deutschland war das weitgehende Ende völkischer Wahnvorstellungen, sieht man einmal von den ethnischen Morden auf dem Balkan ab. Migration fand zwar weiter statt, wurde aber meist friedlich bewältigt. Frankreich, Großbritannien, Portugal und die Niederlande nahmen Menschen aus ihren früheren, nun unabhängigen Kolonien auf. Das boomende Deutschland warb Arbeitskräfte etwa aus Spanien, Italien und der Türkei an, die sogenannten »Gastarbeiter«. In den 1980er-Jahren setzte angesichts des immer größer werdenden Wohlstandsgefälles in der Welt und der besseren Transportwege verstärkt eine illegale Einwanderung aus anderen Kontinenten ein. Auf die rapide wachsenden Zahlen von Asylbewerbern, die nach Arbeit suchten oder von dem international vergleichsweise großzügigen Sozialsystem profitieren wollten, reagierten Staaten wie Deutschland mit einer Verschärfung der Gesetze. Die Zahl der Asylbewerber ging zunächst wieder drastisch zurück.

Daneben verloren die Nationalstaaten durch die voranschreitende europäische Integration an Bedeutung. Schrittweise übertrugen zumindest die meisten kontinentaleuropäischen Staaten nationale Souveränität auf die EU-Ebene, erst für den Binnenmarkt, dann aber auch in den Bereichen Inneres und Justiz und schließlich bei der Währung. Dass 19 der 28 EU-Staaten eine gemeinsame Währung haben, entspringt der Überzeugung, dass die EU sich angesichts der globalen Veränderungen im »asiatischen Zeitalter« nur noch gemeinsam den Herausforderungen stellen kann. Stolz präsentierte man sich als Modell – für die multilaterale Zusammenarbeit, für Wohlstand und Frieden, für soziale Gerechtigkeit und die Einhaltung von Menschenrechtsstandards. 1990 beschlossen etliche EU-Staaten im sogenannten Schengener Abkommen, nach einer Frist von fünf Jahren alle zwischenstaatlichen Grenzkontrollen zu streichen. Mittlerweile gehören die meisten Staaten Europas, darunter fast alle EU-Staaten, zum Schengen-Raum. Bis heute gilt die dadurch erzielte Reisefreiheit in diesem Raum – weitgehend ohne Grenzkontrollen – als eine der großen Errungenschaften für die Bürger der EU.

Doch 2015 haben sich die Debatten radikal verändert: In der EU wird heute weniger über eine weitere Öffnung nach außen und innen diskutiert, sondern über mehr Abschottung: Großbritannien fordert mittlerweile sogar, die gerade erkämpfte Grundfreiheit der Freizügigkeit für EU-Bürger wieder einzuschränken, weil nach Ansicht der Regierung in London zu viele von ihnen – vor allem aus Ost- und Südosteuropa – auf die Insel ziehen. Am 24. April 2015 trafen sich die EU-Regierungen zudem erstmals zu einem Sondergipfel, um zu beraten, wie man der gewaltigen Flüchtlingsströme über das Mittelmeer Herr werden und Tausende vor dem Ertrinken auf hoher See retten kann. Die wachsende Zahl von Asylbewerbern stellt die Mehrzahl der EU-Staaten und auch Deutschland vor wachsende Herausforderungen und wird zu einem immer größeren innenpolitischen Thema.

Dabei wird vergessen, dass die Werte- und Wirtschaftsgemeinschaft schon seit der Jahrtausendwende unter erheblichem Druck steht. Schon in den ersten Jahren des Jahrtausends registrierten die südlichen EU-Staaten erstmals einen erheblichen Anstieg an Flüchtlingen, die versuchten, über das Mittelmeer oder den Atlantik auf EU-Territorium zu gelangen. Eine umfassende Studie des Bundesamts für Migration und Flüchtlinge benennt insgesamt vier Faktoren, die im 21. Jahrhundert eine stark zunehmende Migration aus Afrika nach Europa sehr wahrscheinlich machen. Neben dem von der UNO prognostizierten starken Bevölkerungsanstieg zählen dazu mangelnde wirtschaftliche Entwicklung, politische Instabilität in vielen Ländern sowie eine Häufung extremer Wetterphänomene, die in großen Gebieten zu Wassermangel und einer Erosion der fruchtbaren Böden führen werden. Dies könnte bis 2050 viele Millionen Menschen mehr als bereits jetzt dazu zwingen, ihre Heimat zu verlassen.[2] Europa steht damit heute vor dem gleichen Problem wie andere westliche Länder wie die USA und Australien, die seit Längerem Ziele größerer Zuwanderungswellen sind – und teilweise mit großer Härte reagieren.

Die Vorboten dieser erzwungenen Völkerwanderung, die die afrikanischen Staaten noch viel stärker betrifft, beschäftigen die EU-Regierungen seit Längerem. In teilweise maroden, überfüllten Booten brechen Afrikaner aus den Subsaharaländern auf der Suche nach einem besseren Leben von Tunesien oder Libyen aus nach Italien auf. Andere Migranten, etwa aus dem Senegal, versuchten zunächst, auf dem Landweg Mauretanien zu erreichen. Von dort setzten sie mit alten Fischerbooten auf die Kanarischen Inseln über. Völlig ausgezehrte Flüchtlinge, die von Badegästen am Strand verarztet werden

Migration und Alterung verändern die Welt

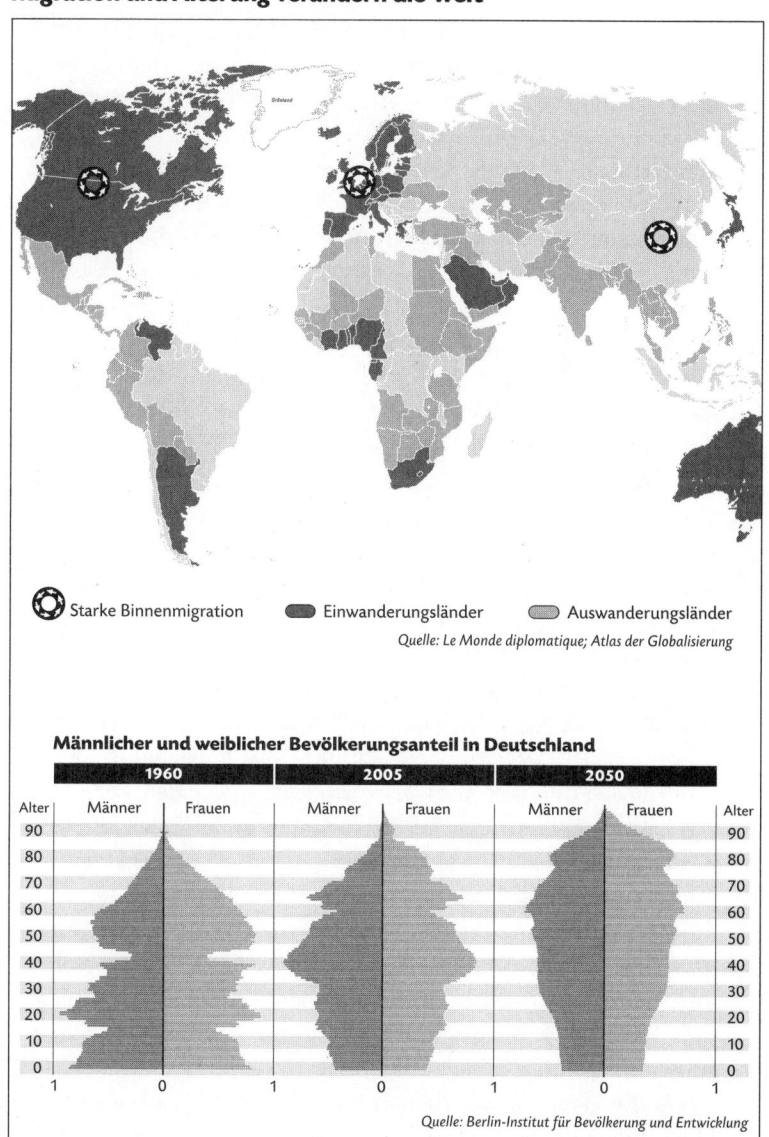

Starke Binnenmigration   Einwanderungsländer   Auswanderungsländer

Quelle: Le Monde diplomatique; Atlas der Globalisierung

Männlicher und weiblicher Bevölkerungsanteil in Deutschland

	1960		2005		2050	

Quelle: Berlin-Institut für Bevölkerung und Entwicklung

mussten, und angeschwemmte Leichen von Afrikanern wurden zum Thema in den Fernsehnachrichten der EU-Staaten. Einen der vielen Gründe für das Verlassen der Heimat lieferte zumindest in den westafrikanischen Küstenstaaten die EU auch selbst: In großem Maßstab sicherte sich die Union in Abmachungen mit den afrikanischen Regierungen Fangrechte für ihre Fischereiflotten. Der Einsatz der hoch technisierten Schiffe zerstörte die Lebensgrundlage der einheimischen Fischer. In den letzten Jahren versucht man, dies wieder zu korrigieren.

Zunächst Spanien, dann aber auch Italien und Griechenland drangen auf Hilfen der EU-Partner. Denn die Gesamtzahl der illegalen Einwanderer wurde bereits 2009 von der EU auf 4,5 bis acht Millionen Menschen geschätzt. In Italien dürfte die Zahl bei rund 650 000 bis eine Million liegen, in Spanien bei bis zu einer Million, in Frankreich bei bis zu 400 000. Das ohnehin wirtschaftlich am Boden liegende Griechenland hatte bereits damals eine Zahl von geschätzten 280 000 Illegalen zu bewältigen, die allerdings meist über die Grenze zur Türkei ins Land kamen.[3] Heute dürfte die Zahl erheblich darüber liegen. Denn mittlerweile hat sich der Arabische Frühling in einem mörderischen Krieg in Syrien entladen, in dem sich mehrere gleich starke Gruppierungen – das Regime, Rebellen, Islamisten, Kurden und vom Iran gestützte Milizen – einen Zermürbungskampf liefern, der bereits Zehntausende Todesopfer in der Zivilbevölkerung gefordert und ganze Städte in Trümmerlandschaften verwandelt hat. Im Jahr 2014 flohen auch deshalb 170 000 Menschen über das Mittelmeer nach Europa. Die Bürgerkriege in Syrien und im Irak lösten eine wahre Massenflucht aus. Für 2014 wurden etwa 300 000 illegale Grenzübertritte in die EU registriert, für 2015 rechnete die Bundesregierung allein für Deutschland mit der Ankunft von 800 000 Flüchtlingen.

Die EU reagierte auf das Problem anfangs mit einem weiteren Schritt zur Zusammenarbeit. Schrittweise wurde die

2004 gegründete Grenzschutzagentur Frontex ausgebaut, die die Außengrenzen der EU nach Süden und Osten sichern soll.[4] Dagegen gab es erhebliche Widerstände von Mitgliedsstaaten, denn der Schutz der eigenen Grenzen galt wie früher die Währung, das Haushaltsrecht oder die Steuerpolitik als Kernaufgabe des jeweiligen Staates. Auch in Deutschland war die Begeisterung zunächst nicht groß – zumal die Bundesrepublik seit dem Beitritt Polens und Tschechiens keine echten »Außengrenzen« mehr besaß. Außer der Schweiz hat Deutschland nur EU-Länder als Nachbarn. Im »Haager Programm« einigten sich die EU-Staaten im November 2004 dann dennoch auf eine schrittweise Angleichung ihrer Einwanderungs- und Asylpolitik – sehr weit ist man bis zum Sommer 2015 aber nicht gekommen.

In dem Maße, in dem der Druck durch die illegale Einwanderung zunahm, sank der Widerstand gegen den Aufbau von Frontex. Im Jahr 2011 verfügte die europäische Grenzagentur bereits über ein eigenes Budget von 86,4 Millionen Euro, 2014 waren es gut 97 Millionen Euro, Tendenz steigend.[5] Auch Deutschland unterstützt den Ausbau, denn es wachsen die Sorge vor mangelhaften Grenzkontrollen gerade an den östlichen und südlichen Grenzen des sogenannten Schengen-Raums.

Dabei wurde zunehmend deutlich, dass das System der Reisefreiheit im Schengen-Raum nur funktionieren kann, wenn sich alle teilnehmenden Staaten auch an die gemeinsamen Regeln zur Abwehr von Wirtschaftsflüchtlingen halten. Dazu zählen nicht nur die Kontrollen an der »grünen« und der »blauen« Grenze (Land- und Seewege), sondern auch etwa an den Flughäfen. Nur ändert dies nichts daran, dass die Zahl der Flüchtlinge etwa durch den Zerfall von Staaten wie Syrien und Irak in der europäischen Nachbarschaft nach oben schießt. Menschen aus diesen Ländern können auch nicht mehr aus der EU abgeschoben werden.

Seit etlichen Jahren zeigt sich, dass viele EU-Regierungen mit den Kontrollen an den Außengrenzen überfordert sind. Um den stärker werdenden Einwanderungsdruck aus Afrika etwas abzuschwächen, schloss die EU Abkommen mit nordafrikanischen Staaten wie Tunesien und Libyen. Diese sollen die Flüchtlinge aus Subsahara-Afrika auf dem Weg nach Europa möglichst schon im eigenen Land abfangen und zurückschicken. Dafür sagte die EU erhebliche finanzielle Hilfe zu. Welche Dimension diese Abfangaktionen hatten, verdeutlichen Schätzungen, dass sich vor dem Sturz des libyschen Machthabers Muammar al-Gaddafi rund zwei Millionen Flüchtlinge in dem nordafrikanischen Land aufgehalten haben sollen.[6]

Doch diese Politik hatte ihren Preis – nicht nur in Form der unwürdigen Behandlung von Menschen, gegen die Menschenrechtsgruppen protestierten. Wie sehr gerade Gaddafi versuchte, die Karte der afrikanischen Immigration gegen die EU auszuspielen, zeigte sein Auftritt bei einem Besuch in Rom im September 2010. Er forderte dort »jährlich mindestens fünf Milliarden Euro«, damit die Nordafrikaner weiter für die Europäer gegen die unerwünschte Immigration kämpften. Wenn Europa nicht auf diese Forderungen eingehe, »dann kann es schon morgen zu einem zweiten Afrika werden«, warnte er und drohte, die Schleusen zu öffnen. Nach seinem Sturz zeigte sich, dass Libyen tatsächlich ein Schlüsselland für die Flüchtlingsströme ist: Das Fehlen einer staatlichen Ordnung und der Bürgerkrieg bieten den Schleuserbanden ideale Voraussetzungen, um von der libyschen Küste aus Boote Richtung EU zu schicken. Die Zahlen der Bootsflüchtlinge schossen durch die politischen Freiheiten des »Arabischen Flüchtlings«, dann aber auch durch das folgende politische und wirtschaftliche Chaos in die Höhe. Versuche im Jahr 2011, wieder Abkommen mit den neuen Regierungen in Nordafrika zum Stopp der Ausreise zu schließen, scheiterten. Die

EU will erneut einen Versuch mit den afrikanischen Staaten unternehmen. Dabei soll es sowohl um eine engere Partnerschaft zum Aufbau der Länder als auch um den Kampf gegen Schlepperbanden und die Verhinderung gefährlicher Mittelmeerpassagen gehen. In der Diskussion sind auch neue Auffanglager in Nordafrika und Informationszentren in Ländern wie Niger.

Die Zeichen stehen jedenfalls darauf, dass die EU künftig ihre eigenen Grenzen stärker abschotten will. Das macht auch die weitere Entwicklung der Grenzschutzagentur Frontex deutlich, die mit immer neuen Rechten ausgestattet wurde. Ermöglicht wurden vor allem die Soforteinsatzteams namens RABIT, die an besonders kritischen Stellen in Aktion treten. Ziel ist es, dass die nationalen Kontingente, die früher für Frontex abgestellt wurden, langsam zu einer echten europäischen Grenzschutztruppe zusammenwachsen.

Seit Jahren tobt aber ein heftiger Streit, ob die EU nicht die Tore öffnen müsste. Humanitäre Organisationen forderten schon vor Jahren, dass die EU sich nicht gegen Schutzsuchende abschotten dürfe. »Millionen Menschen sind weltweit auf der Flucht, doch Europa trägt nur eine sehr kleine Last«, hieß es in einem Aufruf, der auch von Amnesty International getragen wurde. Angefacht wird die Debatte durch die wachsende Zahl von Toten im Mittelmeer, auf die Aktivisten schon 2011 hinwiesen. Denn die Schlepperbanden stecken Bootsflüchtlinge zunehmend in seeuntüchtige Schiffe.[7]

2015 erzwangen dramatische Schiffsunglücke mit Hunderten von Toten eine Debatte auf höchster politischer Ebene. Im April beschloss der EU-Sondergipfel unter anderem, die zuvor reduzierte EU-Seenotrettung wieder auszuweiten. Kritiker beklagten allerdings, dass dies den Schlepperbanden in die Hände spiele, weil diese Flüchtlinge nun mit der Gewissheit auf eine Rettung durch die EU-Marinen aufs Wasser schickten – der moralische Handlungszwang der Europäer wird Teil des Geschäftsmodells der Schleuser, die mit Menschenhandel weltweit heute mehr Geld als mit Drogen umsetzen.

In Europa selbst trifft der neue Migrationsdruck auf eine stark veränderte Situation. Durch die Finanz- und dann Schuldenkrise in der EU ist die Lage besonders in den südeuropäischen EU-Staaten sehr angespannt. Angesichts der wachsenden Arbeitslosigkeit und mangelnder Perspektiven für die eigene Jugend wuchs in Italien, Spanien oder Griechenland schnell die Abneigung gegen weitere Wirtschaftsflüchtlinge. Seit 2009 erhitzt sich zudem die Debatte, wer eigentlich die Kosten für die Flüchtlingsströme tragen soll. »Einige der EU-Länder stehen nun vor steigenden finanziellen Verpflichtungen wegen einer wachsenden Arbeitslosigkeit der Migranten«, warnte Stefano Bertozzi als Berater der EU-Kommission bereits 2009.[8] Wegen der geographischen Lage sind genau diejenigen Länder am härtesten betroffen, die in der Krise auch die größten Wirtschaftseinbrüche zu verzeichnen haben.

Dies führt seither zu wachsenden Spannungen auch innerhalb der EU. Im Frühjahr 2011 etwa flohen mehrere tausend Tunesier auf die italienische Insel Lampedusa: Die damalige Regierung von Silvio Berlusconi stellte den Ankömmlingen einfach dreimonatige Touristenvisa für die EU aus, um sie zu einer Weiterreise in den Schengen-Raum zu bewegen. Dies entlastete die kleine Insel sofort, bedeutete aber in eklatanter Weise einen Bruch der Schengen-Vereinbarungen und des sogenannten Dublin-Abkommens. Denn dieses schreibt vor, dass diejenigen EU-Staaten für Asylanträge zuständig sind, in denen Flüchtlinge zum ersten Mal die EU betreten.

Die Versuche von sichtlich überforderten südlichen Staaten, die Lasten auf andere EU-Partner abzuschieben, sorgten für Verärgerung und Gegenreaktionen. Frankreich sperrte zeitweise Grenzübergänge nach Italien, in Dänemark wurden vorübergehend neue Grenzkontrollen zu Deutschland diskutiert. Und die 28 EU-Staaten konnten sich auch bis Juli

2015 nicht auf verbindliche Quoten zur Verteilung von Flüchtlingen einigen – das Gros der Last tragen neben den südlichen Grenzstaaten Schweden, Deutschland und Österreich. Im Umgang mit Flüchtlingen war sich fast jeder EU-Staat letztlich selbst der Nächste. Von Solidarität war wenig zu spüren. Als 2015 die Bundesregierung den Versuch unternahm, statt der Dublin-Regelung eine neue Vereinbarung durchzusetzen, die auf einem europäischen Verteilungsschlüssel beruht, scheiterte dies zunächst an nationalen Egoismen.

Die gesamte Asyl- und Flüchtlingspolitik in der Union war deswegen auf dem Prüfstand: Im Jahr 2015 verkündete Ungarn, keine Flüchtlinge mehr zurückzunehmen, die nach der Erstaufnahme in andere EU-Staaten weitergereist waren. Ungarn argumentierte dabei, es werde dafür bestraft, bei der Registrierung der Flüchtlinge sehr gewissenhaft vorzugehen, während andere wie Griechenland oder Italien eher daran interessiert seien, Asylsuchende ohne Registrierung nach Norden zu schicken. Bundeskanzlerin Angela Merkel erklärte das Dublin-System deshalb für fast gescheitert, forderte aber weiter Offenheit der EU für die Aufnahme etwa syrischer Bürgerkriegsflüchtlinge. Die Flüchtlingsfrage mit all ihren Folgewirkungen bezeichnete sie zudem als das größte europapolitische Problem in ihrer bis dahin zehnjährigen Amtszeit.

Das hängt damit zusammen, dass die wachsende Zahl an Flüchtlingen gerade aus muslimischen Ländern die Grundstimmung in der EU verändert. Rechtspopulisten punkten auch in nordeuropäischen, liberalen Gesellschaften mit einer Mischung aus Xenophobie und Rhetorik gegen Europa, das die Grenzen geöffnet habe. Rechtsextreme Übergriffe nehmen zu. Tragischer Höhepunkt dieser fatalen Mischung von Vorurteilen und Ressentiments war der Amoklauf des rechtsextremen Norwegers Anders Breivik, der Ende Juli 2011 in Oslo und einem Jugendferienlager der norwegischen Sozialdemokraten kaltblütig 77 Menschen umbrachte – als Signal gegen eine angebliche islamische Unterwanderung der norwegischen Gesellschaft. Dazu verfasste er ein mehr als 1500 Seiten starkes Traktat mit dem Titel »2083 – Europäische Unabhängigkeitserklärung«, das mit seinen antiislamischen und fanatischen Äußerungen immer noch im Internet zirkuliert.

Die Debatte über die Rückkehr der Kontrollen und die Abschottung Europas fällt mit der Diskussion in der Schuldenkrise zusammen, wie viel Solidarität es in Europa mit Partnerländern überhaupt geben sollte. Parallel zur Flüchtlingsfrage droht nämlich auch in der Wirtschafts- und Finanzpolitik eine Spaltung zwischen den noch verhältnismäßig stabilen Nord- und den angeschlagenen, überschuldeten Südstaaten der EU. Auch in Deutschland zog mit der sogenannten Alternative für Deutschland (AfD) eine Partei in Landtage ein, die eurokritisch ist und deren Protagonisten entweder einen Nord-Euro oder wahlweise einen Ausschluss von Ländern wie Griechenland oder gleich den Euro-Austritt Deutschlands forderten. Dabei zog die größte EU-Volkswirtschaft wirtschaftlich immer weiter davon, verzeichnete bereits zwei ausgeglichene Bundeshaushalte nacheinander und vergrößerte mit steigenden Investitionen in Forschung und Entwicklung auch den technologischen Vorsprung zu den EU-Partnern.

Vor allem die Dauerdebatten um die drei Rettungsprogramme für Griechenland vergifteten das Klima in Deutschland. Im Land des größten EU-Nettobeitragszahlers polemisiert seit 2011 nicht nur die *Bild*-Zeitung gegen Griechenland-Hilfen, nationalere Töne schwappten auch in angesehene konservative Blätter wie der *Frankfurter Allgemeinen Zeitung* über. Finanzhilfen für Länder wie Griechenland wurden sehr kritisch gesehen, die Übernahme milliardenschwerer Risiken für die Refinanzierung anderer Euro-Staaten abgelehnt und Befürworter einer weitergehenden europäischen Integration zunehmend als Büttel der Finanzmärkte oder Ausverkäufer deutscher Interessen kritisiert.[9] Dazu kam, dass gerade wegen der Entwicklung in Griechenland erstmals selbst von Regierungsparteien offen über eine teilweise Rückabwicklung der Euro-Zone oder gar der EU diskutiert wurde. Der CSU-Parteitag beschloss im Oktober 2011 ausdrücklich, dass notorische Defizitsünder notfalls auch aus der Euro-Zone ausgeschlossen werden sollten.

2015 verschärfte sich die Debatte, nachdem in Athen eine Linksaußen-Rechtsaußen-Regierung unter Führung der Syriza-Partei ans Ruder kam, die die bisherige Rettungsphilosophie von Milliardenzahlungen gegen Strukturreformen ablehnte. Erst als im Juli in dem dann fast zahlungsunfähigen Euro-Land die Banken wochenlang schließen mussten, erklärte man sich in Athen bereit, ein weiteres Finanzpaket über 86 Milliarden Euro zu beantragen – im Gegenzug für harte Reformauflagen. In einem Dokument der Eurogruppe vom 1. Juli war von einem möglichen »Time-Out« Griechenlands in der Euro-Zone die Rede. Erstmals erscheint die europäische Integration seither nicht mehr irreversibel.

Während die Linke in Griechenland, Italien und Frankreich vor allem Deutschland für eine Entsolidarisierung in Europa verantwortlich macht, löst gerade die Griechenland-Debatte in Nord- und Osteuropa entgegengesetzte Reaktionen aus: Nur mit Mühe konnte die Bundesregierung Regierungen etwa in Finnland oder dem Baltikum überhaupt noch dazu bewegen, Athen beizuspringen und das Land wegen fortwährender Verletzung der vereinbarten Regeln nicht aus der Währungszone zu werfen. Im Sommer 2015 lautete die bittere Bilanz der EU-Regierungen, dass Griechenland und die Flüchtlingskrise den Zusammenhalt der 28 auf eine harte Probe stellen – während im Nordwesten die konservative britische Regierung bereits ein Referendum über den Austritt des Landes aus der EU noch vor Ende 2017 ansetzt.

Finanzexperten warnen vor einer Schulden-Zeitbombe, die in vielen Euro- und EU-Ländern ticke. Denn die Gesamtverschuldung in Deutschland sinkt zwar in Relation zum Bruttoinlandsprodukt. Aber in Frankreich, Italien und Großbritannien – um nur die großen EU-Staaten zu erwähnen – nimmt sie weiter zu. Die Regierungen dieser Länder werden derzeit nur dadurch entlastet, dass die sehr niedrigen Zinssätze den Schuldendienst noch erträglich haben – bei irgendwann wieder steigenden Zinssätzen explodieren die Haushalte.

Die Finanz- und Flüchtlingskrise verdeckte in vielen EU-Ländern nicht nur, dass sie jahrelang wirtschaftliche und fiskalische Reformen verschleppt haben und Europa im Wettbewerb mit weltweiten Konkurrenten zurückfällt. Auch das ernste demographische Problem wird kaum diskutiert. In den meisten EU-Staaten – mit Ausnahme Frankreichs, Großbritanniens, Irlands und Schwedens – weisen die demographischen Trends mehr oder weniger nach unten. Ohne eine dramatische Erhöhung der Geburten und eine massive Einwanderung wird die EU veralten und schrumpfen. Das hat wiederum dramatische Auswirkungen auf den Wohlstand und die Wettbewerbsfähigkeit.

Deutschland könnte dabei ein Sonderfall sein. Zwar wies die EU-Statistikbehörde Eurostat Jahr für Jahr schrumpfende Bevölkerungszahlen aus, weil auch hierzulande die Zahl der Todesfälle die der Geburten überschreitet. Deutsche Unternehmen und Politiker verweisen seit Langem darauf, dass wegen der stark sinkenden Kinderzahlen bald nicht mehr genug Facharbeiter zur Verfügung stehen und Unternehmen deshalb die Produktion teilweise ins Ausland verlagern müssten. Allerdings funktioniert die stabile Volkswirtschaft nun wie ein Staubsauger: Zumindest in den vergangenen Jahren hat die starke Zunahme der Zuwanderung die geringe Geburtenrate mehr als wettgemacht. Deutschland wächst wieder. Gleichzeitig hat die jahrelang kultivierte Angst vor einer Vergreisung und Schrumpfung der Bevölkerung anders als in den 1990er-Jahren eine dringend nötige »Einwanderungs- und Willkommenskultur« gefördert. Die wäre aber in der ganzen EU nötig. Es ist diese Zusammenballung von Schuldenkrise, Schuldenpolitik, politischer und wirtschaftlicher Instabilität sowie den verdrängten Debatten über die demographische Entwicklung, eine entschlossene Integrationspolitik und den absehbaren Einwanderungsdruck, die eine gefährliche Mischung für die Zukunft Europas bildet – und für den Zusammenhalt auf dem Kontinent.

* * *

Während der französische Colonel in den Pyrenäen auf klare Anweisungen wartet, erinnert er sich an seine Zeit an der griechisch-türkischen Grenze einige Jahre früher. Auch damals hatte es bereits zunehmend heftigere Auseinandersetzungen mit den Flüchtlingen gegeben. Menschen aus Asien und Afrika drängten über die Türkei in die EU. Angesichts der sich verschlechternden Beziehungen zwischen der Regierung in Ankara und den nun endgültig eine türkische EU-Mitgliedschaft ausschließenden EU-Staaten hatte die Türkei kein Interesse mehr daran, die Flüchtlingsströme früh zu stoppen, zumal die Grenzen zu Syrien und Irak als kaum kontrollierbar galten.

Vor allem in Afrika sorgten die sich verschärfenden Dürren im Osten des Kontinents, die politische Instabilität, das rasche Bevölkerungswachstum und die sinkenden Fischbestände vor den Küsten für immer größere Wanderungsbewegungen nach Norden. Ein besonderes Problem auf dem Kontinent war das »Land-Grabbing«, das Hunderttausenden Bauern die Existenzgrundlage entzog. Ausländische Regierungen vor allem aus Asien und der Golfregion sowie westliche Konzerne kauften große Agrarflächen, um dort Lebensmittel für den Export anzubauen. Weil die Investoren sehr rasch auf eine Intensivlandwirtschaft umstellten, verloren die Bauern nicht nur ihr Land, sondern auch die Chance auf einen Lebensunterhalt.

Zudem wuchs die Bevölkerung des europäischen Nachbar-kontinents sehr schnell: Das UN-Bevölkerungsbüro prognos-tiziert für Nigeria ein Wachstum auf 370 Millionen Menschen bis 2050 und sogar auf mehr als 730 Millionen Menschen bis 2100.[10] Hunderttausende sind auf dem Weg nach Norden, um sich und ihren Familien zumindest die Chance zum Überleben zu sichern. Weltweit agierende Schlepperbanden, in denen sich chinesische Triaden mit nigerianischen und brasiliani-schen Gangs zusammentun, organisieren die Massenwande-rung immer professioneller.

Im Norden Afrikas eskalierte die Lage an drei Punkten. In Marokko wurden die spanischen Exklaven Melilla und Ceuta von afrikanischen Flüchtlingen überrannt. Anders als 2005 oder 2008, als die Versuche scheiterten, die umfangreichen Zaunanlagen zu überwinden, konnten die spanischen Behör-den den Ansturm von Zehntausenden Flüchtlingen auf die bis zu sechs Meter hohen Zäune nicht mehr abwehren. Dies lag auch daran, dass der innenpolitisch unter Druck stehende marokkanische König den alten Anspruch auf die spanischen Exklaven erneuerte und die Armee die gut ausgerüsteten Flüchtlinge gewähren ließ.

Die schrecklichen Bilder von Melilla sind dem französischen Colonel noch fest im Gedächtnis. Als die Flüchtlinge schließ-lich in die Stadt eindrangen, wurde scharf geschossen. Die Bilder Hunderter toter Afrikaner auf den Straßen erzeugten zunächst weltweite Empörung, auch in Europa gingen die Emotionen hoch. Spanien geriet unter massiven Druck der anderen EU-Länder, humanitäre Standards zu wahren – ohne dass die Partner sagen konnten, wie die Regierung in Madrid auf das Überrennen Melillas reagieren sollte.

Nur zwei Wochen später, als die Zahl der Toten auf mehr als 2000 gestiegen war, lenkte die entnervte spanische Regie-rung ein: Die Grenzanlagen wurden abgebaut und die Ge-biete mit einem Sonderstatus an Marokko übergeben. Madrid bot der spanischen Bevölkerung eine Evakuierung an, legte zugleich aber fest, dass es keine regulären Einreisen mehr aus den beiden ehemaligen Exklaven nach Spanien geben würde. Danach entspannte sich die Lage in beiden Städten, die nun für die Flüchtlinge als möglicher Hub nach Europa uninteressant geworden waren. Arabische Nationalisten und Islamisten feierten dagegen den Fall von Melilla und Ceuta als Befreiung Afrikas – und als Beginn einer neuen »Conquista«, der Rückeroberung der Iberischen Halbinsel, die bereits vom 8. bis Ende des 15. Jahrhunderts unter islamischer Herrschaft gestanden hatte.

Zweiter Brennpunkt waren die kleine italienische Mittelmeerinsel Lampedusa und der EU-Staat Malta, der dritte war die griechisch-türkische Grenze. International agierende Schlepperbanden organisierten einen Daueransturm auf die wohlhabende EU, dem auch Frontex nicht mehr gewachsen war. Den Hilferufen Italiens, Maltas und Griechenlands nach Einsätzen der NATO wollten viele EU-Regierungen aber wegen der dann drohenden Anwendung von Gewalt nicht folgen – innenpolitisch standen sie wegen der harschen Kritik von Nichtregierungsorganisationen nach den Melilla-Vorgängen, dass die EU bei der Abwehr der Flüchtlingsströme die Menschenrechte massiv missachtete, unter Druck.

Italien und Malta ließen daraufhin massenhaft Schengen-Touristenvisen für die Flüchtlinge ausstellen. Zehntausende Wirtschaftsflüchtlinge aus Afrika reisten sofort nach Österreich, Frankreich, Deutschland und Skandinavien weiter. Aber dies brachte keine Beruhigung der Lage. Zum einen schickten die bestens organisierten Schlepperbanden, die über ihre Kontakte in Rom frühzeitig von der Aktion erfahren hatten, immer mehr Flüchtlinge nach Lampedusa. Zum anderen schlossen fast alle nördlichen EU-Staaten und Frankreich verärgert die Grenzen zu Italien. Landerechte für aus Italien kommende Flugzeuge wurden vorübergehend gestrichen.

Zuvor hatte bereits ein Bericht der europäischen Statistikbehörde Eurostat die Gemüter bewegt: Erstmals waren in einem Jahr trotz der verstärkten Frontex-Arbeit mehr als eine Million illegaler neuer Flüchtlinge in der EU aufgegriffen worden. Die Dunkelziffer galt als mindestens ebenso hoch. Eine erhebliche Häufung illegaler Grenzübertritte wurde in den Staaten südlich der Alpen sowie in Polen vermutet.

Ohnehin hatten sich die Spannungen innerhalb der Euro-Zone zu diesem Zeitpunkt erheblich verschärft. Die neuen Euro-Staatsanleihen, bei denen die Investoren das Risiko eines Teilverzichts im Insolvenzfall eingehen mussten, trieben die Risikozuschläge für die verschuldeten Staaten der südlichen EU-Peripherie erneut in die Höhe. Gleichzeitig zeigten sich die Regierungen in einigen Südländern nicht mehr in der Lage, entscheidende Wirtschaftsreformen und drastische Sparziele innenpolitisch umzusetzen. Nationalistische Parteien, die dem Norden unnötige Härte in den Verhandlungen vorwarfen und neue Ausgabenprogramme als Rezepte zur Ankurbelung der Wirtschaft propagierten, kamen an die Macht. Griechenland war deshalb nach dem dritten Rettungspaket bereits aus der Währungsunion ausgeschieden.

Umgekehrt wuchs im Norden nach einer Phase der Entspannung wieder der Frust über die Reformunfähigkeit der Partner. Daneben drang das hochverschuldete Nicht-Euro-Land Großbritannien darauf, den EU-Haushalt drastisch zu kürzen, und leitete mit einer Veto-Androhung die Senkung der EU-Struktur- und Kohäsionsmittel für die Südschiene ein. Damit hatte die britische Regierung zwar beim Referendum 2017 einen Austritt des Landes aus der EU abwenden können. Aber London trieb damit einen weiteren Keil zwischen die EU-Staaten: Nach und nach nahm auch die Bedeutung des jahrzehntelangen Finanzausgleichs über den EU-Haushalt als Bindeglied zwischen den Ländern in der Union ab.

In Deutschland geriet der offen integrationsfreundliche EU-

Kurs erstmals ins Wanken. Eine AfD-Nachfolgepartei, die offen einen »Nord-Euro« forderte, gewann bei der Bundestagswahl 25 Prozent der Stimmen und prägte seither die Debatten. Zwar beteuerten die Parteiführungen von Union, SPD, FDP und Grünen, an ihrem prointegrationistischen Europakurs festhalten zu wollen. Eine sinnvolle Alternative gäbe es für Deutschland nicht. Eine völlige Vergemeinschaftung der Schulden in der Euro-Zone lehnten sie aber ebenso ab wie das Bundesverfassungsgericht.

Auch in moderaten Medien wurde nun offen debattiert, dass der einzige Ausweg nur noch in einer Trennung der EU liegen könne – das italienische Vorgehen in der Flüchtlingskrise befeuerte diese Debatte noch. Finnland, Schweden und Dänemark waren bereits einen Schritt weiter: Hier legten sich Regierungen in Koalitionsverhandlungen mit den weiter erstarkten populistischen Rechtsparteien auf einen Austritt aus der EU fest. Auf einem heimlich anberaumten Sondergipfel in Berlin wurde die Notbremse gezogen: Deutschland, Frankreich, die skandinavischen und baltischen Länder, Österreich, Slowenien, Polen, die Niederlande, Belgien, Luxemburg, Tschechien und die Slowakei beschlossen die faktische Teilung der EU. Die NEU legte eine neue Schengen-II-Grenze fest, an der Grenzübertritte hart kontrolliert werden sollten. Innerhalb weniger Jahre wurde diese Grenze zu einem regelrechten Abwehrkoloss ausgebaut. Europa wurde faktisch entlang der Linie Pyrenäen–Alpen–Westkarpaten geteilt. Im Osten entstand entlang der slowakischen und polnischen Außengrenze ein weiterer, mehrere hundert Kilometer langer Wall.

Die Schweiz, Norwegen, das mittlerweile unabhängige Schottland, Irland und Island – fast alles Länder mit einem erheblichen Immigrationsdruck – treten in den Folgejahren angesichts der immer unsicherer werdenden Weltlage der NEU bei. Im Osten bleibt die Ukraine außerhalb der Union, erhält aber Milliardenbeträge dafür, dass sie die NEU nach Osten gegen Flüchtlingsströme abschottet. Fluggesellschaften und Schifffahrtslinien transportieren nur noch Passagiere, die beim Einchecken ihre Einreisegenehmigung vorgewiesen haben. Flughäfen und Häfen ähneln Hochsicherheitstrakten. Die zunehmenden Ängste um den Erhalt des eigenen Wohlstands und die Sorge, angesichts der sich häufenden weltweiten Klimakatastrophen »überrannt« zu werden, führt in den alternden NEU-Gesellschaften zu einem schrittweisen Verfall bis dahin geltender rechtsstaatlicher Normen. Eine Abschottungsideologie gewinnt endgültig die Oberhand. Waren die Regierungen im Jahr 2011 noch stolz darauf, dass sie die Genfer Flüchtlingskonvention anerkannten, die jedem politischen oder anderweitig verfolgten Flüchtling Aufnahme garantierten, so werden in den NEU-Staaten nach und nach nationale Verfassungszusätze verabschiedet, die diese Regelung einschränken. Ausdrücklich wird darauf verwiesen, dass die aus humanitären Gründen eigentlich zu gewährende Aufnahme aus ebendiesen abgelehnt werden könne. Die Fähigkeit der Staaten zur Integration von Neuankömmlingen wird als entscheidendes Kriterium in den NEU-Vertrag aufgenommen. Forschungsgelder in erheblichen Umfang werden in die Entwicklung »humaner« Roboter gesteckt, die die immer ältere, schrumpfende Bevölkerung versorgen sollen.

Der neuen Grenzziehung folgt sehr schnell die Schaffung einer neuen Währung, des Neuro, weil die Nordstaaten nicht mehr bereit waren, immer mehr Geld für die Finanzierung der südlichen Partner zu zahlen. Der Neuro wird in einer Nacht-und-Nebel-Aktion eingeführt und existiert neben dem Euro. Auch die Schweiz und Norwegen, die zunächst ihre eigenen Währungen behalten wollten, schließen sich an. Wegen der erheblichen Aufwertung des Neuro klagen viele Unternehmen, dass ihre Produkte auf dem Weltmarkt zu teuer geworden sind. Zudem spüren sie die Nachteile eines stark geschrumpften Binnenmarktes. Als Hoffnungsschimmer gilt, dass die Refinanzierungskosten der Staatsschulden durch die gute Bonität gering sind und die Innovationszentren der alten EU sich fast alle nördlich der Alpen befinden.

Südlich der neuen Trennlinie in Europa wird die Lage seit Jahren immer dramatischer. Einerseits steigt der Einwanderungsdruck, weil die Regierungen in Nordafrika die Erwartungen ihrer rasch wachsenden Bevölkerungen hinsichtlich Reformen und Jobs nicht erfüllen können. Andererseits nehmen die wirtschaftlichen Turbulenzen zu, als sich die Nordstaaten vom Euro verabschiedeten, der sehr schnell an Wert verlor. Ohne die stabilisierende Wirkung der Länder mit AAA-Rating im Rücken gelingt es Spanien und Italien nicht mehr, Kredite zu vertretbaren Zinsen aufzunehmen. Beide Staaten erklären sich für bankrott und nehmen einen radikalen Schuldenschnitt vor. Wegen der rasch ansteigenden Arbeitslosigkeit verdrängen Einheimische die Immigranten auch noch aus den schlecht bezahlten Erntejobs. Der Klimawandel führt zudem zu erheblicher Wasserknappheit in vielen Gebieten, was den Tourismus einbrechen lässt. Mit der starken Abnahme der Touristenströme aus Deutschland in die Gebiete versiegt auch das Interesse an einer regelmäßigen Berichterstattung. Wer kann, sucht sich seither eine Arbeit in den nördlichen EU-Staaten. Dort werden massive Anwerbekampagnen gefahren. Als Antwort auf die demographische Entwicklung und die gleichzeitige Skepsis in der Bevölkerung gegen eine Überfremdung wird die Einwanderung aus den einstigen EU-Partnerländern als beste Lösung angesehen. Eine echte Einwanderungskultur, die die Gesellschaft auf eine dauerhafte Veränderung des gewohnten Lebens vorbereitet, hat aber keiner der NEU-Nationalstaaten etabliert.

Schritt für Schritt werden die Grenzsicherungsanlagen weiter ausgebaut. Zunächst sorgt der mehrere tausend Kilometer lange Zaun für Aufregung. Aber diese legt sich nach dem

Hinweis auf entsprechende Sicherungsanlagen auch an der amerikanisch-mexikanischen Grenze. Als Minengürtel gelegt werden, brandet in Deutschland mit dem Verweis auf das frühere unmenschliche Regime an der innerdeutschen Grenze noch einmal Protest auf. Aber der entscheidende Unterschied sei, so argumentieren die NEU-Regierungen, dass hier Menschen ja nicht an einer Flucht aus einem totalitären Regime gehindert würden, sondern eine freiheitlich und demokratisch organisierte Union sich gegen eine zu hohe Zahl von Flüchtlingen schützen wolle. Verwiesen wird auch auf die immer drastischeren Maßnahmen, mit denen sich die USA und Australien vor Einwanderungswellen schützen.

Wie genau die neue Arbeit von Frontex abläuft, erfährt die Öffentlichkeit wegen der großen Entfernungen ohnehin kaum noch. Die Gegenden um den Wall sind Sperrgebiet. Berichte über Zwischenfälle werden nur noch von wenigen Medien aufgegriffen. Stattdessen häufen sich die Meldungen über Chaos in Nordspanien und Norditalien, die den Wall-Befürwortern scheinbar recht geben. Hunderttausende Flüchtlinge, die den Sprung über das Mittelmeer geschafft haben und nun nicht weiter nach Norden weiterreisen können, leben dort unter ärmlichen Bedingungen, weigern sich aber, die Regionen wieder zu verlassen. Die großen Flüchtlingslager werden zu Brutstätten von Gewalt, ganze Landstriche veröden, weil die einheimische Bevölkerung die Gegend verlässt. Schlepperbanden, die »Vertriebswege« von Südafrika bis nach Turin unterhalten, sind überall präsent und treten auch nicht mehr versteckt auf. Die Regierungen auf der südlichen Seite der NEU-Grenze lassen sie gewähren.

Letztlich gibt es eine Interessenübereinstimmung. Die Banden werden dann richtig Geld verdienen, wenn sie die »Nordfestung« geknackt haben. Die Regierungen Spaniens und Italiens wiederum wissen, dass ihre Länder erst dann wieder Aussicht auf eine normale Entwicklung haben, wenn nicht sie zur Endstation für die über Tausende Kilometer gereisten Flüchtlinge werden.

Diese Entwicklung bildet den Rahmen dessen, was nun an der Grenze passiert. Die Situation eskaliert, es wird immer offensichtlicher, dass es sich um einen koordinierten Angriff auf den Schutzwall handelt. Die ersten Gruppen haben die Elektrozäune geknackt. Zwar sterben viele Flüchtlinge im Minengürtel. Aber einige der Angreifer verfügen offensichtlich über Hightech-Ausrüstung, um die Sprengsätze zu entschärfen. Die Organisatoren tragen zudem Schutzkleidung gegen die Hitzekanonen, die ohnehin nur auf eine punktuelle Bestrahlung ausgerichtet sind. Unablässig treiben die Schleppergruppen die Flüchtlinge an, denen ein kostenloser Familiennachzug versprochen wurde, wenn sie den Wall knacken. Seit Wochen wurden in den Flüchtlingslagern die Rationen gekürzt und gleichzeitig Filme über die noch gute Versorgungslage hinter dem NEU-Wall gezeigt.

»Melilla 2« haben die Schlepper ihre Aktion genannt, für die sie auch den Tod Tausender in Kauf nehmen. Sie wissen, dass diese Schlacht zur Hälfte medial gewonnen werden muss. Deshalb sind nicht nur unzählige Kamerateams vor Ort, sondern es werden auch Plakate mit Slogans wie »Teilt den Wohlstand« verteilt. Öffentlicher Druck ist in den Demokratien immer noch das beste Mittel, um eine Änderung der Politik zu erreichen. An gut zugänglichen Stellen werden aber auch große Baufahrzeuge und sogar aus Armeebeständen gestohlene Panzer herangekarrt, um die Mauer zu zerstören. Über der gesamten, mehrere tausend Kilometer langen Grenze kreisen mittlerweile unbemannte, mit Raketen bestückte Drohnen der NEU-Streitkräfte, die aber noch abwarten.

Für die Schlepperorganisationen wäre ein Durchbruch an diesem Tag ein großer Erfolg. Die Berichte über die unüberwindbaren Grenzanlagen und die harte Haltung der NEU-Staaten hatten ihr Geschäft in diesem Teil der Welt spürbar gebremst. Immer weniger Flüchtlinge waren gewillt, den Schleppern Tausende Yuan zu zahlen, nur um dann in einem der riesigen Auffanglager südlich oder östlich des NEU-Walls zu landen. Die Regierungen in prosperierenden Ländern wie China und Brasilien sind ebenfalls besorgt, weil die mittlerweile weltweiten Flüchtlingspfade nun in ihre Länder umgeleitet werden. Es gibt offene Appelle an die NEU, die Grenzen zu öffnen, um den Flüchtlingsdruck an den eigenen Grenzen zumindest etwas abbauen zu können.

In den NEU-Hauptstädten werden angesichts des Ansturms Krisenstäbe gegründet. Die Abwehr von Flüchtlingen durch Frontex ist das eine, der massenhafte Tod an der eigenen befestigten Grenze etwas anderes. Die Bilder, so die Befürchtung, werden dem Image der Europäer noch weiter schaden, zumal den USA und den NEU-Staaten ohnehin schon vorgeworfen wird, durch ihr jahrzehntelanges Leben im Überfluss für die sich häufenden Umweltkatastrophen verantwortlich zu sein.

Rasch zeigen sich auch die wirtschaftlichen Folgen: Es hagelt Boykottaufrufe gegen Produkte aus Deutschland, Frankreich und Skandinavien. Im UN-Sicherheitsrat können die USA mit Blick auf ihre eigene Grenze zwar noch einmal die von Indien und China geforderte Verurteilung der NEU wegen Verbrechen gegen die Menschlichkeit abwenden. Aber der mexikanischstämmige US-Präsident mahnt die NEU-Partner, sie müssten handeln. Die Alternative ist einfach: Entweder sie öffnen die Tore, oder sie geben den Drohnen das Signal zum Feuern.

8. WELTERNÄHRUNG – GRAUE ERDE

New Halfa, Sudan

Im Kontrollzentrum der Chinese-Sudanese Wheat Corp. (CSWC) herrscht seit dem frühen Morgen Alarmstimmung. Eine der Drohnen, die über den Feldern der Region kreisen und mit ihren Kameras und biochemischen Sensoren nach Unregelmäßigkeiten suchen, hat beunruhigende Daten übermittelt. Im Sektor 7C sind über Nacht auf Blättern und Halmen dunkle Flecken erschienen. Die Muster weisen auf den Schwarzrost *(Puccina graminis tritici)* hin. Seit jeher ist Schwarzrost eine gefürchtete Pflanzenkrankheit, weil sie ein Feld mit anfälligen Pflanzen, das drei Wochen vor der Ernte noch gesund aussieht, in ein schwarzes Gemisch aus abgebrochenen Halmen und verschrumpelten Körnern verwandeln kann.[1]

Die Drohne hat am Morgen routinemäßig mit Greifern eine Blattprobe entnommen und zum Labor geflogen. Nun ist das Ergebnis der genetischen Typisierung eingetroffen. Die Fachleute im Kontrollzentrum sind außer sich. So etwas haben sie noch nicht gesehen.

Pilzkrankheiten kommen auf weiten Weizenfeldern immer wieder vor, denn Monokulturen sind grundsätzlich anfällig für einen Befall. Was im Norden des Landes entstanden ist, seit der Sudan und China ihre strategische Partnerschaft im Weizenanbau begannen, hat aber eine völlig neue Dimension von Monokultur in der afrikanischen Landwirtschaft geschaffen: Allein das New-Halfa-Areal, 330 Kilometer östlich der Hauptstadt Khartum gelegen, erstreckt sich über eine Fläche von vielen tausend Quadratkilometern.

China und der Sudan waren durch Erdöllieferungen bereits seit den 1990er-Jahren eng miteinander verbunden. Dann begannen sie, in der Landwirtschaft zu kooperieren. Nachdem es eine Serie globaler Ernährungskrisen gegeben hatte und in Chinas Kornkammern die Erträge aufgrund von Erosion und Umweltverschmutzung rückläufig waren, entstand in Peking die Idee einer Chinese-Sudanese Wheat Corp. Das Gemeinschaftsunternehmen sollte jeden verfügbaren Quadratkilometer Land im Sudan für den Weizenanbau erschließen. Für die Sudanesen sollte es ein großes Geschäft werden, für die Chinesen ein wichtiger Beitrag dazu, ihr Milliardenvolk zu ernähren.

Der Plan nahm rasch Konturen an, doch es erwies sich als schwer, ihn umzusetzen. Obwohl der Sudan wegen der engen Beziehungen zu Peking in Afrika schon als chinesische Überseeprovinz gesehen wurde, musste zuerst der Widerstand Südkoreas gegen das Projekt überwunden werden. Das Land hatte sich 2008 Vorzugsrechte auf 690 000 Hektar Land für den Weizenanbau im Sudan gesichert.[2] Peking übte zunächst wirtschaftlichen Druck auf Seoul aus, indem es Rohstofflieferungen unter dem Vorwand neuer Umweltauflagen kappte. Zuletzt mussten aber mehrere Milliarden Dollar Ablösesumme fließen, um die Rechte übertragen zu bekommen.

Dann verlief die Umwidmung von Land kompliziert, denn Hirtenvölker sahen sich um ihre letzten freien Weideflächen gebracht und wehrten sich. Die USA und die EU stellten sich auf die Seite der seit jeher unterdrückten Minderheiten. Einen militärischen Eingriff wagte der Westen nicht. Es dauerte dennoch Jahre, bis Regierungstruppen und chinesische Milizen den Widerstand gebrochen hatten.

Noch größere Probleme warf der Weizenanbau selbst auf. Die Pflanze ist von Natur aus empfindlich gegen Hitze. Aufgrund des Klimawandels häuften sich in Ostafrika die Jahre mit besonders extremer Hitze. Zudem erwiesen sich viele der Böden, die sudanesische Berater als geeignet eingestuft hatten, als nur bedingt fruchtbar. Die Ernten waren anfangs so mager, dass die Wheat Corporation in einem Debakel zu enden drohte.

Ein Scheitern stufte Peking aber als politisch völlig inakzeptabel ein. Die Verantwortlichen bekamen mitgeteilt, dass sie wegen der Gefährdung der nationalen Sicherheit in beiden Ländern angeklagt und den Rest ihres Lebens in Arbeitslagern fristen müssten, wenn sie keinen Erfolg hätten. Fieberhaft arbeiteten sudanesisch-chinesische Wissenschaftlerteams daran, das Getreide mithilfe von gentechnischen Eingriffen an das Klima des Sudans anzupassen, das auch in den Wintermonaten, in denen der Weizenanbau stattfindet, deutlich heißer geworden war. Nach vielen Rückschlägen spürten sie in Wüstenpflanzen DNS-Sequenzen auf, die gegen Hitze schützen. Sie kombinierten dies mit Erbanlagen, die das Wachstum beschleunigen, sodass sich die erforderliche Anbauzeit deutlich reduzierte. Dann fanden sie Wege, diese neuen Eigenschaften in das Erbgut leistungsfähiger Weizensorten zu übertragen. Die Erträge pro Hektar stiegen nun stark.[3]

Als die Spezialisten ihre Arbeit vollendet hatten, stellte dies einen großen Durchbruch in der Agrarforschung dar, weit über die beiden Länder hinaus. Die beiden Regierungen ließen sich die Gelegenheit nicht entgehen, die Ergebnisse bei einem großen Festakt in Peking zu feiern. »China und Afrika haben gemeinsam Großes in der Wissenschaft geleistet und eine der wichtigsten Nahrungsquellen der Menschheit dem heißen Klima der Zukunft angepasst«, sagte der chinesische Regierungschef, »doch wir wollen die Züchtungserfolge nicht für uns behalten, sondern werden sie ohne Patente, Auflagen und Kosten der Weltgemeinschaft zur Verfügung stellen, damit der Weizen die wichtigste Nahrungsquelle der Menschheit bleiben kann.«

Die Unterdrückung der sudanesischen Hirtenvölker war nun

in den weltweiten Medien wie vergessen – »New Halfa«, wie die neue Getreidesorte nach ihrem ersten Anbaugebiet im Sudan genannt wurde, stellte einen durchschlagenden PR-Erfolg der beiden Regimes dar. Landwirte aus aller Welt wollten die neue, resistente Rasse sofort nutzen. Als ökonomischer Verlierer stand der US-Agrargigant PlantPower fest, der bis dahin den globalen Weizenmarkt mit Saatgut und maßgeschneiderten Pflanzenschutzmitteln dominiert hatte. Politisch schwächte der Deal die US-Regierung, die sich nicht nur ein weiteres Mal von China beim Ringen um Einfluss in Afrika übertrumpft sah, sondern weit über den Kontinent hinaus auch um die dominante Rolle bei der Welternährung und der Gentechnik fürchten musste.

Bereits wenige Jahre später deckte der Sudan ein Drittel des chinesischen Weizenbedarfs. »New Halfa« stieg zur wichtigsten Weizensorte weltweit auf.

Doch die Schwierigkeiten der Chinese-Sudanese Wheat Corporation hörten nicht auf. In wärmerem Klima gedeiht auch der größte Feind des Weizens gut, der Schwarzrost. Dieser Pilz ist genetisch enorm wandlungsfähig und attackiert die Pflanzen auf immer neuen Wegen. Am Nationalen Biosicherheitszentrum Chinas in Shanghai liefen gigantische Forschungsprogramme mit dem Ziel, die »New-Halfa«-Sorte so zu modifizieren, dass sie gegen die immer neuen Varietäten des Rostpilzes resistent blieb. Zudem wurde im Sudan eine biotechnologische »Instantfabrik« für Fungizide in Betrieb genommen. Anhand von Genprofilen werden dort maßgeschneiderte Vernichtungsmittel fabriziert, Fungizide, die den Schädling abtöten, bevor er sich ausbreiten kann. Deshalb haben die Forscher das Wettrennen mit dem Rostpilz lange gewinnen können. Die Pilzbefälle blieben lokal, die Verluste hielten sich in Grenzen. Bis zum Vorfall im Sektor 7C.

Das Profil, das die Gensequenziermaschinen an diesem Tag ins Kontrollzentrum von New Halfa übermitteln, sieht nicht anders aus als alle bisher gespeicherten Varietäten. Es gibt keinen Treffer für eine genetische Anomalie oder ein passendes Fungizid. Die Datenbank liefert nicht einmal einen Hinweis darauf, an welchen Stellen man ansetzen müsste, um einen neuen Wirkstoff zu synthetisieren.

»Wir wissen nicht, was das ist, woher es kommt und was nun passieren wird«, schreibt der Vorstandsvorsitzende der CSWC wenig später in einem Memo an die Agrarminister in Khartum und Peking. Umgehend werden im Sudan und in China Arbeitsgruppen von Genetikern, Botanikern, Pilzexperten, Bodenfachleuten und Agronomen gegründet, die eine Lösung finden sollen. Eine Nachrichtensperre wird verhängt, denn eine unkontrollierbare Schwarzrostepidemie in einem der wichtigen Weizenländer Afrikas könnte an den Warenterminbörsen die Getreidepreise explodieren lassen und zu sozialen Unruhen führen.

Als Notmaßnahme lässt die CSWC auf der gesamten Fläche einen Cocktail der potentesten Fungizide versprühen, die verfügbar sind. Doch am nächsten Tag zeigt bereits der halbe Sektor 7C Krankheitssymptome, am übernächsten Tag sind weitere Sektoren im New-Halfa-Feld betroffen. Inzwischen hat der Erreger auch einen Namen: »Su7C« wird er genannt, nach dem Land und dem Ort, an dem er zuerst aufgetreten ist.

Mehrere Tage vergehen, in denen die besten Wissenschaftler beider Länder vergeblich versuchen, »Su7C« zu verstehen. Sie jagen seine DNS durch alle verfügbaren Datenbanken, erstellen Computermodelle der Zellaktivität, fahnden nach Wirkstoffen, mit denen sie die Produktion von Milliarden Sporen unterbrechen können. Den Forschern fällt nichts auf, was diesen Pilz von früheren Varietäten des Schwarzrosts unterscheiden würde. Die DNS-Sequenz weist keine Besonderheiten auf. »Eigentlich müssten unsere Fungizide anspringen, aber sie tun es nicht«, heißt es in einem Bericht, den die Forscherteams an die Agrarministerien schicken.

Bisher haben die Agrarminister ihren Regierungschefs gegenüber das Problem verharmlost, in der Hoffnung, dass wie bei bisherigen Vorfällen noch eine Lösung gefunden wird. Nun stellt sich die Lage viel dramatischer dar. Schwarzrost tötet Getreide binnen weniger Tage, und er breitet seine Sporen mit großer Geschwindigkeit mit dem Wind aus. Die Sporen könnten nicht nur die Weizenproduktion im gesamten Sudan bedrohen, sondern auch gen Asien verweht werden. Sollte sich der Rostpilz dort ausbreiten, so würde eine Welternährungskrise von ungekanntem Ausmaß drohen.

Die Reaktion des chinesischen Regierungschefs fällt knallhart aus: Er lässt seinen Agrarminister inhaftieren, weil dieser ihn nicht früher über die Dimensionen der Gefahr informiert hat, und stoppt, obwohl Getreidekörner von der Krankheit nicht betroffen sind, alle Weizeneinfuhren aus dem Sudan. Zudem beauftragt er die Biosicherheitszentrale des chinesischen Militärs, Notfallpläne auszuarbeiten. Dann tritt er vor die Presse und gibt den New-Halfa-Vorfall bekannt: »Chinas Verantwortung für die Welternährung gebietet es, dass wir unsere internationalen Partner offen über die kritische Lage im Sudan unterrichten. Wir stellen zudem ein Viertel unserer strategischen Weizenreserve für den Weltmarkt zur Verfügung, um Marktspekulationen zu dämpfen. Und wir bitten Wissenschaftler aus aller Welt um Mithilfe, ein Gegenmittel zu finden.«

In diesem Moment geht eine Welle von Angst durch die Gehirne von Milliarden Menschen, deren Smartphones die Nachricht sofort nach ganz vorne ins Display rücken. Weizen ist für die meisten Menschen ein Grundnahrungsmittel, besonders für die fünf Milliarden Stadtbewohner, für die er das tägliche Brot darstellt. Außerdem deckt er, zu Ethanol verarbeitet, einen nennenswerten Teil der Energieversorgung, seit die Verbrennung von Erdöl gedrosselt wurde, um den Klimawandel zu dämpfen. Breitet sich der neue Schädling ungebremst aus, so droht eine doppelte Weltkrise: für Ernährung und für Energieversorgung.

* * *

Die Frage, ob und wie neun oder zehn Milliarden Menschen ernährt werden können, wird das 21. Jahrhundert dominieren. Nie zuvor haben mehr Menschen auf der Erde gelebt. Nie zuvor war die Nachfrage nach Fleisch, Milch und anderen Lebensmitteln, für deren Erzeugung riesige Flächen nötig sind, größer. Und nie zuvor waren die natürlichen Lebensgrundlagen, aus denen Nahrungsmittel entstehen, so unter Stress.

Zu Beginn des Jahrhunderts gab es weltweit eine Milliarde unterernährte Menschen – vor allem in Afrika und Indien, aber auch in anderen Weltregionen. Als 2008 die Getreidepreise stark stiegen, kam es rund um den Globus zu Unruhen, bei denen viele Menschen starben. Die Vereinten Nationen riefen Staats- und Regierungschefs zu einem Notgipfel in Rom zusammen und forderten, der Ernährungssicherheit größte Priorität zu geben. Die Industriestaaten gelobten, Milliardenbeträge für Kleinbauern zur Verfügung zu stellen. Doch wieder einmal war die Krise schnell vergessen, die Finanzkrise überlagerte alle Bemühungen, die Situation der Welternährung dauerhaft zu verbessern.

Die Ursachen für Unterernährung sind vielfältig. In vielen Weltgegenden führt die industrialisierte Landwirtschaft zu starker Erosion und einer biologischen Verarmung, was mittelfristig die Erträge sinken lässt. In anderen Regionen ist es der mangelnde Zugang zu modernen Agrarmethoden und produktivem Saatgut, der die Nahrungserzeugung behindert. Fehlende Investitionen in die ländliche Infrastruktur führen dazu, dass die Ernte nicht zu den Märkten transportiert werden kann oder mangels Lagerstätten verdirbt. Subventionssysteme im Westen wirken sich schädlich für Bauern in anderen

Weltregionen aus. Ihnen wird der Marktzugang verwehrt, und sie müssen mit den billigen Überschussprodukten konkurrieren, die auf ihren eigenen Märkten landen.

In vielen Fällen ist Unterernährung nicht eine Folge davon, dass nicht ausreichend viele Kalorien produziert werden, sondern davon, dass bei den Kleinbauern selbst, aber auch bei der Stadtbevölkerung die Kaufkraft fehlt, um sich ausreichend mit Nahrung einzudecken. Hinzu kommen die Spekulation mit Agrarrohstoffen, die Verschwendung von Agrarflächen für eine übermäßige Produktion von Fleisch sowie die wachsende Nutzung von Agrarflächen nicht für Lebensmittel, sondern für die Erzeugung von »Bioenergie«.

War die Nahrungserzeugung schon unter den bisherigen Umständen schwierig genug, so zeichnen sich für die kommenden Jahrzehnte zusätzliche Belastungen ab: Der Klimawandel wird zu häufigeren Wetterextremen führen. Hungerkatastrophen, wie sie 2011 in Ostafrika Millionen von Menschen betrafen, könnten häufiger auftreten. Eine Studie der University of Minnesota, die im Juni 2013 im Online-Journal PLOS ONE veröffentlicht wurde, kam zu dem Ergebnis, dass weltweit die Ernten der wichtigsten Agrarpflanzen wie Mais, Reis, Weizen und Soja nur zwischen 0,9 Prozent und 1,6 Prozent pro Jahr zunehmen, während jährlich 2,4 Prozent Zuwachs nötig wären, um den für 2050 prognostizierten Bedarf zu decken. Eine weltweite Verknappung von Nahrungsmitteln hat das Potenzial, neue Kriege zu entfachen – ob aus Not oder zur Absicherung von existenziellen Interessen.

Das Welternährungsproblem bündelt sich in Afrika wie in einem Brennglas. Für den Kontinent wird ein starkes Bevölkerungswachstum vorhergesagt. Wissenschaftler prognostizieren massive Veränderungen durch den Klimawandel. Zugleich gibt es riesige Flächen, die agrarisch geeignet, aber mangels Investitionen noch nicht erschlossen sind. Deshalb hat in den ersten Jahren des 21. Jahrhunderts ein Prozess eingesetzt, den

Gefahr Getreiderost – Ausbreitung von Ug99 in Afrika

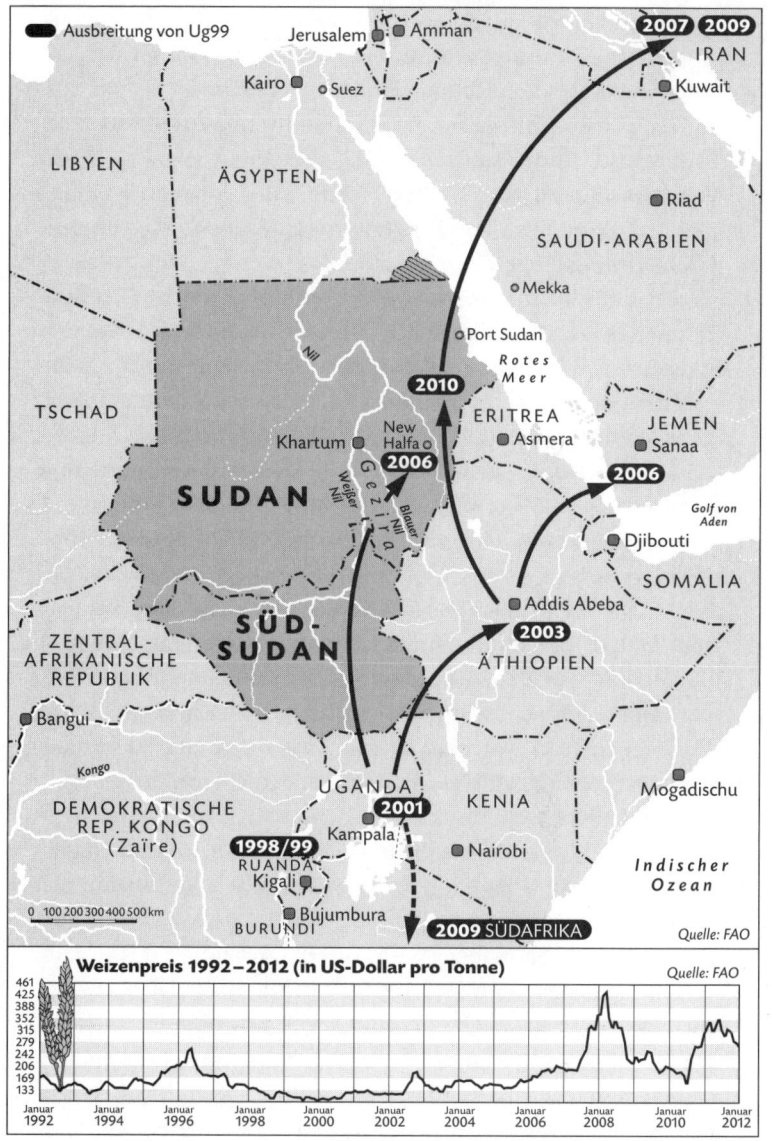

287

viele afrikanische Regierungen als willkommenes Engagement von Partnern vor allem aus Asien sehen, den viele Betroffene und Entwicklungsorganisationen aber als »Land Grabbing« und neue Form von Kolonialismus kritisieren.

Der Sudan zählt zu den politischen Brennpunkten Afrikas. Zahlreiche Länder versuchen, sich dort langfristig Zugriff auf Agrarflächen zu verschaffen. Nord- und Südsudan sind zugleich Schauplatz eines Ringens zwischen dem Westen und China um Machtsphären auf dem Kontinent.

Seit der Unabhängigkeit von der Kolonialmacht Großbritannien im Jahr 1956 ist der Sudan eine Diktatur, geprägt von Krisen und Kriegen. Zwei Millionen Menschen fielen mehreren Bürgerkriegen zum Opfer, die zwischen dem arabisch geprägten Norden und dem von Christen und zahlreichen ethnischen Minderheiten bewohnten Süden des Landes ausgetragen wurden, sowie brutalen Angriffen von Milizen auf die angestammten Hirtenvölker und Kleinbauern in der Provinz Darfur.

Die Konflikte machten den Sudan zu einem Herd von Instabilität in Afrika, doch zugleich gewann das Land geopolitisch stark an Bedeutung, vor allem seitdem große Erdölvorkommen entdeckt und Lagerstätten von Eisen, Gold und Uran erschlossen wurden. Bis zur Abspaltung des Südsudans im Jahr 2011 war der Gesamtstaat mit 2,5 Millionen Quadratkilometern Ausdehnung das flächenmäßig größte Land Afrikas. Der Westen isolierte die islamistisch ausgerichtete Regierung in Khartum wegen ihrer systematischen Verletzung der Menschenrechte.

1997 fror der damalige US-Präsident Bill Clinton das ausländische Vermögen der Regierenden im Sudan ein. Am 20. August 1998 ließ er, nachdem ein CIA-Agent eine verdächtige Bodenprobe entnommen hatte, sogar eine angebliche Chemiewaffenfabrik am Rand von Khartum mit fünf Raketen zerstören, die von US-Kriegsschiffen im Roten Meer aus abgeschossen wurden.[4] Der Sudan erklärte, es habe sich um eine pharmazeutische Anlage gehandelt, und wertete den Angriff als »verbrecherischen Akt«.

Diesen Tiefpunkt der Beziehungen zwischen Khartoum und dem Westen nutzte die Volksrepublik China gezielt aus, um den Sudan zu ihrem wichtigsten strategischen Partner in Afrika aufzubauen. Die Ende der 1990er-Jahre erschlossenen gigantischen Erdölvorkommen nahm Peking ins Visier, um den wachsenden Energiehunger der 1,3 Milliarden Chinesen zu stillen. Wenige Jahre später bezog China bereits acht Prozent seines Erdölbedarfs vom Regime des Diktators Umar Hasan Ahmad al-Baschir und kooperierte eng auch in anderen Bereichen, von der Landwirtschaft bis zum Militär.

Diese Entwicklung wurde von den USA und der EU höchst argwöhnisch beobachtet, denn auch der Westen sieht im Rohstoffreichtum Afrikas eine wichtige Stütze des eigenen künftigen Wirtschaftswachstums. China versucht mit großzügiger Entwicklungshilfe, Landkäufen, forcierter Einwanderung von Chinesen und massiven Investitionen die wichtigsten Länder Afrikas an sich zu binden. Dass Afrika langfristig in die chinesische Machtsphäre eingebunden wird, wird in Washington und den Hauptstädten Europas als eine Entwicklung eingestuft, die es zu unterlaufen und nach Möglichkeit zu verhindern gilt.

Als positives Zeichen wurde es daher gesehen, dass sich 2011 der Sudan in zwei Länder aufspaltete. Der eher westlich orientierte Südsudan rief Juba zu seiner neuen Hauptstadt aus und löste sich vom chinafreundlichen Norden, wie es 2005 als Ergebnis eines langjährigen brutalen Bürgerkriegs vereinbart worden war. Der Norden ging aus der Trennung allerdings als das deutlich mächtigere Land hervor – und zeigte sich bereit dazu, Konflikte entlang der Grenze, wo Erdölvorkommen und fruchtbares Land konzentriert sind, auch wieder mit Waffengewalt auszutragen. Im Südsudan kam es im Herbst 2011 zu

Nahrungsknappheit, 2013 folgte ein mehrmonatiger Bürgerkrieg.

Diese akuten Krisen stehen im Vordergrund des öffentlichen Interesses. Doch die langfristig entscheidende Frage für beide Länder – und für ihre globale Rolle in der Einflusssphäre Chinas oder des Westens – ist, ob sie ihre Bevölkerungen ausreichend ernähren können und ob sie die Landwirtschaft, in der noch immer ein Großteil der Bevölkerung arbeitet, mithilfe von Exporten in andere Länder zu einer Quelle von Wohlstand ausbauen können.

Die Einwohnerzahl beider Teile des Sudans ist von rund zwei Millionen Menschen am Anfang des 20. Jahrhunderts auf 25 Millionen in den 1990er-Jahren und nunmehr knapp 40 Millionen Menschen gestiegen, von denen mehr als zwei Drittel im Norden leben. Und vor allem die mehr als zehn Millionen Einwohner von Khartum verlangen als Grundnahrungsmittel nach den Körnern einer einzigen Pflanze: Weizen, genannt »Qamh«.

Früher haben die Sudanesen viel mehr Hirse genutzt, für Kisra, das traditionelle Flachbrot. Doch Weizen lässt sich deutlich einfacher zu Brot und anderen Lebensmitteln verarbeiten, er ist für Stadtbewohner und die vielen Menschen in Flüchtlingscamps gleichermaßen zur wichtigsten Nahrungspflanze geworden. Es kommt nun sogar vor, dass Bauern ihre Hirse als Tierfutter verkaufen, um sich mit den Einnahmen Brot aus Weizen leisten zu können.[5] Während ein durchschnittlicher Sudanese 1980 noch 21 Kilogramm Weizen pro Jahr konsumierte, stieg dieser Wert bis 2010 auf 33 Kilogramm für einen durchschnittlichen Sudanesen und auf 73 Kilogramm für einen Bewohner Khartums an.[6] Die politische Stabilität vor allem des Nordsudans steht und fällt mit Weizen.

In den vergangenen Jahrzehnten schwankte der Sudan zwischen zwei Extremen: einerseits Plänen, den Weizenanbau massiv auszuweiten und das Getreide zu exportieren, und andererseits Phasen, in denen das Heil im Weizenimport gegen Cash aus den Erdöleinnahmen gesucht wurde.

In der Kolonialzeit wurde Weizen nur an wenigen Orten im Sudan kultiviert.[7] Das änderte sich in den folgenden Jahrzehnten dramatisch. Die wechselnden Diktatoren in Khartum setzten darauf, die traditionelle Weidewirtschaft, die ihnen als primitiv galt, durch mechanisierten und industrialisierten Ackerbau zu ersetzen.[8] Vor allem der Diktator Jaafar Numeiri, der 1969 die Herrschaft übernahm, wollte den Sudan zum »Brotkorb Arabiens« machen. 1976 entstand mit internationalen Geldern und Zahlungen aus mehreren arabischen Ländern der »Arab Fund« mit dem Ziel, in größtmöglichem Stil Weizen für den Export anzubauen.

Da Weizen von Bewässerung abhängig ist, entstanden die größten Anbauflächen im Umfeld des Weißen und Blauen Nils, vor allem im Rahmen des groß angelegten Gezira-Projekts, wo der Weizenanbau in den 1970er-Jahren auf bis zu 200 000 Hektar Fläche vergrößert wurde. Auch in New Halfa, das östlich von Khartum in der Butana-Steppe liegt, wurde der Weizenanbau forciert. Die Ortschaft ist ein Produkt sudanesischer Umsiedlungspolitik. In den 1960er-Jahren wurden dort jene 40 000 Menschen angesiedelt, die an der Grenze zu Ägypten dem Nasser-See zu weichen hatten. Sie sollten ihr Glück hier draußen versuchen, mithilfe eines Stausees, der Wasser aus dem Atbara-Fluss für die Trockenzeit speicherte.

Doch die großen Pläne gingen aus zahlreichen Gründen nicht auf. Die Bewässerungsanlagen wurden nicht ordentlich unterhalten, der Weizen erwies sich als sehr anfällig für Klimaextreme des Sudans. Mitte der 90er-Jahre führten niedrige Weltmarktpreise für Weizen und die Aussicht auf Reichtum durch Erdölprofite dazu, dass die Regierung alle Subventionen für den Weizenanbau strich und sich darauf verließ, Weizen gegen Cash importieren zu können.

Hatte die Eigenproduktion 1995 noch bei 448 000 Tonnen gelegen und der Import bei 107 000 Tonnen, drehte sich das Zahlenverhältnis binnen weniger Jahre nahezu um. Im Jahr 2000 importierte der Sudan 637 000 Tonnen Weizen, vornehmlich aus Australien und Argentinien, während sich die Eigenproduktion auf 214 000 Tonnen halbiert hatte. Die Anbaufläche war von 278 000 Hektar 1995 auf nur noch 91 000 Hektar geschrumpft.

Als der Weizenpreis am Beginn des 21. Jahrhunderts stark stieg, erkannten die Machthaber in Khartum, dass sie einen Fehler damit gemacht hatten, beim wichtigsten Grundnahrungsmittel nicht autark zu sein. Es schien ihnen nun wieder zu gefährlich, die Lebensmittelversorgung dem Ausland zu überlassen. Deshalb gaben sie bei ihren Agrarforschern von der »Agricultural Research Corporation« eine neue Weizenoffensive in Auftrag: Potenzielle Anbauflächen sollten ermittelt, neue Weizensorten gezüchtet und die landwirtschaftliche Praxis verbessert werden. Die FAO hatte in den 1980er-Jahren die potenzielle Anbaufläche auf fast drei Millionen Hektar Land taxiert.[9] Bei der neuerlichen Untersuchung kamen die Regierungsexperten zu dem Ergebnis, dass sich die Anbaufläche mit den gegebenen Mitteln um mindestens eine Million Hektar erweitern ließe.[10] Das Vorhaben, Weizen als strategisch wichtige Ressource zu fördern, wurde mit großem Aufwand angepackt. 2009 war die Eigenproduktion auf den Rekordwert von 642 000 Tonnen gestiegen, die Anbaufläche umfasste laut FAO 400 000 Hektar.

In diesem Zeitraum begann der Sudan wieder damit, um internationale Investoren für den Weizenanbau zu werben – mit Erfolg. 2008, auf dem Höhepunkt einer Welternährungskrise mit 1,1 Milliarden unterernährten Menschen und neuen Preissteigerungen vor allem für Weizen, kam es zu einer Serie von Geschäftsabschlüssen. Kuwait und Katar gingen Partnerschaftsverträge mit dem Sudan ein. Jordanien sicherte sich den Zugriff auf 25 000 Hektar, Saudi-Arabien auf 10 000 Hektar und die Vereinigten Arabischen Emirate auf 30 000 Hektar sudanesischen Landes. Um noch größere Flächen ging es in Abkommen mit Südkorea, das sich Rechte auf die Bewirtschaftung von 690 000 Hektar Land sicherte. Allerdings lief die konkrete Umsetzung sehr schleppend an.[11]

China hat mit dem Sudan über 20 Jahre lang enge und sehr aktive Geschäftsbeziehungen aufgebaut – mit großer geopolitischer Bedeutung. Während sich der US-Konzern Chevron und die britisch-niederländische Shell bereits vor der Jahrtausendwende und das kanadische Ölunternehmen Talisman 2003 aus dem Sudan zurückzogen, stieg von 1996 an der staatliche chinesische Erdölgigant »China National Petroleum Corporation« (CNPC) in großem Stil ins Erdölgeschäft mit dem Sudan ein.[12] CNPC erwarb neben Förderlizenzen auch die Hälfte der Anteile an der wichtigsten Raffinerie des Landes, die 70 Kilometer nördlich von Khartum liegt.[13] Auch auf anderen Gebieten, vom Straßenbau bis zur Landwirtschaft, hat sich die Regierung in Khartum auf chinesische Investitionen verlassen können. Für Peking ist der Sudan das Kernstück einer umfassenden Afrika-Strategie.

Schon seit der Gründung der Volksrepublik China 1949 gab es in Peking großes Interesse an einer Kooperation mit Afrika. In den angolanischen Unabhängigkeits- und Bürgerkrieg war China durch Militärhilfe direkt verwickelt. Doch erst der rasant wachsende Energie- und Ressourcenbedarf der chinesischen Volkswirtschaft in den 1990er-Jahren führte dazu, dass sich China offensiv dem Kontinent zuwandte. Die politische und ökonomische Afrika-Offensive Chinas wurde im Jahr 2000 sichtbar, als die chinesische Regierung Spitzenvertreter von 44 afrikanischen Staaten nach Peking einlud, um über Perspektiven für eine gemeinsame Zukunft zu beraten und einen Schuldenerlass im Volumen von zehn Milliarden Euro zu verkünden. Etwas Vergleichbares hatte es noch nie gegeben. In Washington wie in Europa löste das Ereignis Unruhe und Sorge aus. Würde China zur dominanten Macht in Afrika aufsteigen?

2002 lud US-Präsident George W. Bush die Staatschefs von elf ölreichen afrikanischen Ländern ins Weiße Haus ein, um das Interesse Amerikas an einer langfristigen Partnerschaft zu unterstreichen. Denn die US-Ölimporte aus Afrika sind insgesamt größer als die aus dem Persischen Golf. Die Regierung in Peking hat ihre Strategie seither aber deutlich konsequenter und mit wesentlich größerem Engagement verfolgt als die Amerikaner. Das »Forum für China-Afrika-Kooperation«, bei dem sich Regierungsspitzen treffen, hat 2003, 2006 und 2009 getagt, 2006 stellte Peking zudem eine umfassende Afrika-Strategie vor, in der »Aufrichtigkeit, Freundschaft und Gleichheit« als oberste Prinzipien formuliert sind.[14]

Seit dem Jahr 2000 stieg das Handelsvolumen zwischen Afrika und China von zehn Milliarden Dollar auf über 90 Milliarden Dollar im Jahr 2009, wobei Importe und Exporte einigermaßen ausgeglichen waren. Damit hatte Peking das Handelsvolumen der USA mit Afrika, das sich 2009 auf 86 Milliarden Dollar belief, erstmals übertroffen.[15] 2014 bezifferte der chinesische Premier Li Keqiang das Handelsvolumen auf 200 Milliarden Dollar und kündigte an, die chinesischen Direktinvestitionen bis 2020 von 25 Milliarden auf 100 Milliarden Dollar zu steigern.

Straßenbau, Bergwerke, Industrieanlagen, Ölförderung, Landwirtschaft, Armutsbekämpfung, Schulen, Berufsbildungszentren, Krankenhäuser – es gibt fast keinen Sektor, auf dem China nicht aktiv ist.[16] China pumpt Milliarden Dollar in die afrikanische Landwirtschaft.[17] Im Juni 2008 unterzeichnete der sudanesische Vizepräsident in Peking ein Abkommen über die Zusammenarbeit in diesem Bereich. Den geplanten Vorzeigebetrieb, in dem chinesisches Agrar-Know-how zum Einsatz kommen soll, hatte chinesischen Medienberichten zufolge Präsident Hu Jintao selbst ersonnen.

Das Projekt im Sudan ist Teil einer groß angelegten Agraroffensive: Bis Ende 2009 hat China in Afrika 142 Agrarprojekte in Gang gesetzt, 14 Demonstrationsfarmen errichtet und 600 Landwirtschaftsexperten entsandt. Unter den etwa eine Million Chinesen, die in Afrika leben, sind auch Bauern: Mehrere tausend chinesische Bauern in Nigeria, Kenia, Sambia und im Sudan bilden eine Vorhut für mögliche weitere größere Projekte.[18]

Hinter dem chinesischen Engagement in der afrikanischen Landwirtschaft steckt nicht nur Hilfsbereitschaft. Vielmehr sorgt sich Peking massiv um die Ernährungssicherheit im eigenen Land. 1,3 Milliarden Menschen gilt es zu ernähren. Die Hungersnöte des 20. Jahrhunderts, vor allem die »Drei bitteren Jahre« von 1958 bis 1961, denen Millionen Chinesen zum Opfer fielen, sind tief ins kollektive Gedächtnis eingebrannt. China verfügt nur über weniger als ein Zehntel der Weltagrarfläche, muss aber ein Fünftel der Menschheit ernähren.

Die chinesische Landwirtschaft hat in den vergangenen Jahrzehnten einen steilen Aufstieg geschafft, doch zu einem hohen Preis: Überdüngung, Erosion, Schwermetallvergiftung und sinkende Grundwasserpegel sind flächendeckende Probleme. Hinzu kommt, dass Städte und Industrie auf Kosten von Agrarflächen wachsen. Zwischen 1996 und 2006 verlor China der chinesischen Wirtschaftszeitschrift *The Economic Observer* zufolge bereits 8,7 Millionen Hektar fruchtbare Agrarfläche.[19] Wachsender Fleischkonsum macht den Einsatz von immer größeren Mengen Soja und Getreide als Tierfutter nötig. Und in den kommenden Jahrzehnten drohen die Folgen des globalen Klimawandels die Lebensmittelproduktion in China zu erschweren. Dürren und Überschwemmungen setzen dem Land schon jetzt erheblich zu. In Peking verfolgt man also den Plan, die strategische Partnerschaft mit Afrika so weit zu entwickeln, dass der Kontinent in Zukunft zur Ernährungssicherheit der aufsteigenden Macht beitragen kann.

Inmitten dieser geopolitischen Umbrüche und der akuten politischen Krisen im Sudan blieb es fast unbemerkt, dass das Land 2006 nur knapp einer Ernährungskatastrophe entging, die die neu gefassten Pläne für eine massive Ausweitung des Weizenanbaus schnell hätte zunichte machen können. Bereits 2006 und 2010 war es in New Halfa zu beunruhigenden Vorfällen mit dem Schwarzrostpilz gekommen, der auf Arabisch »Dhangeil« heißt. Wissenschaftler entdeckten in dem Agrargebiet, das in den 1960er-Jahren erschlossen worden war, eine neue, äußerst gefährliche Form des Schwarzrosts.

Bis 1998 hatte der Schwarzrost als weitgehend besiegt gegolten. Norman Borlaug, der akademische Vater der »Grünen Revolution«, hatte in den 1970er-Jahren ein Gen, Sr31, identifiziert, das Weizenpflanzen gegen den gefürchteten Pilz schützt und zugleich Erträge steigert. Durch Zuchtanstrengungen gelang es, einen Großteil des global verwendeten Saatguts für Weizen mit dem Resistenzgen auszustatten.

Doch 1998 entdeckte ein Schüler Borlaugs, William Wagoire, bei Forschungsarbeiten in Uganda eine bis dahin unbekannte Variante des Schwarzrosts, die sich bei näheren Untersuchungen als äußerst aggressiv erwies.[20] »Wie aus dem Nichts« sei der Pilz erschienen, heißt es bei der Welternährungsorganisation FAO.[21] Mit »Ug99«, wie der Pilz nach seinem Ursprungsland und dem Jahr der wissenschaftlichen Beschreibung genannt wurde, habe ein »Albtraum« begonnen, weil die Variante wichtige Abwehrmechanismen von Weizen umgehen kann – vor allem das Resistenzgen Sr31.[22]

Das heiße Klima von Uganda war die Brutstätte der neuartigen Pilzform, der laut FAO ein Großteil des weltweit angebauten Weizens schutzlos ausgeliefert war. Von Uganda aus breiteten sich Ug99-Sporen mit dem Wind nach Südafrika und in mehrere Länder Ostafrikas aus, darunter der Sudan und Kenia. In Kenia war zunächst nur eine kleine Fläche betroffen, doch im Folgejahr fielen 30 Prozent der Weizenernte

Ug99 zum Opfer, was zu regionalen Hungersnöten und sozialen Unruhen führte. Zugleich brachte der Pilz immer neue genetische Formen hervor, darunter eine, die auch das wichtige Abwehrgen Sr24 ausschalten konnte. Von Ostafrika aus flogen Ug99-Sporen über den Golf von Aden in den Jemen und bis in den Iran. Die FAO stufte Ug99 als eine der größten Bedrohungen für die Welternährung ein.

Zu den »Worst-Case«-Szenarien der Ernährungsorganisation zählte die Ausbreitung nach Indien und in die Türkei, zwei bevölkerungsreiche Länder, die existenziell vom Weizenanbau abhängig sind. Im Sudan blieb es vorerst bei dem einmaligen Auftreten, eine größere Plage wurde dem Land erspart. Doch um die Gefahr einer weiteren Ausbreitung im Sudan sorgt sich die FAO nachhaltig, ebenso wie die »Borlaug Global Rust Initiative«, benannt nach dem Gründervater der »Grünen Revolution«.

Weizen ist zusammen mit Reis das wichtigste Nahrungsmittel der Menschheit überhaupt. Das war seit Beginn der menschlichen Zivilisation so. Durch dieses Getreide wurden die erste Stadtstaaten in Mesopotamien überhaupt erst möglich. Weizen ist das proteinreichste unter den Getreiden und deshalb die Hauptquelle für Eiweiß aus Pflanzen weltweit. 683 Millionen Tonnen Weizen wurden 2008 auf rund 225 Millionen Hektar Land produziert, mengenmäßig nur noch übertroffen von Reis und Mais.[23] Zu den Hauptproduzenten zählten am Anfang des 21. Jahrhunderts China, Indien, die USA und Russland. Aus Weizen werden Brot, Nudeln aller Art, Kuchen und viele alkoholische Getränke hergestellt. Zudem ist das Getreide wichtig als Tierfutter, um den wachsenden Fleischkonsum decken zu können.

Ein Schädling, der potenziell 80 Prozent des Weizenanbaus bedroht, ist deshalb eine tödliche Gefahr für die gesamte menschliche Zivilisation. Doch die internationale Aufmerksamkeit für Ug99 hielt sich in engen Grenzen, weil zunächst nur Afrika und der Jemen betroffen waren, nicht aber die Hauptanbaugebiete. Diese Ignoranz stuften Agrarexperten als fahrlässig ein: »Die Menschheit sollte nicht davon ausgehen, dass die Versorgung mit Essen für immer garantiert ist«, sagte Ronnie Coffman, Leiter eines von der Bill & Melinda Gates Foundation finanzierten Schwarzrostprojekts. Es hat die Zucht einer Weizensorte zum Ziel, die dauerhaft gegen den Schwarzrostpilz resistent ist.[24]

Die Erforschung des neuen Schwarzrosts gestaltete sich nachhaltig schwierig. Das weltweit führende Labor für den Schädling, das Cereal Disease Laboratory des U.S. Department of Agriculture in Saint Paul, Minnesota, verfügt zwar über erhebliche Expertise. Nur in Kanada gibt es noch ein vergleichbar gut ausgestattetes Laboratorium, mangels Investitionen hingegen nicht in Afrika oder Asien. Das US-amerikanische Cereal Disease Laboratory darf aber nur zwischen Dezember und Februar an Proben des Pilzes arbeiten, die aus dem Ausland eingesandt wurden. Der Grund hierfür ist die Angst der Kontrollbehörden und der Wissenschaftler selbst davor, dass Sporen von Ug99 trotz aller Vorsichtsmaßnahmen freigesetzt werden können.[25] Nur die Umweltbedingungen im Winter töten die Sporen verlässlich ab, aber die Einschränkung bedeutet, dass die Forschung auf ein Viertel des Jahres beschränkt ist.

Nichtsdestotrotz machten die Wissenschaftler Fortschritte. 2011 veröffentlichten sie das Erbgut des Pilzes, und auf einer Tagung in Saint Paul wurde in Aussicht gestellt, dass bald Saatgut auf den Markt kommen kann, das gegen Ug99 gewappnet ist.[26] Für die Zukunft der Welternährung wäre das ein gewaltiger Gewinn. Es könnte Länder wie den Sudan von der Gefahr befreien, dass ihre Weizenflächen sich über Nacht in schwarzen, verschrumpelten Pflanzenabfall verwandeln. 2013 wurde im Sudan eine neue Weizensorte, Zakia, eingesetzt, die gegen bisher auftretende Rost-Varianten resistent ist.

Für die kommenden Jahrzehnte zeichnen sich aber heute Entwicklungen ab, die zu Ereignissen wie einer Schwarzrostkrise im Sudan führen können. Es ist gut möglich, dass Ug99 schnell besiegt wird und weltweit Weizensorten Verbreitung finden, die resistent gegen den gefährlichen Pilz sind. Doch in der derzeitigen Entwicklung der Welternährung und auch des geopolitischen Kampfes um Afrika sind Ereignisse wie die im Szenario einer Chinese-Sudanese Wheat Corporation geschilderten bereits angelegt. Die wachsende Nachfrage nach Fleisch und nach sogenannter »Bioenergie« führt dazu, dass immer größere Monokulturen für Weizen angelegt werden müssen. Dass es gelingt, den Weizen für neue Klimazonen züchterisch zu ertüchtigen, ist durchaus wahrscheinlich, denn so gelang es in den 1950er-Jahren auch, den Mais für nördliche Klimazonen geeignet zu machen. Ebenso wahrscheinlich ist, dass China sein Engagement in Afrika noch auszubauen versucht. Die wachsenden Bedürfnisse auf allen Ebenen führen dazu, dass das Land immer mehr Rohstoffe und Nahrungsressourcen importieren muss. Das eröffnet vielfältige Geschäftsmöglichkeiten – und zugleich politische, ökonomische und ökologische Risiken.

Da China mit seiner wachsenden globalen Rolle in Zukunft stärker um sein Ansehen in der Welt besorgt sein wird und auf die Versorgung einer großen Bevölkerung achten muss, ist es durchaus denkbar, dass die Führung in Peking Projekte wie eine große Weizenkooperation mit dem Sudan so konzipiert, dass die Weltöffentlichkeit davon beeindruckt ist, statt von »Neokolonialismus« zu sprechen. Für den Westen könnte das die größte Herausforderung darstellen: ein weiterhin undemokratisches und repressives China, das aber die Welt mit neuen Technologien, effizienter Problemlösung und langfristigen Strategien für sich gewinnt.

* * *

Fünf Tage sind vergangen, seit die Drohne im Sektor 7C den Befall mit der mysteriösen Schwarzrostvariante entdeckt hat. Die Spezialisten tappen weiter im Dunkeln, was genau den Pilz so gefährlich macht. Inzwischen ist die gesamte Fläche des New-Halfa-Projekts betroffen. Die Ankündigung des chinesischen Regierungschefs, ein Viertel der nationalen Reserve auf den Weltmarkt zu werfen, dämpft die weltweiten Reaktionen nur kurzfristig. An den Agrarmärkten steigt der Weizenpreis auf ein Allzeithoch, schnell ziehen Lebensmittelketten und auch Bäckereien weltweit nach. Zwar bleibt der Schwarzrost bisher auf den Nordsudan begrenzt, doch die Medien veröffentlichen immer genauere Projektionen, wohin in Asien und Europa der Wind die gefährlichen Sporen verwehen könnte.

Wenig später erhält China ein Hilfsangebot aus den USA. Es kommt nicht vom Cereal Disease Laboratory in Saint Paul, sondern ausgerechnet von dem Unternehmen PlantPower mit Sitz in Atlanta, einem der global bedeutsamen Agrarkonzerne. PlantPower war der größte Leidtragende gewesen, als China die Weizensorte »New Halfa« ohne Lizenzgebühren auf den Mark geworfen hatte. Das ganze Geschäftsmodell des Unternehmens beruht darauf, mithilfe von Gentechnik neue Sorten für die industrialisierte Landwirtschaft herzustellen und das Hightech-Saatgut weltweit zu Premiumpreisen zu verkaufen. »New Halfa« hatte den Weltmarktanteil von PlantPower von 35 auf 20 Prozent verringert, der Aktienkurs hatte sich nie davon erholt.

Doch nun erklärt der Vorstandschef seine Solidarität mit China und dem Sudan. »Wir sind bestürzt über die Vorkommnisse in New Halfa und stellen Ihnen umgehend das Knowhow unseres Unternehmens zur Verfügung«, schreibt er an die Regierungschefs von China und Sudan. Forscher seines Unternehmens seien nach einem ersten Blick auf die Gencodes des Schädlings ähnlich ratlos wie ihre chinesischen und sudanesischen Kollegen. Was den Pilz so gefährlich mache, lasse sich aus dem Erbgut nicht herauslesen. Das Schreiben schließt mit einem Angebot: »Wir sehen kaum Chancen, kurzfristig ein geeignetes Fungizid zu entwickeln, doch wir möchten Sie darüber informieren, dass unser Unternehmen bereits seit Jahren an Lösungen für Extremfälle wie diesen arbeitet.«

Nur einen Tag später referiert der Vorstandsvorsitzende in Peking vor den nationalen Krisenstäben beider Länder, begleitet vom amerikanischen Landwirtschaftsminister. Er berichtet von »Fronterra X«, einem seit zehn Jahren laufenden Forschungsprojekt. Es sei nach den letzten Weizenunruhen begonnen worden, auf Bitten des amerikanischen Militärs.

Die Analysten des US-Zentralkommandos hätten Szenarien entwickelt, nach denen sich aus einer Schwarzrostpandemie ein Weltkrieg entwickelt hat, weil binnen dreier Jahre die Hälfte des weltweiten Weizenanbaus ausgefallen war. »Dem wollten wir vorbeugen, und ich muss Ihnen wohl nicht sagen, dass unser Unternehmen seit der Entwicklung von Agent Orange im Vietnamkrieg über eine gewisse Erfahrung in diesem Bereich verfügt«, sagt der Vorstandsvorsitzende. »Deshalb steht X für Extinction, Ausrottung.«

PlantPower habe einen Wirkstoff entwickelt, der sich unspezifisch gegen die Zellatmung von Lebewesen richte. »Egal ob Tier, Pflanze, Bakterie oder Pilz, wer mit diesem Stoff in Berührung kommt, hat nicht mehr lange zu leben«, sagt der Vorstandsvorsitzende. Der Wirkstoff werde von Drohnen versprüht. Er dringe tief in den Boden ein und könne dadurch auch tief sitzende Reservoirs von Schadorganismen auslöschen.

Die versammelten chinesischen und sudanesischen Agrarexperten und Strategen brauchen einen Moment, um diese Nachricht zu begreifen. »Aber das bedeutet doch, dass Sie alles abtöten und den Boden komplett sterilisieren würden«, wendet der chinesische Agrarminister ein. »Die Flächen wären tot.«

»Das ist die Stärke und zugleich die Schwäche unseres Wirkstoffs«, sagt der PlantPower-Chef, »die gute Nachricht ist aber, dass es sich nicht um ein klassisches Gift handelt, das den Boden dauerhaft verseucht, sondern um einen biotechnischen Wirkstoff, der sich nach drei bis vier Jahren unter dem Einfluss von Sauerstoff selbst abbaut.« Man gehe davon aus, dass der Boden nach zehn bis zwanzig Jahren seine alte Fruchtbarkeit wiedererlangt habe – »vorausgesetzt, es kommt nicht zu einer Wüstenbildung, was unter Ihren Bedingungen allerdings ein Problem sein könnte«.

Der sudanesische Agrarminister protestiert lautstark. Niemals werde sein Land einer großflächigen Sterilisierung seiner Böden zustimmen. »Wir haben fast 100 Jahre daran gearbeitet, zum Brotkorb Arabiens und Chinas zu werden, und das alles soll umsonst gewesen sein?« Die Rückverwandlung in eine Wüste sei unvermeidlich, der Sudan würde wirtschaftlich in die Zeit des Nomadismus zurückgeworfen.

»Meine Damen und Herren, wir können und wollen Sie zu nichts zwingen, sondern sind hier, um zu helfen, obwohl unsere Unternehmen Konkurrenten auf dem globalen Weizenmarkt sind«, erwidert der PlantPower-Chef. »Ich kann Ihnen nur ein Angebot unterbreiten. Ob Sie es annehmen, müssen Sie selbst entscheiden.«

Drei Tage ringen Peking und Khartum um eine Lösung. Es sind drei Tage, in denen neue schlechte Nachrichten eintreffen. Der Schwarzrost ist nun auch in Gezira bestätigt, dem historisch bedeutsamen Ackerbaugebiet südöstlich der Hauptstadt. Außerdem gibt es sieben Verdachtsfälle in anderen Landesteilen. In mehreren Hauptstädten Afrikas und Südeuropas und auch in einigen chinesischen Provinzen ist es bereits zu Protesten gegen die weiter steigenden Weizenpreise gekommen. Die Vereinten Nationen verhängen einen Aus-

reisestopp aus dem Sudan. Zudem werden an unterschiedlichsten Flughäfen der Welt nicht nur Sudanesen in Quaran-
täne genommen, sondern auch chinesische Staatsbürger, die
in den vergangenen Monaten im Sudan gewesen waren – aus
Angst davor, sie könnten Schwarzrostsporen an ihren Schu-
hen oder im Gepäck einschleppen.

Die sudanesische Regierung fleht Peking an, das Angebot von
PlantPower gemeinsam zurückzuweisen und darauf zu setzen, dass die Fungizidfabrik doch einen Treffer landet. Sie
ersucht andere afrikanische Länder, die ähnlich stark von
China abhängig sind, um Beistand und Solidarität. In Peking
ist aber bereits eine andere Entscheidung gefallen. Der Sudan wird geopfert, auch wenn dies die chinesische Weizen-
versorgung stark drosselt und die Bemühungen zurückwirft,
das Land als Agrarkolonie aufzubauen. Die Gefahr einer Ausbreitung des Erregers wird in Peking als äußerst hoch eingestuft. Eine lange Welternährungskrise könnte China wegen seiner ohnehin knappen Landwirtschaftsflächen, die sich
immer noch von der Erosion vergangener Jahrzehnte erho-
len müssen, existenziell treffen und den inneren Frieden aufs
Spiel setzen.

Die sudanesische Regierung hat keine andere Wahl als zuzustimmen. Zu stark ist die Abhängigkeit von China in allen
anderen Wirtschaftssektoren, zu stark die chinesische Militärpräsenz. Der Sudan würde anschließend auf Lebensmittel-
importe angewiesen sein.

Einen Monat nachdem die neue Schwarzrostvarietät entdeckt
worden war, beginnt im Sudan die Operation »Fronterra«.
Der Wirkstoff wird mit Militärmaschinen aus den USA in den
Sudan eingeflogen, fertig abgefüllt in Drohnen. Alle Agrargebiete des Landes werden von chinesischen Soldaten geräumt, die Bewohner umgesiedelt. Dann wird »Fronterra« auf
allen Getreideflächen des Landes versprüht. Die Konsequenzen sind gewaltig. Binnen weniger Stunden verfärben sich die

Pflanzen auf den Feldern gelb. Drastischer noch sind die Bilder, die selbststeuernde Drohnen vom Boden machen: Er ist grau geworden und sieht fast aus wie Beton.

In einer Ansprache versucht der chinesische Staatschef, die Katastrophe dafür zu nutzen, Sympathien für China zu wecken: »Wir haben unseren Vorgarten in Afrika geopfert, um die Welt vor einer Katastrophe zu retten.« In China kommt es zu erheblichen Unruhen, weil die Preise für Brot und Fleisch massiv steigen. Die politische Führung gerät in eine tiefe Krise.

Drei Jahre später bekommt der neue Staatschef in Peking einen Geheimdienstbericht auf den Tisch, der die höchste Geheimhaltungsstufe trägt. Darin sind Aussagen amerikanischer Informanten wiedergegeben. Zwei Monate nach der Sterilisierung des Sudan sei in der Nähe des Forschungshauptquartiers von PlantPower ein Labor geräumt worden, von dessen Existenz im Unternehmen und im amerikanischen Sicherheitsapparat nur wenige Menschen gewusst haben. Die Wissenschaftler, die dort tätig waren, hätten hohe Abfindungen dafür bekommen, dass sie sich zur Ruhe setzten und einwilligten, vom Department of Homeland Security zeitlebens überwacht zu werden.

Das Team »Fronterra X« habe nicht nur das potente Biozid entwickelt, heißt es in dem Bericht, sondern zugleich den Schädling selbst. Die neue Disziplin der synthetischen Biologie sei dafür erstmals in den Dienst militärisch-strategischer Interessen gestellt worden. Die Gruppe habe »Su7C« im Auftrag des US-Militärs in ihren Computern ersonnen und anschließend im Labor Atom für Atom synthetisiert.

Der erste vollständig synthetische Pilz der Welt sei so entwickelt worden, dass er die Schädlingsabwehr von Weizen stört. Um unentdeckt zu bleiben, seien die Veränderungen, die Weizen anfällig für den Schwarzrost machen, nicht in den genetischen Code geschrieben, sondern wie ein geheimes

Wasserzeichen in nachgelagerten Molekülen versteckt worden – Moleküle, die darüber entscheiden, zu welchem Zeitpunkt welches Gen in einem Organismus aktiv ist. Deshalb habe die Veränderung niemandem auffallen können.

Ob die US-Regierung den Einsatz geplant oder das Unternehmen auf eigene Faust gehandelt habe, sei unklar. Aber die amerikanische Regierung, heißt es in dem Geheimdienstbericht, habe stets Zugriff auf ein Gegenmittel gehabt, falls der Pilz sich über den Sudan hinaus ausgebreitet hätte.

Die PlantPower-Forscher hätten in einer geheimen Zeremonie für ihr Projekt sogar militärische Ehren verliehen bekommen – mit dem Logo jener Einheit der U.S. Army in Fort Detrick, Maryland, die schon in den 1950er- und 1960er-Jahren bis zum offiziellen Ende des amerikanischen Biowaffenprojekts daran gearbeitet hatte, den Schwarzrost als Waffe einzusetzen.[27, 28]

Die wesentlichen Arbeiten für Su7C seien bei PlantPower selbst gelaufen – als Teil eines globalen Geschäftsplans, um die Vorherrschaft auf dem Markt zurückzugewinnen. Ein kleines Elitekommando sei geschickt worden, um einige der Drohnen zu infizieren, die in New Halfa regelmäßig Pflanzenproben entnehmen.

Der chinesische Premier reagiert zurückhaltend auf den Bericht. Peking werde nicht den gleichen Fehler machen wie die USA am Anfang des Jahrhunderts vor dem Irakkrieg und lückenhaften Geheimdienstberichten zu viel Glauben schenken. Doch wenn es stimmte, was er las, dann war Washington nach Jahren des Niedergangs auf dem Weg, seine Vorherrschaft in der Welt zurückzuerobern.

Das strategische Ziel der USA, China geopolitisch zu schwächen und zugleich die sudanesische Konkurrenz auf den Weltweizenmärkten auszuschalten, ist durch den Su7C-Ausbruch erreicht. PlantPower hat seine dominierende Stellung auf dem Weltmarkt zurückgewonnen und damit den amerikanischen Einfluss auf die Welternährung wiederhergestellt. Zwei Jahre nach dem Su7C-Vorfall verkündet der Konzern, er habe ein wirksames und umweltfreundliches Mittel gegen den Pilz gefunden und stelle es der Weltgemeinschaft zu einem sehr günstigen Preis zur Verfügung. Es ist für PlantPower der Beginn eines Höhenflugs.

Der chinesische Premier lässt den Geheimdienstbericht verschwinden und gibt die Anweisung, die Informanten auszuschalten. Den Gedanken an Vergeltung verwirft er, schon weil jede militärische Auseinandersetzung nur die chinesische Wirtschaft treffen würde. »Es lohnt sich nicht, einen Konflikt um die Vergangenheit zu führen, und es wäre ein Fehler, auf diesem Gebiet auf Angriff zu setzen«, sagt er in einer Strategiesitzung mit Spitzenvertretern aus Militär, Geheimdiensten, Wissenschaft und Landwirtschaft. Er stelle quasi unbegrenzte Summen zur Verfügung, um so viele hoch qualifizierte amerikanische Biologen nach China abzuwerben wie nur möglich. »Zudem sollen Sie eine halbe Million zusätzliche Biotechnologen ausbilden lassen, die in der Lage sind, neue Pflanzensorten zu entwickeln, die amerikanischen Angriffen gewachsen sind«, so der Premier.

Der Name des Projekts lautet »Goldene Erde«. Chinesische Forscher sollten nicht eine, sondern Hunderte leistungs- und widerstandsfähigere Weizensorten entwickeln, die regionalen Bedürfnissen angepasst sind, und sie sollten unter den Zehntausenden Pflanzenarten nach neuen, noch nicht genutzten Kulturpflanzen fahnden. Diese sollten kostenlos weltweit an die Bauern verteilt werden, ohne Patentschutz und Auflagen. »Das wird das letzte Aufbäumen Amerikas gewesen sein«, sagt der Premier, »wir werden ihre Wissenschaft austrocknen, ihre Monokulturen überwinden und ihr Geschäftsmodell terminieren.«

9. TIEFSEE – KNOLLEN-KÄMPFE

Feld Alpha 1, 4500 Meter Tiefe, mitten im Pazifik

Die 17 Kollektoren des RAKKA-Konzerns ziehen mit einem leisen Brummen ihre Bahnen. Sie schieben sich mit riesigen Radrollen, an denen große Schaufeln sitzen, am Boden entlang. Die Kollektoren kratzen Manganknollen vom Grund auf. Vor ihnen liegt unberührter Meeresboden, bedeckt mit kartoffelartigen Knollen. Hinter den Unterwassermaschinen werden die Gesteinsbrocken über eine dicke Röhre an die Wasseroberfläche gesaugt. Dort warten bereits riesige Transportschiffe darauf, die kostbaren metallhaltigen Brocken in Empfang zu nehmen.

Die Crew der »Nordsee« sieht einem weiteren ereignisarmen Tag entgegen. Die Aufsicht über die industriellen Erntemaschinen ist eigentlich so problemlos wie über Mähdrescherkolonnen im Mittleren Westen der USA. 24 Stunden am Tag und unbemannt arbeiten die Kollektoren in den dunklen Tiefen des Meeres. Modernste Elektronik überwacht alle Details. Die schwierigste logistische Aufgabe ist es, den Abtransport der 20 000 Tonnen Tagesproduktion an Manganknollen zu koordinieren. Dafür steht die Crew in Kontakt mit der Reederei Wong in Hongkong, die dafür sorgt, dass täglich ein Schiff zur Aufnahme der Manganknollen vor Ort ist.

Plötzlich blinken rote Lämpchen auf, die Probleme in der Tiefe signalisieren. Eine Sekunde später fallen alle Kontrollbildschirme aus. Nun ist die Schiffsbesatzung hellwach. Verzögerungen beim Knollenabbau kosten die Eigentümer schnell viele Millionen Dollar.

Probleme beim Abbau der metallhaltigen Knollen treten immer wieder auf. Der enorme Druck in der Tiefe macht den Maschinen immer noch zu schaffen, obwohl es einige weltweit tätige Maschinenbaubetriebe aus Korea, Deutschland und China zu einer erheblichen Expertise im Tiefseeabbau von Rohstoffen gebracht haben. Manchmal ist der Meeresboden aber eben doch unebener, als sich dies auf dreidimensionalen Darstellungen erkennen lässt. Zweimal hatte es zudem unterirdische Vulkanausbrüche gegeben. Und mehrfach haben es technologisch aufgerüstete Umweltschützer in den vergangenen Jahren geschafft, zumindest für einige Stunden die Abbauketten zu unterbrechen, indem sie entweder Schiffe lahmlegten oder versuchten, einen Kollektor zu sabotieren. Die Aktivisten von Greenpeace und der neuen Organisation WWW (»World Wide Waters«) sehen den Tiefsee-Bergbau als Frevel an der Meeresumwelt an.

Nach wenigen Minuten ist den Technikern an Bord der »Nordsee« klar, dass es sich um keine Panne handelt. Auf einem kleinen Reservemonitor können sie verfolgen, dass sich 4500 Meter unter ihnen kein einziger der 17 Kollektoren mehr bewegt. Dafür zeigt die Kamera fünf dunkle Schatten, die über die Kollektoren gleiten. Der Kapitän greift zum Telefon.

* * *

Die nächste Stufe der Kolonisierung der Erde hat begonnen. Auf dem Grund der Meere, den die Menschen erst zu einem kleinen Teil wirklich erforscht haben, liegen für die rohstoffhungrigen Firmen der Industrieländer wahre Schätze. In mehreren tausend Meter Tiefe unter der Wasseroberfläche schlummern Milliarden Tonnen gesuchter Metalle. Kupfer, Zink, Eisen, aber auch begehrte Metalle wie die Seltenen Erden finden sich dort. Seit einigen Jahren rücken sie verstärkt ins Visier von Firmen und Staaten.

Die Prognosen des Club of Rome, dass die irdischen Vorräte an Rohstoffen wie Kupfer, Blei und Zink schon kurz nach der Jahrtausendwende erschöpft sein würden, haben sich zwar als falsch herausgestellt. Auf absehbare Zeit ist die Erde reich an Bodenschätzen. Doch im Rohstoffgeschäft geht es nicht nur um geologische Gegebenheiten, sondern vor allem darum, ob Materialien in ausreichender Menge gefördert werden, konstant zur Verfügung stehen und bezahlbar sind. Rohstoffpreise sind starken Schwankungen unterworfen, die viel mit der aktuellen Lage der Weltwirtschaft zu tun haben. Nach 2005 etwa stiegen die Rohstoffpreise kontinuierlich sehr stark an, danach fielen sie wieder wegen einer schwächeren Konjunktur in vielen Schwellenländern. Dennoch sind sich Händler, Produzenten und Abnehmer weitgehend einig: Das Zeitalter der billigen Versorgung neigt sich dem Ende zu.

Zu den Hauptursachen zählt, dass China von einem Nettoexporteur zu einem Importeur von Rohstoffen geworden ist. Auch andere aufstrebende Schwellenländer suchen derzeit überall auf der Welt nach Rohstoffen für ihre eigenen Industrien und sichern sich ein Bergwerk nach dem anderen. Das trägt dazu bei, dass bei wichtigen Rohstoffen die leicht zu erschließenden Vorkommen bald zur Neige gehen könnten. In der Erdölförderung zeichnet sich deshalb bereits seit Längerem ein Trend zu Bohrung und Förderung in der Tiefsee ab – trotz des Schiefergas-Booms etwa in den USA. Auch bei Metallen wie den Seltenen Erden könnte es rentabel werden, die weniger gut abbaubaren Schätze zu heben. Das macht Vorkommen interessant, die zwar schwer erschließbar, aber im internationalen Wettrennen noch nicht verteilt sind – vor allem in der Tiefsee.

Das geltende internationale Seerecht hat die Nutzung der Meere durch Nationalstaaten in drei Kategorien unterteilt. Die ersten zwölf Seemeilen vor der Küstenlinie gehören zum Staatsgebiet. Die 200 Seemeilen vor der Küste bilden die Wirt-

Schatzkammer Weltmeere

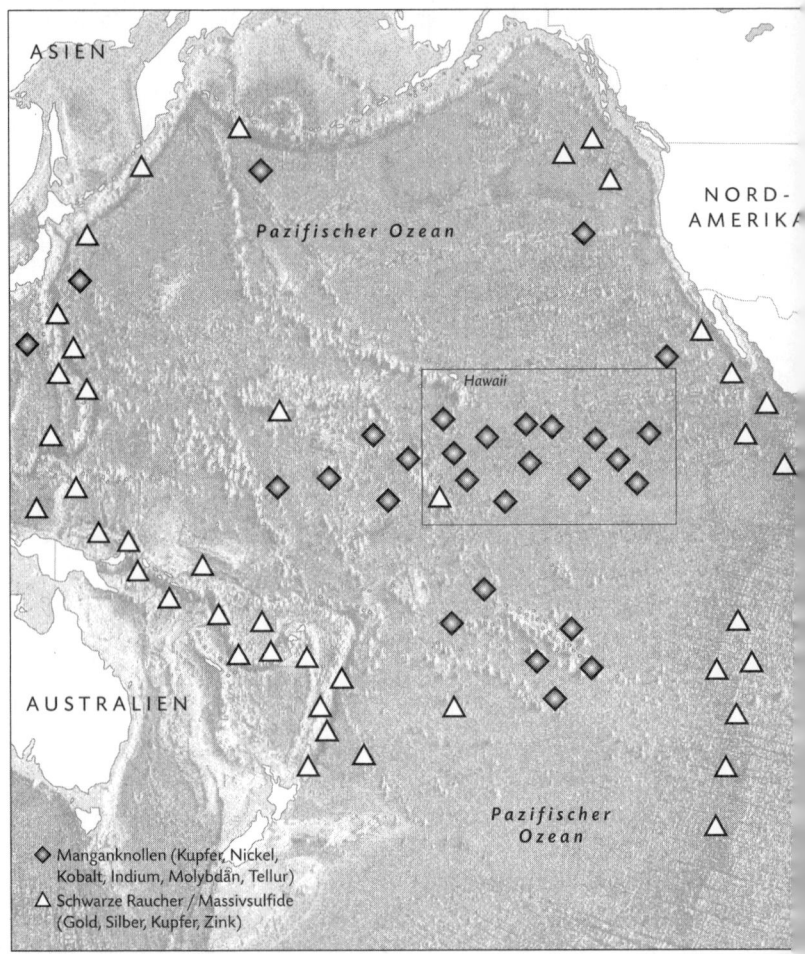

Manganknollen (Kupfer, Nickel, Kobalt, Indium, Molybdän, Tellur)

Schwarze Raucher / Massivsulfide (Gold, Silber, Kupfer, Zink)

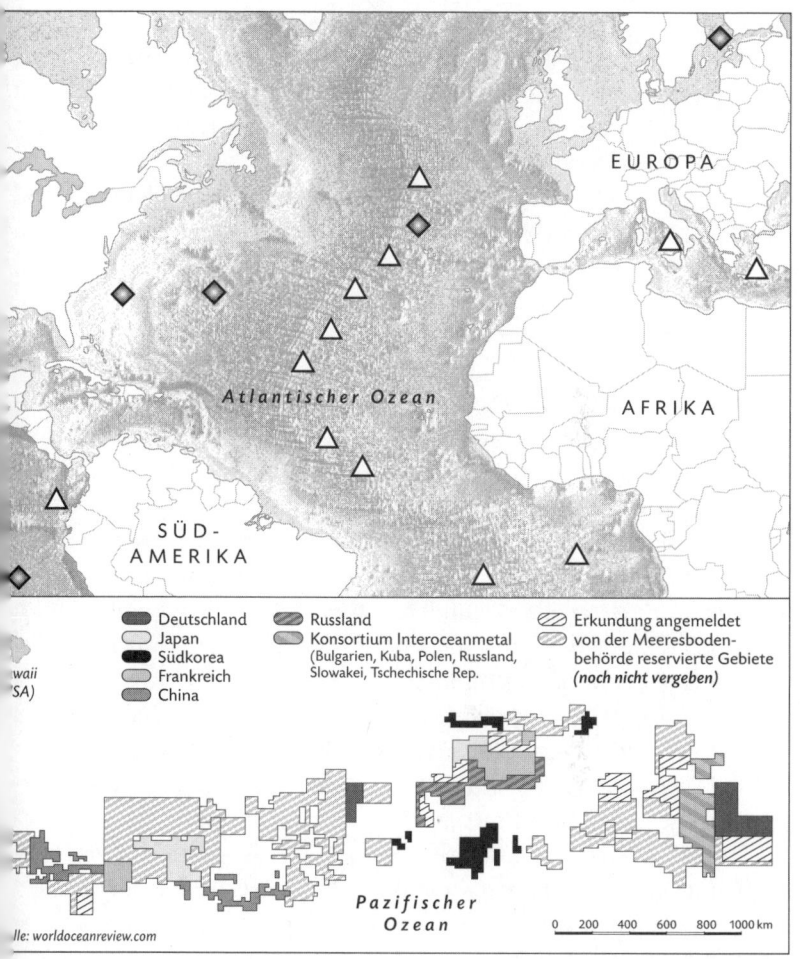

	Deutschland		Russland		Erkundung angemeldet
	Japan		Konsortium Interoceanmetal		von der Meeresboden-
	Südkorea		(Bulgarien, Kuba, Polen, Russland,		behörde reservierte Gebiete
	Frankreich		Slowakei, Tschechische Rep.		*(noch nicht vergeben)*
	China				

*waii
SA)*

Atlantischer Ozean

EUROPA

AFRIKA

SÜD-
AMERIKA

*Pazifischer
Ozean*

0   200   400   600   800   1000 km

lle: worldoceanreview.com

schaftszone, die eine ausschließliche wirtschaftliche Nutzung durch einen Küstenstaat garantiert. Wenn die Staaten nachweisen können, dass ein zum Land gehöriger sogenannter Festlandssockel als geologische Formation ins Meer hineinragt, kann diese Wirtschaftszone auch weiter ausgedehnt werden, sofern die »Festlandssockelkommission« der Vereinten Nationen in New York zustimmt.

Die dritte Kategorie von Seegebieten ist das neue Eldorado der internationalen Rohstoffsucher – der Boden unter den freien Weltmeeren, der sich über riesige Flächen erstreckt. Er ist dem internationalen Recht zufolge im Gemeinbesitz der Menschheit und kann deshalb im Prinzip von allen gleichermaßen genutzt werden. Als dies festgelegt wurde, war aber noch nicht klar, dass diese Gebiete künftig von großem wirtschaftlichen Interesse sein würden. Es war damals vergleichsweise leicht, sie ohne Einschränkung als kollektiven Besitz der Menschheit zu deklarieren.

Dieses Denken ändert sich jedoch derzeit, auch weil der technologische Fortschritt den Menschen neue Möglichkeiten gibt, in die letzten unerkundeten Winkel der Erde vorzudringen. Um anders als bei den legendären Goldsuchern des 19. und 20. Jahrhunderts zumindest den größten Missbrauch zu verhindern, versucht die Internationale Meeresbodenbehörde ISA seit 1994, Regeln für eine mögliche Nutzung festzuklopfen.[1] Aber obwohl bereits 2016 die ersten Nutzungslizenzen vergeben werden könnten, gibt es immer noch keine gemeinsamen Standards. Die G7-Staaten pochten deshalb auf ihrem Gipfel in Schloss Elmau im Juni 2015 in ihrer Abschlusserklärung auf einen »unmissverständlichen, wirksamen und transparenten Kodex für nachhaltigen Tiefseebergbau«.

Dass es Verteilungskämpfe um die Schätze auf dem Meeresboden geben wird, wurde für alle offensichtlich, als in der Arktis unter dem Eis riesige Vorkommen an Öl und Gas entdeckt wurden. Seit sich errechnen lässt, dass die Klimaerwärmung immer größere Gebiete der Arktis enteisen wird, positionieren sich vor allem Russland, Kanada, die USA, Norwegen und Grönland für den großen Verteilungskampf.[2]

Daneben rücken aber auch nicht-energetische Rohstoffe ins Zentrum der Strategien und Träume. Denn der Bedarf an Metallen aller Art wächst. Abhilfe für den Rohstoffhunger könnten nach Meinung von Geologen zum Beispiel Manganknollen schaffen, die in mehreren tausend Meter Tiefe auf dem Meeresgrund des nördlichen Pazifiks vorkommen. Sie wurden erstmals im 19. Jahrhundert in Schleppnetzen gefunden und faszinieren seither die Wissenschaft.

Die seltsamen Klumpen enthalten wichtige Metalle wie Mangan, Eisen, Nickel, Kupfer oder Kobalt – und zumindest einige der Seltenen Erden, die essenziell für moderne Elektrogeräte und Hightech-Apparaturen sind. Die Knollen weisen teilweise eine so hohe Konzentration von Metallen auf, dass sie nach Ansicht der Bundesanstalt für Geowissenschaften und Rohstoffe (BGR) an Land bereits abgebaut worden wären. So haben die von der BGR in Hannover untersuchten Knollen einen Kupfergehalt von 1,1 Prozent. Im Gestein der chilenischen Kupferminen sind es nur 0,5 Prozent.[3] Welche riesigen Mengen gebundener Metalle in der Tiefe zu holen sind, zeigt die Schätzung der Experten, dass zwischen 20 und 40 Milliarden Tonnen Knollen in den drei entscheidenden Gebieten, im Manganknollengürtel des zentralen Pazifiks, im Peru-Becken und im Indischen Ozean, liegen.[4]

Die unscheinbaren schwarzen Knollen sind ein Wunderwerk der Natur: Entstanden sind sie in Millionen von Jahren durch das langsame Herabsinken unzähliger Partikel im Wasser und durch im Wasser gelöste Metalle. Die schwarzen Brocken wachsen um einen Kern herum in einem Tempo von einem halben bis einem Zentimeter in einer Million Jahren. Voraussetzung dafür ist die große Abgeschiedenheit von allen anderen Umwelteinflüssen. In der Nähe von Flussmündungen wären die Knollen von immer neuen Ablagerungen eher zugedeckt worden, statt weiterzuwachsen. Zudem darf es in den betreffenden Gebieten keine starken Unterseeströmungen geben.

Neben Manganknollen sind für Rohstoffjäger auch die metallhaltigen Mangankrusten an den Hängen unterseeischer Vulkane interessant. Während in den Manganknollen vor allem Kupfer und Kobalt zu finden sind, weisen die Krusten einen erheblichen Anteil eines Metalls auf, nach dem die Menschheit seit Tausenden von Jahren jagt – Gold.

Als dritte wichtige Rohstoffquelle sind auf dem Meeresboden die Massivsulfide entdeckt worden. Sie entstehen überall dort, wo die Erdplatten der Kontinente auseinanderdriften.[5] Die teilweise meterhohen Schlote der sogenannten Schwarzen Raucher bilden nicht nur reizvolle geologische Strukturen, sondern sie sind auch kleine Schatztruhen für das Industriezeitalter. Sie enthalten neben Zink und Kupfer ebenfalls Gold. Im Gegensatz zu Manganknollen kommen die Massivsulfide in Küstennähe vor und zudem in Tiefen von 1500 bis 2500 Metern, die für den Abbau erreichbar sind.

Als vierte potenzielle Rohstoffquelle haben japanische Forscher im Jahr 2011 den Tiefseeschlamm an sich ausgemacht. Bei Probebohrungen des Forschungsschiffs »Joides Resolution« fanden die Wissenschaftler und Geologen im nördlichen Zentralpazifik und östlichen Südpazifik Seltene Erden in Schlamm aus 3500 bis 6000 Meter Tiefe. Die Konzentration beträgt zwar nur 0,2 Prozent, sie entspricht aber in etwa dem Wert der Lagerstätten in China.[6] Japanische Forscher träumen nun davon, dass man aus nur einem Quadratkilometer 25 000 Tonnen Seltene Erden gewinnen könnte – was angesichts der Weltproduktion von derzeit rund 134 000 Tonnen ein erhebliches Volumen wäre.

Das Problem bei allen Vorkommen ist jedoch, dass ihre theoretische Bedeutung als Rohstoffquelle in Kontrast zu den immens hohen Explorations- und Förderkosten steht. Diese Kosten haben bisher verhindert, die Ressourcen aus dem Ozean zu holen. Wer am Meeresgrund investiert, muss angesichts der enorm hohen Kosten für die Spezialgeräte einen Abbau über sehr lange Zeiträume für wahrscheinlich halten. Im 20. Jahrhundert wagten dies weder Firmen noch Staaten.

Doch der weltweite Run auf Rohstoffe führt nun bei vielen Regierungen zu einem Umdenken – auch in Deutschland. Als »Schatztruhe« bezeichnete auch Bundesforschungsministerin Annette Schavan im Sommer 2011 die Tiefsee, als sie den Vertrag zum Bau eines neuen deutschen Forschungsschiffs namens »Sonne« unterschrieb, das mittlerweile im Einsatz ist. Die Bundesregierung musste viel nachholen, denn lange Zeit hatte Deutschland wenig Interesse für die Tiefsee gezeigt.[7]

Als die ISA 1994 ihre Arbeit aufnahm und Lizenzen für Explorationsgebiete mit Manganvorkommen im Pazifik vergab, sicherten sich sieben Staaten einen »Pionierinvestorenstatus«. Deutschland jedoch verzichtete, weil das Bundeswirtschaftsministerium damals die 250 000 Dollar Antragskosten nicht zahlen wollte. Man überließ China, Russland, Japan, Korea, Indien, Frankreich und einem Konsortium aus ehemaligen Ostblockstaaten das Terrain.

Erst als die Rohstoffpreise wieder stiegen, erinnerte man sich auch in Berlin der Schätze auf dem Meeresgrund und beantragte 2005 schließlich ein Lizenzgebiet, das der Bundesrepublik 2006 zugesprochen wurde. Das potenzielle Abbaugebiet im Pazifik hat eine Größe von rund 75 000 Quadratkilometern. Das entspricht einer Fläche, die immerhin so groß ist wie Niedersachsen und Schleswig-Holstein zusammen. Es ist symptomatisch für die wenig strategisch ausgerichteten Debatten in Deutschland, dass die BGR-Forscher das Gebiet »Alpha 1« zwar scherzhaft das »17. Bundesland« nennen – aber dieser Ausdruck in der Öffentlichkeit der von deutschen Urlaubern überschwemmten spanischen Insel Mallorca vorbehalten ist.

Dabei offenbart die Untersuchung des BGR ein riesiges Potenzial: Die Bundesanstalt schätzt, dass in dem von ihr erkundeten Gebiet etwa eine Milliarde Tonnen Knollen liegen, im Schnitt mit einer Dichte von zwölf Kilogramm pro Quadratmeter. Der Abbau würde sich wohl vor allem auf jene Gebiete konzentrieren, bei denen man eine Dichte von 30 Kilogramm pro Quadratmeter gemessen hat. Außerdem entdeckte man auch im deutschen Lizenzgebiet »Alpha 1« mindestens zwei interessante Vulkane, die 2000 Meter hoch sind. Ihre Hänge sind reich bestückt mit Mangankrusten. Eine interne Berechnung des BGR macht deutlich, welcher Wert auf dem Meeresgrund liegt: So hätten die vermuteten zehn Millionen Tonnen Nickel, die acht Millionen Tonnen Kupfer und die 1,2 Millionen Tonnen Kobalt im April 2010 einen Marktwert von rund 561 Milliarden Dollar gehabt.[8]

Der Vorsprung vor allem der asiatischen Länder Korea, Indien und China ist jedoch schwer wettzumachen. Während die BGR im Auftrag des Bundeswirtschaftsministeriums im Jahr 2010 erst eine dritte Erkundungsmission in das Gebiet startete, hat Korea das eigene Lizenzgebiet bis 2011 bereits in 30 Missionen erforscht. Die koreanische Regierung hat ein eigenes Testgelände für die Erprobung möglicher Abbaumaschinen eingerichtet. Die Industriestaaten in Ostasien sehen die Pazifikgebiete ohnehin als ihre natürlichen Rohstofflager an.

Allerdings gibt es jenseits der Kostenkalkulation und der ungeklärten technischen Fragen erhebliche Einwände gegen die stärkere industrielle Nutzung der riesigen Gebiete der Tiefsee. Die BP-Ölkatastrophe im Golf von Mexiko hat 2010 gezeigt, welche Gefahren die Eroberung unterseeischer Schätze mit sich bringt. Ein undichtes Bohrloch lässt sich eben nur sehr schwer reparieren. Die potenziellen Schäden im

Meer, das gleichzeitig Quelle für einen erheblichen Teil der Welternährung ist und durch die Strömungen Verschmutzungen schnell verbreiten kann, sind riesig. So haben bereits die ersten Abbauversuche von Metallen in der Tiefsee Ende der 1970er-Jahre bis heute deutlich sichtbare Spuren auf dem Meeresgrund hinterlassen.[9]

Die Organismen in den Tiefseegebieten sind auf ein Leben eingestellt, das weder von Strömungen noch durch Ablagerungen der Partikel gestört wird, die Flüsse ins Meer spülen. Da die Manganknollen zum Teil in den weichen Meeresboden eingesunken sind, müssten sie mit Erntemaschinen herausgepflückt werden. Das Befahren des Meeresgrunds könnte in erheblichem Maße Sediment aufwirbeln.

Das Umweltbundesamt hat deshalb bereits 2010 vor dauerhaften Schäden gewarnt. Denkbar sei, dass diese Sedimente ganze Gebiete verschlammen und die Meeresfauna schädigen. Die aufgewirbelten Partikel könnten in höheren Wasserschichten die Primärproduktion des Phytoplanktons hemmen oder gar die Fischkiemen schädigen, geben die obersten deutschen staatlichen Umweltschützer zu bedenken. Selbst bei der anfangs angenommenen Ernte auf rund einem Quadratkilometer pro Tag pro Firma konstatiert das Umweltbundesamt eine »berechtigte Sorge um die maritime Umwelt«.[10]

Noch kritischer wird der Abbau von Massivsulfiden und der von den japanischen Forschern entdeckten Seltenen Erden im Schlamm am Meeresboden gesehen. Forscher der Universität Tokio behaupten, dass ihre Messungen auf die Menge von 80 bis 100 Milliarden Tonnen Seltene Erden im Schlamm schließen lassen. Doch wenn aus dem Schlamm weniger als ein Prozent an wertvollen Metallen herausgefiltert werden soll, warnt die Deutsche Rohstoffagentur, müsse der Meeresboden in riesigem Ausmaß umgepflügt werden. In China sorgt sich die Regierung bereits um Umweltschäden, die durch den Abbau von Seltenen Erden an Land entstehen.

In der Tiefsee könnten die Schäden noch viel größer sein. All diese Hinweise ändern aber nichts daran, dass sowohl Umwelt- als auch Wirtschaftsexperten an einen baldigen Abbau glauben. »Ich denke, in drei, vier oder fünf Jahren wird es so weit sein«, prognostizierte die amerikanische Pionierin der Tiefseeforschung, Cindy Lee Van Dover von der Duke University.[11] BGR-Experte Carsten Rühlemann verweist darauf, dass einige Firmen einen Abbau vorbereiten. Er geht davon aus, dass der Startschuss zunächst für die sehr viel küstennäheren Vorkommen von Massivsulfiden fallen wird. So plane die kanadische Firma »Nautilus Minerals« einen baldigen Abbau. Das japanische Konsortium Deep Ocean Resources Development Company erkunde den Abbau dieser Sulfide in der eigenen japanischen Wirtschaftszone.

Wie sehr sich die Konzerne für das Wettrennen unter See aufstellen, zeigt auch die Strategie des Siemens-Konzerns. Das Münchner Unternehmen hat 2011 und 2012 mehrere norwegische und britische Firmen gekauft, die Spezialisten etwa für die Stromversorgung in der Tiefsee sind. Die norwegische Firma Bennex hat Know-how für den Tiefseebergbau, weil es tiefseetaugliche Kabelverbindungen entwickelt hat, die den Druck in mehr als 3000 Meter Wassertiefe aushalten.[12]

Das Rennen auf die Schätze in der Tiefe ist eröffnet – und die Pioniere stehen unter erheblichem Zeitdruck: An Land geht die Verteilung der leicht und billig erreichbaren Vorhaben dem Ende zu. Zudem hat die Internationale Meeresbodenbehörde ISA die Vergabe der Lizenzen bewusst mit einer Befristung versehen: 15 Jahre dürfen die Staaten ihre Gebiete erkunden, dann fällt das Gebiet an die ISA zurück, wenn keine Abbaulizenz beantragt wurde. Nur wenn sie beweisen können, dass der Abbau technisch noch nicht möglich ist, können die sieben Startnationen die Lizenz noch einmal verlängern. Spätestens 2016, sagt BGR-Experte Rühlemann, müssen sie Farbe bekennen. Deutschland hat wegen des späteren Einstiegs fünf Jahre länger, also bis 2021, Zeit für eine Entscheidung.

Der ISA-Rechtsanwalt Michael Lodge sagte im Mai 2013 zur britischen BBC: »Wir sind an der Wende einer neuen Ära im Tiefsee-Bergbau.« Zuvor hatte eine UN-interne Studie noch einmal das Potenzial deutlich gemacht. Auffallend ist dabei, dass nun auch Rüstungskonzerne mitmischen. So erhielt UK Seabed Ressources, eine britische Tochter des US-Rüstungsgiganten Lockheed Martin, eine Erkundungslizenz. Alle Wettbewerber haben es eilig: Im Juli 2011 berichtete die chinesische Nachrichtenagentur Xinhua stolz, dass China das erste, nach einem mystischen Seedrachen »Jiaolong« benannte, Tiefseeerkundungs-U-Boot in Betrieb genommen habe. Damit ist China dem exklusiven Klub von Nationen beigetreten, die U-Boote in eine Tiefe von über 3500 Metern schicken können. Zu diesem Klub gehören neben den USA auch Japan, Frankreich und Russland. Angeblich kann »Jiaolong« sogar bis in eine Tiefe von 7000 Metern tauchen, im Juni 2013 brach das U-Boot erneut zu einer Erkundung im Südchinesischen Meer auf.

Auch Deutschland widmet der Tiefseeforschung nun wieder mehr Aufmerksamkeit. Im April/Mai 2010 war das »FS Sonne« zu einer dritten Explorationsfahrt aufgebrochen, um mit Echolot und Videokameras zu untersuchen, wie groß die Knollen sind und wie dicht sie vorkommen. Das Nachfolgeboot untersuchte im Mai und Juni 2015 erneut die Bodenbeschaffenheit in dem deutschen Explorationsgebiet im Pazifik. Aber verglichen mit den Investitionen der asiatischen Staaten sind die deutschen Maßnahmen eher bescheiden.

Besonders im Pazifik hat die Rohstoffsuche großes geopolitisches Konfliktpotenzial: Die USA haben die internationale Seerechtskonvention wie so viele andere multilaterale Abkommen nie unterzeichnet. Deshalb hat ausgerechnet die Supermacht bei der ISA auch kein Explorationsgebiet beantragen und erhalten können. Die Aktivitäten der Vereinigten Staaten in der Tiefsee sind im Gegensatz etwa zu den chinesischen in den vergangenen Jahren zwar zurückgegangen. Aber wenige Experten zweifeln daran, dass die USA eines Tages aus Sorge um die Rohstoffversorgung des Landes und der verbliebenen US-Industrien mit Macht versuchen werden, sich in die lukrativsten Gebiete zu drängen, zumal die vielversprechendsten Manganknollengebiete direkt vor der amerikanisch-mexikanischen Westküste liegen. Nur die USA haben auf absehbare Zeit die militärische Macht, die wirtschaftliche Nutzung des Pazifiks zu kontrollieren.

Weiteres Konfliktpotenzial birgt die künftige Verteilung der Felder. Die ISA-Explorationsrechte für die Manganfelder sehen vor, dass jeder der acht Lizenznehmer im Pazifik das gesamte eigene Gebiet erkunden und das Wissen der Menschheit zur Verfügung stellen muss. Zudem müssen die Förderländer am Ende die Hälfte der Gebiete kostenlos an kleine UN-Mitglieder abgeben. Das ist gut gemeint: Inselstaaten sollen vom Reichtum des Meeres profitieren. Faktisch führt dies aber dazu, dass diese Staaten massiv ins Visier internationaler Bergbaukonzerne rücken, die von der Regelung profitieren wollen. Wie dieses Geschäft funktioniert, lässt sich vor der Küste von Nauru, einem winzigen Inselstaat im Pazifik, ablesen. Dort will die Firma Nautilus Minerals Massivsulfide abbauen. Das Unternehmen hat sich bereits von Nauru das Recht dazu gesichert – gegen eine kleine Abgabe. Später könnte der Konzern gegen Zahlung einer Lizenzgebühr im offiziellen Auftrag der Regierung von Nauru theoretisch auch die Förderung in den von Deutschen erkundeten Gebieten übernehmen: Das wäre für die privaten Konzerne ein hervorragendes Geschäft, denn die eigentlichen Erkundungskosten hätte der deutsche Steuerzahler getragen. Auch die Fiji-Inseln kündigten im Mai 2013 an, nun in ihren nationalen Gewässern nach wertvollen Metallen suchen zu lassen. Im Juni 2015 gründete Nautilus Minerals ein Joint Venture mit der Regierung von Papua-Neuguinea, um die Clarion-Clipperton-Zone im Pazifik zu erkunden. Finanziert von der EU haben sich 15 kleine Pazifikstaaten nun zusammengetan, die seit 2014 gemeinsam die Auswirkungen des Tiefsee-Bergbaus untersuchen und daraus eine mögliche gemeinsame Haltung ableiten wollen.

Immerhin schwant der ISA langsam, welche Verantwortung sie als Wächterin des Meeresbodens eigentlich hat – und wie schnell sie zwischen den Interessen mächtiger Spieler zerrieben werden kann. Sie hatte bei ihrer Gründung unter dem Dach der Vereinten Nationen einen dreifachen Auftrag erhalten: die Erschließung der mineralischen Ressourcen auf dem Meeresboden zu fördern, den Schutz der Umwelt zu gewährleisten und für eine gerechte Verteilung des wirtschaftlichen Nutzens zu sorgen. Aufgeschreckt durch die Aussichten auf einen möglicherweise rasch beginnenden Abbau hat die ISA-Führung gemerkt, dass sie noch keine Regeln für den Abbau aufgestellt hat. Umweltschützer und auch die EU-Staaten drängen deshalb auf die Weiterentwicklung des Seerechts, das solche Vereinbarungen für das gemeinsame Erbe der Menschheit noch nicht kennt.

Möglicherweise ist es dazu schon zu spät. Ehrgeizige Nationen werden ihre Vorarbeiten für einen Abbau am Meeresgrund kaum wieder einstellen. Zumindest einen juristischen Etappensieg hat die ISA aber errungen: Am 1. Februar 2011 legten die Richter des Internationalen Seegerichtshofs in Hamburg ein Rechtsgutachten vor, wonach sich Staaten und Firmen bei einer Förderung etwa von Manganknollen nicht mit Lizenzzahlungen von ihrer Verantwortung für ökologische Folgen freikaufen können. Angestrebt wird eine Praxis, bei der Firmen und Staaten an der jeweils besten Abbaumethode gemessen und für auftretende Schäden haftbar gemacht werden.

Es gibt aber bis heute keine funktionierende Einrichtung, die den Schutz und die nachhaltige Nutzung der so reichhaltigen wie fragilen Tiefsee gewährleisten könnte. Es ist sogar unklar, wer überhaupt Urteile des Internationalen Seegerichtshofs vollstrecken sollte.

Das schafft – zusammen mit den unermesslichen Rohstoffwerten am Meeresboden – gewaltiges Streit- und Konfliktpotenzial.

* * *

Während der Kapitän auf der Brücke der »Nordsee« auf die Verbindung nach Wilhelmshaven wartet, um den Zwischenfall mit den Knollenkollektoren zu melden, fällt sein Blick auf ein Foto an der Wand. Es ist bereits zehn Jahre alt und zeigt eine Reihe festlich gekleideter Frauen und Männer, die sich mit einem Glas Champagner zuprosten. Damals hatte sich am Hauptsitz des Deutschen Rohstoff-Konsortiums DRK viel Prominenz aus Politik und Wirtschaft versammelt. Der Bundeskanzler, die Wirtschaftsminister des Bundes und Niedersachsens und nicht weniger als 15 Dax-Vorstände verfolgten auf einer riesigen Leinwand, wie im Tausende Kilometer entfernten Lizenzfeld »Alpha 1« der Abbau der Manganknollen begann. Alle im Raum wussten, welcher Kraftakt dafür nötig war. So war nicht nur die Anschubinvestition von rund 10,5 Milliarden Euro für die Abbaumaschinen, die Schiffe und die Verarbeitungsanlagen an der amerikanischen Westküste zu stemmen gewesen. Fast noch schwieriger gestaltete sich die Einigung zwischen Konkurrenten verschiedener Industriezweige.

Die deutsche Industrie zu einem Konsortium zusammenzuschließen, um die Versorgung deutscher Fabriken mit Rohstoffen zu gewährleisten, schien zuerst unmöglich. Aber nachdem die Rohstoffpreise über Jahrzehnte immer weiter nach oben geklettert waren und immer mehr Vorkommen von Kupfer, Eisenerz, Nickel und vielen anderen Metallen durch direkte Abnehmerverträge mit Staaten wie China oder den USA auf dem Weltmarkt nicht mehr verfügbar waren, dachte man auch in den Konzernzentralen der großen Mobilitäts- und Hightech-Unternehmen um: Ohne die noch frei verfügbaren Manganknollenfelder im Pazifik würde die Bundesrepublik als Industrienation nicht überleben können. Die hohen Abbaukosten hoffte man durch die besondere Effizienz der deutschen Industrieproduktion verkraften zu können.

Ohnehin hatten die deutschen Industriekonzerne die Verschlankung ihrer Produktion und den Abbau der Fertigungstiefe, die bis zu den 1990er-Jahre üblich gewesen waren, revidiert. Notgedrungen hatten sie neue Versorgungsketten über die Zwischenprodukte der Zulieferer bis hin zur eigenen Rohstoffgewinnung aufgebaut. Der Pazifik war dafür wesentlich besser geeignet als ein autoritäres Land in Afrika oder Asien. Riesige Investitionen wurden getätigt, um Umweltschäden zu minimieren.[13]

Am schwierigsten war für die Unternehmer der Schritt gewesen, den deutschen Staat mit einer 30-Prozent-Beteiligung mit an Bord zu nehmen. Die Furcht vor einer Planwirtschaft ging um. Aber andere Staaten mischten immer stärker auf dem Rohstoffsektor mit. Immer mehr Länder verstaatlichten ihre Rohstoffkonzerne oder stellten sie zumindest unter harte Aufsicht, um sich den Zugang zu Rohstoffen und Einkünften zu sichern. Lieferverträge für begehrte Metalle oder Kohle wurden als Druckmittel benutzt, um die Ansiedlung von Fabriken multinationaler Konzerne zu erzwingen. Deutschland, das jahrzehntelang auf die Philosophie freier Märkte und eine Distanz zwischen Wirtschaft und Politik gesetzt hatte, geriet als führende europäische Industriemacht bei der Jagd nach Rohstoffen deutlich ins Hintertreffen.

Eine Weile hatte die Bundesregierung versucht, mit sogenannten Rohstoffpartnerschaften mit Ländern wie Kasachstan und der Mongolei eine sichere Versorgung zu gewährleisten. Doch diese Verträge erwiesen sich als Luftschlösser. Zwar hatten die entsprechenden Regierungen in Astana und Ulan-Bator anfangs tatsächlich großes Interesse daran gezeigt, mit europäischen Firmen ins Geschäft zu kommen, um nicht nur von den Nachbarn China und Russland abhängig zu sein. Aber immer stärker und ungenierter übten die beiden in Nord- und Zentralasien dominierenden Mächte in den folgenden Jahren Druck aus, ihnen selbst einen bevorzugten Lieferstatus für Rohstoffe einzuräumen. Deutschland und die EU hatten dem wenig entgegenzusetzen. Die Rohstoffpartnerschaften blieben leere Hüllen, während sich China und Russland mit politischem, wirtschaftlichem und militärischem Druck die Vorkommen sicherten.

Da China im Eiltempo auch auf anderen Kontinenten immer mehr langfristige Lieferverträge schloss, hatten die Deutschen keine andere Wahl, als die relativ teuren Investitionen im Pazifischen Ozean ins Auge zu fassen. Aber auch im Pazifik waren die Deutschen bei Weitem nicht alleine. So baute die kanadische Bergbaufirma Nautilus Minerals Massivsulfide vor der Küste Neuguineas ab. Vor Neuseeland begann – allerdings noch in den nationalen Gewässern – der Abbau von Phospatknollen in rund 1000 bis 1500 Meter Tiefe. Der Meeresbergbau wurde auf breiter Front entwickelt.

Immerhin hatte es die Internationale Meeresbodenbehörde ISA nach langen Jahren der Debatte unter den Mitgliedsländern endlich geschafft, Regeln für den Abbau festzulegen. Nach monatelangen Verhandlungen einigten sich die Staaten darauf, dass die UNO fünf Prozent der Profite aus dem Abbau der Knollen und anderer Rohstoffe am Meeresgrund erhält, um ihre Blauhelm-Truppen zu finanzieren. Weitere fünf Prozent werden unter Aufsicht der UNO speziell für Entwicklungsprojekte in ärmeren Ländern abgezweigt – darauf haben vor allem die Nicht-Küstenstaaten gedrängt, die darauf pochen, dass auch sie von dem Gemeinschaftsbesitz der Menschheit profitieren müssten. Drittens fließen zehn Prozent der Einnahmen in einen UN-Ökofonds, der sich mit der Beseitigung der Umweltschäden im Meer beschäftigen soll. Sogar die großen multinationalen Firmen unterstützten diese Lösung, weil sie dadurch den Einstieg in ein Milliardengeschäft gesichert sahen. Für sie erschien der Deal wie eine Garantie, dass die Staaten den Abbau am Meeresboden selbst dann nicht mehr infrage stellen würden, wenn sich die Klagen über Umweltzerstörungen häufen sollten. »Baggern für den Frieden«, gifteten die Umweltorganisationen.

Deren Bedenken spielten zu diesem Zeitpunkt allerdings eine immer geringere Rolle. Angesichts der wachsenden Weltbevölkerung und der Versorgungsprobleme auf allen Kontinenten veränderte sich die öffentliche Debatte. Nach zwei verheerenden Weltwirtschaftskrisen und der weitgehend abgeschlossenen Ausbeutung der verfügbaren Metallvorkommen an Land kreiste die Diskussion nur noch darum, wie verhindert werden könne, dass etwa die Wachstumsmaschine China erneut zusammenbrechen und die Nachbarn in die Armut stürzen könnte. An der Rohstoffknappheit änderten auch die immer effizienteren Produktionsverfahren und ausgetüftelten Recyclingstrategien etwa in Europa und den USA nichts Entscheidendes.

Der Abbau in der Tiefsee beschleunigte sich. Große Investitionen durch Regierungen, Konzerne und Hedgefonds brachten einen enormen Innovationsschub. Firmen aus Australien, den USA, China, Indien, Großbritannien, Korea, Japan, Frankreich und Deutschland bildeten Konsortien, um weitere Abbauversuche zu starten. Anfangs profitierte davon auch der deutsche Maschinenbau. Zwar hatten diejenigen Länder einen Vorsprung, die wie Korea sehr früh in die Exploration eingestiegen waren oder aber Erfahrung mit der Förderung von Gas, Öl oder Diamanten in Tiefseegebieten hatten. Aber zunächst gab es auch Vorteile für die deutsche Wirtschaft: Milliardenbestellungen etwa für die Mangankollektoren der deutschen Firma RAKKA, die für die extrem ausgefeilte Technik und die gegen den enormen Druck abgeschirmte Elektronik einen Stückpreis von rund 75 Millionen Euro verlangen konnte.

Je höher die Rohstoffpreise stiegen, desto klarer wurde, dass im Pazifik über den Reichtum der Staaten von morgen entschieden würde. Nun kam die Sonderregelung im ISA-Gesetz zum Tragen: Um die winzigen Pazifikstaaten am Rohstoffgeschäft in ihrer Region zu beteiligen, waren Ländern wie Tonga und Nauru Sonderrechte auf die Fördergebiete zugesprochen worden, die die Industrienationen erschlossen hatten. Mehrere Inselstaaten stellten Anträge, große Teile des Deutschland zugeschlagenen Gebiets nutzen zu dürfen. Doch bald stellte sich heraus, dass hinter den kleinen Inselregierungen mächtige internationale Konzerne oder chinesische Staatsfirmen standen. China hatte sich die Gunst der Inselregierungen durch großzügige Entwicklungshilfe und Sonderzahlungen an Kabinettsmitglieder rechtzeitig gesichert. Die Regierung Tongas teilte etwa mit, dass man mit dem australischen Rohstoffkonzern MareMin einen Nutzungsvertrag über das Tonga zustehende Gebiet abgeschlossen habe. MareMin bekam das Recht, die Manganfelder im Auftrag Tongas abzubauen. Im Gegenzug sicherte sich der Inselstaat jährliche Gewinnabführungen in einer Höhe, die den Staatshaushalt verdoppelten. Nur kurze Zeit später offenbarte MareMin, dass es einen Milliardenvertrag zur Lieferung der Metalle nach China abgeschlossen hatte.

Großes Aufsehen erregte wenig später eine Studie der BGR, dass sich inzwischen 85 Prozent der Gebiete, die eigentlich für Entwicklungsländer reserviert waren, in Wahrheit in der Hand von acht weltweit agierenden Rohstofffirmen befanden.

Und immer deutlicher zeigte sich, dass die Warnungen vor umfangreichen Umweltverschmutzungen durchaus begründet waren. Denn die von verschiedenen Firmen eingesetzten Technologien hatten sehr unterschiedliche Folgen. Während die RAKKA-Kollektoren den Meeresboden noch relativ gering aufwirbelten und die EU-Staaten zumindest für ihre Firmen sehr strikte Vorschriften für den Abbau und die Renaturierung der Gebiete erließen, sorgte eine von den Japanern entwickelte Saugtechnik, die dann auch von China und Korea genutzt wurde, für gigantische unterseeische Verwüstungen.

Der UN-Ökofonds, der für die Renaturierung vorgesehen war, musste ungleich mehr Geld im japanischen und koreanischen Lizenzgebiet aufwenden – was zu Protesten der Europäer führte. Doch jeder Versuch von Umweltschützern und Europäern, härtere Umweltstandards durchzusetzen und bestimmte Abbauverfahren zu verbieten, scheiterte. Ein Umdenken fand in Japan erst statt, als eine Studie der Universität Tokio veröffentlicht wurde, dass die Fischbestände im Pazifik nicht nur durch die Überfischung, sondern auch durch die dauerhafte Eintrübung großer Meeresflächen immer weiter zurückgingen. Als Ursache wurde der unsachgemäße Manganknollenabbau identifiziert.

In dieser Situation geriet das deutsche Engagement im Pazifik in eine tiefe Krise. Das östliche Manganfeld, das Deutschland erhalten hatte, rückte ins Visier anderer Staaten. Mexiko begann ähnlich wie andere Küstenstaaten, die eigene nationale Wirtschaftszone auf 2000 Kilometer vor der Küste auszuweiten, die USA folgten. Damit lag das deutsche Fördergebiet »Alpha 1« plötzlich nicht mehr in internationalen Gewässern, sondern in mexikanischen. Zwar erkannte der Internationale Seegerichtshof in Hamburg diese Ausweitung völkerrechtlich nicht an. Aber die mexikanische Marine brachte viermal Manganfrachtschiffe des deutschen Konsortiums DRK unter dem Vorwand auf, es handle sich um Diebstahl mexikanischen Eigentums.

Die Aktien der am DRK beteiligten Firmen sackten in den Keller, weil die Anleger um das einträgliche Pazifikgeschäft fürchteten. Das wiederum wirkte sich auch auf die verbliebenen rohstoffverarbeitenden Industriekonzerne in Deutschland aus, deren Versorgungssicherheit von den Rating-Agenturen herabgestuft wurde. Deutsche Konzerne galten fortan international als Übernahmekandidaten.

Nun rächte sich, dass seit Jahrzehnten nicht mehr in die deutsche Marine investiert worden und auch die europäische Außen- und Sicherheitspolitik nicht wirklich vorangekommen war. Angesichts der Entfernung und ihrer geringen Größe war die Bundesmarine nicht in der Lage, die eigenen Schiffe zu schützen. NATO-Partner wie die USA wiederum zeigten sich sehr zurückhaltend, zugunsten eines europäischen Staates einen Konflikt mit dem wichtigen südlichen Nachbarn Mexiko zu riskieren. Sowohl in den USA als auch in etlichen asiatischen Staaten begann eine Debatte, was die Europäer überhaupt im Pazifik verloren hätten. Die beiden Supermächte USA und China, kurz »Chimerica« genannt, hatten zudem seit Längerem eine enge Kooperation in der pazifischen Boomregion vereinbart. Bei ihren Gipfelgesprächen bekam die Formel vom »pazifischen Jahrhundert«, die der frühere US-Präsident Barack Obama geprägt hatte, eine neue Bedeutung: China und Amerika würden sich langfristig den Reichtum des Pazifiks teilen.

Die USA waren schon länger nicht mehr der engste Verbündete der Europäer, sondern konzentrierten sich immer stärker auf die »Allianz für das 21. Jahrhundert« mit China. Die Amerikaner beanspruchten immer mehr Mitsprache bei der Ausbeutung der Manganfelder. Ungeniert übte Washington Druck auf europäische Firmen aus, im Gegenzug für den Transport der Rohstoffe von der amerikanischen Pazifik- zur Atlantikküste einen erheblichen Teil bereits in den USA zu verarbeiten, um dort Arbeitsplätze zu schaffen. In mehreren Schritten verschärfte der US-Kongress ein entsprechendes, im Volksmund »Knollengesetz« genanntes Regelwerk.

Die Bundesregierung protestierte gegen diesen Kurs Washingtons und warnte, man werde eine weitere Fokussierung auf »Chimerica« mit einem europäischen Expansionskurs in Arabien, Afrika und Zentralasien beantworten. Daraufhin eskaliert der Konflikt.

Als der Kapitän der »Nordsee« den Reservemonitor anschaltet, sieht er fünf riesige U-Boote, die sich entfernen. Offenbar haben sie die Kollektoren am Boden lahmgelegt. Es würde Monate dauern, um die Sensoren wieder zu reparieren, zumal nur ein einziges Reparatur-U-Boot verfügbar ist. Das bedeutet Produktionsausfälle, die Kosten in Millionenhöhe verursachen. Die enge Lieferkette, die Deutschland mit viel Mühe, Geld und diplomatischem Geschick hatte aufbauen können, droht endgültig zu zerbrechen. Vor diesem Szenario hatte der Chef des Konsortiums gewarnt: »Ohne die Pazifik-Knolle droht das Ende des deutschen Industriezeitalters«, hatte er immer wieder gesagt.

Als die Nachricht aus dem Pazifik die Verantwortlichen in Wilhelmshaven erreicht, ahnen sie, dass sie nicht nur ihre Kollektoren verloren haben, sondern auch den Wettkampf um die Tiefseerohstoffe im Pazifik. Dann gehen in dem gläsernen DRK-Büroturm im Hafen mehrere harte Nachrichten ein. Der Vorsitzende des Rohstoff-Konsortiums sieht seine schlimmsten Ängste noch übertroffen. Die MareMin, die zum chinesisch-australischen Unternehmen geworden ist, bietet an, die kompletten Rechte für die Nutzung der Manganfelder zu kaufen – zu einem Spottpreis. Die zweite Botschaft wird von der Bundesregierung weitergeleitet: In einer Videobotschaft an den Bundeskanzler spricht die US-Präsidentin ihr Bedauern aus, dass Deutschland einen schweren wirtschaftlichen Schaden erlitten habe. Man werde helfen, die Schuldigen zu finden, und ermittle bereits gegen einen Bergbaukonzern, der über U-Boote verfüge. Der Ausfall der Maschinen zeige aber, wie riskant es für eine europäische Nation sei, so weit vom eigenen Territorium entfernt derart komplexe Technologien einzusetzen. Deutschland solle am besten versuchen, seine Rohstoffe aus anderen Erdregionen zu gewinnen. »Sie hätte auch sagen können, dass wir im Reich von Chimerica nichts verloren haben«, kommentiert der DRK-Chef wutschnaubend. Die dritte Mitteilung erhält das Konsortium vom Bundesnachrichtendienst: Nur ein Land verfüge über die Technologie, die Kollektoren am Meeresgrund so elegant lahmzulegen, teilt der BND-Präsident mit. Dies seien die USA selbst. »Wir haben starke Indizien, dass es sich um einen amerikanischen Angriff gehandelt hat«, heißt es in der Lageanalyse. Eine harte Konfrontation mit »Chimerica« könne Deutschland aber nicht riskieren: »Wir müssen lernen, mit den erheblichen wirtschaftlichen Folgen zu leben.«

10. WELTRAUM – HERRSCHAFT VON OBEN

Peterson Air Force Base, Colorado

Erst vier Wochen ist es her, dass »Voyager 2« in Betrieb gegangen ist. Doch die Mannschaften im Kontrollraum des U.S. Air Force Space Command genießen die Steuerung des neuesten Produkts des US-Rüstungskonzerns CASIS schon jetzt. Auf der Kristallwand vor ihnen haben sie ein drei mal vier Meter großes Bild vor sich, das die »Voyager 2« unter Strom zeigt. Die Solarpaneele nehmen genügend Energie auf, um die verschiedenen Programme des Orbitgleiters zu betreiben. »Voyager 2« hat sichtlich viel zu tun.

Der Gleiter belauscht gerade den Kommunikationsverkehr über Ostasien und wertet Daten automatisch nach Stichwörtern aus. Eine Radarkamera filmt die Erde unter dem Gleiter in einer Vergrößerung, die an eine Lupe erinnert. An einer zweiten Wand können die Soldaten ein riesiges Livebild der jeweiligen Erdregion unter »Voyager 2« sehen, in das sich beliebig hineinzoomen lässt. Zudem empfängt und sendet »Voyager 2« unablässig Daten der US-Streitkräfte rund um den Globus auf zwei verschlüsselten Kanälen.

Am besten aber gefällt den Soldaten die neue Präzisionswaffe, mit der sie alle möglichen Flugkörper innerhalb von Sekunden pulverisieren können. Der Bordcomputer berechnet die Flugbahn heranrasender Geschosse ab einer Entfernung von etwa 200 Kilometern und feuert dann automatisiert einen Laserstrahl ab. Die Soldaten sind aber auch darauf trainiert, wie in einem Computerspiel den Laserstrahl per Hand zu steuern. »Die Putzkolonne« haben sie diese Übung getauft, bei welcher der in den vergangenen Jahren an Häufigkeit zunehmende Weltraumschrott vernichtet wird. Immer wieder aber deaktiviert der Computer die Handsteuerung, wenn aus einer für die Soldaten schlecht einsehbaren Richtung Teile alter Satelliten sich bedrohlich nähern, dass sie die Hülle des Raumgleiters beschädigen könnten.

Eigentlich ist den Soldaten heute nicht zum Spielen zumute. Der Orbitgleiter soll auf einen ganz anderen wichtigen Auftrag vorbereitet werden. In wenigen Stunden wird er sich dem chinesischen Aufklärungssatelliten »Großer Aufbruch« nähern, der trotz der offiziellen Warnung der US-Regierung immer wieder über dem US-Staatsgebiet Position bezieht. Die Amerikaner sind zu Recht besorgt. Denn die Geheimdienste melden, dass »Großer Aufbruch« einen Quantensprung im chinesischen Weltraumrüstungsprogramm bedeutet. Er sei an Leistungsfähigkeit bei der Auswertung von Daten von der Erde und den Steuerungsmöglichkeiten für andere Satelliten im Weltall der alten Generation weit überlegen, heißt es. »Großer Aufbruch« gilt als wahrer Datenstaubsauger, ausgestattet mit einem Computer, der auf Lernfähigkeit programmiert ist. Und er soll das noch fehlende Bindeglied in der Kommunikation der chinesischen Militärbasen in Afrika, Südamerika, der Antarktis und dem Südpazifik sein.

Natürlich war zu erwarten gewesen, dass Peking auf die amerikanische Aufforderung, den Luftraum über dem US-Staatsgebiet zu räumen, kühl reagieren würde. Niemand, auch nicht die USA, könnten im All Gesetze erlassen, hatte das Büro des chinesischen Präsidenten dem Weißen Haus mitteilen lassen und auf das Weltraumabkommen von 1967 verwiesen. Es sei niemanden verboten, seine Satelliten irgendwo im Orbit zu stationieren. Im Übrigen täten dies die Amerikaner auch.

Tatsächlich hatte es vor vier Wochen umgekehrt Proteste der Raumfahrtnationen China, Indien, Brasilien, Russland und Nigeria gehagelt, als die »Voyager 2« gestartet war. Washington wurde vorgeworfen, eine neue Rüstungsspirale im All in Gang zu setzen. Schon die Größe des Raumgleiters von mehr als 80 Metern deute darauf hin, dass hier ein ganz besonderer Star am Satellitenhimmel aufgehen würde. Lautstark wurde auch in diesem Zusammenhang an das UN-Weltraumabkommen von 1967 erinnert, das eine Militarisierung des Alls ausdrücklich verbietet. Die USA wiesen die Vorwürfe zurück. Der neue Orbitgleiter sei zwar von der DARPA, der Technologieschmiede der US-Militärs, entwickelt worden und werde vom U.S. Air Force Space Command aus gesteuert. Das bedeute aber keineswegs, dass die »Voyager 2« eine militärische Mission habe, betonte das Pentagon. Im Gegenteil: Ziel seien alleine wissenschaftliche Experimente, die der ganzen Menschheit zugute kämen.

Es sei offensichtlich, dass der Gleiter eine Laserkanone zum Selbstschutz mit sich führen müsse. Schließlich sei das Problem des Weltraummülls gerade in den niedrigeren Erdumlaufbahnen zur Gefahr für die gesamte Raumfahrt und die milliardenteuren Satelliten aller Nationen geworden. Nach der Serie von Zusammenstößen mit Wrackteilen alter Satelliten in den zurückliegenden Jahren, die unter anderem zum Verlust eines iranischen und eines europäischen Wettersatelliten geführt hatten, müsse man eine milliardenschwere Investition wie »Voyager 2« einfach schützen. Schließlich solle der Gleiter ein ganzes Jahr im Orbit bleiben.

Außerdem, so betonte die amerikanische Regierung, planten die USA zum ersten Mal eine »Aufräumaktion« im Orbit – ebenfalls im Interesse aller anderen Nationen. Der Laserstrahl von »Voyager 2« solle systematisch alle ihm begegnenden Müllteile zerstäuben. Die US-Regierung stelle sich damit nur ihrer internationalen Verantwortung, weil schließlich kein anderes Land den Orbit so intensiv genutzt und so viele Satelliten ins All geschossen habe wie die Vereinigten Staaten.

Von beiden Seiten ist dies allerdings nur die halbe Wahrheit. Die Chinesen sind nervös, weil die Amerikaner mit »Voyager 2« den eigenen Ambitionen zuvorkommen. In weniger als zwei Jahren glaubt das Weltraumkommando der Volksbefreiungsarmee selbst einen dauerhaften Gleiter im Orbit platzieren zu können. Der amerikanische Vorstoß stört diese Vorbereitungen. In der chinesischen Kommandozentrale in Xian sind deshalb alle Vorbereitungen getroffen worden, den amerikanischen Gleiter mit einer vom Boden aus gestarteten Rakete abzuschießen.

Aber auch die Amerikaner spielen nicht mit offenen Karten. Unerwähnt bleibt vor allem die streng geheime Ladung im hinteren Teil der »Voyager 2«. Neben der Laserkanone hat der Gleiter auch noch eine Hochleistungsmikrowellenwaffe an Bord. Nach Tests auf der Erde ist man sich beim U.S. Air Force Space Command sicher, dass die Strahlenquelle jede elektrische Spannung in einer Entfernung von bis zu 200 Kilometern völlig ausschalten kann. In den kommenden Monaten soll erprobt werden, ob die Strahlen auch Ziele auf der Erde erreichen und zerstören können – allerdings erst, wenn zuvor in einer Art Generalprobe der »Große Aufbruch« in einen zwei Tonnen schweren, unbrauchbaren Metallklumpen am Himmel verwandelt worden ist.[1]

* * *

Seit dem Jahr 2011 ist die Raumfahrt im Bewusstsein der Deutschen und Amerikaner eigentlich weitgehend abgehakt. »Letzte Landung« titelten Zeitungen am 22. Juli 2011 und zeigten ein Bild der US-Raumfähre »Atlantis«, die auf dem amerikanischen Weltraumbahnhof Cape Canaveral landet. Das Spaceshuttle wandert nun ins Museum. Nach 135 Missionen im All stellt die amerikanische Raumfahrtbehörde NASA das Kapitel bemannter Raumfahrt vorerst ein, vor allem aus

Kostengründen. In den kommenden Jahren kann die Internationale Raumstation ISS deshalb nur noch mit russischen Raketen angeflogen werden.

Dass sich seit einigen Jahren statt der staatlichen NASA nun private Anbieter darauf vorbereiten, Menschen ins All zu schießen, wird als Beweis dafür gesehen, dass die Raumfahrtnation Nr. 1 ihre einstigen hochfliegenden Träume einer Besiedlung des Alls beerdigt hat. Statt der strategischen Erschließung des Mondes gehen nun Privatfirmen daran, mit Weltraumtouristen Geld zu verdienen, die sie für einige Minuten in die Erdumlaufbahn schießen. Gleich zwei US-Firmen (Boeing und SpaceX) wollen bis 2017 eigene Raumschiffe entwickeln, die auch bis zur Internationalen Raumstation fliegen können. Das kann ein einträgliches Geschäft werden. Mit der früher erträumten »Eroberung des Weltraums« hat dies aber nichts zu tun. In Zeiten, in denen Europäer und Amerikaner fast verzweifelt versuchen, ihre riesigen Berge an öffentlichen Schulden abzubauen, passen teure, prestigeträchtige Weltraummissionen nicht mehr in die politische Landschaft, zumal es immer schwieriger war, der Bevölkerung deren unmittelbaren Nutzen zu erklären. Das hat erhebliche Auswirkungen: Im Juli 2011 schlagen in den USA Raumfahrtstrategen Alarm, weil ohne schnellen Ersatz bereits im Jahr 2016 von den 13 zivilen NASA-Satelliten zur Erderforschung nur noch sieben in Betrieb sein dürften. Grund ist die fehlende Bereitschaft im republikanisch dominierten US-Kongress, Geld für die weitere Erderkundung zur Verfügung zu stellen.[2]

Doch der Eindruck eines Rückzugs aus dem All trügt und verstellt den Blick auf die Bedrohungen, die im All lauern. Denn der erdnahe Weltraum wird von Staaten, aber auch Firmen, so intensiv genutzt wie noch nie. Mehr als 1000 aktive Satelliten umkreisen mittlerweile die Erde und liefern lebenswichtige Daten – für Wettervorhersage, Autonavigationssysteme, immer leistungsfähigere Kommunikations- oder Fernsehkanäle. Abermillionen kleiner Sendeeinheiten auf der Erde – vom Smartphone bis zu Registrierkassen großer Handelsketten – kommunizieren über die im Orbit um die Erde kreisenden Schaltstationen. Der Orbit ist zur Schlüsselregion im Wettlauf um die besten Informationen und schnellsten Verbindungen geworden – für das zivile Leben und für die Militärs. Jährlich werden mehr als 100 neue Satelliten ins All geschossen – von Europäern, Russen, Indern, Amerikanern, Chinesen, Iranern und anderen Völkern. Die Nutzung von Satelliten ist zur Voraussetzung dafür geworden, am modernen Leben teilzunehmen. Mindestens 47 Nationen haben eigene Satelliten im All. Zunehmend auf Interesse stoßen manövrierfähige Mikro-Satelliten, die als Schwärme operieren könnten.

Die Nutzung wird intensiver, aber das All ist eine weitgehend unregulierte Zone. Zwar wurde bereits 1967 der UN-Weltraumvertrag geschlossen, der Grundsätze für die Nutzung des Weltraums aufstellt und etwa den Einsatz von Kernwaffen verbietet. Aber mit der Fortentwicklung der Technik wird immer klarer, dass viele Bereiche gar nicht geregelt sind. Nur mühsam können etwa wiederkehrende Konflikte zwischen Staaten über die Nutzung von Frequenzen geregelt werden. Zuletzt stritten Europäer und Chinesen über Frequenzen, die das europäische Navigationssystem »Galileo« nutzen will.[3]

Der Rückzug der Amerikaner von der bemannten Raumfahrt verdeckt zudem nur, dass andere Nationen die alten Träume der USA weiterträumen. Das gilt vor allem für China, das Ende 2011 eine Fünfjahresstrategie vorlegte, die eine massive Expansion der Weltraumaktivitäten beschreibt.[4] So schossen die Chinesen 2011 einen Satelliten in die Mondumlaufbahn. Dies gilt als Voraussetzung für die erste bemannte Mondmission Chinas, das nach geeigneten Landeplätzen sucht. Am 29. September wurde dann vom Weltraumbahnhof in Jiuquan im Nordwesten Chinas die Trägerrakete vom Typ

Der überfüllte Orbit

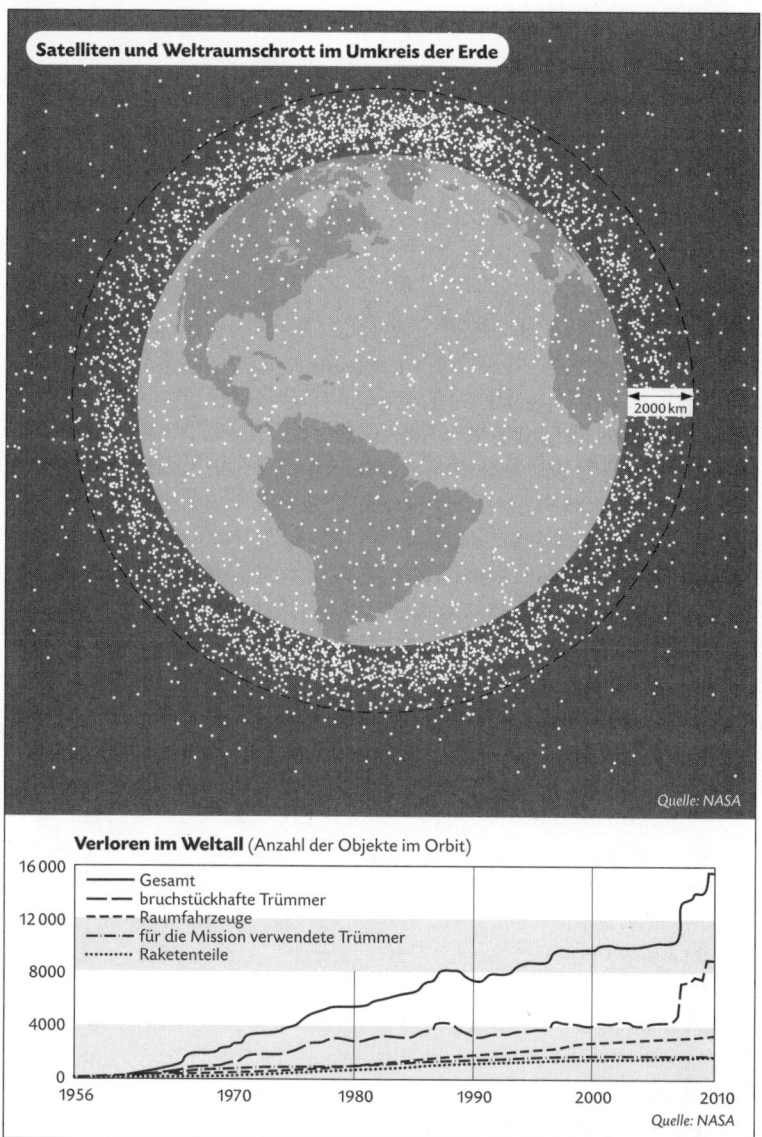

Satelliten und Weltraumschrott im Umkreis der Erde

2000 km

Quelle: NASA

Verloren im Weltall (Anzahl der Objekte im Orbit)

— Gesamt
— — bruchstückhafte Trümmer
- - - Raumfahrzeuge
—·— für die Mission verwendete Trümmer
········ Raketenteile

16 000

12 000

8000

4000

0

1956　　1970　　1980　　1990　　2000　　2010

Quelle: NASA

»Langer Marsch 2F« ins All geschossen, zur Vorbereitung einer eigenen chinesischen Raumstation.

Den größten Schub gibt es in der unbemannten Raumfahrt. Die EU, China und Russland versuchen alle, parallel zum amerikanischen GPS-Navigations- und Aufklärungssystem, eigene, unabhängige Kommunikations- und Ortungsnetze im All aufzubauen. Die EU wollte 2014 die ersten »Galileo«-Dienste anbieten, doch die Inbetriebnahme verzögert sich immer weiter. Russland hat mit dem Aufbau eines »Glonass«-Netzes mit 24 Satelliten begonnen. China bereitet nun für die Jahre 2016 bis 2020 die Installation eines eigenen Systems vor. Indien hat unter großem nationalen Jubel 2014 eine eigene Mars-Mission gestartet.

Gerade weil es einen Run auf die Erdumlaufbahnen gibt, umkreist mittlerweile so viel Müll die Erde wie noch nie. Mehr als 600 000 Objekte von mehr als einem Zentimeter Größe befinden sich nach Schätzung von Experten im Orbit. Dabei handelt es sich neben natürlichen Gesteinsbrocken, die sich dort seit Jahrtausenden gesammelt haben, auch um geschätzte 4500 Satelliten, die die Nationen seit Beginn der Weltallnutzung in den Himmel geschossen haben. Bei einer durchschnittlichen Arbeitsdauer von 15 Jahren sind viele bereits außer Funktion, kreisen nun als Satellitenzombies um die Erde. Immer wieder lösen sich Einzelteile. Als die europäische Weltraumagentur ESA 1996 die Zahl der künstlichen Teile in den verschiedenen Orbitschichten errechnete, kam sie auf rund 8500. Das U.S. Space Command sprach 2009 schon von einer Anzahl von 18 500. Mehr als 17 000 davon werden mittlerweile vom U.S. Space Surveillance System ständig beobachtet. Experten warnen, dass der menschengemachte Müll, aber auch die natürlichen Gesteinsbrocken zunehmend eine Gefahr für die milliardenschweren Investitionen am Himmel darstellen. Die Internationale Raumstation ISS wurde wegen des Problems so gebaut, dass sie Kollisionen mit Gegenständen von mehr als zehn Zentimeter Größe ausweichen kann. Bis 2009 musste die ISS bereits neunmal solche Ausweichmanöver vollführen. Japan testet seit Anfang 2014 einen kleinen Satelliten namens »Stars2«, der mit elektromagnetischen Netzen Jagd auf Weltraumschrott machen soll. Andere Forscher testen, ob sich die Teile nicht mit Laser abschießen lassen. Die Europäer entschieden auf der ESA-Konferenz Ende 2014, dass sie sich des Themas ebenfalls annehmen wollen. Dass die Weiten des Alls zwar unendlich sind, in den Erdumlaufbahnen aber durchaus Gedränge herrscht, zeigte sich am 10. Februar 2009. Gegen 18 Uhr MEZ stießen in 790 Kilometer Höhe über dem nördlichen Sibirien erstmals in der Geschichte der Nutzung des Weltraums versehentlich zwei Satelliten zusammen. Der amerikanische Navigationssatellit »Iridium 33« und der russische Militärsatellit »Kosmos 2251« zerschellten bei dem Crash in 600 Einzelteile. Wäre es zu einem Zusammenstoß noch zu Zeiten des Kalten Krieges gekommen, hätten die Folgen katastrophal ausfallen können.

Von Beginn an hatte die Raumfahrt eine klar militärische Dimension. Ohne den Wunsch der USA und der Sowjetunion nach Dominanz im All wäre sie wohl nicht mit Milliarden an Steuergeldern vorangetrieben worden. Das Wettrennen von Amerikanern und Sowjets hatte nicht nur mit nationalem Prestige zu tun. Für die atomare Abschreckung ist die Unterstützung der Langstreckenraketen durch Satelliten essenziell. Hintergrund des »Sputnik«-Schocks, den der Start des ersten sowjetischen Satelliten 1957 bei den Amerikanern auslöste, war also die Sorge, militärtechnisch abgehängt zu werden. Erst mit der symbolträchtigen ersten bemannten Mondlandung am 20. Juli 1969 hatten die USA aller Welt ihre Überlegenheit demonstrieren können.

Seither haben die Amerikaner nie einen Hehl daraus gemacht, dass sie ihre dominante Position in der Weltraumnutzung um jeden Preis behalten wollen. Noch heute stammen von den noch intakten knapp 1000 Satelliten 443 aus den USA. Danach folgt Russland mit weitem Abstand mit 101 Flugkörpern, dann China mit 69 Satelliten. Zwar sind auch die Europäer mit der Gründung der ESA 1975 ins technologische Rennen eingestiegen und verfügen mit Kourou in Französisch-Guayana über einen eigenen Raketenstartplatz. Allerdings steht bereits in den ESA-Statuten, dass diese sich ausschließlich der zivilen Nutzung des Weltalls verschreiben darf.

Spätestens seit dem Golfkrieg 1991 wurde klar, welche Überlegenheit die Kontrolle des Orbits einer kriegführenden Partei beschert. Die USA besaßen bei der Zerschlagung der in Kuwait eingefallenen irakischen Armee das Monopol der Aufklärung aus der Luft. Das kostete unzählige irakische Soldaten das Leben, die in ihren Panzern noch gar nicht ahnten, dass sie bereits von einer überlegenen Technik zum Tode verurteilt waren. Amerikanische Aufklärungssatelliten am Himmel ermittelten ihre Koordinaten und gaben sie etwa an US-Kriegsschiffe im Persischen Golf weiter, die ihre ferngesteuerten Lenkwaffen abfeuerten. Welchen zentralen Anteil die satellitengeführte Kriegführung an modernen Kriegen heute hat, zeigt die Tatsache, dass bereits im Irakkrieg 2003 rund 64 Prozent der amerikanischen Munition per Laser oder Navigationssignalen ins Ziel gesteuert wurde.[5]

Einen Durchbruch bedeutete sowohl für die Militärs als auch für zivile Nutzer das GPS-Navigationssystem, das die USA zwischen 1978 und 1995 schrittweise aufbauten und in Betrieb nahmen. In 20 000 Kilometer Höhe sind dafür 28 Satelliten stationiert worden. Zuerst sollte das System, das jedem Ort der Erde eine exakte geographische Bestimmung zuweist, militärischen Zwecken vorbehalten sein. Nachdem 1983 die Sowjetunion ein südkoreanisches Passagierflugzeug abgeschossen hatte, das irrtümlich von der Route abgekommen war, ordnete US-Präsident Ronald Reagan jedoch an, das Signal auch für zivile Zwecke freizugeben. Im Jahr 2000 erlaubte das US-Militär dann die Freischaltung einer Ortsgenauigkeit von rund zehn Metern. Doch das Militär erhält dank der Hilfe zusätzlicher satellitengestützter Programme wie SBAS sehr viel genauere Daten und Bilder. Extrem präzise Signale sind vor allem für den Krieg mit unbemannten Flugobjekten, den sogenannten Drohnen, notwendig. Die U.S. Air Force meldete Ende 2011 deshalb etwa fünf Milliarden Dollar an zusätzlichem Finanzbedarf für das Drohnenprogramm an, die in ein weltweit einsetzbares Überwachungs- und Leitsystem gesteckt werden sollen. Viele Informationen müssen dabei von Satelliten beigesteuert werden.[6] Militärisch gesehen wird die Erde schon heute vom All aus kontrolliert.

Seit dem Ende des Kalten Krieges ist von einer »Pax Americana« im Weltall die Rede. Denn bis zur Finanzkrise entsprachen die jährlichen Aufwendungen des US-Militärs für die militärische Raumfahrt mit 22 Milliarden Dollar rund 95 Prozent der weltweiten Gesamtausgaben in diesem Bereich.[7] Weil sie die strategische Bedeutung der Kontrolle des Orbits in einer zunehmend digitalisierten Welt erkannt haben, versuchen andere Nationen wie China seit geraumer Zeit aufzuholen: Peking bekam 1995/96 die eigene Machtlosigkeit auf dem Höhepunkt der Spannungen um Taiwan zu spüren. Die Amerikaner führten mithilfe ihrer »Augen« am Himmel zur Abschreckung einen Flugzeugträgerverband an die von der Volksrepublik beanspruchte Insel heran. Und die chinesischen Militärplaner entdeckten, wie wenig Überblick sie selbst über die Bewegungen der U.S. Navy hatten. Deshalb gab die militärische Führung damals die Order aus, mit Hochdruck Aufklärungssatelliten zu entwickeln.[8]

Trotz aller Bekenntnisse zur friedlichen Nutzung des Weltraums findet ein erbittertes Wettrüsten statt, das aber offenbar zunächst nur in der Fachwelt wahrgenommen wird. Am 11. Januar 2001 legte eine Kommission des US-Kongresses unter Führung des späteren Verteidigungsministers Donald Rumsfeld der US-Regierung einen alarmierenden Bericht vor: Der Weltraum könne »das nächste Pearl Harbor für die USA« werden, hieß es darin.[9] Prompt gab die US-Regierung nur wenige Monate später den Startschuss für das Space Based Space Surveillance-System (SBSS), das auch künftig US-Kampfflugzeugen die Luftüberlegenheit sichern sollte. Die Terroranschläge vom 11. September 2001 sorgten dafür, dass in der Öffentlichkeit plötzlich der Fokus vom All zu sehr viel irdischeren Gefahren wechselte – dem Kampf gegen die technologisch eher rückständigen Taliban und das islamistische Terrornetzwerk Al-Qaida. Inzwischen spielen aber gerade bei den Kämpfen in Afghanistan und Pakistan die aus dem All gesteuerten Angriffsdrohnen eine wichtige Rolle.

Auch für das Vorhaben, das US-Territorium mit einem weltweit installierten System der Raketenabwehr zu schützen, bildet die verbesserte Aufklärungs- und Kommunikationsfähigkeit über Satelliten einen entscheidenden Baustein. Die USA verweigerten 2002 die Unterzeichnung des Anti-Ballistic Missile Treaty (ABM) mit Russland, weil sie darin eine Einschränkung ihrer weiteren Aktivitäten im All fürchten.

Andere Hightech-Nationen wie Japan ziehen nach – ebenfalls aus Sorge vor einer wachsenden Konkurrenz aus China. Die japanische Regierung betont zwar den ausschließlich zivilen, kommerziellen Charakter ihrer umfangreichen Weltraumaktivitäten. Aber Experten haben keinen Zweifel daran, dass sich die Fähigkeit, Satelliten zu bauen und mit Raketen ins All zu schießen, im Notfall sehr schnell auch militärisch nutzen lässt. Das Bekenntnis in dem vom japanischen Parlament im Mai 2008 verabschiedeten »Grundlegenden Weltraumgesetz«, sich an internationale Abkommen zum Weltraum zu halten, wird deshalb auch weniger als generelle Absage an eine militärische Nutzung als vielmehr als Versprechen eines nicht-aggressiven Vorgehens gewertet.[10]

2006 legte die US-Regierung ein Strategiepapier vor, das

keinen Zweifel daran lässt, wie ernst es ihr ist, ihre Hegemonie im All zu behaupten. Man werde alle dafür nötigen Technologien entwickeln »und, falls nötig, verhindern, dass Gegner Weltraumkapazitäten nutzen, die den nationalen US-Interessen schaden«. Offener kann eine Regierung keinen Anspruch auf eine »Pax Americana« im All erheben.[11] Zugleich machte Washington deutlich, dass die USA jede völkerrechtliche Selbstbeschränkung ablehnen, die die Durchsetzung dieses Ziels gefährdet. Experten wie James A. Lewis vom amerikanischen Thinktank Center for Strategic and International Studies verteidigen diese Haltung ausdrücklich, weil sie eine Rüstungskontrolle im All ohnehin für reine Illusion halten. Aus der noch bestehenden amerikanischen Überlegenheit erwachse sogar die Verpflichtung der demokratischen Supermacht, diesen Vorsprung angesichts der geopolitischen Verschiebungen auf der Erde unbedingt zu verteidigen: »Der Weltraum ist ein Gebiet mit amerikanischer Überlegenheit und einer Überlegenheit, die so groß ist, dass sie als asymmetrisch bezeichnet werden kann. Es ist im nationalen Sicherheitsinteresse, diesen asymmetrischen Vorsprung im All auszubauen und auszunutzen.«[12]

Das Militär entwickelt immer leistungsfähigere Einsatzvarianten für die Luftwaffe, die nur mit einer Leitkomponente im Weltraum funktionieren. Das wohl eindrucksvollste Beispiel sind die Angriffsdrohnen des Typs »Predator«, die ferngesteuert aus den USA Raketen im Jemen oder in Pakistan abfeuern und stundenlang in der Luft bleiben können. Dies erfordert umfangreiche Analyse- und Steuerungsmöglichkeiten aus dem All – und den Schutz der amerikanischen Satelliten. Im Februar 2009 betonte der damalige US-Verteidigungsminister Robert Gates deshalb, dass seine neue Priorität für den Pentagon der Schutz der amerikanischen Satelliten sein würde. Der US-Kongress wurde gebeten, dafür allein für 2009 knapp elf Milliarden Dollar zur Verfügung zu stellen.

Als Folge dieser Aufrüstung streben nun andere Nationen danach, die gleichen wirkungsvollen Waffen zu besitzen – und sie suchen nach Mitteln, sich gegen weltraumgestützte Waffen verteidigen zu können beziehungsweise nach Möglichkeiten, die Überlegenheit stärkerer Gegner zu neutralisieren. Um den eigenen Mangel an Satellitenkapazitäten auszugleichen, arbeitet etwa China an Techniken, die Arbeit feindlicher Satelliten unmöglich oder nutzlos zu machen. Auch der beste US-Militärsatellit leistet keine Dienste mehr, wenn die auf die Erde gesandten Signale etwa »gejammt«, also mit einem elektronischen Störsignal unbrauchbar gemacht werden. Chinas Führung verstärkte zudem die Forschung im Bereich Cyberwar, weil die amerikanische technologische Überlegenheit im All auch dadurch unterlaufen werden kann, dass man in der Lage ist, die Bodenstationen etwa zur Steuerung der Satelliten zu attackieren. Ein Erfolg an dieser Stelle würde dazu führen, dass milliardenschwere Satelliten führungs-, daten- und damit nutzlos in der Erdumlaufbahn kreisen. Offen werden in der chinesischen Fachwelt Optionen diskutiert, wie das amerikanische GPS-System lahmgelegt werden könnte.[13] Argwöhnisch wird in westlichen Militärkreisen jeder Test chinesischer Weltraumaktivität verfolgt, auch die Mondlandung der ferngesteuerten Fähre »Jadehase« in 2014.

Auch das US-Militär erkennt an, dass Chinas Aufstieg zur Weltmacht nur gelingen kann, wenn das Land seine immer weiter ausschwärmende Marine in allen Teilen der Erde mit genauesten Satelliteninformationen versorgen kann.[14] Noch 2012 soll auf der Insel Hainan der Weltraumbahnhof Wenchang vollständig ausgebaut sein, von dem aus dann ab 2014 die Rakete »Langer Marsch V« Satelliten ins All befördern soll. Für 2012 listet das US-Militär minutiös auf, dass die Chinesen auf gut 18 Weltraumstarts kamen.[15] Seit Jahren sind die US-Geheimdienste alarmiert, die etwa chinesische Experimente mit Mikrowellen- und elektromagnetischen Waffen aufmerksam verfolgen.[16]

Wie heiß das Wettrüsten bereits ist, erfuhren die Amerikaner im September 2006. Damals soll erstmals ein amerikanischer Aufklärungssatellit über China von einem dort installierten Laser »geblendet« worden sein.[17] Am 10. Januar 2007 schoss die chinesische Luftwaffe dann mit einer Boden-Luft-Rakete gezielt einen eigenen Satelliten ab. Da es sich bei dem Zielobjekt um einen ausgedienten chinesischen Wettersatelliten handelte, betonte das Außenministerium in Peking sofort den defensiven Charakter der Aktion. Die USA und Japan seien zudem vorab informiert worden. Dennoch protestierten Indien und andere Nationen, auch weil der Abschuss den Orbit nun um 600 weitere, für alle Weltraumnutzer potenziell gefährliche Trümmerstücke bereicherte. Die eigentliche Botschaft Pekings war im Pentagon angekommen: China ist in der Lage, Satelliten vom Himmel zu holen.

Als die USA am 20. Januar 2008 selbst den Aufklärungssatelliten »USA-193« mit einer Rakete des Typs SM-3 abschossen, wirkte dies deshalb wie eine Antwort Richtung China. Demonstrativ und mit Blick auf die Reaktion anderer Nationen ließen die Amerikaner ihren Satelliten in einer relativ niedrigen Umlaufbahn explodieren, sodass die Trümmer anschließend in der Erdatmosphäre verglühen konnten. In einer Höhe bis zu 450 Kilometern verbleiben Teile nur für ein bis drei Jahre in der Luft, bevor sie dann in die untere Atmosphäre eintauchen und verglühen. In höheren Schichten der Atmosphäre jedoch wird der Müll wohl rund 100 000 Jahre weiter um die Erde kreisen. Die USA wollten sich mit ihrem Programm als Nation präsentieren, die im All verantwortungsvoll agiert – wohl auch im Bewusstsein der Tatsache, dass die große Mehrzahl der ausgedienten und als Metallschrott im Orbit kreisenden Altsatelliten aus den Vereinigten Staaten stammen.

Dennoch warnte das amerikanische Air Space Command Anfang 2014, dass China mit einem Abschuss milliardenteurer

US-Militärsatelliten die amerikanische Fähigkeit massiv einschränken könnte, einen modernen Hightech-Krieg zu führen. Im Januar 2013 schoss China nach US-Angaben im Rahmen seines Anti-Satelliten-Programms ASAP drei kleine bewegliche Flugkörper ins All, von denen einer mit einem Roboterarm zum Ausschalten von Satelliten ausgestattet sein soll.

Russland ist ein weiterer wichtiger Akteur im Weltall-Wettrüsten. Anfang 2009 betonte der russische Luftwaffengeneral Alexander Zelin auf einer Konferenz der Akademie für Militärwissenschaften, die größte Gefahr für Russland im 21. Jahrhundert komme aus der Luft und dem Weltall.[18] Damals blickte man in Russland eher sorgenvoll nach China. Seither hat sich die antiwestliche Rhetorik verstärkt, auch wenn die Amerikaner immer noch russische Startraketen und -technik für den Verkehr zur Internationalen Raumstation nutzen. Doch US-Geheimdienste spielen bereits Szenarien durch, in denen die USA gegen eine russisch-chinesische Weltraumallianz antreten.[19] Russland will zudem eine eigene Raumstation im All aufbauen. Damit sind alle Komponenten für einen Rüstungswettlauf im All gegeben: Die USA wollen partout ihre Überlegenheit bewahren und investieren in neue Technologien. Russland träumt angesichts des neuen Reichtums durch Öl- und Gasexporte von alter Stärke und versucht verzweifelt, seine Rüstungsindustrie zu erhalten. China drängt mit Blick auf die USA mit Macht und riesigen Ressourcen auf eine gleichberechtigte Stellung im All. Andere Nationen wie Indien oder Japan wiederum wollen auf jeden Fall verhindern, dass China zu übermächtig wird. Zudem fehlen klare internationale Regeln für die vielen neuartigen Aktivitäten im All. Dazu kommt die grundlegende Angst aller Akteure, sicherheitspolitisch, aber möglicherweise auch wirtschaftlich angreifbar zu sein, wenn andere Nationen etwa Fähigkeiten entwickeln, auf die eigenen Datenverkehre oder direkt die Satelliten zuzugreifen.

Die EU ist bisher eher Zuschauer bei der Entwicklung, weil sich die Europäer nicht über ihre Ziele im Weltraum verständigen können. Deutschland will eine Militarisierung des Weltalls verhindern. Deshalb wird im militärischen Bereich nur in Aufklärungssatelliten investiert. Frankreich und Großbritannien halten die deutsche Position für naiv und drängen darauf, die aus ihrer Sicht künstliche Unterscheidung zwischen ziviler und militärischer Nutzung in der Raumfahrt fallen zu lassen. Frankreich hatte schon bei der Grundsatzentscheidung für das eigene europäische Navigationssystem »Galileo« darauf gedrungen, auch eine militärische Nutzung zu erlauben. Deutschland lehnte dies ab, obwohl es ansonsten den Wunsch teilt, dass die EU eigene militärische Kapazitäten haben und von den USA unabhängig werden sollte. Es gibt aber ein Umdenken, weil Länder wie die Bundesrepublik Deutschland oder Großbritannien ihre Etats für Weltraumaktivitäten wieder aufstocken und Polen der ESA beigetreten ist.

Es wird immer deutlicher, dass die Trennung zwischen militärischer und ziviler Nutzung etwa von Satelliten tatsächlich eine sehr willkürliche ist. Am besten ist dies daran zu erkennen, dass das US-Militär bereits im Irakkrieg in großem Umfang Satellitenkapazitäten ziviler Anbieter mietete und in größerem Stil kommerziell vertriebene Satellitenbilder ankaufte.[20] Nun wird auch in der EU umgedacht: Die zivile European Space Agency (ESA) und die European Defence Agency (EDA) haben im Jahr 2011 einen Kooperationsvertrag geschlossen – auch aus Kostengründen. Moderne Weltraumprogramme sind schlicht zu teuer, als dass europäische Nationalstaaten sie bewältigen könnten. Die Europäer schaffen es aber wohl nicht, ihre Kräfte zu bündeln. So hat Großbritannien mit dem alten Hinweis auf die doppelte Identität als europäisches und transatlantisches Land einen eigenen Kurs angekündigt: »Großbritannien muss Fähigkeiten auf den Gebieten des Weltraums, der Computernetzwerke (CNO), der direkten

Energiewaffen (DEW), der chemischen, biologischen, radiologischen und nuklearen Verteidigung (CBRN), der nichttödlichen Waffen und anderer neuer Waffensysteme entwickeln«, heißt es in einem Bericht des britischen Verteidigungsministeriums.[21] Britische Strategen verweisen zudem darauf, dass sich das Land mit Blick auf die Verteidigung seiner Überseeterritorien wie damals im Falklandkrieg auch auf ein alleiniges Vorgehen vorbereiten müsse.

Die stärkste Kraft gegen die Aufrüstung des Alls bildeten bisher die Vereinten Nationen. Doch im Hauptquartier in New York mehren sich die Stimmen, dass die Militarisierung über den Wolken kaum noch aufzuhalten sei. An den Weltraumvertrag von 1967 wird nur noch aus Nostalgie erinnert, etwa bei einer Debatte im Jahr 2005. Dass im Oktober 2010 in einem Unterkomitee der UN-Generalversammlung wieder einmal gemahnt wurde, die Stationierung von Waffen im All müsse verhindert werden, wirkt mehr wie ein Ritual.[22] Als Frankreich 1988 und dann Deutschland während der eigenen EU-Ratspräsidentschaft 2007 einen internationalen Verhaltenskodex im All forderten, verhallte dies ungehört. Und als China und Russland 2008 vorschlugen, Anti-Satelliten-Technologien zu verbieten, wurde der Vorschlag angesichts der unterstellten eigenen Rüstungsambitionen beider Staaten nicht aufgegriffen.[23] Der Chef des U.S. Air Space Command, William Shelton, warnte Anfang 2014, dass sich die USA beim Wettlauf im All nicht binden lassen dürften.

Im Sommer 2011 demonstrierten die USA gleich mit drei spektakulären Ereignissen, wie sie ihre Dominanz im All zu verteidigen gedenken. Ende Juli feierte das U.S. Air Force Space Command in Waianae auf Hawaii den Baubeginn für das Radarsystem »RAIDRS«, mit dem die US-Militärs künftig Störungen ihrer Kommunikationssatelliten identifizieren und analysieren können. Mit einer Genauigkeit von wenigen Häuserblocks soll sich künftig erkennen lassen, woher eine

Störung aus einer terrestrischen Quelle kommt. Das dient vor allem der Abschreckung: Die Kenntnis eines möglichen Angreifers auf amerikanische Satelliten oder die von ihnen versandten Datenpakete kann sofort Vergeltungsmaßnahmen nach sich ziehen. Dafür werden bis 2013 weltweit fünf Radarstationen installiert – in Florida, auf Hawaii, in Japan, beim U.S. Central Command und in Deutschland.[24]

Im August 2011 startete dann vom amerikanischen Raumfahrtstützpunkt Cape Canaveral aus ein unbemanntes Flugzeug, das dem früheren Spaceshuttle ein wenig ähnlich sieht. Zwei wichtige Unterschiede gibt es: Die »X-37B« ist unbemannt und sie soll auf unbestimmte Zeit im Orbit kreisen. Die Amerikaner wiesen die Warnungen Chinas zurück, das Projekt diene der Militarisierung des Weltraums. Es seien nur Forschungsarbeiten, die »X-37B« in der Erdumlaufbahn vollbringen solle. Darüber hinaus erfährt die Öffentlichkeit fast nichts über das Projekt, bei dem es seither fast ein halbes Dutzend Testflüge gab.[25]

Und ebenfalls im August 2011 führten die USA vor, wie die Kriegführung der Zukunft aussehen könnte: Die Spezialisten der US-Militärtechnologiebehörde DARPA schossen mit einer Minotaur-IV-Rakete vom kalifornischen Stützpunkt Vandenberg aus ein keilförmig aussehendes Geschoss bis an die Grenze zum Weltall. Dort wurde die ultraschnelle Hightech-Drohne »Falcon HTV-2« ausgeklinkt, die dann auf einem Gleitflug 20-fache Schallgeschwindigkeit erreichen sollte. Neun Minuten lang übermittelte das Geschoss, das sich mit unglaublichen 3,6 Meilen pro Sekunde der Erde näherte, Daten an die Ingenieure. Dann riss der Kontakt ab, die »HTV-2« stürzte in den Pazifik. Die DARPA pries die »HTV-2« als Möglichkeit, später einmal in zwölf Minuten von New York bis Los Angeles zu fliegen. Aber allen Experten ist klar: Was da vom US-Militär publikumswirksam vorgestellt wird, ist wohl weniger ein Beitrag zur Weiterentwicklung der zivilen Luftfahrt.

Stattdessen basteln die US-Militärs daran, auch angesichts der eher abnehmenden Überlegenheit im All ein Fluggerät zu entwickeln, das etwa alle ballistischen Langstreckenraketen rechtzeitig abfangen könnte.[26]

Während die Öffentlichkeit dem Spaceshuttle ihrer zivilen Weltraumagentur NASA nachtrauerte, schlug das US-Militär also ein völlig neues Kapitel in der Geschichte der Weltraumnutzung auf – und China entwickelt mit Hochdruck seine Anti-Satelliten-Fähigkeiten.

* * *

Die »Voyager 2« hat sich dem chinesischen Satelliten »Großer Aufbruch« auf 1000 Kilometer genähert. Viele Jahre haben Physiker und Ingenieure des US-Militärs darauf verwendet, die Mikrowellenwaffe im Rumpf des Gleiters zu konstruieren. Von ihrer Existenz wissen nicht einmal die Vorstände des Rüstungskonzerns CASIS, der den Raumgleiter gebaut hat. Sie haben oft gefragt, wofür der Hohlraum gut sein soll, auf dem die Militärs ohne weitere Begründungen bestanden haben. Erfahren habe sie es nie.

Anfangs war erwogen worden, es bei einer Laserwaffe zu belassen. Doch die Mikrowellen bieten den Vorteil, dass sie ohne sichtbares Licht eingesetzt werden können und Stromkreise lahmlegen, ohne Spuren zu hinterlassen. Jahrelang hat es gedauert, die Waffe so präzise zu bauen, dass sie ohne unerwünschte Schäden einsetzbar wurde. Doch von dieser Vorgeschichte wissen die jungen Soldaten und Soldatinnen im Kommandoraum der Peterson Air Force Base, die den Raumgleiter nun auf seine Bewährungsprobe zusteuern, nichts.

Nach der großen Wirtschaftskrise hatten die USA ihre Prioritäten neu sortiert. Weil der Spardruck des überschuldeten Landes nun auch das Militär und die Rüstungsforschung erfasste, entschieden sich amerikanische Präsidenten, das militärische

Engagement im Ausland etwas zurückzufahren. Investitionen wurden auf den Cyberwar konzentriert, weil die Datenleitungen das Rückgrat der vernetzten Militärapparate sind, und auf den Weltraum, weil dessen Kontrolle essenziell für die Auseinandersetzung mit anderen Staaten geworden ist.

Auch andere Nationen setzten aus strategischen Gründen immer stärker auf den Weltraum. Die Entwicklung immer kleinerer, günstigerer Satelliten, die auch als mögliche Angriffswaffen eingesetzt werden können, machte die Kontrolle über den Orbit immer schwieriger. Dazu kam eine wachsende Zahl privater Investoren, die sich in das Geschäft mit Satelliten, Satellitendaten oder aber der bemannten Raumfahrt einschalteten. Die UNO fühlte sich deshalb aufgerufen, erneut auf gemeinsame Regelungen für die Nutzung des Weltraums zu pochen. Diese sollten ein Verbot der Kriegführung umfassen sowie die Nutzung von Frequenzen und die Beseitigung des Weltraummülls regeln. Das Waffenverbot scheiterte an den USA, China und Russland, die darauf bestanden, Abwehrwaffen installieren zu dürfen. Beim Müll kam es zwar zu einer Vereinbarung, aber der nötige UN-Fonds, mit dem die Beseitigung der alten Satelliten finanziert werden sollte, kam wegen des Streits über die Finanzierung nicht zustande. Während die USA forderten, dass sich auch Indien, China und Brasilien an dem Fonds beteiligen, weil sie zu den aufstrebenden Weltraumnationen gehörten, argumentierten diese Länder, dass der meiste Müll von den USA stamme und das Land deshalb die mit Abstand größte Verpflichtung habe, ihn im Interesse der Menschheit wieder einzusammeln. Daraufhin gaben die USA bekannt, ein eigenes Müllbeseitigungsprogramm zu starten, ohne Mitwirkung anderer Länder.

Bei der wachsenden Dichte an Satelliten aller Größen kam es immer wieder zu Beinahe-Kollisionen, deren Häufigkeit jedoch den Verdacht wachsen ließ, in Wahrheit handle es sich um Manöverübungen. US-Strategen plagte zunehmend die

Sorge, dass technisch unterlegene Staaten ihre eigenen ausgedienten Satelliten abschießen, um bestimmte Umlaufbahnen absichtlich mit Müll zu füllen und sie dadurch für die USA nutzlos zu machen.[27]

Die amerikanischen Streitkräfte entwickelten daraufhin eine zielsichere Laserkanone, die Weltraumschrott jeder Art und Größe pulverisieren kann. Zwar wird dies weltweit offen als erster Schritt einer Waffenstationierung im All gebrandmarkt. Aber die Amerikaner verweisen kühl darauf, dass man dem Weltraumvertrag von 1967 keineswegs widerspreche, weil es sich nicht um eine Angriffswaffe handle. Im Übrigen hätten die USA sich nie internationalen Selbstverpflichtungen angeschlossen, sodass man dem Land auch keine Verstöße dagegen vorwerfen könne.

Gerade als die Amerikaner glaubten, mit der Laserwaffe ihre Hegemonie gesichert zu haben, fand die erste chinesische Mondlandung statt. Was den Amerikanern seit 1972 zu teuer gewesen war, zelebrierten die Chinesen nun mit gigantischen Feiern im Mutterland und an den weltweit 500 chinesischen Kulturinstituten. Anfangs machten sich amerikanische Kommentatoren noch lustig darüber, dass die Chinesen erst mit vielen Jahrzehnten Verspätung auf den Mond kamen. Aber der Spott endete schnell, als die Chinesen auf dem Mond eine Forschungsstation aufbauten, die eine dauerhafte menschliche Präsenz auf dem Erdtrabanten einleitete. Jeweils zwei Wissenschaftler lebten seither für ein Jahr in der Station, bevor sie von Kollegen abgelöst wurden.

In China war die Begeisterung für den Weltraum danach nicht mehr zu bremsen. Millionen junger Menschen wollten Raumfahrttechniker oder »Taikonauten« werden, wie die Astronauten in dem Land bezeichnet wurden. Chinas Medien malten die Besiedlung des Mondes und seine Nutzung als Rohstoffquelle und Zwischenhalt auf dem Weg zum Mars so aus, als gehörte er der Volksrepublik. Chinesische Thinktanks sannen über eine künftige Dominanz des Landes im All nach. Als Chinas Militär weltraumfähige Lenkwaffen erprobte, die mithilfe einer neuen Generation von Satelliten eine Reichweite von mehr als 20 000 Kilometer erreichten und damit den größten Teil der US-Satelliten bedrohten, schaltete das Pentagon auf Gegenoffensive.

Die »Voyager 2« ist bis auf 500 Kilometer an den »Großen Aufbruch« herangerückt, als im U.S. Space Command die automatische Warnanlage mit ohrenbetäubendem Lärm anspringt. Die Computersysteme registrieren, dass sich aus drei verschiedenen Richtungen Geschosse mit hoher Geschwindigkeit nähern. Chinas Militärführung hat tatsächlich den Befehl zum Abschuss des Gleiters gegeben, weil es eine dauerhaft im Orbit stationierte amerikanische Laserwaffe als existenzielle Bedrohung der gesamten chinesischen Satelliteninfrastruktur ansieht. Peking ist bereit zur Konfrontation, aber überzeugt, dass sich der Krieg auf den Orbit begrenzen lässt.

Als klar wird, was das Ziel der drei chinesischen Raketen sein soll, berechnen die Computer des U.S. Air Force Space Command, dass es gelingen müsste, sie noch rechtzeitig abzufangen. Das Weiße Haus sucht den Kontakt zu Peking, wo jedes Gespräch verweigert wird. »Voyager 2« ist allerdings so konzipiert, dass er selbst mindestens zwei Raketen abfangen kann. Die elektromagnetische Strahlung kann die Bordcomputer angreifender Raketen lahmlegen – das hatten zumindest die Tests in der Wüste von Nevada ergeben. Nun lohnt es sich, dass es der CIA gelungen war, einige Techniker des chinesischen Weltraumprogramms »umzudrehen« und als Doppelagenten zu gewinnen. Das weitgehend automatisierte »Gehirn« der »Voyager 2« erhält aus der Leitzentrale das Okay, die angreifenden Objekte auszuschalten. In 450 Kilometer Höhe findet der entscheidende technologische Schlagabtausch der Weltraummächte statt.

Innerhalb weniger Minuten werden die drei chinesischen Raketen aus dem Verkehr gezogen. Eine Rakete kommt ins Trudeln, als der Bordcomputer wegen des elektromagnetischen Impulses, den »Voyager 2« ausstrahlt, plötzlich abstürzt. Eine weitere wird umgeleitet und verschwindet in der Tiefe des Alls. Ein in Japan gestartetes Hypersonic-Geschoss trifft die dritte Rakete mit voller Wucht.

Die chinesische Militärführung hatte damit gerechnet, dass wenigstens ein Geschoss das Ziel erreichen würde. Nun ist von einer »bedauerlichen Fehlfunktion« die Rede, von einem »schrecklichen Unglück«, für das man sich entschuldige. Bei einer Übung seien statt der Codes für Testläufe jene für einen echten Angriff eingegeben worden. Die Verantwortlichen würden gefunden und bestraft.

Aber die US-Regierung reagiert, wie die Militärs dies in unzähligen Space-War-Übungen zuvor durchexerziert hatten: Weil Auseinandersetzungen im All auch medial gewonnen werden müssen, werden im Internet sofort weltweit Bilder und Filme aus den US-Aufklärungssatelliten eingestellt, die die Starts der chinesischen Raketen und ihren Kurs Richtung »Voyager 2« zeigen. Verbunden damit ist die lakonische Ankündigung des US-Präsidenten, dass die USA alle Angriffe auf ihre Satelliten im All abwehren werde.

In den folgenden Tagen knipst die »Voyager 2« nicht nur die »Große Freiheit« aus, sondern noch weitere 15 chinesische Militärsatelliten. Da dies ohne Explosionen gelingt, die auf der Erde registriert werden könnten, protestiert China ohne großen Erfolg. Sehr genau haben die US-Strategen darauf geachtet, nur Satelliten mit einer eindeutig militärischen Nutzung zu treffen. Weder Kommunikationswege noch die Übertragung von Daten etwa für die zivile Navigation oder die Landwirtschaft sind betroffen. Aber Chinas Aufrüstungsprogramm im All ist um Jahre zurückgeworfen.

Peking hat kein Interesse daran, das volle Ausmaß der amerikanischen Strafaktion öffentlich bekannt zu machen. Denn wenn publik wird, dass die USA nun in der Lage sind, relativ unauffällig auch jeden kommerziellen Satelliten auszuschalten, dürfte dies den Wert großer chinesischer Technologiekonzerne an den weltweiten Börsen in den Keller jagen.

Auch die wütenden Proteste einiger afrikanischer Verbündeter Pekings Richtung USA verhallen. Washington hat die engsten Verbündeten in Europa, Japan, Südkorea, Australien und einige südostasiatische Regierungen über den Schritt informiert – auch auf die Gefahr hin, dass in der Folgezeit Informationen an die Medien durchsickern. Als dies prompt geschieht, ist die öffentliche Reaktion begrenzt. Zu unklar ist, was im All wirklich geschehen ist. Dagegen erinnern sich alle an die Bilder von dem spektakulären Abschuss der chinesischen Raketen. Die Aggression ging für alle Welt sichtbar von Peking aus.

Um die Stimmung ganz zugunsten Amerikas zu drehen, verkündet die US-Regierung, dass sie im Interesse der Menschheit für mehrere Milliarden Dollar ein umfassendes »Aufräumprogramm« namens »Clean Space« im Orbit starten werde. »Voyager 2« sei dazu ein erster Test. Im kommenden Jahr sollten »Voyager 3« und »Voyager 4« gestartet werden, sodass ständig zwei der Orbitgleiter in der Luft sein würden. Die weltweite Resonanz ist positiv, die zuvor geäußerten Sorgen über eine weitere Militarisierung des Alls treten in den Hintergrund. Die »Pax Americana« wird akzeptiert, weil zunächst alle Nationen davon profitieren können.

Die Stimmung in Peking ist dagegen düster. Chinas Militär sinnt auf Vergeltung auf einem der anderen Schauplätze im globalen Ringen der beiden Supermächte. Aber das wird nichts daran ändern, dass die Vorherrschaft im All weitere Jahre den USA gehört.

11. NEUROTECHNOLOGIE –
SCHLACHTFELD GEHIRN

Mission Viejo, Kalifornien

Was in dieser Minute tief im kolumbianischen Regenwald passiert, sieht der Chef der Sondereinheit Delta 7 als Hologramm mitten im Raum. Er sitzt in Kalifornien mit vier Offizieren im Kreis um die belebte Manege aus Bäumen, Bächen und verschlungenen Pfaden und verfolgt, wie sich sein Kommando mittendrin vorwärtsbewegt.

Es ist einer von Hunderten Kommandoeinsätzen in einem aufreibenden Krieg, der sich über ganz Lateinamerika erstreckt und dessen Beginn niemand wirklich datieren kann. Das US-Militär hat schon seit Jahrzehnten einen mehr oder weniger geheimen Krieg gegen die Drogenkartelle geführt – Anbauflächen werden mit Pestiziden besprüht, Schlüsselfiguren ermordet, Transportwege in den Anden und den Regenwaldgebieten mithilfe von Drohnen zerstört.

In jüngster Zeit nehmen die Einsätze eine neue Dimension an. In den USA ist es den Kartellen gelungen, mit Drogen aus gentechnisch optimierten Pflanzen weite Teile der Bevölkerung als Kunden zu gewinnen. Der Stoff, genannt »Horizon Omega«, versetzt seine Nutzer in einen intensiven und lange anhaltenden Glückszustand, der jedoch dazu führt, dass die meisten von ihnen das Arbeiten aufgeben und sich mit dem Genuss des Hier und Jetzt begnügen. Die Grundlage der amerikanischen Volkswirtschaft ist bedroht – denn das Mittel führt nach wenigen Wochen der Abhängigkeit zu Schädigungen im Gehirn.

Um zu verhindern, dass die amerikanische Wirtschaft zusammenbricht, erhöht das US-Militär die Intensität der Einsätze deutlich. Dabei tritt jedoch ein Problem auf, das die Streitkräfte schon am Anfang des 21. Jahrhunderts bei den Kriegen im Irak und in Afghanistan vor massive Probleme gestellt hat: Zehntausende Soldaten kommen zwar körperlich intakt, aber psychisch schwer geschädigt aus den Einsätzen zurück. Das »Posttraumatische Stresssyndrom« hat die Kampfkraft der Truppen gefährdet. Im Lateinamerikakrieg verschärft sich dieses Problem noch: Es stehen immer weniger Soldaten zur Verfügung, die immer größeren Belastungen ausgesetzt sind. Drohneneinsätze eignen sich nur bedingt dazu, die Frontarbeit zu automatisieren. Denn im Regenwald ist im Gegensatz zu den Wüsten Arabiens und Zentralasiens schwer zu verifizieren, ob ein Ziel wirklich zerstört wurde. An Kampfeinsätzen führt kein Weg vorbei. Deshalb gibt es seit einiger Zeit Einheiten wie Delta 7 – mit Neurobiologen an der Spitze.

Für einen Moment glaubt der Kommandeur, dass das Regenwaldwasser auf den Boden des lichtlosen Raums fließt. Der Rechner fügt für das Hologramm Satellitenbilder, Google Nature View, den Datenstrom der 3-D-Kameras in den Helmen und den Einsatzplan zusammen. Steuerelemente sind eingeblendet. Der Chef kann von hier aus auf seine Soldaten zugreifen. Er kann mithilfe von nanotechnologischen Sensoren ihre Blutwerte und Gehirnströme messen und auch Stoffe verabreichen, die in die Kampfanzüge integriert sind.[1, 2]

Das Kommando in Kolumbien bewegt sich langsam vorwärts, in einer Linie. Der Puls der 18 Mitglieder pendelt zwischen 80 und 90 Schlägen pro Minute. Die Werte für den Stressindikator Cortisol sind im Normalbereich für einen Fronteinsatz, die Aufzeichnungen der Elektroenzephalographie (EEG) zeigen hohe Konzentration und Wachsamkeit an. Die Truppe ist voll einsatzfähig, und noch ist alles ruhig. Das Ziel, das die Armeeführung zerstört wissen will, liegt einige Kilometer entfernt. Es ist, so steht es im Auftrag, der Stützpunkt eines neuen kolumbianischen Gentechnikkartells, der als private

Forschungsstation für Biopharmazeutika aus dem Regenwald getarnt wird.[3]

Die Männer und Frauen im Kommando haben die neuen Auswahlverfahren und Trainingseinheiten durchlaufen, die ihr Chef konzipiert hat. Sie gehören zu den ersten Soldaten, die von seiner Methode der »neuronalen Kampfunterstützung« profitieren. Die Besten der Besten bietet er an diesem Tag auf, um dem Pentagon zu beweisen, dass er seine Forschungsmillionen sinnvoll investiert hat.

Es ist lange her, dass Soldaten für derartige Kommandoeinsätze danach ausgesucht wurden, wer über die meisten Muskeln und die geringsten Hemmungen verfügt. Zu viele Fehlschläge hatte die alte Rambo-Taktik verursacht. Kommandomitglieder schossen in Dörfern wild um sich, statt die Zielperson zu töten. Oder sie erstarrten in entscheidenden Momenten, statt zu handeln. Bei vielen Untersuchungen war das Ergebnis, dass Elitekämpfer ein Kriegstrauma mit sich herumtrugen. Sie steckten in einer Endlosschleife schrecklicher Erinnerungen, die sie nur durch eine ständige Nähe zum Tod überdecken konnten. Die Armeeführung fragte Neurobiologen und Experten für Veteranen um Rat.

Die Anfrage hatte den Delta-7-Chef damals überrascht, denn mit seiner dürren Figur und seiner akademischen Karriere am Massachusetts Institute for Technology (MIT) passte er nicht gerade ins Klischee vom Elitekämpfer. Über seine Arbeit am Defense Center for Psychological Health hatten sich viele Wissenschaftlerkollegen lustig gemacht. »Abteilung durchgeknallte Veteranen«, das hatte er häufig gehört.

Er hatte sich jahrelang mit Soldaten beschäftigt, die nach Kriegseinsätzen am Stresssyndrom litten. Anfangs arbeitete er an Therapien, um den Opfern und ihren Angehörigen zu helfen. In einer Kaffeepause hatte er mit Kollegen darüber gesprochen, dass die traumatisierten Soldaten ihrem Vaterland doch auch nützlich sein könnten, statt nur Therapiekosten anzuhäufen: »Ihre Körper enthalten wertvolle Informationen darüber, wie der Mensch Stress, Brutalität und Extremsituationen verarbeitet.« Dieser Satz war wohl schnell ganz nach oben zur Armeeführung gewandert. So war er zugleich Chef einer Forschungsabteilung und einer kämpfenden Einheit geworden.

Das Kommando ist dem Ziel bis auf 500 Meter nahe gekommen. Das Forschungslabor liegt mitten im Wald. Menschen in weißen Kitteln sind zu sehen, technische Geräte im Inneren des Gebäudes. Ein Lastwagen fährt vor, von dem große Büschel Regenwaldpflanzen abgeladen werden. Die Chefs des Drogenkartells arbeiteten vom Keller des Instituts aus, dort sei ihre Kommandozentrale, hatte es im Einsatzbefehl geheißen. Die Wissenschaftler seien eine perfekte Tarnung. In Wahrheit erforschten sie nicht den Regenwald, sondern seien dabei, neue Wirkstoffe mit gesteigertem Suchtpotenzial zu kreieren.

Das Hologramm schlägt Alarm, rote Kreise umringen zwei Kämpfer, Messwerte leuchten auf. Bei den beiden schlägt der Puls deutlich schneller als bei den anderen, im Blut kreisen Biomarker für Angst, das EEG im Helm registriert Anzeichen einer Handlungshemmung. Die Werte werden automatisch in die Personaldateien überführt. Der Chef tippt auf ein Kontrollfeld. Kurz überlegt er, ob es nicht gut sei, wenn in einem Kommando mindestens ein Angsthase dabei ist – als Alarmanlage für Risiken, die andere nicht wahrnehmen. Dann entscheidet er, dass es bei diesem Einsatz besser ist, mit einer einheitlichen Gruppe zu arbeiten. Die beiden Problemsoldaten verspüren einen Stich in ihrem Oberarm. Sie bekommen zwei Substanzen verabreicht. Die eine zielt auf ein Hirnareal für Angstentstehung, die andere wirkt entspannend. Erst als sich die Blutwerte denen der anderen Kommandomitglieder anpassen, lässt der Chef die Gruppe weiter vordringen.

Er gibt den Befehl zum Angriff. Seine Kämpfer stürmen aus ihren Verstecken und schießen auf jeden, der sich ihnen in den Weg stellt. Im Hologramm rauschen Biomarker für Aggression nach oben, symbolisiert durch rote Kreise. Die EEG-Signale für hohe Konzentration sind stark. Die Kämpfer rücken schnell vor, Gegenwehr gibt es keine. Offenbar ist ihnen ein Überraschungsschlag gelungen. Eine Gruppe übernimmt es, das oberirdische Gebäude zu säubern, die andere leitet wie geplant ein Nervengas in die Schächte der Klimaanlage für den Keller ein. Einige Minuten lang sind noch Schreie von Vögeln und Affen zu hören, die vom Schusslärm aufgeschreckt wurden, dann kehrt der Wald zu seinem normalen Mix aus Tierstimmen, Blätterrascheln und dem Geräusch von Regentropfen zurück. Auf dem Hologramm verfärben sich die roten Kreise wieder zu ruhigem Blau.

»Gut gemacht, jetzt müsst ihr nur noch den Keller durchsuchen und Festplatten sichern«, hören die 18 Frauen und Männer ihren Chef aus 5500 Kilometer Entfernung sagen. In Kalifornien scherzt einer der Offiziere, jemand solle doch bitte das Hologrammblut vom Boden aufwischen.

Die Kämpfer legen ihre Gasmasken an und machen sich auf den Weg in den Keller. Noch immer haben sie niemanden gesehen, der eine Waffe trägt. Die Tür hinab lässt sich leicht öffnen. Das Gas hat sich schon gelegt, die Sicht ist klar. Ein Zimmer nach dem anderen durchkämmen sie und treffen lediglich auf tote Wissenschaftler. Nur in einem Raum liegen keine Weißkittel auf dem Boden. Es muss der Kindergarten des Forschungszentrums gewesen sein. Die Kämpfer stehen sprachlos vor den zusammengekrümmten Kindern, die vor wenigen Minuten noch miteinander gespielt hatten. Auf dem Hologramm-Display beginnen einige sehr spezifische Messwerte zu steigen, Warnsignale umschwirren die Kämpfer. Der Kommandochef schiebt in Kalifornien seinen Zeigefinger wieder sachte über das Steuerungsfeld.

* * *

Im 21. Jahrhundert verändern sich nicht nur die Gründe, warum Krieg geführt wird, und die Ziele, um die Krieg geführt wird. Es verändern sich auch die Methoden, wie Krieg geführt wird. Eine besondere Rolle kann dabei die Gehirnforschung spielen.

Wissenschaft und Militär stehen schon lange in einer engen Verbindung. Oft haben sich Wissenschaftler dem Militär angedient – für das Vaterland, für ungestörte Forschungsbedingungen oder schlicht, weil das Militär meist über viel Geld verfügt. Der Preis dafür ist, dass sie nie wirklich bestimmen können, wozu ihre Erkenntnisse genutzt werden. Robert H. Scales, der langjährige Leiter einer der wichtigen Strategieschmieden der USA, des U.S. War College in Carlisle, beschreibt den Ersten Weltkrieg mit seinen Giftgasattacken als Krieg der Chemiker und den Zweiten Weltkrieg, der mit der Atombombe endete, als Krieg der Physiker. Für die Zukunft sieht er ganz andere Disziplinen gefragt: Sozialwissenschaftler und Neurobiologen. In den Kriegen der Zukunft werde die »kognitive Macht« wichtiger als kinetische Energie.[4]

Alles, was im Krieg zählt – Information, Reaktion, Aggression, Entscheidung, Intuition, Vorausschau –, ist ein neurobiologisches Phänomen. Zugleich sind die Neurowissenschaften der am schnellsten wachsende Zweig biomedizinischer Forschung. Es ist also eher eine Frage der Zeit, bis Erkenntnisse über das menschliche Gehirn sich in Ausbildung, Strategien und auch Waffensystemen niederschlagen. Das Gehirn selbst kann im 21. Jahrhundert zu einem der wichtigsten Schlachtfelder werden.

Schon seit dem Beginn organisierter Kriegführung wollten militärische Führer wissen, was in den Köpfen ihrer Soldaten vorgeht und wie sie diese dazu bringen können, die Kriegsziele möglichst effizient zu erreichen. Bis weit ins 20. Jahrhundert hinein blieb ihnen das Innerste ihrer Kämpfer aber versperrt. Sie konnten Soldaten in ihre Armeen locken oder

zwingen lassen. Sie konnten sie durch Propaganda einschwö-
ren und tapfere Kämpfer mit Lob, Geld, Orden und Rängen
belohnen. Trotzdem versagten Soldaten millionenfach in entscheidenden Momenten von Kriegen – aus Angst ums eigene
Leben, aus Mitleid mit dem Gegner, aus innerem Groll gegen
ihre Vorgesetzten, aus politischen Überzeugungen und vielen anderen Gründen. In die innerste Gehirnwelt von Emotionen, Erinnerungen und Einstellungen konnte sich militärische
Kontrolle bis weit ins 20. Jahrhundert hinein nicht erstrecken.
Das menschliche Gehirn war wissenschaftlichen Methoden
nur schwer zugänglich. Es wurde von der Wissenschaft noch
kaum verstanden.

Das hielt Militärstrategen aber nicht davon ab, Stoffe im
Krieg einzusetzen, die auf das Gehirn einwirken, um die Leis-
tung der Soldaten zu steigern. Im Ersten Weltkrieg war Ko-
kain bei Kampfpiloten weit verbreitet. Im Zweiten Weltkrieg
ließen die Nationalsozialisten im Berliner Werk der Pharma-
firma Temmler das Metamphetaminpräparat »Pervitin« herstellen, das Wachsamkeit und Konzentrationsfähigkeit stark
erhöht. Der Stoff, heute als »Crystal Meth« bekannt, wurde
millionenfach als »Panzerschokolade« und »Fliegersalz« an
deutsche Soldaten ausgeteilt, bis führende NS-Ärzte Anfang
der 1940er-Jahre gesundheitliche Bedenken geltend machten
und eine Verschreibungspflicht durchsetzten.[5]

Der Umfang, in dem US-Soldaten im Vietnamkrieg Aufputschmittel wie das Amphetamin Dexedrin offiziell zur Verfügung gestellt bekamen, ist unklar.[6, 7] Unstrittig ist aber, dass
spätestens seit dem Zweiten Golfkrieg in der US-Armee in
großem Stil Psychopharmaka eingesetzt werden, um Soldaten
aufzuputschen und ihre Einsatzzeiten zu verlängern. Zu den
Medikamenten, die zum Einsatz kommen, zählen Modafinil,
ein Wachmacher, der in der zivilen Welt gegen die Schlaf-
krankheit zum Einsatz kommt und in der US-Luftwaffe Piloten auf Langstreckenflügen als Aufputschmittel verabreicht

wird. Das Antidepressivum Sertralin wird systematisch gegen Stress und Belastungsstörungen bei langen Kampfeinsätzen gegeben, der Wirkstoff Clonazepam gegen Angst.[8] 2007 haben laut dem Mental Health Advisory Team der US-Armee zwölf Prozent der Kampftruppen im Irak und 17 Prozent in Afghanistan Antidepressiva und Schlafmittel bekommen, damit sie den Anforderungen besser gewachsen sind.[9]

In den Forschungslaboratorien des US-Militärs wird auf vielen Ebenen daran geforscht, die Leistungskraft von Soldaten auch mit neurobiologischen Mitteln und Methoden zu steigern. Schon jetzt findet Wissen aus der Hirnforschung intensiv Verwendung bei Rekrutierungsverfahren. Doch ein Problem, das im Gehirn seinen Ursprung hat, interessiert die Militärs besonders: das Stresssyndrom nach traumatischen Erlebnissen. Denn es führt dazu, dass Soldaten, in deren Ausbildung große Summen investiert worden sind, vorzeitig zu Veteranen werden, für deren Versorgung das Militär aufkommen muss.

Bisher können pharmazeutische Wirkstoffe die unsichtbaren Wunden im Gehirn, die der Krieg mit seiner Brutalität, seinem Stress und seinen traumatischen Erlebnissen schlägt, weder effizient verhindern noch heilen.[10] Das zeigen die vielen Männer und Frauen, die von ihren Kriegseinsätzen als psychische Wracks zurückkommen, arbeitsunfähig, ihren Familien entfremdet und in großer seelischer Not.[11] Aus Militärsicht werden die Betroffenen von einer erneuerbaren Ressource zu einer finanziellen Bürde.

Massenhafte neurologische Dauerschäden durch den Krieg wurden zum ersten Mal im und nach dem Ersten Weltkrieg thematisiert. Vom »Shell Shock«, dem »Granatenschock«, war die Rede, weil zuerst vermutet wurde, dass es sich um die Folgen von Gehirnerschütterungen nach Beschuss handelte. Männer, die das Schlachtfeld äußerlich intakt überlebten, kamen mit auffälligen psychischen Symptomen von den

Einsätzen zurück, von Gedächtnisschwund bis Panikattacken. Die »Kriegszitterer«, wie sie in Deutschland genannt wurden, standen im Militär und in der Gesellschaft vielfach als Feiglinge und Vaterlandsverräter da. Im und nach dem Zweiten Weltkrieg erging es »Kriegsneurotikern« noch schlimmer. Es handelte sich nicht um Einzelschicksale. Allein zwischen 1942 und 1945 unterzogen sich 850 000 US-amerikanische Soldaten einer neuropsychiatrischen Behandlung.[12]

Vietnam konfrontierte in den 1960er- und 1970er-Jahren ganz Amerika mit dem Kriegstrauma. Eine Generation junger Amerikaner kam vom Kampf um Südostasien psychisch geschädigt zurück. Die jungen Männer und Frauen waren mit lebensbedrohlichen Erlebnissen konfrontiert, mussten aus nächster Nähe töten oder miterleben, wie Kameraden oder unschuldige Zivilisten starben. Mancher verlor schon im Einsatz die Kontrolle über sich, wie es Francis Ford Coppola in *Apocalypse Now* dargestellt hat. Bei noch mehr jungen Amerikanern brach das Trauma erst nach ihrer Rückkehr aus, als sie vor der Aufgabe standen, sich nach Jahren des Extremstresses und der Todesangst in die normale Wohlstandsgesellschaft zu integrieren.[13, 14] Das Risiko, an psychischen Krankheiten wie Depression und Angststörungen zu erkranken, suchtkrank oder obdachlos zu werden oder Selbstmord zu begehen, ist unter Veteranen dauerhaft stark erhöht. Die amerikanische Gesellschaft wurde damit konfrontiert, dass der Horror des Kriegs nicht einfach mit den Kampfhandlungen endet, sondern in den Köpfen der Veteranen und damit im amerikanischen Alltag weitergeht. 1979 wurde PTSD (so die Abkürzung für die englische Bezeichnung »Posttraumatic Stress Disorder«, im Deutschen »Posttraumatische Belastungsstörung« oder »Posttraumatisches Stresssyndrom« genannt) erstmals formal als psychische Krankheit anerkannt. Eine groß angelegte Studie (National Vietnam Veterans' Readjustment Study) an Vietnamveteranen zeigte, dass von den rund 3,2 Millionen

Männern und Frauen, die in Vietnam dienten, jeder vierte zeitweise oder dauerhaft am Posttraumatischen Stresssyndrom zu leiden hatte.[15]

Die Erfahrung mit den Vietnamveteranen hielt Amerika aber nicht von neuen Kriegen ab. Die beiden Golfkriege sowie die Kriege im Irak und in Afghanistan brachten eine neue Generation von Kriegsgeschädigten hervor. Einer Studie der RAND-Corporation zufolge litten 2007 von 1,6 Millionen Soldaten, die im Irak und in Afghanistan zum Einsatz gekommen waren, rund 300 000 an einer Posttraumatischen Belastungsstörung.[16] Da jeder vierzehnte Amerikaner Kriegsveteran ist, liegt die Gesamtzahl der Fälle im Land deutlich höher, was dramatische gesellschaftliche und finanzielle Konsequenzen hat. Allein die medizinischen Behandlungskosten belaufen sich auf viele Milliarden Dollar pro Jahr.

2014 sprach ein Report von 16 Experten für das Institute of Medicine, die Gesundheitsabteilung der National Academy of Sciences, sogar von 650 000 PTSD-Fällen in den USA, hauptsächlich bedingt durch die Kriege in Afghanistan und im Irak. Mitautor Sandro Gelea von der Columbia University warnte: »Wir befinden uns auf dem Scheitelpunkt einer Welle von PTSD-Fällen.«

Je größer die Ausfälle durch PTSD werden, desto mehr Geld investieren die USA, um die neurobiologischen Mechanismen des Kriegstraumas zu ergründen. Schon jetzt ist klar, dass die Krankheit nur teilweise von Gehirnerschütterungen herrührt. In den Fokus der Forschung rückt immer mehr, wie sich das Gehirn unter Dauerstress und Todesangst auf der Ebene der Moleküle und Neuronen verändert. Nun geht es darum, jene molekularen Mechanismen zu entdecken, die verhindern, dass Erinnerungen an schlimme Erlebnisse in den Hintergrund rücken, sondern dafür sorgen, dass diese sich im Gegenteil immer mehr verstärken, vom Alltag entkoppeln und schließlich das Leben dominieren. Eine Rolle spielt offenbar, dass sich bei Veteranen die Kommunikation zwischen verschiedenen Arealen des Gehirns verändert, sodass Angstgefühle schlechter als bei anderen Menschen ausgeglichen oder kontrolliert werden können.[17] Diese Erkenntnisse ebnen nun den Weg für bessere und genauere Therapien im Dienst der Veteranen. Zu den neuen Therapieansätzen zählen auch Medikamente, die in der Lage sind, den Teufelskreis des Erinnerns zu durchbrechen, der so viele Traumaopfer plagt. 2002 zeigte Roger Pitman von der Harvard Medical School, dass der Wirkstoff Propanolol bei traumatisierten Menschen dazu beitragen kann, die emotionale Last bestimmter Erinnerungen zu verkleinern.[18] »Therapeutisches Vergessen« nennt er diesen Ansatz, der freilich erst ganz am Anfang steht.

Möglich wurden solche Durchbrüche durch riesige methodische Fortschritte in den Neurowissenschaften. Spätestens seit den 1990er-Jahren öffnete sich die »Black Box« Gehirn langsam. Zuerst lieferten Elektroenzephalogramme (EEG) ein immer genaueres Abbild der Stromflüsse im Gehirn, dann erlaubten Kernspintomographen und PET-Scanner den Blick auf Aktivität und Struktur des Menschen. Hinzu kamen immer feinere molekularbiologische Methoden, mit denen Unterschiede in der Erbsequenz und im Stoffwechsel aufzuspüren sind.

Nach und nach beginnt das menschliche Gehirn für die Wissenschaft durchsichtig zu werden. Das erzeugt eine gewaltige Aufbruchstimmung in der Neurowissenschaft. Fördergelder, Publikationen und die schiere Zahl der Forscher nehmen stark zu.

Und dafür interessierten sich am Anfang des 21. Jahrhundert auch jene Militärstrategen, denen weniger an Traumaopfern liegt als daran, Soldaten für die nächsten Kriege vorzubereiten und sie zu Höchstleistungen im Kampf gegen ihre Gegner zu bringen. Der amerikanische Bioethiker Jonathan Moreno beschreibt es so: »Jeder wichtige Artikel, den Neurowissenschaftler publizieren, wird von Leuten im Pentagon und in der Rüstungsindustrie geprüft [...]. Es gibt erhebliche Anstrengungen, finanziert mit Steuergeldern [...], das Potenzial [der Neurobiologie] zu erkunden, um Menschen einem Management für militärische und politische Zwecke zu unterziehen.«[19, 20]

Zu was das in Zukunft führen kann, dies entwarfen führende amerikanische Neurobiologen 2008 in einem spektakulären Bericht: »Opportunities in Neuroscience for Future Army Applications« heißt das 120 Seiten lange Dokument, das nicht etwa geheim gehalten, sondern von den National Academies of Sciences veröffentlicht wurde. Der Autorenkreis bestand aus 15 führenden Gehirnforschern von Institutionen wie Harvard, Caltech (California Institute of Technology) und UCSD (University of California San Diego) sowie aus 31 Militärexperten von Armee, Rüstungsindustrie und Thinktanks. Die Leitung hatte Floyd E. Bloom inne, ein prominenter emeritierter Professor am Scripps Research Institute in La Jolla, Kalifornien.

Das Erstaunliche an dem Gemeinschaftswerk war, dass es sich ganz auf die militärischen Chancen konzentrierte und von möglichen Risiken oder Nachteilen neurobiologisch verbesserter Kriegführung erst gar nicht die Rede war.[21] »Die Zeit ist reif, um neurowissenschaftliche Erkenntnisse für Aufgaben mit militärischer Bedeutung anzuwenden«, lautete die Losung. Die Wissenschaftler machten der Armeeführung sogar den Vorwurf, bisher auf dem Weg zu einem solchen Neurokrieger zu zurückhaltend gewesen zu sein: Die Armee könnte »viel mehr tun als heute, um mithilfe der ganzen Bandbreite der Gehirnforschung suboptimale Entscheidungen [von Soldaten im Einsatz] zu untersuchen und zu korrigieren«.

Die Gehirnstrategen betonten, dass sie keine Vision für eine ferne Zukunft entwickeln, sondern sich mit konkreten Anwendungen befassen, die in den kommenden »fünf bis 20 Jahren« realisierbar sind. Chancen für das Militär sehen sie auf allen Ebenen, von der Auswahl der Soldaten über das Training bis zum Kampfeinsatz und der Therapie von Veteranen.

Das übergeordnete Ziel formulierten die Hirnforscher sehr deutlich. Es gehe um eine »Strategie, die es erlaubt, menschliche kognitive Fähigkeiten für 18 bis 20 Stunden pro Tag, sieben Tage in der Woche über zwölf bis 15 Monate hinweg in einem hohen Einsatztempo aufrechtzuerhalten«. Zu den Pluspunkten einer Neuro-Offensive zählten die Wissenschaftler vor allem Einsparungen: So koste die Ausbildung des Piloten eines Kampfhubschraubers 225 000 Dollar. Die Armee könne es sich in Zukunft gar nicht mehr leisten, eine solche »Hochpreisaufgabe« Menschen anzuvertrauen, die sich hauptsächlich durch den persönlichen Wunsch nach diesem Job auszeichneten, nicht aber durch die erforderlichen Fähigkeiten. Objektive Messverfahren seien dringend nötig, um kein Geld zu verschwenden. Zudem könne sich die Armee rechtzeitig vor Bewerbern auf Posten schützen, die der Aufgabe nicht gewachsen seien und ihre Fähigkeiten überschätzten.

Der Bericht war eine erstaunliche Offerte: Die Neurowissenschaftler dienten sich regelrecht dem US-Militär an, ihr Wissen in den Dienst der Kriegführung zu stellen, als Gegenleistung für umfangreiche Forschungsförderung. Aber der Report stieß in den USA und international auf wenig Interesse. Inmitten der akuten Konflikte wie etwa in Afghanistan schienen Spekulationen über künftige Neurokriege zu sehr dem Reich der Science-Fiction zu entstammen.

Doch es ist wahrscheinlich, dass die Erkenntnisse der Neurobiologie in den kommenden Jahrzehnten in großem Stil in den Dienst des Militärs gestellt werden.[22] Zu groß sind die Vorteile einer umfassenden Kontrolle über das menschliche Gehirn – von der Kostenersparnis bei der Auswahl von Personal bis zur Effizienzsteigerung für die Kämpfer auf dem Schlachtfeld. Unter Neurowissenschaftlern kursiert eine Art

Selbstverpflichtung, nicht an militärischen Forschungsprojekten teilzunehmen – doch bisher mit geringer Wirkung.[23] Zahlreiche Forschungsprojekte werden verfolgt, die auf ein umfassendes »Enhancement« der Soldaten zielen, also eine Verbesserung ihrer biologischen und mentalen Konstitution. Es geht in den Vorhaben auch um künstliche Muskeln für ein Außenskelett, das enorme Kräfte verleiht, um Stiefel, mit denen man meterhoch springen kann, oder um Brillen, die einen Adlerblick aufs Schlachtfeld ermöglichen. Die Grenzen zwischen seriöser Wissenschaft und Fantasterei sind fließend. Schon oft sind Projekte, die spektakulär klangen, nach einigen Jahren wieder versandet.

Bis es zu einem Ereignis wie dem Einsatz der Neurokämpfer tief im kolumbianischen Dschungel kommt, sind aber lediglich Fortschritte in der Forschung nötig, wie sie sich bereits heute in der Arbeit der Wissenschaftler abzeichnen. Die US-Armeeführung wird auf jeden Fall in Zukunft erheblich mehr Forschungsmittel in die Neurobiologie stecken als heute schon.

Das kann dazu führen, dass schon bald die Auswahlverfahren für Soldaten und Offiziere nicht mehr einfach aus Sportübungen und Fragebögen bestehen. Alle Bewerber müssen sich dann zuerst einer Kernspintomographie unterziehen, bei der ihre Gehirnaktivität untersucht wird, während sie Fotografien, Videos und Tonaufnahmen ausgesetzt sind. Die Bewerber bekommen in wilder Mischung Fotos von kleinen Kindern, Schlachtfeldern, nackten Frauen und Kampfrobotern gezeigt, während sie klassische Musik, Geschützlärm und Warntöne hören. »Hyperstream« könnte ein solches Verfahren heißen, das durch die Gehirnaufnahmen ermittelt, wie Bewerber auf die Reizflut reagieren. Springen Hirnregionen, die für Traurigkeit stehen, beim Anblick von Kampfszenen an, spricht das gegen einen Bewerber. Lassen sich bei dem Bild eines schwer verletzten Menschen Muster von Aggression und Tötungstrieb ausmachen, so wird geprüft, ob es sich um pathologischen Sadismus handelt oder um eine besonders robuste Kämpferpsyche.

In den Hirnbildern treten neurologische Eigenschaften und Störungen über die Jahre hinweg immer klarer hervor, denn die Wissenschaftler verknüpfen ihre Datenbanken mit den Personalakten der Soldaten. Ein lernendes System entsteht, das aus mehreren hunderttausend Untersuchungen pro Jahr und Millionen Soldatengeschichten immer klarere Verbindungen zwischen Gehirnmustern und Charaktereigenschaften etabliert. Das System wird bald auch eingesetzt, um Gruppen optimal zu mischen, je nachdem, wie viel Risikofreudigkeit gefragt ist und ob eher Einzelkämpfer oder Teamplayer zum Einsatz kommen sollen.

Zu den nächsten Schritten könnten zum Beispiel neuartige Helme gehören, in die nicht nur 3-D-Kameras eingebaut sind, sondern auch EEG-Apparate. Sie übermitteln in Echtzeit ihre Daten, etwa ob ein Soldat noch lebt, ob er einzuschlafen droht oder ob er gerade eine Panikattacke durchmacht. Wenn die Armeechefs erst einmal vorgeführt bekommen, wie sich auf einer Landkarte vor ihnen nicht nur die Geographie des Einsatzgebiets aufspannt, sondern zugleich die neuronale Innenwelt ihrer Kämpfer, stellen sie mit hoher Wahrscheinlichkeit weitere Forschungsgelder bereit. Diese werden genutzt, um die EEG-Geräte und die Echtzeitdiagnostik zu verfeinern. Mit den Helm-EEGs können die Soldaten bald Roboter und andere Geräte allein mit der Kraft ihrer Gedanken steuern. Die »Gehirn-Maschine-Schnittstellen« nutzen dazu elektrische Wellen im Kopf, die sich bewusst verändern lassen. Kleine Aufklärungs- und Kampfdrohnen fliegen nun gedankengesteuert an die Front, die Reaktionszeit lässt sich um entscheidende Zehntelsekunden verringern.

Tiefgreifender noch kann die Diagnostik mit Biomarkern die Kampfeinsätze verändern. Den Soldaten könnte künftig ein kleiner Chip implantiert werden, der Tausende chemische Analysen gleichzeitig vornehmen kann. Früher wäre dazu ein ganzes Laboratorium nötig gewesen, die Untersuchungen hätten Tage in Anspruch genommen. Doch die Nanobiologie dürfte solche Fortschritte machen, dass der Blutstrom der Kämpfer kontinuierlich überwacht wird. Hormone und Proteine, die Angst oder Aggression, Wachheit oder Erschöpfung bei einem Soldaten anzeigen, werden dann kontinuierlich an die Einsatzzentralen übermittelt. Drohen Wachsoldaten einzuschlafen, so bekommen sie über den Helm einen magnetischen Impuls verabreicht, der sie aufweckt.

Etwas länger dauert es, von der Überwachung des Blutstroms zu aktiven Eingriffen überzugehen, weil das Risiko besteht, dass die erforderlichen Wirkstoffe während des Kampfes auslaufen. Forschungsarbeiten am Massachusetts Institute for Technology (MIT) sollen helfen, auch noch dieses Hindernis zu überwinden: Das Material der Anzüge selbst wird zum Speicher, die Wirkstoffe sind dezentral im Hartschaum eingelagert, der die Kämpfer wie ein Außenskelett umgibt.

Es ist möglich, dass Soldaten der Zukunft je nach Kampfsituation neurobiologisch eingestellt werden.[24] Sie sind dann in der Hand von Algorithmen, mit denen die 3-D-Bilder vom Schlachtfeld ausgewertet und zu neuronalen Managementstrategien für die Truppe verarbeitet werden. Entdeckt zum Beispiel ein Spähtrupp einen Gegner, wird die rückwärtige Truppe mit einem Aufputschmittel auf den Einsatz vorbereitet. Kommen Kämpfer in Gefangenschaft, so werden sie mit Wirkstoffen beruhigt und in ihrer Willenskraft gestärkt. Das kann vollautomatisch passieren und würde die Kriegführung, wie sie bisher läuft, komplett verändern. Wer das Gehirn kontrolliert, dem wird ein gewaltiger Vorsprung auf dem Schlachtfeld zuwachsen. Das gilt besonders für die Herrschaft über Erinnerungen.

Hierfür können ausgerechnet die Arbeiten des Medizinnobelpreisträgers Eric Kandel wegweisend werden, eines zutiefst humanistisch geprägten Menschen, der wichtige molekulare Prozesse des Erinnerns und Vergessens aufgedeckt hat. Darauf aufbauend wird nun weltweit erforscht, wie ein Erlebnis zu einer Erinnerung wird, und wie Bilder, Farben und Gerüche sich in kleine Moleküle und neuronale Erregungsmuster im Kopf verwandeln und dort über Jahre und Jahrzehnte erhalten bleiben.[25] Auch Antworten darauf, warum sich bei Traumapatienten Erinnerungen verselbstständigen können und schließlich die ganze Person kontrollieren, kommen in Reichweite. Man wird das Ablegen neuer Erinnerungen an der Wurzel verhindern können, wenn man das Gehirn unmittelbar nach einem Erlebnis mit neuartigen Wirkstoffen überflutet. Und das schafft Potenzial für kriegerische Anwendungen der Neurobiologie: Vergessenstherapien könnten nicht nur im Dienst der Veteranen eingesetzt werden, sondern auch zur Optimierung der Kriegführung. Kandel hat über solche Projekte schon Anfang des 21. Jahrhunderts gesagt: »Wir arbeiten nicht daran, aber andere tun es.«[26] Wer diesen Mechanismus beherrscht, dem wachsen Kräfte zu, von denen frühere Staatenlenker nur träumen konnten – mit ebenso unermesslichen Gefahren.

* * *

Was mit der Studie des National Research Council, »Opportunities in Neuroscience for Future Army Applications«, im Dienst des Militärs geschah, gehört zu den Geschichten, die der Chef von Delta 7 seinen Soldaten immer wieder erzählt. Sein Arbeitszimmer im Massachusetts Institute of Technology lag früher neben dem eines Mitglieds der Akademiekommission. »Wir machen daraus ein feines, kleines Arbeitsbeschaffungsprogramm für Neurowissenschaftler«, hatte sein Büronachbar eines Abends zu ihm gesagt, »und am Ende werden wir Wissenschaftler viel weiter sein, aber die Army wird merken, dass sie wenig mit unseren Ergebnissen anfangen kann.«

»Sie sind der fleischgewordene Irrtum dieses Professors, denn beim Militär geht es, wenn man es genau nimmt, eigentlich nur ums Gehirn.« Das haben die Soldaten auch zu hören bekommen, bevor sie in den kolumbianischen Dschungel aufgebrochen sind. Mit ihrem Einsatz soll eine neue Phase im Neurokriegswesen beginnen. Viele Jahre Forschungsarbeit des Delta-7-Chefs sollen nun Früchte tragen. Letztlich war es dem Chef der Einheit egal, ob die Premiere in Kolumbien, Brasilien oder Bolivien steigen würde. Was er brauchte, hatte er bekommen: einen Einsatz, bei dem seine Soldaten etwas Grauenvolles tun würden, ohne vorher davon zu wissen. Dass er statt eines Routineangriffs auf einen Drogenstützpunkt einen Angriff auf eine Forschungsstation zugewiesen bekam, die gerade einen biologischen Wirkstoff gegen eine der wichtigsten Triebfedern der amerikanischen Volkswirtschaft gefunden hatte – die Sucht nach Zucker und Fett –, war für ihn Nebensache, ja reiner Zufall gewesen. Dass aber nun ausgerechnet Kinder getötet wurden, ist auch für ihn eine unangenehme Überraschung.

Die Panne liefert aber gleichzeitig den Härtetest für das Medikament: Denn die Delta-7-Soldaten sind von dem Anblick der Kinder so stark gestresst, wie der Kommandeur sich dies für vergleichbare Situationen vorgestellt hatte. Schweiß tritt ihnen auf die Stirn, ihre Herzfrequenzen steigen, in ihrem Gehirn treten die obersten Bewusstseinsfunktionen mit jenen Arealen in Verbindung, in denen die Tötungshemmung gegenüber der eigenen Spezies ihr Zentrum hat. Zugleich tauchen Biomarker auf, die darauf schließen lassen, dass sich der Anblick im Gehirn gerade in Form von neuen Proteinen und synaptischen Fortsätzen ins Gedächtnis einzubrennen beginnt. »Sofortiger Rückzug«, lautet die Order aus Kalifornien. Als die Soldaten wieder ins Freie gelangen, spüren sie einen leichten Stich, und einige Milliliter »Memex« fließen in den Blutstrom der Kämpfer. Der Wirkstoff ist so verpackt, dass er binnen Sekunden mit Zuckermolekülen direkt ins Gehirn gelangt. Die Soldaten schauen sich verwirrt an, weil sie kurz merken, dass etwas Merkwürdiges mit ihnen passiert.

In der Zentrale lehnt sich der Kommandeur zufrieden zurück. »Das ist der Einstieg in eine zutiefst menschliche Phase der Militärtechnologie«, sagt er zu seinen Offizieren. »Wir werden nie verhindern können, dass grausame Kriege geführt werden, aber wir können verhindern, dass diese Kriege lebenslange Spuren bei den Soldaten hinterlassen. Alles, was bleibt, ist eine Zeitnarbe im Gehirn.«

Was hier im Inneren der Soldaten geschieht, ist der Beginn einer der folgenreichsten Militäroffensiven von Jahrzehnten: Die amerikanische Militärführung sichert sich den Kontinent der Erinnerung. Zur Macht, Städte und Landstriche zerstören, kommt die Macht hinzu, Erinnerungen auszulöschen. Wenig später wird »Memex« in allen Sondereinheiten und bei den US-Marines eingeführt. In den Verlautbarungen ist nur ganz allgemein von einem »Neuroprotektor« die Rede, der dem Posttraumatischen Stresssyndrom vorbeugt. Die Ergebnisse aber sind aus Sicht der US-Militärführung ähnlich begeisternd wie in Kolumbien. »Memex« wird zum ständigen Begleiter der Soldaten im Lateinamerikakrieg – und in allen Kriegen, die ihm folgen. Traumata der zurückkehrenden Soldaten sind nun kein Hemmnis mehr, weil sie gar nicht erst entstehen. Die Soldaten lassen sich beinahe beliebig in immer neue Einsätze schicken.

Anfangs überwiegt tatsächlich das Motiv, Kriege für alle Beteiligten weniger schrecklich ablaufen zu lassen. Die Order an Offiziere lautet deshalb, »Memex« auf keinen Fall für eine brutalere Vorgehensweise, sondern lediglich für die »Reparatur« der mentalen Schäden einzusetzen. Deshalb wird die

Anwendung sogar noch ausgeweitet – nur mit umgekehrtem Ziel. »Memex« wird als Spray weiterentwickelt und kommt nun vor allem bei Einsätzen innerhalb von Ortschaften zum Einsatz. Ganze Dörfer werden eingenebelt, in denen Kampfeinsätze stattgefunden oder Liquidationskommandos zugeschlagen haben. Das erspart auch den Zeugen solcher Aktionen Traumata – und schützt nebenbei die US-Truppen vor nachträglichen Anklagen. Mit Erfolg wird dies etwa bei US-Drohnenangriffen in Pakistan erprobt. Die Armeeführung weiß sehr wohl, dass über den Erfolg vieler Einsätze und Kriege oft erst nachträglich durch das Echo in Medien und Öffentlichkeit entschieden wird.

Enge Verbündete, denen die USA nach einiger Zeit den Zugang zu »Memex« erlauben, haben ebenfalls bald den Vorteil, ihre Soldaten psychisch resistent einsetzen zu können – »wiederverwertbar«, wie es im Jargon der Militärstrategen heißen wird. Aber auch die Risiken zeigen sich. So kommt es zu Vorfällen, bei denen einzelne Einheiten der US-Armee den Wirkstoff gezielt einsetzen, um Rache etwa an einem Dorf in Afghanistan zu nehmen, in dem ein Soldat in einem Hinterhalt getötet worden war. Zwar wird der zuständige Offizier von einem Militärgericht sofort zu lebenslanger Haft verurteilt, aber die folgende Berichterstattung stellt »Memex« als Mittel dar, das Brutalität im Krieg noch fördert.

Zudem gelangt der Wirkstoff einige Jahre später auch in andere Hände. Russland wirbt mit gewaltigen Beträgen Topwissenschaftler ab, die mit dem Projekt befasst sind. Das Land hat bald eigene Vorräte an »Memex« und verwendet es zuerst in seinen zahlreichen Strafkolonien und im Krieg gegen kaukasische Separatisten. Wieder häufen sich die Berichte über Gräueltaten, weil ganze Dörfer ausgelöscht werden. Es fehlen zwar die Zeugen, weil sich niemand erinnern kann, aber Verwandte fragen öffentlich nach dem Schicksal ihrer Familienmitglieder.

Auch in den USA ergeben sich Probleme. Es treten erste Fälle auf, in denen aus der Armee ausgeschiedene Soldaten Selbstmord begehen, nachdem sie von Journalisten oder Angehörigen von Opfern nach ihrer Rolle bei Einsätzen befragt werden. Die Scham, sich nicht erinnern zu können, verwinden einige Exmarines nicht.

Außer Kontrolle gerät die Situation, als sich wahrscheinlich aus Russland der Stoff sowie diverse Weiterentwicklungen rund um die Welt verbreiten. Es kommt zu einer Eskalation in der Neurokriegführung, bei der beide Seiten in Konflikten »Gedächtnis«-Waffen einsetzen. Die Zivilbevölkerung wird stärker missbraucht als in früheren Konflikten.

Im Internet werden Wirkstoffe frei gehandelt, die bei zahllosen Verbrechen eingesetzt werden. Die Zahl der Vergewaltigungen nimmt enorm zu, in denen Täter ihren Opfern »Memex« einflößen. Diktatoren in aller Welt nutzen den Stoff, um ihre Bevölkerung durch eine Dauermanipulation der Gehirne unter Kontrolle zu halten und gefügig zu machen. Der Ungeist ist aus der Flasche und nicht wieder zurückzuholen.

III. EINE ROBUSTERE ZIVILISATION

Tausende Kriege in der Menschheitsgeschichte lassen die Hoffnung reichlich naiv erscheinen, dass es in Zukunft keine blutigen Auseinandersetzungen mehr geben wird. Doch zu einem Fatalismus, der davon ausgeht, dass wir Menschen biologisch oder politisch zu immer neuen Kriegen wie denen in den Szenarien dieses Buchs verurteilt sind, besteht gerade in diesem Jahrhundert kein Anlass. Es ist ein Jahrhundert, in dem sich gemeinsame Werte und neues Wissen weltweit so verbreiten können, dass Konflikte zu verhindern sind – sofern rechtzeitig die richtigen gegenläufigen Entwicklungen eingeleitet werden. Es ist zumindest im Bereich des Möglichen, dass im 21. Jahrhundert eine neue Phase im Zivilisationsprozess beginnt, in der die Erkenntnis über Kriegsrisiken dazu führen kann, rechtzeitig umzusteuern – schon deshalb, weil für alle zu viel auf dem Spiel steht.

Die elf Szenarien dieses Buches haben wichtige »Stressfaktoren« des 21. Jahrhunderts benannt und ausgemalt. Was aber könnten gegenläufige Kräfte sein – die Entspannungsfaktoren, die »De-Stressoren«, die Kriege unwahrscheinlicher machen? Die gute Nachricht ist, dass diese Kräfte auch unter den Bedingungen von Klimawandel, wachsender Weltbevölkerung und neuer Interessenkonflikte sehr wohl vorhanden sind. Es gibt zwar neue Gefahren, aber auch viele Wege, um ihnen zu begegnen.

Für jedes Szenario bieten sich Dutzende Einzellösungen an: Ein neuer Weltraumvertrag könnte unkontrollierte und vielleicht sogar ungewollte Konflikte im All verhindern. Ein wesentlich besseres Rohstoffrecycling könnte die oft umweltschädigende Jagd nach neuen Ressourcen begrenzen, ein effektiveres Fischereimanagement eine Verödung der Weltmeere verhindern, ein Kodex für Neurobiologen es zumindest stigmatisieren, das Gehirn zur Manipulation freizugeben. Es gibt aber auch eine Reihe von neuralgischen Punkten, die verschiedenen Szenarien gemeinsam zugrunde liegen – und von Strategien, mit deren Hilfe die menschliche Zivilisation insgesamt robuster und weniger anfällig für Konflikte wird.

Dabei dreht es nicht so sehr um Militärstrategien im engeren Sinn: Kriege werden im 21. Jahrhundert nur noch sehr bedingt mit dem Aufbau starker militärischer Kräfte vermieden werden können. Sicher müssen sich die westlichen Demokratien behaupten und aufpassen, dass sie militärtechnologisch gegenüber autoritären Regimen nicht zurückfallen. Aber es sind viel größere gesellschaftliche und politische Veränderungen nötig, um Risiken blutiger Konflikte künftig so klein wie möglich zu halten. Diese Veränderungen reichen von neuen, individuellen Verhaltensweisen, etwa beim Energieverbrauch, bis hin zu notwendigen Veränderungen in der Weltpolitik, etwa im Umgang mit den Vereinten Nationen.

Das Nachdenken über die wirklich neuen Zukunftsrisiken hat erst begonnen. Die folgenden Überlegungen können daher nur einige der nötigen Schritte auf dem langen und mühsamen Weg zu einer robusteren Zivilisation aufzeigen. Natürlich sind wir nicht naiv und kennen die vielen Argumente und Gründe, warum einige der genannten Lösungsansätze bisher im politischen Alltag gescheitert sind oder vielleicht erneut scheitern werden. Es gibt Beharrungskräfte und die Tradition eines nationalstaatlichen Denkens, das auch von den jeweiligen nationalen Medien geschürt wird. Wir wollen auch nicht den Eindruck erwecken, die Blaupause zur Weltrettung zu kennen, die es nicht geben kann. Aber wir wollen einen Beitrag dazu leisten, dass die Folgen der Blockade von Reformen klarer erkennbar werden, und dass drohende Fehlentwicklungen nicht mehr als unaufhaltsam hingenommen werden, sondern zu einem Umdenken führen – in Politik, Wirtschaft, Militär, Gesellschaft.

1. DIE KRAFT DER KOOPERATION

Zu den Voraussetzungen für positive Lösungen gehört zunächst einmal, dass die westlichen Staaten angesichts der neuen globalen Unübersichtlichkeit und ihres relativen Machtverlustes ihr Heil nicht darin suchen, sich von der Weltbühne zurückzuziehen. Diese Gefahr ist real, denn für einen neuen Isolationismus und eine Abschottung gibt es Fürsprecher in vielen politischen Lagern. Die amerikanische Rechte verlangt, dass sich die USA nur noch um sich selbst kümmern sollen und zum Beispiel die Entwicklungshilfe für arme Länder in Afrika stark reduziert wird.

In Europa wiederum fordert vor allem die politische Linke, dass nach den umstrittenen Feldzügen im Irak und in Afghanistan jede weitere militärische Intervention ausgeschlossen werden sollte. Zudem führt die Überschuldungskrise dazu, dass fast alle Staatshaushalte in den westlichen Ländern extrem belastet sind und vor allem für Europa der Spielraum für eine gestaltende Rolle in der Welt zunächst einmal zu schrumpfen scheint.

Dies sind Symptome dafür, dass die neue globale Komplexität die Bürger in den USA und in Europa unter erheblichen Stress setzt und nach zu einfachen Lösungen rufen lässt. Zu diesem Stress gehört auch, dass die umfassendere Kenntnis über die Folgen unserer Lebensweise eine Menge unangenehmer ethischer Fragen aufwirft: Wer zahlt langfristig die Kosten für den materiellen Wohlstand von heute? Wie verändert sich das Anrecht auf Ressourcen, wenn sich künftig zehn statt heute sieben Milliarden Menschen die Erde teilen werden?

Welches Maß an Verantwortung für Probleme in anderen Erdteilen haben Amerikaner, wenn sie pro Kopf ein Vielfaches an Energie und Rohstoffen verbrauchen im Vergleich zu Menschen in anderen Erdteilen?

Diese Welt verändert sich derzeit in eine Richtung, in der westliche Leitlinien nicht mehr automatisch den Weg vorgeben. Es gibt heute sehr wohl eine Konkurrenz der »Modelle«, auch wenn der immer häufiger angestellte Vergleich zwischen »westlicher Demokratie« und »chinesischem autoritären System« viel zu einfach konstruiert ist. Die demokratischen Länder schneiden im Vergleich trotz aller Schwächen noch immer sehr gut ab. Soll das so bleiben, so muss der Westen seine Stärken nicht nur in Form rhetorischer Selbstbeschwörungen behaupten, sondern er muss auch vorleben, dass offene, demokratisch verfasste Staaten für den friedlichen Wettstreit um soziale und technologische Lösungen die beste Plattform bieten. Die westlichen Demokratien müssen täglich beweisen, dass sie den Menschen auf der Welt die besten Ideen zu bieten haben. Sie müssen mit gutem Beispiel vorangehen, nicht predigen.

Eigene Regeln dürfen dabei nicht permanent unterlaufen werden. Geheime Internierungslager und Folterpraktiken durch die USA nach dem 11. September 2001 etwa zerstören in einer globalisierten Nachrichtenwelt eher den Anspruch auf die Vorbildfunktion von Rechtsstaatlichkeit ebenso wie eine weitgehende Überwachung der Bevölkerung, über die Geheimgerichte entscheiden. Der Mangel an Regeln für die Finanzindustrie und die übermäßige Verschuldung sind kontraproduktiv für eine glaubwürdige Botschaft, der Westen sei an Wohlstand für alle und nachhaltiger Entwicklung interessiert. Der Lebensstil der Menschen in den Industrieländern passt nicht zu der gleichzeitig propagierten Forderung, der drohende Klimawandel müsse unbedingt aufgehalten werden. Xenophobe Abschottungstendenzen und rechtspopulistische

Parteien stehen in krassem Kontrast zu dem Anspruch der Länder Europas, offene, liberale Gesellschaften zu sein. Ökonomischer Rückschritt wie in Griechenland passt andererseits nicht zu dem Anspruch Europas, ein modernes, zukunftsweisendes Wirtschaftsmodell zu besitzen.

Die »Arabellion« des Jahres 2011 hat zuletzt gezeigt, dass vor allem die junge, mit Handy und Internet sozialisierte Bevölkerung in Nordafrika und dem Nahen Osten eine gewaltige Sehnsucht nach Demokratie und Offenheit hat. Ob diese am Ende wirklich in freien politischen Systemen, im Staatenzerfall oder wieder nur in einer autoritären Herrschaft endet, ist noch nicht entschieden. Aber zumindest bietet die amerikanische und europäische Lebensweise ein hohes Maß an Sicherheit, Offenheit, Schutz und Stabilität für die Bürger und hat trotz ihrer Krisen im Kern wenig an Attraktivität verloren – sie ist und bleibt der Orientierungsrahmen für jene vielen hundert Millionen Menschen, die sich in den Entwicklungs- und Schwellenländern auf einer Art Völkerwanderung in den westlichen Lebensstil befinden. Noch immer kann China keinen »Chinese Way of Life« anbieten, der Jugendliche in anderen Erdteilen begeistern, zur Nachahmung anregen oder gar als Lebensziel dienen könnte – auch wenn Chinas neue Führung nun systematischer von einem »Chinese Dream« spricht, der anders als der amerikanische Traum auch Umwelt- und Klimaschutz berücksichtigen soll. Dies produktiv zu nutzen erfordert Selbst-Bewusstsein im doppelten Sinne. Die Europäer müssen wissen, was sie wollen und wofür sie stehen, sich auf ihre traditionell freiheitlich-humanistischen Werte besinnen. Und sie müssen trotz der allgegenwärtigen Abstiegsängste in einer multipolaren Welt erkennen, dass sie sehr wohl maßgeblichen Einfluss auf die künftige Entwicklung der Welt haben können – aber nicht mehr mit der Entsendung von Eroberungsflotten, sondern mit der Entwicklung neuer Ideen und Lebensweisen. Sie können Kompass für andere Gesellschaften sein – gerade weil sie so viele Fehler in ihrer Geschichte gemacht haben. Der Wettbewerb der Systeme, der daraus entsteht, ist sicher nicht konfliktarm, zumal beispielsweise der Sieg islamischer Parteien in Nordafrika zeigt, dass freie Wahlen eben auch zum Erstarken von Kräften führen, die westliche Werte eben nur partiell teilen. Deshalb aus Frust die Isolation zu wählen wäre aber für den Westen noch viel gefährlicher. Eine Herausforderung wird zudem sein, wieder so viel Bindekraft in freien Gesellschaften zu entwickeln, dass nicht Tausende junger Muslime, die in ihnen aufgewachsen sind, in einen »heiligen Krieg« im Irak oder in Syrien ziehen.

Neue Form der Machtausübung

Auch im 21. Jahrhundert wird Macht das entscheidende Kriterium bei der Durchsetzung von Interessen sein. Nur, was ist Macht? Bis 1989 zählten vor allem die Reaktionszeit und die Zerstörungskraft der Atomstreitkräfte – »Hard Power« in seiner extremsten Form. Im Zeitalter der Vernetzung lassen sich die klassischen militärischen Mittel immer seltener einsetzen. Deshalb wendet sich der Blick der »Soft Power« und nun der sogenannten »Smart Power« zu. In Deutschland wird dies seit Jahren unter dem Begriff »Vernetzte Sicherheit« diskutiert, die neben der militärischen Macht auch auf Entwicklungshilfe, wirtschaftlichen Aufbau, Diplomatie und Polizeiarbeit setzt.

In den USA hat das Umdenken später und nur notgedrungen begonnen – schon weil Irak und Afghanistan gezeigt haben, dass schnelle militärische Erfolge keine Siege sind. Außerdem dämmert mittlerweile auch den meisten »Falken« in Washington, dass die Supermacht angesichts des Aufstiegs von Ländern wie China, Indien oder Brasilien die alte militärische Dominanz nur noch mit dem Risiko aufrechterhalten kann, sich finanziell zu übernehmen.

»Ein Szenario intelligenter Machtausübung für das 21. Jahrhundert handelt nicht davon, seine Macht zu maximieren oder seine Hegemonie aufrechtzuerhalten, sondern von Mitteln und Wegen, im neuen Kontext der Machtdiffusion und des Aufstiegs der anderen die vorhandenen Ressourcen zu erfolgreichen Strategien zu bündeln«, schreibt der Harvard-Professor Joseph Nye.[1]

Es geht immer noch um die Umsetzung »nationaler« Interessen. Aber je vernetzter krisenhafte Entwicklungen werden, vom Klimawandel über die Bedrohung durch radikale Islamisten bis zu Finanzspekulationen, desto größer kann auch das gemeinsame Interesse werden, sich gegen deren Auswirkungen zu schützen. Die Zukunftsforscher der EU-Strategieeinrichtung EUISS sprechen von einer zunehmenden Annäherung der Interessen der Menschen sogar zwischen demokratischen und autoritären Staaten.[2]

Ein pointiertes Plädoyer für diesen Ansatz haben zwei Strategieberater von Admiral Mike Mullen geschrieben, der als Chairman of the Joint Chiefs of Staff der ranghöchste Soldat der US-Streitkräfte ist. Die beiden Berater, Captain Wayne Porter und Colonel Mark Mykleby, veröffentlichten 2011 das sogenannte »Y-Paper«, in dem sie eine persönliche Einschätzung formulieren, wie eine moderne Sicherheitspolitik aussehen sollte.[3]

»Wir haben es nicht geschafft zu erkennen, dass Dominanz, ähnlich wie fossiler Brennstoff, keine nachhaltige Energiequelle ist«, schreiben sie. Es sei falsch, mit militärischen Mitteln in einer sich dramatisch verändernden Welt einen Status quo festschreiben zu wollen. Nationale Interessen und Prinzipien müssten vielmehr »auf die globale Umwelt von morgen refokussiert werden«.

Die beiden Strategieberater nennen eine lange Liste von Feldern, die im nationalen Sicherheitsdenken der USA bisher zu kurz kämen, obwohl sie bereits »neue Normalität« seien.

Dazu zählen »der Niedergang ländlicher Ökonomien, Arbeitslosigkeit, Verstädterung, wachsender Energiebedarf, Bevölkerungswanderungen und sich wandelnde Demographie, das Wachstum grauer und schwarzer Märkte, die Phänomene von Extremismus und Antimodernismus, die Folgen globalen Klimawandels, die Ausbreitung von Pandemien, mangelnder Zugang zu Gesundheitsdiensten und wachsende Abhängigkeit von Cyber-Netzwerken«.

Wer eine solch lange Liste nennt, weiß bereits, dass militärische Mittel keine sinnvollen Lösungen mehr für die meisten Probleme darstellen. Militär kommt zum Einsatz, wenn alle anderen Mittel versagt haben. »Smart Power« bedeutet dagegen, andere »Interventionen« ins Auge zu fassen, um es gar nicht erst zu einem militärischen Konflikt kommen zu lassen. Ein intelligenter Wettkampf könnte in Gang kommen, bei dem Asien, Europa und Amerika gleichermaßen versuchen, nachhaltige Macht aufzubauen: Statt um neue Truppenstützpunkte geht es dabei mehr um den Export von Schulen und Hochschulen, um die Entwicklung von Gesellschaften voranzubringen. Statt militärischer Eingreiftruppen rücken dabei Investitionen etwa in agrarische »Eingreiftruppen« in den Vordergrund, die in Staaten mit einer labilen landwirtschaftlichen Produktion neue, moderne Anbaumethoden lehren oder sich um den Kampf gegen die Wüstenausbreitung und um die Wiederaufforstung von Gebieten kümmern könnten.

Bisher haben die USA viel »Hard Power«, aber kaum »Smart Power«. Auch unter Präsident Obama sind die traditionellen Kräfte stark, für die es Sinnbild amerikanischer Macht ist, heute im »Afpak Theater« (Afghanistan und Pakistan) oder morgen in Afrika nach Belieben mit ferngesteuerten Drohnen Jagd auf vermeintliche oder reale Gegner machen zu können. Bei den Republikanern gibt es einen starken Flügel, der fordert, überhaupt keine internationalen Verpflichtungen mehr einzugehen und bestehende aufzukündigen. Und der Wider-

stand aus weiten Teilen der US-Wirtschaft gegen eine umweltfreundlichere Energiepolitik zeigt so sehr Wirkung, dass »saubere Energie nun ein schmutziges Wort ist«, wie eine enge
Vertraute von Präsident Obama hinter vorgehaltener Hand
konstatierte. Dazu hat auch das billige Gas aus dem Fracking-
Boom beigetragen. Nach einem Modell für die Lösung der Zu-
kunftsprobleme klingt das nicht.

Europas Chance als »Smart Power«

Auch wenn es wegen der Turbulenzen auf dem alten Kontinent derzeit kaum glaubhaft wirkt: Europa hat am ehesten
die Chance, sich als Kontinent der »Smart Power« zu profilieren. Dies geschieht notgedrungen, weil die Europäer eben
nicht über die militärische Macht verfügen wie die USA, Russland und bald auch China. Dafür gibt es keinen Kontinent,
der so geschult im multilateralen Verhandeln und im Kon-
fliktausgleich ist. Auch die Entscheidung Deutschlands, seine
Energieversorgung bis zur Mitte des Jahrhunderts weitgehend auf erneuerbare Energien umzustellen, kann – bei allen
Schwierigkeiten, Kosten und Risiken in der Umsetzung – in
großem Stil »Smart Power« schaffen. Denn angesichts der ra-
santen Umweltveränderungen kann eine erfolgreiche »Ener-
giewende« sich als welt- und machtpolitisch weitreichender
und fruchtbarer erweisen als jede militärtechnologische Erneuerung, mit der Staaten Angst und Schrecken verbreiten
können. Es ist kein Zufall, dass die – sicher sehr vage – Vision
einer »Dekarbonisierung« im Lauf des 21. Jahrhunderts ausgerechnet während einer deutschen G7-Präsidentschaft von den
sieben wichtigsten westlichen Industrienationen beschlossen
wurde.

Würden die USA mit den Billionen, die sie in die Feldzüge
gegen den Irak und Afghanistan gesteckt haben und kontinuierlich in Aufrüstung investieren, in allen muslimischen

Ländern weltweit eine Offensive für Bildung, Entwicklung, Ernährungssicherheit, Technologiekooperation und Kulturaustausch starten, so würde das deutlich mehr zu ihrer und zur globalen Sicherheit beitragen.

Weil die amerikanische Dominanz im 21. Jahrhundert erheblich zurückgeht, wird es eine weitere Hauptaufgabe sein, die neue Machtbalance in einer multipolaren Welt friedlich zu erreichen. Die USA werden künftig nicht mehr so viele Rüstungsausgaben tätigen können wie alle anderen Nationen zusammen. Sie werden wahrscheinlich den Rang als größte nationale Volkswirtschaft noch weit vor Mitte des Jahrhunderts an China abtreten müssen, später wird wohl auch Indien an ihnen vorbeiziehen. Zwar wird die amerikanische Bevölkerung weiterwachsen, aber ihr Anteil wird in einer Welt von neun, vielleicht sogar zehn Milliarden Menschen wie schon heute nicht einmal mehr fünf Prozent ausmachen.

Dies heißt, künftig Macht zu teilen. Das Verhältnis zwischen den USA und Europa war in den vergangenen Jahrzehnten intensiv genug, um nach den Weltkriegen neue Konflikte zu vermeiden. Die gemeinsame Einbindung in die NATO machte es möglich, dass die EU auf friedlichem Weg zum größten Wirtschaftsraum der Welt aufstieg. Den transatlantischen Partnern gelang es, selbst scharfe Interessengegensätze zu lösen und sogar gegenseitige Eingriffe in die jeweilige Souveränität hinzunehmen, etwa als die EU aus kartellrechtlichen Gründen 2005 verbot, dass die amerikanischen Konzerne Honeywell und General Electric fusionierten. Die neue EU-Kommission hat sich nun die amerikanischen IT-Riesen vorgenommen. Die USA müssen dies dulden, weil sie zunehmend nach einem gemeinsamen Wirtschaftsraum mit der EU streben. Das transatlantische Verhältnis ändert sich, zumal die Europäer ihrerseits mehr sicherheitspolitische Verantwortung übernehmen. Der Ukraine-Russland-Konflikt ist dafür ein Beispiel. Das spiegelt wider, dass die USA ihre Herausforderung zunehmend im asiatisch-pazifischen Raum sehen und immer weniger Mittel für eine globale Rolle zur Verfügung haben werden. Deshalb müssen sich die EU-Staaten stärker engagieren, auch sicherheitspolitisch. Frankreich etwa hat in Abu Dhabi einen Marinestützpunkt eröffnet. Die überseeischen Territorien bilden bereits eine globale territoriale Infrastruktur für die EU, die aber kaum wahrgenommen wird. Alle europäischen Staaten werden künftig stärker gemeinsam überlegen müssen, wo sie auf der Welt mit welchen Zielen präsent sein wollen und wo nicht. Da Europa trotz aller Schwächen am ehesten in der Lage ist, das Ziel einer umweltfreundlichen, friedensorientierten und sozial ausgewogenen Gesellschaftsform in die Weltpolitik einzubringen, besteht kein Grund zur Zurückhaltung.

Einbindung der neuen Riesen

Die noch größere Herausforderung besteht in der Frage, wie sich die aufstrebenden asiatischen Großmächte in die Weltpolitik einfügen. China wird versuchen, im Pazifik, in Afrika oder anderswo Basen für seine Marine oder seine Luftwaffe einzurichten, um seine Rohstoffversorgung zu sichern oder als Ordnungsmacht aufzutreten, so wie das für die USA selbstverständlich ist. Auch Indien als bald bevölkerungsreichste Nation der Welt wird diesen Anspruch erheben.

Wenn die Entwicklung im 21. Jahrhundert friedlich verlaufen soll, müssen beide asiatischen Mächte schrittweise und angemessen in alle internationalen Entscheidungen einbezogen werden, mit Rechten und Pflichten. Das wichtigste Verhältnis für eine friedliche Entwicklung ist dabei sicher das amerikanisch-chinesische. Hier entscheidet sich, ob ein Streit wie der über die Unabhängigkeit Taiwans zu einem Krieg führt oder friedlich beigelegt wird. Vor allem die Vorherrschaft oder Teilung des Einflusses in Südostasien wird entscheidend sein. Neben den USA sehen Japan, Südkorea, aber auch das kommunistische Vietnam und mittlerweile selbst Myanmar das immer anspruchsvollere Auftreten des Riesen Chinas mit Sorge. Die Frage, ob China mit klassischen Mitteln der »Eindämmung« in seiner Entwicklung behindert wird oder ob es gelingt, neue Strukturen der Integration zu schaffen, wird sich erneut stellen.[4]

Eine mögliche Entwicklung wäre das Entstehen von »Chimerica«, also einem formalen oder informellen Bündnis der beiden Supermächte, das es ihnen erlauben würde, gemeinsame Interessen auf dem Rücken des Rests der Welt ohne weitere internationale Verpflichtungen durchzusetzen. Auf den ersten Blick erscheint dies verlockend, auf den zweiten aber abschreckend – und wenig realistisch. Denn gerade die langjährige Verbindung beider Nationen über die »pazifische Kreditpumpe«, die billiges Geld von China nach Amerika brachte, damit Amerika damit billige Produkte aus China kaufen kann, ist ein ebenso negatives Beispiel für »Chimerica« wie das langjährige unausgesprochene strategische Bündnis beider Länder beim Sabotieren verbindlicher Klimaschutzziele. Weil die Interessenübereinstimmung bei »Chimerica« genau an den falschen Punkten ansetzte, wäre es für den Rest der Welt eher eine Bedrohung als eine Lösung für die Konflikte im 21. Jahrhundert. Ohnehin gilt das Modell angesichts der politischen Führungsansprüche beider Staaten aber nur als Übergangslösung.

Eine zweite Variante wäre eine Ausgrenzung Chinas. Sie wäre ebenfalls der falsche Weg, weil sie neue Konfrontationslinien schafft. Viele Herausforderungen wie der Kampf gegen den Klimawandel und der gleichberechtigte Zugang zu Ressourcen können nur gemeinsam bewältigt werden. Deshalb ist eine positive Einbindung der neuen Supermacht China nötig. Es liegt auch im westlichen Interesse, dass sich China weiterentwickelt, und das nicht nur, weil dort etwa deutsche Firmen gute Geschäfte machen. Je stabiler der Kurs des Landes ist, desto geringer ist die Gefahr einer Konfrontation. Je schneller sich eine breite Mittelschicht herausbildet, desto größer ist die Wahrscheinlichkeit auch von politischen Reformen. Die Zusammenarbeit auf Schlüsselgebieten wie Wissenschaft, Landwirtschaft, Bildung und Umweltschutz sollte deshalb verstärkt und das Land zu einem engen Partner des Westens gemacht werden. Der UN-Klimagipfel von Durban Ende 2011 war enttäuschend, weil er keine klaren Verabredungen über CO_2-Reduktionen brachte. Aber zum ersten Mal verpflichtete sich dort China dazu, einem internationalen Regelwerk beizutreten, dessen Ziel es ist, die Emissionen zu vermindern. Die gravierenden Umweltprobleme im eigenen Land können zusammen mit der technologischen Stärke zur Triebkraft dafür werden, dass China künftig in der Weltpolitik als treibende Kraft dafür auftreten wird.

Weder Naivität noch Duckmäusertum sind dabei im Umgang mit Peking angebracht. Auch China muss immer wieder klargemacht werden, dass es sich an Regeln halten muss – egal, ob es sich um den Schutz geistigen Eigentums, das Verbot von Cyber-Angriffen, die Achtung der Rechte von Minderheiten oder aber kleinerer Nachbarstaaten handelt. Gerade weil es einflussreicher wird, wird China es sich nicht viel länger leisten können, Kritik von außen als Einmischung in innere Verhältnisse abzubürsten. Das Land wird in der neuen multipolaren Welt aller Voraussicht nach ohnehin nie jene Dominanz entwickeln können, die die USA Ende des 20. Jahrhunderts innehatten. Das schafft Chancen auf kooperative Strukturen, die aber heute schon aufgebaut werden müssen.

Reform der UNO

Die Stärkung gemeinsamer globaler Strukturen ist der einzige sinnvolle Weg, friedliche Lösungen in einer multipolaren Welt zu erreichen und bereits durch regelmäßige Treffen den wichtigsten Staats- und Regierungschefs das Gefühl zu vermitteln, dass alle von allen abhängen. Eine Variante, um wichtige strategische Entscheidungen zu treffen, ist dabei die Stärkung des Klubs der G20-Staaten, also der wichtigsten wirtschaftlichen Mächte. Sie stehen dafür, dass eben nicht nur China, sondern auch Länder wie Brasilien, Indien und Südafrika auf dem Weg »nach oben« eingebunden sind und eine politische Stimme erhalten. Aber die letzten Gipfel haben gezeigt, dass Realismus angebracht ist, schon weil die Runde sehr unterschiedliche politische Systeme vereint. Die G20 können deshalb kein wirklich legitimer Rahmen für Entscheidungen sein, die Auswirkung auf die ganze Völkergemeinschaft haben, nur Speerspitze etwa bei der Abwehr neuer Gefahren in der Finanzwelt.

Trotz aller schlechten Erfahrungen, trotz der kritisierten Schwerfälligkeit gibt es deshalb keine Alternative zur Stärkung der UNO. So mühsam dies ist: Die Vereinten Nationen müssen gestärkt und weiterentwickelt werden, weil nur sie eine echte Plattform für den Austausch und die zivile Konfliktlösung für Nationalstaaten auf globaler Ebene bieten.

Dazu gehört eine Reform von Institutionen wie dem Weltsicherheitsrat, weil nur ein UN-Gremium wirklich Legitimation in der neuen multipolaren Welt schaffen kann. Die Staatenwelt braucht eine Art Schiedsgericht. Sowohl die USA als auch China sollten endlich ihren eifersüchtig verteidigten Anspruch auf ihr Vetorecht aufgeben. Wenn sie darauf bestehen, verlieren sie im 21. Jahrhundert beide an Glaubwürdigkeit. Denn an eine »Pax Americana« glauben nicht einmal mehr die Amerikaner, an eine »Pax Sinica«, einen von China erzwungenen Weltfrieden, niemand. Es gibt deshalb keine sinnvolle Alternative dazu, den Kreis der Mitglieder so auszuweiten, dass sie die neue Welt sinnvoll repräsentieren. Indien als bald bevölkerungsreichster Staat der Erde ist gesetzt, aber auch »neue« Mächte wie Brasilien, Nigeria, Indonesien sowie »alte« wichtige Spieler wie Japan und Deutschland gehören in einen Sicherheitsrat, der sich aber immer wieder neuen Veränderungen anpassen muss. Dies ist keine naive Forderung, sondern der einzige Weg, in der Welt nachhaltige Entscheidungen zu treffen.

Massiv aufgewertet werden müssten zudem die UN-Unterorganisationen, in denen glücklicherweise keine Vetorechte gelten. Sie müssen künftig mehr und mehr zu Schieds- und Vermittlungsorganisationen in bestimmten Bereichen wie dem Umweltschutz und dem Meeresmanagement werden. So könnten die regionalen Fischereiorganisationen, die bisher nur gegenüber ihren Mitgliedstaaten verantwortlich sind, in das UN-System integriert werden. Das würde ein global integriertes Meeresmanagement ermöglichen und einem künftigen Überfischungskrieg die Grundlage entziehen. Die angedachte Weißhelm-Truppe von Ärzten und Experten, die bei einer Pandemie rasch einsetzbar wären, wäre ein weiterer wichtiger Schritt.

UN-Organisationen sind auch besser geeignet, das Management des Internets etwa von nach wie vor amerikanisch dominierten Gremien wie der ICANN zu übernehmen. Eine wirklich gemeinsame Verwaltung des Internets könnte helfen, einer Entwicklung wie im Szenario »Informationstechnologie« entgegenzuwirken.

Zudem wäre es sinnvoll, globale wissenschaftliche Kooperationen unter dem Dach der UNO zu organisieren. Das Human-Genom-Projekt etwa war ein einmaliger Kraftakt, um das Erbgut des Menschen zu entschlüsseln. Ein Human-Pandemie-Projekt, bei dem die Forschung zu den wichtigsten Krankheitserregern koordiniert wird, ist, wie das Pandemie-Szenario gezeigt hat, ebenso dringlich wie ein Human-Energie-Projekt, bei dem Forscher aus aller Welt neue, regenerative Technologien entwickeln, deren Nutzung dann allen beteiligten Nationen offen steht.

Daneben müssen außerhalb der UNO regionale Partnerschaften und Bündnisse weiterentwickelt werden. In Asien erzwingt der Aufstieg Chinas geradezu die Bildung gemeinsamer Sicherheitsstrukturen, um Kriege zu verhindern. Auch Staaten wie Russland oder Brasilien müssen durch neue Strukturen der Kooperation machtpolitisch viel enger eingebunden werden. Gerade für die EU wird die Anbindung Russlands eine erhebliche Bedeutung für die eigene Stabilität haben, nicht nur wegen der Lieferungen von Gas und künftig sicher auch anderen Rohstoffen. Denn sonst droht das riesige Land angesichts der inneren Spannungen, des zu beobachtenden Modernisierungsschubs der »Hard Power« und des immer noch zu erkennenden Anspruchs, als atomare »Großmacht« aufzutreten, sehr schnell wieder ein Unruheherd in den internationalen Beziehungen zu werden – das russische Vorgehen in der Ukraine hat dies gezeigt. In der Cyber-Studie der amerikanischen Spionageabwehr, die schon von der Aufmachung her ein wenig an die Stimmung im Kalten Krieg erinnert, wird Russland neben China ausdrücklich als zweites Hauptland genannt, aus dem massiv Cyber-Spionage gegen US-Unternehmen betrieben wird.

Internationale Regelwerke

Neben neuen multilateralen Bündnissen und Strukturen sind auch möglichst verbindliche globale Verhaltensvereinbarungen wichtig. Die Welt kann nur dann sinnvoll zusammenarbeiten, wenn sie sich gemeinsame Regeln gibt. Die Finanzkrise nach dem Bankrott des Bankhauses Lehman Brothers im Herbst 2008 hat auf bittere Weise entlarvt, was das Fehlen solcher Spielregeln auslösen kann. Der internationale Wettbewerb um Kapital verhinderte Regeln, die Finanzmarktexzesse hätten vermeiden können. Sogar als die Krise dann mit voller Wucht einsetzte, überwog auf beiden Seiten des Atlantiks die Angst, mit zu strengen Auflagen etwa für Großbanken entweder die eigene Konjunktur abzuwürgen oder aber den Konkurrenten anderswo einen Vorteil zu verschaffen. Eine echte multilaterale Antwort auf die Finanzkrise, etwa die Pflicht zu deutlich höheren Eigenkapitalreserven oder internationale Steuern auf Transaktionen, die Spekulationsgeschäfte unterbinden oder verlangsamen, steht bis heute aus. Stattdessen bilden sich wieder neue »Blasen«, weichen Finanzakteure in bisher unregulierte Bereiche aus.

Dabei ist inzwischen offenkundig, dass nur multilaterale Absprachen verhindern können, dass in einigen Jahren oder Jahrzehnten eine weitere globale Finanzkrise ihren Lauf nimmt, mit vielleicht noch gravierenderen Folgen. Gerade die Chefs der multilateralen Organisationen wie Internationaler Währungsfonds und Weltbank, die gerne in Krisenzeiten gerufen werden, zeigten sich im Herbst 2011 sehr besorgt darüber, dass die Regierungen der EU und der USA auch drei Jahre nach dem Ausbruch der Finanzkrise keine ausreichenden und abgestimmten Antworten auf die Grundfragen gefunden haben. Der Zyklus von exzessiver Kreditvergabe, exzessiver Verschuldung, Kreditkrise und anschließender staatlicher Kollektivhaftung ist immer noch nicht unterbrochen worden. Dabei wird die Abhängigkeit von den Finanzmärkten in dem Maße sinken, in dem die Schuldenlast reduziert wird. Nur: Auch über 2015 hinaus ist, abgesehen von einer besseren Kapitalisierung von Banken, keine wirkliche Besserung in Sicht.

Auch hier könnten und müssten die Europäer aus schierer Not Vorbild sein. Die demographische Entwicklung erzwingt einen viel schnelleren Ausstieg aus der bisherigen Überschuldungspolitik als etwa in den USA, die weiter mit einer konstant wachsenden Bevölkerung rechnen. Zudem erzeugen die gemeinsame Währung und der Binnenmarkt Druck in Richtung einer noch stärkeren politischen Verflechtung der EU-Staaten in Form von »Vereinigten Staaten von Europa«. Am Ende könnte eine Art EU-Regierung oder zumindest eine für

Kontinentaleuropa entstehen, die die Nationalstaaten überwölbt. Die Griechenland-Wirren dürfen von einer solchen Vision nicht ablenken.

Eine »Weltregierung« ist dagegen auf absehbare Zeit nicht vorstellbar, weil die Beharrungskräfte der identitätsstiftenden Nationalstaaten zu groß sein werden. Noch immer fehlt die von Jürgen Habermas bereits Ende der 1990er-Jahre geforderte handlungsfähige Avantgarde für eine »Weltinnenpolitik«, die für ein »Gleichgewicht zwischen Subjekten eines gerechteren Weltwirtschaftsregimes« sorgen kann.[5]

Aber unterhalb der politischen Topebene entsteht längst so etwas wie ein internationales Regelwerk, ein »Welt-Aquis« aus Tausenden von bi- und multilateralen Abkommen. Diese müssen entschieden ausgebaut werden – auch wenn es um gemeinsame Standards von Arbeits- oder Umweltbedingungen geht. Auch den zögerlichen Großmächten muss immer klarer werden, dass Globalisierungsprozesse Probleme in einer Größenordnung aufwerfen, die sie alleine nicht mehr bewältigen können. Die Szenarien Informationstechnologie, Rohstoffe, Klimawandel, Welternährung, Pandemie, Überfischung, Tiefsee und Weltraum zeigen dies auf. Auch langfristig tragfähige internationale Regeln etwa für die Nutzung des Weltraums, des Meeresbodens und der Atmosphäre sind nur im UN-Rahmen überhaupt denkbar. Aber sie müssen eben auch mit schlagkräftigen Exekutivorganen versehen werden.

Wie wichtig dies wird, zeigt das Beispiel des Geo-Engineerings. Die Gefahr, dass ein einzelnes Land mit einer risikoreichen, aber billigen und schnellen Methode der Klimakühlung im Alleingang beginnt, wird umso realer, je stärker sich negative Effekte der Erderwärmung zeigen. Da davon Länder in verschiedenen Erdregionen unterschiedlich betroffen wären, ist das Konfliktpotenzial groß. Sogar dem US-amerikanischen Thinktank RAND Corporation, dessen Analysen ansonsten meist darum kreisen, wie amerikanische Dominanz gestärkt werden kann, erscheinen international vereinbarte Regeln als ratsamste Strategie. Nur so könne sichergestellt werden, dass einige Staaten nicht zu voreiligen Verzweiflungstaten schreiten.[6] Einen ähnlich dringenden Bedarf für zwischenstaatliche Kooperation gibt es beim Aufbau eines geographisch ausgewogenen Netzes von Pharmafabriken für Impfstoffe und Antibiotika, bei Regeln für den Einsatz von Neuro- und Gentechnologien und beim Datensammeln durch Privatkonzerne.

Die Chancen stehen auch hier nicht einmal schlecht: Wer sich dem Multilateralismus verweigert und dem Zwang zum Kompromiss, den er bedingt, wird im 21. Jahrhundert auf harte Weise und mit hohen Kosten erfahren, dass die Welt zu vernetzt, verflochten und von wechselseitiger Abhängigkeit geprägt ist, als dass sich ein solcher Pfad lohnen könnte. Die Ressourcen, die dazu aufgewendet werden müssen, sich gemeinschaftlichen Lösungen zu entziehen, werden immer kostspieliger, ineffizienter und unproduktiver. Die Vorteile, die mangelnde internationale Kontrolle etwa der hohen See für die kurzfristige Ausbeutung ermöglichen, werden durch die eintretenden Nachteile von Überfischung, Ressourcenwettkampf und ökologischen Schäden deutlich überwogen.

Globale Öffentlichkeit

Für solche Lösungen bedarf es auch einer weltweiten Öffentlichkeit. Bisher gilt »Globalisierung« vielen als negativ besetzter Kampfbegriff. Gewerkschaften und Sozialaktivisten wie Naomi Klein prangern die Ausbeutung von asiatischen Textilarbeiterinnen in »Sweatshops« an. Amerikaner beklagen den Transfer von Arbeitsplätzen zu indischen Callcentern. Umweltschützer bekämpfen die CO_2-Emissionen durch den internationalen Schiffs- und Flugverkehr. Das immer schneller um den Globus transferierte Geld sorgt für neue Instabilitäten. Und Intellektuelle warnen vor einer standardisierten Welt, einer McDonaldisierung der Kultur. Solche Infragestellungen haben das Nachdenken darüber bestimmt, was globale Arbeitsteilung und Vernetzung mit sich bringen.

So gut begründet die Kritik in vielen Fällen sein mag, so sehr lenkt sie nicht nur von dem unzweifelhaften Wohlstandsgewinn für viele Menschen in ärmeren Ländern ab, sondern auch von einer weiteren enorm positiven Seite der Globalisierung: Noch nie zuvor in der Geschichte der Menschheit waren so viele Menschen über so große Entfernungen hinweg miteinander in enger Verbindung. Noch nie wussten sie so viel übereinander. Darin liegt das Potenzial für eine neuartige globale Verflechtung, die künftig Kriege zumindest unwahrscheinlicher machen kann.

Es sind Verbindungen der unterschiedlichsten Art: Migranten und Menschen in Mischehen verweben über ihre Familien und Freundeskreise verschiedenste Länder und Kulturen miteinander und können so das gegenseitige Verstehen erleichtern. Der internationale Tourismus kann zu einer emotionalen Bindung an Orte weit jenseits der eigenen Heimat beitragen. Von Austauschprogrammen, »Gap Years« und Auslandssemestern zurückkehrende Schüler, Studenten und Wissenschaftler haben Freundschaft mit bislang fremden Menschen geschlossen.

Multinationale Arbeitgeber bringen Angestellte aus verschiedensten Kulturkreisen dazu, in Teams zusammenzuarbeiten und auf eine Weise nach Lösungen zu suchen, die globales Denken erfordert. Elektronische Netzwerke machen es leicht, Verbindungen in alle Welt in den eigenen Alltag zu integrieren und aus »Friendships« wirkliche Freundschaften werden zu lassen. Das Internet erlaubt es, Menschen zu finden, die sich durch gemeinsame Haltungen, Denkweisen und Interessen miteinander verbunden fühlen. Es bietet zudem eine Plattform für gesellschaftliche Umbrüche, wie zuletzt die »Arabellion« gezeigt hat, bei der Facebook und Twitter eine entscheidende Rolle spielten. Allerdings wissen auch repressive Regierungen die sozialen Netzwerke zu nutzen – zur Überwachung, zum Aufspüren von Gegnern und zur Manipulation der öffentlichen Meinung, wie es die im Auftrag der russischen Regierung tätigen »Trolle« vormachen.

Auch die Stoff- und Warenströme, die rund um den ganzen Globus durch die Hände von Menschen unterschiedlichster Gesellschaften zirkulieren, wirken verbindend. Im Moment mag es ein anonymer Produktstrom sein, der die ausgebeutete Textilarbeiterin in Bangladesch mit der unterbezahlten Verkäuferin im Textildiscounter verbindet. Aber Vernetzung schafft die Chance, dass sich zum Beispiel die Gewerkschaft der Arbeiterinnen aus Bangladesch mit der ihrer deutschen Kolleginnen zusammentut und das Unternehmen zu Änderungen zwingt.

Das positive Potenzial der »vernetzten Globalisierung« ist groß – vielleicht sogar groß genug, um eine Art »globalen Ethos« entstehen zu lassen, eine neue Denkweise und eine neue Grundhaltung in der Art und Weise, wie wir die Welt wahrnehmen – und nicht mehr nur aus dem Blickwinkel eigener Interessen heraus zu handeln, sondern in Anerkenntnis der Interessen anderer. Die beschworene »eine Welt« ist längst im Entstehen. Die fortschreitenden multinationalen Wirtschaftsverflechtungen und Vermögensbeziehungen, aber auch der intensive Austausch zwischen Individuen und etwa Religionsvertretern können einen Kitt zwischen verfeindeten Ländern schaffen, der den Ausbruch von Konflikten erschwert. Die viel kritisierte »Ökonomisierung« hat auf dieser Ebene einen Vorteil: Staaten müssen heute stärker als früher die negativen Rückwirkungen von kriegerischen Konflikten auf ihre Volkswirtschaften bedenken. Was einen finanziell beschriebenen »Wert« hat, wird leichter geschützt werden.

Soziale Netzwerke können eine Massenmobilisierung auf allen Seiten eines Konflikts bewirken, um einen Krieg zu verhindern. Verbraucher können durch ihre alltäglichen Entscheidungen im Supermarkt massive Veränderungen auf globaler Skala herbeiführen, indem sie sich für die umweltfreundlichsten Produkte und solche aus »fairem Handel« entscheiden. Der aufgeklärte Verbraucher in Europa kann sich mit der landwirtschaftlichen Kooperative in Peru in Verbindung setzen, aus der die Mangos in seinem Bio-Supermarkt stammen.

Das ausgleichende und entspannende Potenzial einer solchen »positiven Globalisierung« wird heute erst zu einem kleinen Teil in der Realität genutzt. Es ist aber eine enorme strategische Reserve der Menschheit. Dafür muss das Wissen übereinander weiter wachsen.

Transparenz als Waffe

Was Staaten wie die der EU dazu beitragen können, ist, auf möglichst vielen Ebenen der Weltpolitik für eine umfassende Transparenz zu streiten. Je mehr alle Akteure übereinander wissen, desto sicherer können sie identifizieren, wo Gefahren lauern. Transparenz ist eine scharfe Waffe gegen Fehlentwicklungen. Wäre etwa Griechenland rechtzeitig vor dem Beitritt zur Euro-Zone gezwungen gewesen, ehrliche Aussagen über seine finanziellen Verhältnisse zu machen, so hätte die existenzielle Finanzkrise in Europa vielleicht vermieden werden können. Transparenz ist nicht nur in Abrüstungsverhandlungen ein hoher Wert, sondern auch auf vielen anderen Feldern: Sie ist ein entscheidendes Mittel etwa gegen die Krake der Korruption, weshalb die Nichtregierungsorganisation Transparency International jährlich einen Korruptionswahrnehmungsindex herausgibt. Transparenz kann auch helfen zu verhindern, dass Profite aus Rohstoffverkauf Bürgerkriege oder die unsinnige Aufrüstung armer Länder finanzieren. So will die Extractive Industries Transparency Initiative, die vom damaligen britischen Premierminister Tony Blair 2002 angestoßen und seither von den Industriestaaten unterstützt wurde, dafür sorgen, dass die Zahlungen der rohstofffördernden Unternehmen an einzelne Staaten und die Verwendung des Gelds öffentlich gemacht werden sollen.[7] Transparenz wäre auch ein entscheidender Faktor, die Gefahr eines Cyber-Krieges zu minimieren. Ausdrücklich fordert die amerikanische Spionageabwehr eine Meldepflicht für Unternehmen, die Opfer von Cyber-Attacken geworden sind. Weil derzeit nur zehn Prozent der Betroffenen solche Angriffe aus Angst etwa vor absackenden Börsenkursen melden, haben Regierungen keinen wirklichen Überblick über die tatsächliche Gefährdung ihrer Volkswirtschaft.[8]

Das Potenzial von Transparenz und einer »positiven Globalisierung« ist groß. Aber es muss dringend genutzt werden, um die zahlreichen Krisen und Konfliktherde einzugrenzen, die dadurch entstehen, dass die Menschheit immer neue Phänomene von globaler Dimension erzeugt. Krankheitserreger sind dadurch gefährlicher geworden, dass sie mit den globalen Menschen- und Warenströmen in kürzester Zeit rund um den Globus zirkulieren können. Produktionsketten sind empfindlicher geworden, weil die Einzelteile für ein Produkt wie ein Auto aus Dutzenden verschiedenen Ländern kommen, von denen keines ausfallen darf.[9] Das Internet erzeugt eine Infrastruktur für weltweite Kommunikation und Datenspeicherung, was aber zugleich die Konsequenzen ins Unermessliche wachsen lässt, sollte es durch einen Angriff oder einen massiven Sonnensturm zeitweise oder ganz ausfallen. Der globale Wettkampf von Großrechnern an den Finanzmärkten soll Kapital optimal verteilen, doch niemand kann mehr die Risiken von Spekulationsblasen und sich aufschaukelnden Stimmungsschwankungen leugnen. Und am Beispiel des

Klimawandels zeigt sich, wie riesig der Unterschied zwischen regionalen Umweltproblemen vergangener Jahrhunderte und einem Phänomen ist, das die ganze Welt systemisch verändert.

2. DIE KRAFT DER ERNEUERUNG

Noch nie gab es bessere Bedingungen für Einzelne und Gruppen von Menschen, weltweit Gehör zu finden, Einfluss zu nehmen, zur Erneuerung der Gesellschaft beizutragen. Daran konnten bisher auch immer verfeinerte Kontrollmechanismen autoritärer Staaten nichts ändern. Dank moderner Technik sind Individuen und Organisationen in der Lage, sich je nach Bedarf lokal, regional, national oder international zu engagieren. Neue Ideen und Lösungen können sich in rasender Geschwindigkeit weltweit ausbreiten. Das eröffnet positive Chancen für die unterschiedlichsten Akteure.

Kollaborative Intelligenz der NGOs

In besonderem Maß sind Nichtregierungsorganisationen (NGOs) nach einem eindrucksvollen Siegeszug heute Teil der weltweiten Vernetzung und der Weltpolitik. Im 19. Jahrhundert entstanden mit dem Roten Kreuz und der Sozialistischen Internationalen die ersten transnationalen Organisationen, die nicht mehr von Staaten gesteuert waren. Als der Erste Weltkrieg ausbrach, gab es nach Angaben des US-Politologen Joseph Nye bereits 176 internationale nichtstaatliche Organisationen. Bis Ende 1999 stieg ihre Zahl auf rund 26 000. Sie zeichnen sich durch völlig unterschiedliche Strukturen, Themen und Taktiken aus.[1]

Private Organisationen haben als Akteure neben den Staaten gleich mehrere Vorteile: Sie bringen Themen auf die Agenda, die eine politische Führung oft nicht erkennt oder wahrhaben will. Die NGOs sind ein »Frühwarnsystem«, das Fehlentwicklungen in einer Gesellschaft aufspürt und Alarm schlägt, bevor der Brand zu groß wird. Es ist ein Fehler gerade eines Landes wie Russland, nicht die Chancen zu sehen, die die Arbeit solcher Organisationen auch für den Zusammenhalt und die Stabilität eines Landes bringt.

NGOs – und auch Stiftungen – sind deshalb zentrale Mitspieler im 21. Jahrhundert, deren Rolle gefördert werden muss und nicht gebremst werden darf. Sie haben zudem die Fähigkeit, nicht nur transnational, sondern sogar über Systeme hinweg zu agieren. Natürlich entfalten sie vor allem in freien, demokratischen Gesellschaften das volle Potenzial an privatem Engagement, weil eine Zivilgesellschaft sich hier unabhängig und ohne Angst vor Sanktionen engagieren kann. Aber selbst im kommunistischen Regime Chinas können die ansonsten stark eingeschränkten NGOs auf Missstände aufmerksam machen und dürfen quasi im »Auftrag« Pekings sogar auf stärkeren Umweltschutz pochen. Dies ist ein Anfang – und Bürger, die sich einmal engagiert haben, laufen sehr viel weniger Gefahr, wieder zu den stummen Mitläufern eines Unrechtssystems zu werden.

Nichtstaatliches Engagement löst dabei sicher nicht alle Probleme, kann sogar neue schaffen, wenn einzelne Gruppen ihre Partikularinteressen mit Macht, Geld oder Gewalt vertreten wollen. Auch NGOs sind teilweise kein Hort von Transparenz oder demokratischen Strukturen. Das macht es auch für Demokratien nicht immer einfach zu beurteilen, ob eine Organisation mehr für einen dahinterstehenden Finanzier, für sich selbst oder aber für eine relevante Gruppe der Bevölkerung spricht. Aber die Politik muss und kann die zunehmende Selbstorganisation von Bürgern trotz aller Mängel nutzen und stärken, sonst wird sie von ihr ohnehin überrollt. Längst wandeln sich auch NGOs. Durch den Einsatz moderner Medien und sozialer Netzwerke bilden sich oft auch nur vorübergehend Gruppen, die sich für eine gewisse Zeit einem einzigen Anliegen widmen, aber dies mit enormer Energie. Die »Arabellion« hat gezeigt, welche Macht in solchen Absprachen der »Unorganisierten« liegt.[2] Nur zeigt die Terrormiliz IS, dass soziale Netzwerke eben auch eine destruktive Kraft entfalten können. Im Netz ringen diese widerläufigen Kräfte um die Vorherrschaft, es wird zum Forum einer globalen Öffentlichkeit.

Transformation des Militärs

Das Militär ist das genaue Gegenteil solcher Gruppierungen – es ist eine staatliche Struktur und extrem organisiert. Doch auch seine positiven Kräfte werden im 21. Jahrhundert gebraucht, um Kriegen und Konflikten vorzubeugen. Das klingt paradox, aber moderne Militärführungen sind geschult darin, Risikoquellen zu erkennen und Konfliktgefahren zu identifizieren. Zumindest westliche Streitkräfte haben durchaus ein Interesse daran, milliardenteure Einsätze durch eine möglichst frühzeitige Konfliktbewältigung zu vermeiden. Die »Ökonomisierung« des Denkens hat auch die Streitkräfte erfasst. Das US-Militär verfügt zwar über gigantische Finanzmittel, muss sich aber auf Zeiten starker Kürzungen einstellen.

Es ist deshalb bezeichnend, dass in den verschiedenen Kommandozentralen des US-Militärs strategische und praktische Planungen laufen, mit den Folgen des Klimawandels zurechtzukommen, während republikanische und auch einige demokratische Politiker auf dem Capitol Hill in Washington den vom Menschen verursachten Klimawandel noch immer leugnen oder ignorieren. Die einflussreiche Privatstiftung Pew Charitable Trust sieht deshalb in den jährlichen Forschungsausgaben des US-Militärs von rund 80 Milliarden Dollar, den engen Verbindungen zur Technologieindustrie, der globalen Reichweite und den »ergebnisorientierten Managementstrukturen« mittlerweile weniger eine Gefahr als eine Chance. Jenseits des kleinkarierten Parteienstreits in Washington könnte das Militär neue Ideen entwickeln, wie der Energieverbrauch und Treibhausemissionen in großem Stil reduziert werden können und damit eine wesentliche Spannungsquelle des 21. Jahrhunderts zumindest abgemildert werden könnte.[3] Ein ähnliches Umdenken ist auch in der deutschen Bundeswehr im Gange, wie die »Peak-Oil«-Studie des Bundeswehr Transformation Center aus dem Jahr 2010 zeigt, in der die Notwendigkeit einer »German Green Forces Roadmap 2050« formuliert ist.[4]

Natürlich handelt das US-Militär nicht uneigennützig, sondern aus der Not heraus: Es hat bereits 2009 für Energieeffizienz und erneuerbare Energien 1,2 Milliarden Dollar ausgegeben und will dieses Budget bis 2030 auf rund zehn Milliarden Dollar anheben, um sich gegen steigende Energieausgaben zu wappnen und unabhängiger von Erdölprodukten zu werden. Die US-Streitkräfte geben derzeit jährlich die gigantische Summe von rund 15 Milliarden Dollar nur für Strom und Treibstoff aus – das entspricht etwa einem Drittel des gesamten deutschen Verteidigungsetats. Allein 2010 verbrauchten die Streitkräfte 19 Milliarden Liter Treibstoff. Bei Einsätzen wie in Afghanistan ist ein Großteil der für Anschläge anfälligen Transportkonvois allein dafür nötig, um Treibstoffe und Batterien an die Front zu schaffen.

Im Sommer 2011 legte das Pentagon zum ersten Mal eine »Operational Energy Strategy« vor, in der die Entwicklung von Energiespartechnologien sowie alternativen Antrieben und Treibstoffen beschrieben wird.[5] Kampfjets, die mit der Kraft von Algen fliegen, und die »Great Green Fleet«, die neben Nuklearenergie einen erheblichen Anteil erneuerbarer Energien nutzt, sind aber nur eine Seite der Strategie. Ganz offiziell will das Militär »einen Beitrag zu nationalen Zielen leisten, wie verringerter Abhängigkeit von fossilen Treibstoffen, verminderten Treibhausgasemissionen und zunehmender Innovation im zivilen Sektor«. Das Wissen soll auch mit den

Partnerländern für die zivile und militärische Nutzung geteilt werden.

Natürlich gibt es Einwände: Es wird die Welt noch nicht sicherer machen, wenn eine »grüne Streitmacht« nur besser kämpfen kann.[6] Aber es wäre nicht das erste Mal, dass das Militär durch technologische Innovationen weit über seine eigenen Grenzen hinaus wirkt: Filmtechnik, Düsenflugzeuge, GPS, Internet und viele andere technologische Neuerungen, die heute selbstverständlicher Teil des Alltags sind, entstammen ursprünglich dem militärischen Kontext. Der Forschungsarm des US-Militärs, DARPA (Defense Advanced Research Projects Agency), hat dabei eine zentrale Rolle gespielt – und forscht jetzt an erneuerbaren Energien, biologischen Hightech-Materialien und umweltfreundlichen Antrieben.

Militärorganisationen weltweit haben viele spezielle Fähigkeiten, zur Lösung der Konfliktszenarien von morgen beizutragen. Das Wissenschaftsmagazin *Nature* hat sich im September 2011 nicht aus Waffenliebe gegen Kürzungen in der Militärforschung ausgesprochen, sondern aus der Sorge, dass diese positive Transformation leiden könnte: »Die Militärforschung zu kürzen und einzuengen wäre kurzsichtig, gerade weil das Konzept nationaler Sicherheit sich erweitert und nicht nur militärische Stärke beinhaltet, sondern auch öffentliche Gesundheit, ökonomische Stärke, die Bewältigung des Klimawandels und andere Faktoren, die eine wirklich starke Gesellschaft ausmachen.«[7]

Armeen, deren Aufgabenstellung es ist, »Smart Power« zu entwickeln, könnten sich sogar als Vorkämpfer für die Sanierung von Ökosystemen und für technische Innovation verstehen.[8] Welche reformerische Kraft das US-Militär bei aller Kritik manchmal haben kann, zeigt sich noch bei einem anderen Thema: Es hat in den USA die Rassentrennung sechs Jahre vor dem Rest der Gesellschaft aufgehoben – in den kommenden

Jahrzehnten könnte es sich auf neuen Konfliktfeldern als positive Avantgarde beweisen.[9]

Regeln für die Privatwirtschaft

Neben NGOs und dem Militär sind Privatunternehmen eine dritte gesellschaftliche Kraft, deren Rolle einer neuen Bewertung bedarf. Zum einen ist es wichtig zu verstehen, dass zentrale, konfliktmindernde Aufgaben, wie etwa eine umweltfreundliche Energieversorgung, ohne die Innovationskraft von Privatunternehmen nicht zu leisten sein werden. Zum anderen muss das Verhältnis zwischen Staat und privaten Akteuren neu justiert werden. Dies ist ein heikles Thema, weil im Ringen der Systeme China mit seiner Staatswirtschaft und der engen Kontrolle seiner Bürger den Gegenpol zu den freiheitlichen Systemen des Westens darstellt. Dennoch gibt es gute Gründe, in einigen Bereichen klar zu fordern, dass sich die Politik Gestaltungshoheit zurückholen muss. Längst wird das deutsche Modell der »sozialen Marktwirtschaft« auch von Bundeskanzlerin Merkel ganz offen als Gegenmodell, als »dritter Weg« zwischen Kommunismus und einer »Versumpfung des Kapitalismus« bezeichnet.[10] Rahmenbedingungen für das Agieren der internationalen Finanzmärkte sind dafür ein wichtiges Beispiel. Die Politik kann und muss Regeln so setzen, dass das Verhalten von Banken und Investoren nicht ganze Volkswirtschaften gefährdet. Die Marktwirtschaft ist die effektivste Struktur auch für die Lösung künftiger Probleme, weil sie am besten Energien mobilisiert. Aber die privaten Akteure brauchen klare Regeln, auch in neuen Feldern wie dem Internet, wo nicht nur ein sicherer Zahlungsverkehr geregelt, sondern auch kriminelle Machenschaften unterbunden werden müssen.

Im Bereich der inneren und äußeren Sicherheit ist dies ebenfalls wichtig. Die Terrorangriffe des 11. September 2001 haben die Gewichte in den westlichen Demokratien zunächst in Richtung staatlicher Behörden verschoben. Die technische Entwicklung, die öffentliche Verschuldung und das Anhäufen von Kapital auf privater Seite wirken aber heute in eine andere Richtung. Die »Privatisierung« des staatlichen Gewaltmonopols durch die Auslagerung hoheitlicher Aufgaben auf private Sicherheitsdienste muss gestoppt werden.

Wer immer tatsächliches oder vermeintliches Fehlverhalten des Staates kritisiert, muss mit bedenken, dass heute für die allermeisten Bürger in den westlichen Demokratien auch global agierende private Akteure und Firmen zur Bedrohung werden können. Die Mehrzahl auch der Menschen in Deutschland will deshalb nicht weniger, sondern mehr Schutz von Konsumenten- und Bürgerrechten. Es gibt zudem Felder, die für die Menschheit existenziell wichtig sind und auf denen Staaten oder auch die Staatengemeinschaft als Ganze tätig werden müssen. Privatwirtschaftliche Forschung ist sicher eine wichtige Quelle für Innovationen. Aber am Beispiel großer börsennotierter Pharmafirmen zeigt sich, dass das Interesse von Unternehmen naturgemäß eher in der Entwicklung profitträchtiger Medikamente liegt. »Marktversagen« kritisierte auch Bundeskanzlerin Angela Merkel, ohne dass sich die G7-Staaten aber auf konkrete Schritte zur Abhilfe einigen konnten. Deshalb müssen bisher entweder Mäzene wie die Gates-Stiftung bei der Malariaforschung oder eben einzelne Staaten mit wachsenden Forschungsausgaben einspringen, bei denen sie die Richtung vorgeben. Das gilt für den medizinischen Bereich ebenso wie für die Energie-, Gen- oder Klimaforschung. Auch Saatgut darf nicht alleine in der Hand multinationaler Konzerne sein, so wichtig deren Beitrag für die Weiterentwicklung von effektiveren Agrarpflanzen auch ist. Es muss zunehmend eine »Shareware«-Kultur für alle relevanten Technologiebereiche entwickelt werden, um gefährliche Monopolbildungen zu verhindern und übersteigerte Machtansprüche von Privatfirmen einzudämmen.

3. DIE KRAFT DER LANGFRISTIGKEIT

Viele der Krisen von heute, die sich in Kriegen entladen könnten, sind das Ergebnis von zu ausgeprägter Kurzfristigkeit. Das trifft auf Finanzmarktkrisen ebenso zu wie auf mangelnde Investitionen in Bildung und Forschung oder auf das weitverbreitete Missmanagement der Umwelt und der globalen Gemeingüter. Ein entscheidender Faktor, um Konflikten vorzubeugen, liegt deshalb im Entstehen einer Kultur der Langfristigkeit. Es bedarf neuer Werte, um Langzeitsysteme zu sichern, deren Bedeutung für die globale Stabilität in dem Maß deutlich wird, in dem sie verschwinden.

Umwelt als Infrastruktur

Zu diesen Werten gehört ein Ende der künstlichen Trennung zwischen Ökonomie und Ökologie. Bis weit in das 20. Jahrhundert hinein war Natur, ja, waren Umweltfragen insgesamt nur in dem Maß für die internationale Macht- und Sicherheitspolitik interessant, wie es um wichtige Rohstoffe ging, um landwirtschaftlich nutzbare Gebiete oder militärstrategisch bedeutende Punkte der Erde. Naturräumen, wie sie etwa in Nationalparks geschützt werden, wurde allenfalls kulturelle, aber keinesfalls sicherheitspolitische Bedeutung zugesprochen. Oftmals galten Naturräume einfach nur als »Waste of Space«, bestenfalls als Truppenübungsplatz.

Diese Sichtweise entpuppt sich nun in vielerlei Hinsicht nicht nur als veraltet, sondern sogar als gefährlich. Um im 21. Jahrhundert Kriegen wie in den Szenarien »Klimawandel«

und »Überfischung« vorzubeugen, müssen Umwelt und Natur an sich in Ökonomie, Sicherheitspolitik und strategisches Denken integriert werden. Es zeigt sich, dass funktionierende Ökosysteme – ob von ursprünglicher oder anthropogener Beschaffenheit – in vielen Fällen der beste Schutz gegen Konfliktrisiken sind. Funktionierende Naturräume bilden eine Art »grünes Sicherheitssystem«. So ist es angebracht, die Polkappen und die tropischen Regenwälder als Teil der planetaren »Klimaanlage« zu betrachten, die bisher exakt jene Umweltbedingungen zur Verfügung stellt, in denen die Zivilisation sich entfalten konnte. Gletscher, Moore und Seen sind Süßwasserspeicher, Mangrovenwälder sind biologische Schutzmauern für die Küsten, Korallenriffe mit ihrer Vielfalt an Organismen und Molekülen »biochemische Fabriken«. Der lebendige, produktive Humusboden stellt die wohl wichtigste »kritische Infrastruktur« für das Leben und Überleben, weil ihm die tägliche Nahrung entstammt. Schäden an diesen Systemen führen über lange Zeiträume zu regionaler und globaler Destabilisierung.

Im 21. Jahrhundert ist es deshalb notwendig, das »grüne Sicherheitssystem« zu jenen Gütern zu rechnen, deren Schutz von ebenso großer strategischer Bedeutung ist wie etwa der Schutz der Städte oder der digitalen Infrastruktur. Um für einen effektiven Umweltschutz zu sorgen, müssen künftig solche »Dienstleistungen« der Umwelt in die volks- und auch betriebswirtschaftlichen Bilanzen Eingang finden, statt sie weiter zu »externalisieren«.[1]

Im Juli 2011 legte der President's Council of Advisors on Science and Technology unter dem Vorsitz des Wissenschaftsberaters von US-Präsident Obama, John Holdren, ein Plädoyer dafür vor, »Ökosystem-Dienstleistungen« in das Wirtschaftssystem zu integrieren, um das »ökologische Kapital« Amerikas und der Menschheit zu erhalten. Zu diesem Kapital zählen die Experten Bodenfruchtbarkeit, sauberes Wasser, die

Bestäubung von Blumen und Kulturpflanzen, die Vielfalt der Gene und ein Klima, an das die menschliche Gesellschaft und heutige Ökosysteme angepasst sind.[2]

Die lange Liste zeigt, wie tiefgreifend, »systemisch« und konfliktfördernd die Folgen sind, wenn die Menschheit ökologisches Kapital wie bisher verschwendet oder sich sogar ökologisch überschuldet. Damit es nicht zu einem kollektiven Bankrott kommt, der Konfliktszenarien wie »Überfischung«, »Klimawandel«, »Rohstoffe« und »Tiefsee« heraufbeschwört, ist ein umfangreiches »Rettungspaket« nötig, das die Rettungspakete der Finanzkrise vermutlich noch übertreffen muss, aber deutlich erkennbarere positive langfristige Wirkungen zeitigen würde.

In diesem Sinn sind zum Beispiel die sogenannten REDD-Programme (»Reducing Emissions from Deforestation and Degradation«) zu sehen, bei denen waldreiche Länder dafür bezahlt werden, dauerhaft auf eine Abholzung zu verzichten. Im selben Kontext steht das Angebot Ecuadors, gegen Zahlung einer Kompensation auf die Erdölförderung in einem der artenreichsten Regenwälder der Welt zu verzichten. REDD kann aber nur eine Facette einer umfassenden Green Economy sein. Für diese Wirtschaftsweise braucht es Bilanzen, die nicht nur wie das BIP den Warenumsatz messen, sondern klarer Auskunft darüber geben, ob mit dem Umsatz nur die Verschwendung wächst oder nachhaltiger Wohlstand entsteht. Es braucht ökonomische Regeln, die die globalen Gemeingüter erfassen und ihren Wert ausreichend würdigen, ohne Natur zum reinen Kapital zu degradieren.[3]

Vielfalt als Schutzpuffer

Vielfalt ist aber nicht nur mit Blick auf Regenwälder und Korallenriffe von hohem Wert. Sie entpuppt sich als eigenständige Ressource quer durch alle Bereiche. Die multilaterale

Weltinnenpolitik sollte keinesfalls darauf abzielen, lokale, regionale oder nationale Eigenheiten zu negieren oder auch nur zu verwischen. Eine politische, soziale und kulturelle Vereinheitlichung würde die Zivilisation eher schwächer als stärken. Im Gegenteil stellt regionale Vielfalt auf allen Ebenen – von der Biodiversität über die Energieversorgung bis zur IT-Infrastruktur – einen hohen Wert dar, den es zu erhalten gilt. Regionale Vielfalt vergrößert den Pool an Lösungen, die im Krisenfall zur Verfügung stehen, und schafft zugleich robuste Subsysteme, die sich gegen Ausfälle auf überregionaler Ebene schützen können.

So schützt zum Beispiel die regionale genetische Vielfalt von Kulturpflanzen und Zuchttieren die Landwirtschaft und damit die Welternährung vor Krankheitserregern, Epidemien und Pandemien. Krankheitserreger können sich dann am effektivsten ausbreiten, wenn sie auf riesigen Flächen auf den immer gleichen Wirt treffen.

Je monotoner Agrargebiete und Tiererzeugung hinsichtlich ihrer Artenvielfalt und Landschaftselemente sind, desto höher ist deshalb der nötige Energieeinsatz, um die Kontrolle zu behalten, und desto größer ist auch das Risiko massiver Umweltprobleme. Die industrialisierte Landwirtschaft beruht auf einem massiven Einsatz von Pestiziden und Dünger, während sie großflächig Langfristprobleme wie Bodenerosion und Resistenzbildung erzeugt. Dagegen können Praktiken des organischen Landbaus zu größerer Stabilität, besserer Schädlingsbekämpfung und dauerhaft hohen Ernten führen.[4] In Zukunft wird es darum gehen, den Ökolandbau durch massive Forschungsanstrengungen auf eine wissenschaftliche Basis zu stellen, sodass höhere Erträge pro Hektar möglich werden.

In der Tierhaltung gilt Ähnliches. Die industrialisierten Tierbestände sind nicht nur anfällig für gefährliche Erreger, die kurzfristige »Lösung« des Problems durch Antibiotika beschwört auch eine existenzielle Gesundheitskrise für die gesamte Menschheit herauf – das hat auch der G7-Gipfel im Juni 2015 festgestellt. Eine Abkehr von industrialisierter Tierhaltung und damit auch das Ziel, die genetische Vielfalt von Tierrassen zu erhöhen, sind als Teil einer Strategie regionaler Vielfalt dringend nötig.

Der heutige Zustand, dass eine kleine Gruppe von Agrarkonzernen einen großen Teil des Geschäfts mit Saatgut und Tiergenen kontrolliert und dass zugleich in großem Stil regionale Varietäten von Tieren und Pflanzen verschwinden, stellt für das 21. Jahrhundert ein massives Sicherheitsrisiko dar.

Es kann in der monotonen Agrarindustrie von heute schnell so kommen wie im Szenario »Welternährung«, dass ein ganzes Land oder ein ganzer Kontinent zum Opfer eines tödlichen Erregers wird, unabhängig davon, ob dieser nun auf natürlichem oder biotechnischem Weg entstanden ist. Der Eindruck von Effizienz und Produktivität, den die Agrarindustrie von heute vermittelt, ist jedenfalls nur vorgetäuscht. Er wird mit immer größeren Opfern an Artenvielfalt, Bodenqualität und fossiler Energie erkauft.

Regionen, die sich durch den Anbau angepasster Pflanzensorten in einer biologisch vielfältigen Landschaft mit Lebensmitteln versorgen können, sind deutlich robuster und resistenter gegen Krisen als solche, die von Importströmen abhängig sind. Das gilt in wachsendem Maß auch für Städte, wo der Anbau von Lebensmitteln in Kleingärten, hydroponischen Systemen aus Gemüse- und Fischzucht, auf Dächern, in Wolkenkratzern und in eigenen »Stadtfarmen« einen erheblichen Beitrag zu Lebensqualität und Krisenfestigkeit leisten kann – dafür müssen aber auch die entsprechenden sauberen Luftverhältnisse durch eine »grüne« Transport- und Gebäudepolitik geschaffen werden.

Regionale Eigenständigkeit und Vielfalt sind auch in der Energieversorgung ein hoher Wert – trotz anfänglich sicher höherer Kosten. Landkreise, die sich selbstständig mit erneuerbaren Energien versorgen, hängen nicht von den Unsicherheiten großer Stromnetze und politisch manipulierbarer Erdgasströme ab. Schon heute revolutionieren einfache Solarsysteme, die Strom in Batterien speichern, das Leben in vielen afrikanischen und asiatischen Dörfern, weil sie teure Dieselgeneratoren überflüssig machen, das Lesen nach Sonnenuntergang ermöglichen und gesundheitsgefährdende Feuerstellen im Haus ersetzen können. Regionen in Nordamerika und Europa könnten sich modernisieren, indem sie importierte Energierohstoffe durch erneuerbare Energien ersetzen. Öl, Kohle und Erdgas, welche Deutschland 2010 im Wert von 78 Milliarden Euro importierte, sind zu wertvoll, um sie zu verbrennen. Angepasste regionale Versorgungsstrukturen – also der optimierte Mix aus Wind, Sonne, Biomasse, Erdwärme und anderen regenerativen Energiequellen – sind einer der wesentlichen Schlüssel für eine Zukunft, in der Konfliktszenarien wie »Klimawandel« und »Migration« unwahrscheinlicher werden.

Dies spricht nicht generell gegen Großprojekte, weder gegen Gaspipelines noch Solarlandschaften in Nordafrika oder Griechenland oder ein weltweites Supernetz bis zum Fusionsreaktor. Doch solche zentralen Systeme sollten in Zukunft eine Ergänzung zu einem aus vielen eigenständigen regionalen Untereinheiten bestehenden Energienetz sein.

Dass es im Zeitalter der immer stärkeren Vernetzung also durchaus sinnvoll sein kann, im Sinne möglichst großer Vielfalt wieder Inseln und kleine Einheiten zu schaffen, zeigt auch die Debatte in der IT-Branche über die Cyber-Sicherheit. Deutsche und amerikanische Sicherheitsbehörden raten, dass sensible nationale Infrastrukturen wie die Energie- oder Krankhausversorgung eben nicht an den normalen Internetverbindungen hängen dürfen. Das deutsche Kanzleramt hat ein internes Netz, das nur durch besonders gesicherte Kanäle mit dem Internet verbunden ist, um die fast täglichen Hackerangriffe abwehren zu können.

Der Traum, alle Einrichtungen möglichst zentral über ein Netz steuern zu können, hat die Gefahr einer Manipulation wachsen lassen. Deshalb gibt es heute als Gegenstück zum »Cloud-Computing« der IT-Giganten, bei dem riesige Datenmengen räumlich getrennt von den eigenen Rechnern zentral gesteuert und gespeichert werden, auch den Trend zu abgeschlossenen digitalen Strukturen abseits des weltweiten Netzes.

Globalisierung und Regionalisierung beziehungsweise Kleinteiligkeit müssen also keine Widersprüche sein. Im Gegenteil entstehen viele Spannungen und Konfliktpotenziale erst dann, wenn nur eine der beiden Richtungen eingeschlagen wird. Reine Globalisierung führt zu Monotonie und Verletzbarkeit, reine Regionalisierung zu Engstirnigkeit und mangelnder Innovation. Die robustere Gesellschaft der Zukunft wird sich durch einen Mix aus regionaler Selbstständigkeit und überregionaler Zentralisierung auszeichnen müssen.

Forschung als Sicherheitssystem

Zu einer Strategie größerer Langfristigkeit zählt neben einem anderen Umgang mit der Natur und einem höheren Stellenwert der Vielfalt auch eine größere Bereitschaft, gesellschaftliche Ressourcen in Bildung und Forschung zu investieren. Die Renditen solcher Investitionen kommen erst über einen Zeitraum von Jahren und Jahrzehnten zurück. Doch sie sind beim Aufbau einer stabileren, robusteren Zivilisation unerlässlich.

Ohne massiv gesteigerte Forschungsanstrengungen lässt sich etwa Knappheit, wie sie sich heute geologisch bedingt beim Erdöl abzeichnet und politisch bedingt bei strategischen Rohstoffen wie den Seltenen Erden, kaum meistern. Solche schwindenden Ressourcen können zu Konflikten und Kriegen wie in den Szenarien »Tiefsee« und »Rohstoffe« führen – kurzfristig wieder gesunkene Rohstoffpreise dürfen darüber nicht hinwegtäuschen. Die Prognosen im ersten Bericht des Club of Rome zu den »Grenzen des Wachstums«, wann welche Rohstoffe knapp oder erschöpft sein werden, haben sich zwar durchweg als falsch herausgestellt. Doch das bedeutet nicht, dass es keine Engpässe gibt. Sie können politisch erzwungen sein, wenn ein Land oder eine Ländergruppe den Export kritischer Rohstoffe behindert oder einstellt.

Es kann sehr wohl auch zu geologisch bedingten Engpässen kommen, wenn der Verbrauch der Menschheit an Ressourcen in Zukunft weiter exzessiv steigt und neue Vorkommen nur zu immer höheren Finanz- und Umweltkosten genutzt werden können. Die Tiefseebohrungen im Golf von Mexiko und die zerstörerische Gewinnung von »Teersanden« und »Schiefergas« in den USA und Kanada als Ersatz für andere fossile Energieträger zeigen bereits die hässlichen Folgen davon, dass leicht zugängliche Vorkommen von Öl und Gas knapp werden. Gerade in den USA, wo der Pro-Kopf-Bedarf an Ressourcen so ausgeprägt ist wie die Verschwendung, aber auch in China, dem weltgrößten Konsumenten von Rohstoffen, wächst daher die Sorge um Ressourcensicherheit.[5]

Als Ausweg bieten sich vor allem technologische Erneuerung und ein Umdenken bei der Produktion und dem Recycling an. Hier steckt das größte Potenzial, damit knappe Ressourcen effizienter eingesetzt oder durch neue, besser verfügbare Materialien ersetzt werden. Neue Technologien fallen nicht vom Himmel. Sie sind das Ergebnis langjähriger, aufwendiger und kostspieliger Arbeit. Einzelne Genies sind eher die Ausnahme, Teams und Verbünde von Hunderten oder Tausenden Wissenschaftlern die Regel. Die Geräte, an denen etwa in der Energie- und Materialforschung neue Erkenntnisse und Fertigkeiten entstehen, sind extrem teuer. Allein der Bau des Europäischen Röntgenlasers X-FEL, an dem in Hamburg künftig molekulare Strukturen von Materialien aller Art erforscht werden, kostet 1,1 Milliarden Euro.

Nach Analysen der Internationalen Energieagentur (IEA) in Paris geben die großen Forschungsnationen pro Jahr rund zehn Milliarden Dollar für Energieforschung zu erneuerbaren Quellen, grünen Technologien und intelligenten Stromnetzen aus. Diese Ausgaben waren viele Jahre sogar rückläufig und steigen erst seit Kurzem wieder an. Der Bedarf an Forschungsinvestitionen liegt laut IEA aber bei 50 bis 100 Milliarden Euro jährlich, um die neun bis zehn Milliarden Menschen der Zukunft umweltfreundlich und flächendeckend mit Energie versorgen zu können.[6] Es tut sich also eine riesige Lücke auf, die gefüllt werden muss, um Konflikte um Energieversorgung weniger wahrscheinlich zu machen.

Das 21. Jahrhundert wird wie frühere Jahrhunderte vom Wettbewerb der Ideen, Menschen, Firmen und Staaten geprägt sein. In vielerlei Hinsicht ist Forschungspolitik die Machtpolitik für die Zukunft. Im internationalen Rennen um Wissen gilt: Wer Technologien beherrscht, bestimmt maßgeblich über ihre Anwendung mit. Wenn die westlichen Demokratien weniger forschen als andere Staaten, werden sie als Gesellschaften zurückfallen – und andere werden den Lauf der Geschichte bestimmen. Das hat maßgeblichen Einfluss darauf, wie und wofür Forschungsergebnisse und Technologien eingesetzt werden.

Viele bedrohliche Szenarien dieses Buches lassen sich durch Forschungsanstrengungen vermeiden: Agrarforschung kann dabei helfen, industrialisierte Monokulturen überflüssig zu machen und zu einer ökologischen Hightech-Landwirtschaft überzugehen. Materialforschung kann dazu beitragen, kritische Rohstoffe wie Seltene Erden effizienter einzusetzen oder ganz zu ersetzen. Biomedizinische Forschung ist unerlässlich, um im Wettrennen mit immer neuen Krankheitserregern mitzuhalten und im Krisenfall schnell reagieren zu können, wie es bei der raschen Entwicklung eines Impfstoffs gegen die Schweinegrippe vorexerziert wurde. Informatikforschung kann Techniken entwickeln, um IT-Netze inhärent sicher zu machen und die Daten von Nutzern vor Hackerangriffen zu schützen.

Der Mehrbedarf an Forschungsausgaben für diese Felder geht in die Hunderte Milliarden pro Jahr. Es ist staatliches Geld, das durch die globale Finanzkrise nun noch knapper geworden ist, als es schon vorher war.

Ein positives Beispiel, wie eine gelungene Antwort auf die harten Ressourcenfragen aussehen kann, bietet Deutschland. Im sächsischen Freiberg hat im August 2010 das Helmholtz-Institut für Ressourcentechnologien die Arbeit aufgenommen. Zu den Zielen der finanziell gut ausgestatteten Wissenschaftler gehört es, Recyclingtechnologien für Seltene Erden zu entwickeln und zudem Verfahren vorzubereiten, um in Abraumhalden des Bergbaus aus vergangenen Jahrhunderten nach Rohstoffen zu suchen, die früher nicht extrahiert wurden. Zukunftsweisender könnte ein Forschungsinstitut heute kaum aufgestellt sein. Auf der Erde wächst mit großem Tempo ein immer dichteres Netz von Bergwerken, Fabriken und Städten, in denen Rohstoffe erzeugt, verarbeitet, verbraucht und weggeworfen, also weiträumig verteilt werden. Das Netz von Forschungsinstituten wie dem Freiberger Helmholtz-Institut muss deutlich schneller wachsen. Das Wettrennen um die intelligenteste Rohstoffsuche ist in vollem Gang.

Zur neuen Bedeutung von Forschungspolitik gehört aber auch, die gesellschaftliche Kontrolle über die Wissenschaft zu erneuern. Denn wie das Szenario »Neurotechnologie« beschreibt, können biomedizinische Durchbrüche in Zukunft die Natur der Kriegführung auf erschreckende Weise verändern. »Ethnische Biowaffen«, die auf bestimmte Erbgutsequenzen eines Volkes justiert sind, gehören ebenso zu den fatalen Möglichkeiten wie Manipulationen am Gehirn, die eigene Soldaten stärken oder den Gegner schwächen. Die eine Frage ist es, ob individuelle Wissenschaftler sich für solche Zwecke einspannen lassen. Der erwähnte Report »Opportunities in Neuroscience for Future Army Applications«, den führende amerikanische Gehirnforscher 2008 im Auftrag des National Research Council vorgelegt haben, stellt hierbei einen neuerlichen ethischen Tiefpunkt dar. Ohne jeglichen moralischen Skrupel und ohne Grenzen zu ziehen, dienen die Wissenschaftler ihre Erkenntnisse über das menschliche Gehirn dem Militär an. Die Risiken einer Proliferation von Neurotechnologien werden nicht einmal thematisiert.

Daraus ergibt sich die weiterführende Frage, inwieweit neue Formen der Bürgerbeteiligung auf allen Ebenen der Forschungspolitik dazu beitragen könnten, Risiken des Wissensmissbrauchs zu verringern. Natürlich werden militärische Organisationen sich nicht für Bürgerkomitees öffnen und ihre Laboratorien weiter im Geheimen forschen. Sicherlich wäre es kontraproduktiv, wenn westliche Staaten völlige Transparenz pflegten, während Wissenschaftler in Nordkorea oder anderswo im Geheimen mörderische Waffen entwickeln. Dennoch hilft der offene Diskurs auch über neue Forschungsschwerpunkte am ehesten, Fehlentwicklungen zu vermeiden.

Priorität Bildung

Eine verstärkte Bildung gehört auch deshalb zu den grundlegenden Voraussetzungen für eine robustere Zivilisation. Das mag nach einer Binsenweisheit klingen, ist global gesehen aber eine der größten Aufgaben überhaupt.

Neue, problemlösende Technologien können nur von Wissenschaftlern und Ingenieuren entwickelt werden und nur von gebildeten Bürgern angemessen kritisch begleitet werden. Deshalb muss die Faszination für Natur- und Ingenieurwissenschaften noch viel stärker vom Kindergarten an gefördert werden. Wissenschaftliche Neugierde und Expertise sind im 21. Jahrhundert strategische Ressourcen.

Demokratien und friedliche Konfliktlösungen entwickeln sich dort am besten, wo eine breite, gebildete Mittelschicht existiert und die Menschen wissen, was ihre Rechte und Pflichten sind – wo sie mitreden können. Enorme Schäden an der Umwelt, etwa bei der Brandrodung, entstehen häufig durch eine Kombination aus extremer Armut und mangelnder Bildung.

Wissen ist sicher nicht das hinreichende, aber doch eines der effizientesten Mittel gegen Machtmissbrauch und dauerhafte Unterdrückung. Das gilt weltweit, und gerade die »Arabellion« in Nordafrika könnte ein Startsignal dafür sein, nicht nur in europäischen Ländern, sondern auch in unseren Nachbarregionen sehr viel mehr Geld und Energie in den Ausbau der Schul- und Hochschulsysteme zu stecken. Dies darf nicht nur auf kurzfristige Effekte wie die Ausbildung für bestimmte Berufe hin ausgelegt werden.

Bildung ist ein Wert an sich, der auch in Entwicklungsländern hohen ökonomischen Wert hat – und viel mehr. Bildung muss vor allem auch dann angestrebt werden, wenn sich nicht sofort verwertbare Ergebnisse zeigen. Die Mädchenschulen in Afghanistan werden trotz aller Probleme eine nachhaltigere Wirkung auf die Zukunft des Landes haben als viele milliardenschwere Investitionen in die Infrastruktur. Denn Bildung verändert das Denken der Menschen auf viele Jahre hinaus. Deshalb ist eine systematischere Evaluierung und Verbesserung der Schulbücher so wichtig. Deshalb muss die schulische Erziehung zum Hass auf andere, die in vielen Ländern noch gepflegt wird, beendet werden. Die Schulbuchvereinbarungen Deutschlands mit Frankreich und Polen sind in dieser Hinsicht sehr erfolgreiche Beispiele und Modell für andere Erdteile.

Bildung und Sprachschulung ist aber auch in allen Gesellschaften ein ideales Bindeglied, um Menschen sehr unterschiedlicher Herkunft friedlich zusammenzuführen. Schulen müssen erfolgreichere »Schmelztiegel« werden, auch in Deutschland. Nur wer die Sprache des Landes beherrscht, in dem er lebt, kann sich vollständig integrieren. Deshalb muss die fortschreitende Trennung verschiedener sozialer und ethnischer Gruppen in den Schulen gestoppt werden. Je durchlässiger soziale Schichten in einer Gesellschaft sind, je leichter der soziale Aufstieg für diejenigen ist, die sich engagieren und anstrengen, desto fester ist der Kitt von Gesellschaften und Staaten. Eine Desintegration droht immer dann, wenn die Chancen zu ungleich verteilt sind – das gilt auch für »Schmelztiegel«-Nationen wie die USA.

Bildungssysteme müssen stärker als heute die Kompetenzen vermitteln, die für ein Leben in einer globalisierten, hoch technisierten und ökologisch fragilen Welt nötig sind. Dazu bedarf es in Deutschland, aber sicherlich auch in anderen Nationen, einer neuen Debatte um Bildungsziele und -inhalte anstatt immer neuer Strukturstreitigkeiten um die Frage, ob nun zwei oder drei Schulformen nebeneinander existieren sollen. Was Kinder lernen sollen und wie die besten Methoden aussehen, nicht nur Wissen zu vermitteln, sondern kompetente Weltbürger von morgen zu erziehen, bleibt bisher weitgehend unbelichtet. Das muss sich ändern, denn Bildung ist auch der Schlüssel zu einem nachhaltigen Lebensstil, der dringend nötig ist. Einsicht in komplexe globale Vorgänge kann am besten die Verhaltensänderungen bewirken, die nötig sind, um krisenhaften Entwicklungen vorzubeugen.

Globalisierter Lebensstil

Den Ausbruch von Kriegen zu verhindern ist zwar in erster Linie eine Aufgabe von Regierungen, von Kanzlern und Präsidenten sowie von ihren Militärstrategen und Diplomaten. Doch in dem Maß, wie die Weltbevölkerung zunimmt, wird auch die Frage wichtig, in welchem Ausmaß individuelle Lebensweisen einen Beitrag leisten können, neuartige Kriege wahrscheinlicher oder unwahrscheinlicher zu machen.

Viele der drohenden Kriege von morgen, etwa wie in den Szenarien »Tiefsee«, »Überfischung«, »Welternährung«, »Pandemie« und »Rohstoffe« ausgemalt, haben ihren Ausgangspunkt letztlich in überhöhten materiellen Ansprüchen und darin, dass Gesellschaften zu viel für Konsum im Hier und Jetzt ausgeben und zu wenig in technologische Innovation investieren.

Dass jeder Bewohner der Industrieländer je nach Land zwischen sechs und 25 Tonnen Kohlendioxid pro Jahr freisetzt, aber der Sollwert, den Klimaforscher nennen, bei zwei Tonnen pro Kopf liegt, schafft eine enorme weltpolitische Spannung. Entwicklungs- und Schwellenländer beanspruchen nun ähnliche Pro-Kopf-Werte für ihre Bürger, doch die Kapazität der Atmosphäre, Treibhausgas ohne gefährliche Rückwirkungen aufzunehmen, ist bereits erschöpft.

Dieser Ansatz lässt sich auf viele Lebensbereiche erweitern: Unnötige Autofahrten tragen finanziell dazu bei, dass Ölfirmen in immer sensiblere Naturräume wie die Arktis und die Tiefsee vorstoßen und dort das Risiko ökologischer Katastrophen steigt. Die hohe Nachfrage nach Billiglebensmitteln führt dazu, dass Fischbestände über Maßen genutzt und Regenwälder für billiges Palmöl gerodet werden. Und der Massenkonsum von 200 bis 400 Gramm Fleisch pro Person pro Tag in Industrieländern sorgt erst für die industriellen Tierfabriken, in denen hochgefährliche Erreger entstehen können, gegen die keine Antibiotika mehr wirken.

Auf einem Quadratkilometer Landfläche leben schon heute 58 Menschen, pro Kopf stehen 0,2 Hektar Agrarland zur Verfügung. Durchschnittlich konsumieren Menschen pro Kopf heute elf Kilogramm wild gefangenen Fisch pro Jahr sowie zwei Liter Erdöl pro Tag. Da kommt es zu riesigen Veränderungen im Ressourcenverbrauch, wenn der Konsum bestimmter Dinge oder Lebewesen zunimmt oder wenn sich Lebensweisen durchsetzen, die mit erhöhtem Energie- und Rohstoffverbrauch einhergehen.

Die individuelle Verantwortung ist größer, als man gemeinhin annimmt. Zwar kann sich jeder als nur ein Siebenmilliardstel des Problems klein machen, es ist aber angebrachter, die eigene Lebensweise mit sieben Milliarden zu multiplizieren – und sich dann nüchtern die Frage zu stellen, welche Folgen es hätte, wenn alle Menschen auf der Erde den eigenen Lebensstil übernehmen würden.

In der angespannten Weltlage von heute ist es sinnvoll, Knappheit, etwa beim Rohstoffverbrauch und beim Energiekonsum, vorwegzunehmen und in den eigenen Alltag zu integrieren. Schon heute gibt es eine Massenbewegung von aufgeklärten Bürgern für einen umweltfreundlicheren Konsum, auf den inzwischen selbst große Handelsketten wie Wal-Mart und Metro reagieren, etwa indem sie ihre Fischzulieferer auf das Prinzip der Nachhaltigkeit verpflichten oder hinsichtlich ihrer Palmölquellen ausschließen, dass Regenwald gerodet wurde. Diese Reaktion der Großkonzerne zeigt, dass Konsumenten eine enorme Macht haben. Die ultimative Vorbeugung wäre es, wenn die Menschen vor allem in den Industrieländern schon heute versuchen würden, mit der gebotenen Nachhaltigkeit des zehnmilliardsten Menschen zu leben, der für das Jahr 2100 erwartet wird. Eine solche Vorwegnahme würde zahlreiche Konfliktszenarien deutlich unwahrscheinlicher machen.

Letztlich sind alle genannten Veränderungen – eine höhere Wertschätzung für Natur und Vielfalt, massive Investitionen in Bildung und Forschung sowie Änderungen im Lebensstil – nötig, um zu einem angemessenen und konfliktarmen Umgang auch mit jenen Gebieten und Ressourcen auf der Erde zu finden, die noch der Verteilung harren. Diese Gemeingüter können Quelle von Konflikten sein – aber auch Quelle großen gemeinschaftlichen Wohlstands.

Schutz der Gemeingüter

Die Zeit der kalifornischen Goldgräber mit ihren Claims ist zwar vorbei, aber die Erde ist noch lange nicht vollständig aufgeteilt. Es gibt riesige geographische Gebiete mit unklarem Status. Dazu zählt etwa die Arktis, wo in den kommenden Jahrzehnten die erwartete Eisschmelze gewaltige Möglichkeiten der Rohstoffextraktion schaffen wird. Zwischen den Arktisländern, vor allem Russland, Norwegen, Kanada und USA, ist um die Gebiete ein hartes Ringen im Gang. Zu den Gebieten mit unklarem Status gehören auch weite Teile der Weltmeere, für deren Bewirtschaftung es noch keine festen Regeln gibt. Prominentestes Beispiel ist der Südpazifik, wo seit einigen Jahren Schiffe aus aller Welt dabei sind, die Fangerträge für ihre Länder zu maximieren. Das betriebswirtschaftlich vernünftige, umweltpolitisch aber gefährliche Ziel dieser Aktionen ist es, möglichst hohe Fangquoten zugeteilt zu bekommen, falls die regionale Fischereiorganisation eines Tages doch Auflagen erlassen sollte. Im Südpazifik ist deshalb eine »präventive Überfischung« zu beobachten – eine besonders perverse Form einer ungeregelten Ausbeutung der Natur.

Weitere strategisch wichtige Räume, für die es noch keine wirklich international verbindlichen Regeln und Verhaltensformen gibt, sind das Weltall, der Cyberspace und Süßwasservorkommen, wie sie etwa in den Gletschern des Himalaja gebunden sind. Gemeinsam ist Weltmeeren, Weltraum und Wasser, dass jene, die sie heute nutzen, massiv dagegen Widerstand leisten, neue Regeln einzuführen, die ihre Interessen beschneiden könnten. An einer langfristigen kooperativen Nutzung dieser Räume und Ressourcen besteht wenig Interesse – zu groß erscheinen die Vorteile von Dominanz oder Hegemonie. Aber gemeinsam ist Weltmeeren, Weltraum und Wasser auch, dass sie heruntergewirtschaftet werden, ob durch Überfischung, die Ansammlung von Weltraumschrott oder übermäßigen Verbrauch. Eine dritte Gemeinsamkeit besteht darin, dass die Gemeinschaftsgüter zwar von fast jedem Menschen genutzt werden, ob beim Fischessen, zum Telefonieren mit Satellitenverbindung oder als selbstverständliche Ressource zum Waschen und Trinken, dass aber eine politische Debatte um Verantwortlichkeiten fast völlig fehlt.

Die Formel von der »Tragödie der Gemeingüter« scheint zu greifen. Ihr zufolge werden zum Beispiel Weideflächen, die von allen Menschen etwa eines Dorfes gemeinsam genutzt werden, stärker ausgebeutet werden als Flächen, die im Privatbesitz sind. Stimmt das, so könnte es auf den Weltmeeren sinnvoll sein, das Konzept der übernationalen »hohen See« aufzugeben und dafür die »ausschließlichen Wirtschaftszonen« einzelner Länder im Trend der vergangenen Jahrzehnte stark zu erweitern und die Meere komplett Nationalstaaten zuzuordnen, damit sie ein effektives, langfristiges Management beginnen. Das verhindert nicht prinzipiell Fehlverhalten, wie die Tiefseebohrungen zeigen. Aber zumindest gäbe es bei einem solchen Vorgehen klare Verantwortliche.

In jedem Fall bedarf es neuer, klarerer Regeln. In der Meerespolitik bedeutet dies, umfassende Managementstrategien für die hohe See zu entwickeln, die von designierten Staaten, Staatenbündnissen oder den Vereinten Nationen koordiniert und überwacht werden. Die regionalen Fischereiorganisationen, die sich bisher nur für einzelne Fischarten zuständig sehen, sollten sich zu Institutionen entwickeln, die unter öffentlicher Aufsicht dafür zuständig sind, dass intakte Meereslebensräume erhalten bleiben und der biologische und chemische Reichtum der Meere langfristig und nachhaltig genutzt wird. Das UN-Seerechtsabkommen (UNCLOS) bietet dafür erst einen Denkrahmen, ist in seiner konkreten Ausgestaltung aber weit hinter der aktuellen Entwicklung zurückgeblieben. Für die Nutzung der Ressourcen des Meeresbodens müssen endlich verbindliche internationale Regeln aufgestellt werden. Der Beschluss der Vereinten Nationen aus dem Jahr 2015, Verhandlungen über konkrete Umweltregeln für die hohe See aufzunehmen, geht hier in die richtige Richtung.

Für den Umgang mit Trinkwasser in ökologisch gestressten Regionen wie dem Himalaja ist wohl nichts so wichtig wie kontinuierliche, intensive Verhandlungen zwischen Anrainerstaaten um Nutzungsrechte. Wasserabkommen stehen im Gegensatz zu Rüstungs- oder Handelsabkommen nicht hoch im Kurs – doch Wasser bildet das Fundament, auf dem alle anderen politischen Aktivitäten erst möglich werden. Ein Vertrag etwa zwischen Indien und China darüber, wie das Gemeinschaftsgut Himalaja-Wasser geteilt wird, wird schwer zu erreichen sein – doch ohne ein Abkommen ist die Konfliktgefahr hoch.

Längere Entscheidungszyklen

In der Finanzkrise erlebt die westliche Welt, welche Folgen es haben kann, wenn Volkswirtschaften und Nationen in Kurzfristzyklen funktionieren, Risiken systematisch ausblenden und über viele Jahre auf strenge staatliche Regeln und Aufsicht verzichten. Politiker wollen am Ende ihrer Legislaturperiode gut dastehen. Börsennotierte Unternehmen müssen sich quartalsweise bei ihren Anlegern rechtfertigen. Beides kann das Denken in eine falsche, nämlich nicht nachhaltige Richtung lenken. Das Ergebnis sind unter anderem die Schuldenkrise in Europa und die immer weiter gereichte gigantische Verschuldung in den USA. Das hat die Implosion westlicher Macht denkbar gemacht und auch Kanzlerin Angela Merkel zu der Warnung veranlasst, ein Ende des Euro könnte auch das Ende der nun über 65 Jahre währenden Friedensperiode in Westeuropa bedeuten. Nichts ist sicher, wenn es nicht langfristig verteidigt wird – und verteidigt werden kann.

Zu den vordringlichen Aufgaben der Politik zählt es in diesem Kontext auch, biologische, kulturelle und wissenschaftliche Langzeitsysteme zu erhalten, die heute noch als kaum relevant oder sogar abseitig für die Entscheidungen über Krieg und Frieden erscheinen, aber in Zukunft sehr wichtig dafür werden können. Genbanken gelten vielen Regierungen als finanzielle Last, weil sie teuer im Unterhalt sind. Doch in Zeiten von Hungersnöten oder Pandemien können sich Tier- und Pflanzenproben, die in solchen Institutionen eingelagert sind, als überlebenswichtige Ressourcen erweisen, die helfen, neue Kulturpflanzen oder Medikamente zu finden und alte wiederzuentdecken und zu erhalten. Weitere wissenschaftliche Langzeitsysteme sind zum Beispiel die meteorologischen Messstationen weltweit, Bohrkerne aus dem Eis und die Datenreihen zur Erdbeobachtung der NASA-Satelliten, die es Wissenschaftlern überhaupt erst erlauben, Wetter- und Klimaprognosen zu entwickeln und damit die Grundlage für Entscheidungen in der Klimapolitik zu schaffen. Ein Beispiel für ein bedrohtes kulturelles Langzeitsystem sind indigene Völker, die weltweit unter enormem Druck stehen, weil ihre Lebensräume in den westlichen Lebensstil eingemeindet werden. Diese Völker erscheinen vielen Menschen als rückständig, doch ihre Praktiken, Denkweisen und ihr medizinisches Wissen können sich in einer instabilen Welt noch als sehr wertvoll herausstellen. Zu den kulturellen Langzeitsystemen zählen auch alte landwirtschaftliche Praktiken in Europa und Asien, die im Kontext einer hochtechnischen Agrarwirtschaft zu wertvollen Ideenquellen werden können. Biologische Langzeitsysteme sind zum Beispiel Regenwälder und Korallenriffe: Sie bergen Materialien, genetische Codes, Wirkstoffe und Netzwerkstrukturen, mit denen künftige Ingenieure neue technische Lösungen finden können – aber nur, wenn es die betreffenden Organismen dann noch gibt. Ein stärkeres Bewusstsein für den Wert von Langzeitsystemen ist in unserer kurzatmigen Zeit enorm wichtig, damit die Zivilisation nicht in Krisen gestürzt wird, die ihren Zeithorizont noch weiter einschränken.

Vor diesem Hintergrund ist es wichtig zu erkennen, dass die Muster, die 2008 zur Finanzkrise und später zur Schuldenkrise geführt haben, in ähnlicher Weise auch in anderen Bereichen wirken. So werden zum Beispiel die Risiken des von Menschen verursachten Klimawandels systematisch ausgeblendet, weil sie nicht kurzfristig zutage treten, sondern eher mittel- bis langfristig. Neuartige Bakterien in Tierfabriken oder die Knappheit bestimmter Seltener Erden erscheinen heute ähnlich unbedeutend wie vor einigen Jahren noch die Bilanzen der US-Hypothekenbank Fannie Mae (die im Zuge der Finanzkrise von der US-Regierung mit Zigmilliarden Dollars gestützt werden musste), weil es an Sensibilität für Risiken fehlt. Und auch für viele andere wichtige Bereiche des Lebens fehlt es an langfristiger Perspektive, sodass einzelne Akteure, auf kurzfristigen Profit orientiert, in Wildwestmanier agieren können. Das gilt für die Informationstechnologie ebenso wie für die Nutzung der Meere.

China dagegen scheint auf vielen Gebieten, auf denen langfristiges Denken und Planen erforderlich ist, zunehmend überlegen – vor allem deshalb, weil das politische System dort stärker von langfristigem Denken durchdrungen ist und weil das Land vor staatlicher Regulierung – mit all ihren Schattenseiten – im Zweifel nicht zurückschreckt.

Auf zahlreichen Gebieten, die sich bisher unter westlicher Dominanz entwickelt haben, zeigt sich, dass Langfristdenken, Risikoprüfung und Regulierung völlig unterentwickelt geblieben sind. Die demokratischen Systeme haben Defizite, die sich nicht leicht beseitigen lassen. Die Wahlperioden zu verlängern würde einen Abbau an Demokratie bedeuten. Die starke Zunahme der plebiszitären Elemente wie Volksabstimmungen dagegen würde die Politik noch kurzatmiger machen.

Das macht für demokratische Staaten die Aufgabe noch

wichtiger, sich vor der eigenen Neigung zur Kurzfristigkeit zu schützen. Die Verankerung der »Schuldenbremse« im deutschen Grundgesetz ist exemplarisch dafür, wie das gelingen kann – sie kann weltweit beispielgebend dafür werden, wie künftige Finanzkrisen zu verhindern sind.

Die Antwort auf die großen Umbrüche kann nicht sein, dass der Westen das politische System Pekings übernimmt. Denn langfristiges Denken alleine reicht nicht, auch das zeigt China. Die Richtung muss ebenfalls stimmen. Und darüber bedarf es sehr wohl eines freien gesellschaftlichen Dialogs, bei dem gravierende Fehlentwicklungen korrigiert werden können. Deshalb hat der Westen durchaus Anlass zu Selbstbewusstsein, dass er trotz seines schwindenden geopolitischen Gewichts die Entwicklung der Menschheit langfristig maßgeblich mitgestalten kann.

Ohne eine wachsende Kraft zur Kooperation, zur Erneuerung und zur Langfristigkeit droht der Menschheit ein wahrhaft gefährliches Jahrhundert, in dem vor allem erfahrbar werden wird, wie verletzlich die moderne Zivilisation ist. Die wenigen Schlaglichter dieses Kapitels zeigen aber, dass Politik, Wirtschaft und Bürger umsteuern können, um Konflikten und Kriegen rechtzeitig vorzubeugen. Es mag Grenzen des Wachstums geben – aber es gibt keine Grenzen des menschlichen Lernens und der kulturellen Evolution.

Die vergangenen Jahre haben indes gezeigt, wie leicht fast die gesamte Weltöffentlichkeit einen Tunnelblick bekommen kann und nur eine Gefahr – die des islamistischen Terrors – wahrnimmt, während sich zeitgleich wenig beachtete neue, gewaltige Risiken aufbauen. Deshalb kann das Eingeständnis von Admiral Dennis Blair, dem damaligen Direktor der Nationalen Nachrichtendienste der USA, gar nicht hoch genug eingeschätzt werden, als er im Februar 2009 sagte, dass die größte Bedrohung für die USA die globale Finanzkrise sei.[7] In ähnlicher Weise könnten in zehn, zwanzig oder fünfzig Jahren bei Anhörungen in Washington, Berlin, Neu-Delhi, Peking oder Tokio die Chefs der Geheim- und Nachrichtendienste eingestehen müssen, dass sie erneut kolossale Risiken übersehen haben, zum Schaden ihrer Nationen und der gesamten Menschheit.

Als der frühere US-Verteidigungsminister Donald Rumsfeld im Februar 2002 auf die Frage von möglichen Atomwaffen im Irak angesprochen wurde, antwortete er mit folgender Passage, die später im Feuilleton der *Frankfurter Allgemeinen Zeitung* in Gedichtform abgedruckt wurde:

»There are known knowns. There are things we know we know. We also know there are known unkowns. That is to say we know there are some things we do not know. But there are also the unknown unknowns – the one we don't know we don't know.«

Interessant ist, dass Rumsfeld einen wichtigen Punkt vergaß: Es gibt auch die »unknown knowns« – jene Dinge, die wir wissen könnten, die aber ignoriert werden, weil sie in den aktuellen politischen und wirtschaftlichen und gesellschaftlichen Umständen als unangenehm, unprofitabel oder unpopulär erscheinen. Diese »unknown knowns« können aber viel folgenreicher sein als die »known knowns« und die »unknown unknowns«, von denen Regierungen besessen sind.

Negative Entwicklungen rechtzeitig zu erkennen und zu handeln, bevor sie sich zu Krisen, Konflikten oder irreversiblen Verschlechterungen der Lebensbedingungen auf der Erde auswachsen, ist eine der wichtigsten Aufgaben von Politik und Gesellschaft. Trotz zahlreicher negativer Entwicklungen, die unsere geteilte Wirklichkeit den elf Szenarien dieses Buchs auf beunruhigende Weise näher bringen, bleibt eine positive Grundhaltung möglich: Unsere Szenarien – und die vielen anderen Konfliktszenarien, die heute denkbar und plausibel sind – können allesamt vermieden werden. Die Zukunft im 21. Jahrhundert ist gestaltbar.

ANHANG

ANMERKUNG DER AUTOREN

Beide Autoren geben ausschließlich ihre persönlichen Meinungen wieder. Die Kernarbeiten an dem Buch wurden Ende 2011 beendet. Die Aktualisierung für die Taschenbuchausgabe endete im Juli 2015.

ANMERKUNGEN

I. DIE UNTERSCHÄTZTEN GEFAHREN

1. Neue Kriegsformen

1 Mary Kaldor: *New and old wars. Organized violence in a global era*, Cambridge, Polity Press, Cambridge 2006, 2. Auflage, S. 7; auch Mark Duffield spricht in seinem Buch *Global governance and the new wars* (Zed Books, London 2001) von »neuen Kriegen« (um nur zwei der vielen Publikationen zu nennen, die sich mit den neuen Phänomenen beschäftigen), untersucht dann aber doch die eher klassischeren Formen von Gewaltanwendung.

2 Ebd., S. 193.

3 Das EUISS hatte das European Strategy and Policy Analysis System (ESPAS) mit der Studie »Global Trends 2030. Citizens in an Interconnected and Polycentric World« beauftragt. Im Oktober 2011 legte das ESPAS intern die »Executive Summary« vor, Brüssel, Oktober 2011, S. 8.

2. Offene Zukunft

1 Untersucht hat dieses Phänomen etwa Philip Tetlock, der die Aussagekraft von Expertenmeinungen überprüft hat. Über einen Zeitraum von zehn Jahren fragte er die Prognosefähigkeit von Experten ab und verglich sie mit der von Zufallsprobanden. Das Ergebnis war niederschmetternd für die Experten. Der Grund liegt für Tetlock darin, dass sich Experten besonders intensiv mit Daten aus Vergangenheit und Gegenwart beschäftigen – und von ihnen ausgehend Aussagen treffen. Das lässt sie weniger offen für die Annahme unerwarteter Entwicklun-

gen werden. Siehe Philip Tetlock: *Expert political judgement*, Princeton 2005; auch Eli Pariser (*The filter bubble*, New York 2011) verweist auf ihn (S. 87).

2 Besonders frappierend waren im Sommer 2011 die Artikel von *FAZ*-Herausgeber Frank Schirrmacher und dem Schriftsteller Botho Strauß, die letztlich beklagten, dass ihnen die Welt seit der Finanzkrise zu komplex ist und ihre alte Weltsicht nicht mehr mit der Realität übereinstimmt; siehe Frank Schirrmacher: »Ich beginne zu glauben, dass die Linke recht hat«, in: *FAS*, 14. August 2011; Botho Strauß: »Klärt uns endlich auf«, in: *FAZ*, 23. August 2011.

3 Das Bild des »Schwarzen Schwans« soll das Unvorhergesehene und das Restrisiko beschreiben: Wir gehen davon aus, dass Schwäne weiß sind – bis wir zum ersten Mal einen schwarzen Schwan sehen bzw. davon hören; siehe Nassim Nicholas Taleb: *The Black Swan*, Penguin Books, ergänzte Auflage, London 2010. Sehr gut dazu auch Stormy-Annika Mildner/Claudia Schmucker: »Schwarze Schwäne in der Weltwirtschaft«, in: *Internationale Politik*, September/Oktober 2010, S. 74–85.

4 George Friedman: *The next 100 years*, Anchor Books, New York 2010, S. 205.

5 Das neue Denken lässt sich gut in dem Bericht des Deputy Director of National Intelligence vom 22. Januar 2009 nachlesen: »Alternative Futures the Intelligence Community could face«, in: *Quadrennial Intelligence Community Review:* »Scenarios«.

6 U.S. Government, Office of the Director of National Intelligence, *Quadrennial Intelligence Community Review:* »Scenarios«, January 2009.

7 Ministry of Defence (UK): »Future Character of Conflict. Strategic Trends Programs«, 2. Februar 2010, http://www.mod.uk/DefenceInternet/MicroSite/DCDC/OurPublications/Concepts/

8 Homepage der Firma unter https://www.recordedfuture.com; Artikel in *Wired*, 28. Juli 2010; *Wall Street Journal Online*, 3. Mai 2010; auch Pariser (*The filter bubble*) erwähnt das Unternehmen (S. 146); das Reuters-Insider-Interview mit Firmengründer Christopher Ahlberg auf http://reut.rs/1MjFpQO5

3. Die Stressfaktoren von morgen

1 Details über die im Mai 2011 vorgestellten Berichte des UN Population Prospect 2010, der bis 2100 reicht: http://esa.un.org/unpd/wpp/index.htm; Gute Quellen sind auch das Berlin-Institut für Bevölkerung und Entwicklung, http://www.berlin-institut.org, und die Stiftung Weltbevölkerung, http://www.weltbevoelkerung.de; Im Juni 2013 kam eine

UN-Studie sogar zu dem Schluss, dass wegen langsamer sinkender Fertilitätsraten in Afrika bis 2100 eine Bevölkerung von elf Milliarden Menschen erreicht sein kann, http://e360.yale.edu/digest/un_wordl_population_could_reach-11_billion_by 2100/3868/

2 Siehe auch David Bloom, Professor für Wirtschaft und Demographie an der Harvard School of Public Health, 17. August 2011, Project Syndicate 2011.

3 Jüngst hat etwa die in China lebende Wissenschaftsjournalistin Mara Hvistendahl das Phänomen untersucht. Sie zitiert auch den Männerüberhang von 160 Millionen in Asien in: »Unnatural Selection«, in: *Public Affairs*, Juni 2011, S. 165. Sehr faktenreich ist auch das Buch von Valerie M. Hudson/Andrea M. den Boer: *Bare branches. The security implications of Asia's surplus male population*, MIT Press, 2005. Einen faszinierenden Roman über das Thema hat Amin Maalouf mit *The first century after Beatrice* geschrieben (George Braziller, 1995).

4 Eher kurios wirkt der UN-Bericht über die Weltbevölkerungsentwicklung bis 2300. Dabei gehen die Bevölkerungsexperten davon aus, dass dann das durchschnittliche Alter der Menschen bei 48 Jahren liegen wird. UN Population Division, Department of Economic and Social Affairs: *The world population in 2300*, New York 2004, http://www.un.org/esa/population/publications/longrange2/WorldPop2300final.pdf

5 Eli Pariser: *The filter bubble*, New York 2011.

6 Siehe Christian Schwägerl: *Menschenzeit – Zerstören oder gestalten. Die entscheidende Epoche unseres Planeten*, Riemann Verlag, München 2010 und Christian Schwägerl: *Die analoge Revolution*, Riemann Verlag, München 2014

7 Christian Nelleman/Anne-Cécile Vialle: »Protecting the Environment and Natural Resources in Conflict Areas«, UNEP o. J.

8 J. Kitzes et al.: »Shrink and share: humanity's present and future ecological footprint«, in: *Philosophical Transactions of the Royal Society of London*, B, Vol. 363, Bd. 1491 (2008), S. 467–475.

9 Jackie Calmes: »Obama's trip emphasizes roles of pacific rim«, in: *New York Times*, 18. November 2011.

10 Das Pentagon hat im Jahr 2011 etwa eine ausführliche Studie zu den chinesischen Rüstungsanstrengungen vorgelegt: Office of the Secretary of Defense: *Military and Security Developments involving the People's Republic of China*, 2010.

11 Die im Mai 2011 vorgestellte Studie von Deloitte ist zu finden unter http://www.deloitte.com/us/globalwealth

12 Deputy of the Director of National Intelligence for Policy, Plans and Re-

quirements: »Scenarios. Alternative Futures the IC [Intelligence Community] Could Face«, in: *Quadrennial Intelligence Community Review* (QICR), Office of the Director of National Intelligence, Januar 2009.

13 *QICR*, S. 13–15; Duffield beschreibt in *Global governance and the new wars*, dass der staatlich akzeptierte Auftritt privater Akteure in Sicherheits- und Militärangelegenheiten bis in die 1980er-Jahre zurückreicht. Auch er teilt die These, dass Regierungen diese Auslagerung von Verantwortung vor allem aus Kostengründen, aber auch deshalb vorantreiben, um in rechtlichen Graubereichen agieren zu können, S. 62–71.

14 Daniel Suarez: »Wir werden mit System erobert«, in: *FAS*, 30. April 2011.

15 Siehe »Milliardenübernahme in der Sicherheitsbranche«, in: *FAZ*, 18. Oktober 2011.

16 »Internet-Konflikte können sich in einer neuen Ära internationalen Verhaltens abspielen, die irgendwo zwischen Diplomatie und Militäraktionen liegt«, schreibt etwa Christopher Bronk, der ein Szenario eines Cyber-Krieges in Asien entwirft, in: »Strategic Studies Quarterly«, Frühjahr 2011, S. 3 ff.; siehe auch Till Fähnders: »Übermäßig selbstbewusst. Chinas Verhalten im Südchinesischen Meer schweißt die Nachbarn zusammen«, in: *FAZ*, 8. Juli 2011.

17 Siehe »Frying tonight«, ein guter Überblickartikel über die verschiedenen Wege bei der Entwicklung elektromagnetischer Waffen in den USA, in: *The Economist*, 15. Oktober 2011.

18 George Friedman: *The next 100 years*, a. a. O., S. 15 ff.

19 Ebd., S. 215.

4. Szenarien ohne Verharmlosung und Panikmache

1 Siehe auch Barbara Lippert/Volker Perthes: *Ungeplant ist der Normalfall. Zehn Situationen, die politische Aufmerksamkeit verdienen.* SWP-Studien, Berlin 2011.

2 Interessante Zukunftsszenarien bieten z. B. auch: Gwynne Dyer: *Schlachtfeld Erde. Klimakriege im 21. Jahrhundert*, Klett-Cotta, Stuttgart 2010; Michio Kaku: *Physics of the futures. How science will shape human destiny and our daily lives by the year 2100*, Doubleday, New York 2011; Laurence C. Smith: *Die Welt im Jahr 2050. Die Zukunft unserer Zivilisation*, DVA, München 2011; Curt Stager: *Deep future. The next 100 000 years of life on earth*, St. Martin's Press, New York 2011; Harald Welzer: *Klimakriege. Wofür im 21. Jahrhundert getötet wird*, S. Fischer, Frankfurt/Main 2009; Jan Zalasiewicz:,*The earth after us. What legacy will humans leave in the rocks?*, Oxford University Press, Oxford 2008;

Arthur Bremer: *Die Welt in hundert Jahren,* Nachdruck der Erstveröffentlichung von 1910, Georg Olms Verlag, Hildesheim 2010.

3 Eckard Minx/Ewald Böhlke: »Denken in alternativen Zukünften«, in: *Internationale Politik,* 12/2006.
4 Die Studie ist vertraulich; für die ausführlichste Darstellung siehe bei Andreas Rinke: »Die Metamorphose der Geopolitik«, in: *Internationale Politik,* 6/2009, S. 38–44.
5 Barbara Lippert/Volker Perthes: *Ungeplant ist der Normalfall...,* SWP-Studien, Berlin 2011. Unter anderem kreisen die zehn Szenarien um einen Umsturz in Saudi-Arabien, der die Ölversorgung lahmlegt, den Sieg der Islamisten in nordafrikanischen Ländern, eine Eskalation in Nordkorea, aufkommenden Nationalismus und einen Konflikt zwischen der Türkei und der EU; siehe auch eine ausführliche Darstellung der Studien auf einer Doppelseite der *Süddeutschen Zeitung* am 19. November 2011.

5. Lösungen statt Apokalypse

1 Beispiele düsterer Prognosen: Harald Welzer: *Klimakriege. Wofür im 21. Jahrhundert getötet wird,* S. Fischer, Frankfurt 2009; Gwynne Dyer: *Schlachtfeld Erde. Klimakriege im 21. Jahrhundert,* Klett-Cotta, Stuttgart 2010; Joel Achenbach: »The Century of Disasters«, in: *Slate,* 13. Mai 2011.
2 Der *Economist* hat dieses Beispiel des Pferdedungs bereits in »Goofs: We woz wrong«, einem Stück über falsche Prognosen des 20. Jahrhunderts, beschrieben, Ausgabe 18. Dezember 1999.

II. ELF SZENARIEN AUS DER ZUKUNFT

1. Klimawandel – Der Kühlkrieg

1 Für ein Video des Auftritts siehe: http://www.unmultimedia.org/tv/webcast/2011/07/achim-steiner-unep-security-council-meeting-part-1.html
2 B.C. Upreti: *Politics of Himalayan River Waters,* Nirala Publications, New Delhi 1993; und S.S. Negi: *Himalayan Rivers, Lakes and Glaciers,* Indus Publishing Company, New Delhi 1991.
3 »IPCC statement on the melting of Himalayan glaciers«, Genf, 20. Januar 2010.

4 Indian Ministry of Environment and Forests and Department of Space, Snow and Glaciers of the Himalayas: »Inventory and Monitoring«, Discussion Paper II, New Delhi 2011.

5 A. V. Kulkarni et al.: »Glacial Retreat in Himalaya Using Indian Remote Sensing Satellite Data«, in: *Current Science* 92 (1), S. 1–10, 2007.

6 Jane Qiu: »Measuring the meltdown«, in: *Nature*, 11. November 2010.

7 Orville Schell: »The Message from the Glaciers«, in: *The New York Review of Books*, 27. Mai 2010.

8 Siehe auch Yafeng Shi et al.: »The glacier inventory of China«, in: *Annals of Glaciology*, Bd. 50, Nr. 53, 2009.

9 »IPCC Assessment Reports 1990, 1995, 2001«, Genf; und »IPCC Fourth Assessment Report: Climate Change«, Genf 2007.

10 Wissenschaftlicher Beirat der Bundesregierung: *Globale Umweltveränderungen, Sicherheitsrisiko Klimawandel*, Berlin 2007.

11 Siehe u. a. William L. Hare et al.: *Regional Environmental Change: Climate hotspots: key vulnerable regions, climate change and limits to warning*, Bd. 11, Suppl. 1, März 2011.

12 Walter W. Immerzeel et al.: »Climate change will affect the Asian water towers«, in: *Science*, Bd. 328, 11. Juni 2010.

13 Mats Eriksson: *The changing Himalayas – Impact of climate change on water resources and livelihoods in the Greater Himalayas*. International Centre for Integrated Mountain Development, 2009.

14 Junko Mochizuki/Zhong Xiang Zhang: *Environmental Security and its Implications for China's Foreign Relations*. Fondazione Eni Enrico Mattei, Paper 580, 2011; siehe auch: »The Day China Runs Dry«, in: *The Economic Observer*, 29. Februar 2008, Online-Veröffentlichung: http://www.eeo.com.cn/ens/2008/0229/92990.shtml

15 Population Division of the United Nations Department of Economic and Social Affairs of the United Nations Secretariat: *World Population Prospects – The 2010 Revision*, New York 2010.

16 FAO: *The Global Map of Irrigation Areas*, 2010.

17 Walter Immerzeel et al.: »Climate change will affect the Asian Water Towers«, in: *Science*, Bd. 328, 11. Juni 2010.

18 Gute Überblicke über Wasserkonflikte liefern u. a. Peter H. Gleick: »Global Freshwater Resources: Soft-Path Solutions for the 21st Century«, in: *Science*, 24. Juli 2011; Kamaljit S. Bawa et al.: »China, India, and the Environment«, in: *Science*, Bd. 327, 19. März 2010; UNESCO: *The United Nations World Water Development Report 3, Water in a Changing World*, 2009; Strategic Foresight Group: *Experts Call for Himalayan Sub-Regional Cooperation to Promote Water Security and Peace in Asia, International Workshop on Challenges of Water Stress*

and Climate Change in the Himalayan River Basins, Collaborative Dialogue Process, Kathmandu, August 2009; Aaron T. Wolf: *A Long Term View of Water and Security: International Waters, National Issues, and Regional Tensions* (externe Expertise für das WBGU-Hauptgutachten »Welt im Wandel: Sicherheitsrisiko Klimawandel«), Berlin 2007; International Rivers (Shripad Dharmadhikary): *Mountains of Concrete: Dam Building in the Himalayas*, Berkeley 2008.

19 Ewan W. Anderson: *International Boundaries – a Geopolitical Atlas*, The Stationary Office, London 2003.

20 Für einen Ausschnitt der Debatte siehe: http://www.youtube.com/watch?v=jhx6NxKe8RE

21 Siehe dazu FAO Global Information and Early Warning System on Food and Agriculture: »Special Alert«, Nr. 330, 8. Februar 2011; »Chinese farmers fighting severe drought«, Presseagentur Xinhua, 10. Februar 2011; Zhang Ke: »Diversion debate«, in: *China Dialogue*, 13. Juni 2011, siehe: http://bit.ly/1KfxdRs

22 Siehe zu National Oceanic and Atmospheric Administration, Global Monitoring Division: http://www.esrl.noaa.gov/gmd/ccgg/trends/#mlo_data; International Energy Agency: *Prospect of limiting the global increase in temperature to 2°C is getting bleaker*, 30. Mai 2011, Online-Veröffentlichung: http://www.iea.org/index_info.asp?id=1959; für eine graphische Darstellung der Schwellenwerte und Emissionen siehe das Projekt der Oxford University unter http://trillionthtonne.org; Malte Meinshausen et al.: »Warming caused by cumulative carbon emissions towards the trillionth tonne«, in: *Nature*, Bd. 458, 2009, S. 1163–1166.

23 Einen guten Überblick über die Kontroverse liefern u. a.: R. S. Lampitt et al.: »Ocean fertilization – a potential means of geoengineering?, in: *Philosophical Transactions of the Royal Society A*, Bd. 366, S. 3919–3945; Paul J. Crutzen: »Albedo enhancement by stratospheric sulfur injections: A contribution to resolve a policy dilemma?«, in: *Climate Change*, Band 77, 2006, S. 211–220; Philip J. Rasch/Paul J. Crutzen/Danielle B. Coleman: »Exploring the geoengineering of climate using stratospheric sulfate aerosols: The role of particle size«, in: *Geophysical Research Letters*, Bd. 35, 2008; Umweltbundesamt: *Geo-Engineering – wirksamer Klimaschutz oder Größenwahn*, Dessau, April 2011; Susan Solomon: »The Persistently Variable ›Background‹ Stratospheric Aerosol Layer and Global Climate Change«, in: *Science*, 12. August 2011; P. Rasch et al.: »An overview of geoengineering of climate using stratospheric sulphate aerosols«, in: *Philosophical Transactions of the Royal Society A*, Bd. 366, S. 4007–4037; J. J. Blackstone/J. Long: »The politics of geoengineering«, in: *Science*, 29. Januar 2011; John T. Ackerman: »Climate Change, Na-

tional Security, and the Quadrennial Defence Review«, in: *Strategic Studies Quarterly*, Frühjahr 2008; James Fleming: »The Climate Engineers«, in: *The Wilson Quarterly*, Frühjahr 2007; M. Hulme: *Why we disagree about climate change: understanding controversy, inaction and opportunity*, Cambridge University Press, Cambridge 2009; David G. Victor et al.: »The Geoengineering Option, A Last Resort Against Global Warming?«, in: *Foreign Affairs*, März/April 2009; A. Corner/N. Pidgeon: »Geoengineering the climate: the social and ethical implications«, in: *Environment*, Bd. 52, S. 24–37, 2010.

24 D. Johnston zitiert nach dem hervorragenden Buch von Eli Kintisch: *Hack the Planet*, Wiley 2010; siehe auch Governing Geoengineering Research: *A Political and Technical Vulnerability Analysis of Potential Near-Term Options*, RAND/TR-846-RC, 2011.

25 Gregor Betz et al.: *Gezielte Eingriffe in das Klima? Eine Bestandsaufnahme der Debatte zu Climate Engineering*, Studie im Auftrag des Bundesministeriums für Bildung und Forschung, 2011.

2. Demographie – Pancho Villas Rache

1 Angaben des US-Regierung Anfang Juni 2011, unter: www.quickfacts. census.gov/qfd/states/06000.html; eine sehr gute Quelle für Zahlenmaterial über die Hispanics in den USA ist zudem die Webseite des Pew Hispanic Center: http://pewhispanic.org

2 Die Zahlen stammen vom U.S. Census Office, zu finden und visualisiert auf der Homepage der *New York Times*: http://projects.nytimes.com/census/2010/map?hp

3 Das Pew Research Center stellte bei einer im Juli 2011 veröffentlichten Untersuchung fest, dass die Wirtschaftskrise die hispanische Bevölkerung in den USA am stärksten getroffen hat. Das durchschnittliche Vermögen pro Haushalt sank auf das Niveau von 1984. Weiße US-Haushalte hatten danach im Durchschnitt ein 18-fach höheres Vermögen als Hispanic-Haushalte. Paul Taylor/Richard Fry/Rakesh Kochhar: *Wealth gaps rise to record highs between whites, blacks, hispanics*, 26. Juli 2011, http://pewhispanic.org/reports/report.php?ReportID=145; siehe dazu auch den Artikel von Sabrina Tavernise, in: *New York Times*, 26. Juli 2011.

4 Der 254-seitige Studie wurde von dem vom Pew Charitable Trust finanzierten Economic Mobility Project am 25. Mai 2007 vorgelegt: *Is the American dream alive and well?*, http://bit.ly/1gJtMWt

5 Public Policy Institute of California: *California's future population*, September 2008, Aktualisierung für 2015 zu finden unter http://www.ppic.org/main/publication.asp?i=900

6 Die kalifornische Regierung legte diese Vorausschau der ethnischen Aufschlüsselung der künftigen Bevölkerung für alle Counties des Bundesstaates in Zehnjahresschritten bis 2050 bereits 2007 vor, http://www.dof.ca.gov/research/demographic/reports/projections/p-1/; vgl. auch Jeffrey Passel/D'Vera Cohn: *Mexican Immigrants: How many come? How many leave?*, 22. Juli 2009, http://pewhispanic.org/reports/report.php? ReportID=112

7 Siehe dazu Graphik des US-Census, http://www.census.gov/geo/www/cenpop/medianctr.pdf

8 Hans Johnson/Laura Hill: *Illegal Immigration*, Public Policy Institute of California, Juli 2011, http://www.ppic.org/content/pubs/atissue/AI_711HJAI.pdf

9 Einschätzung der US-Regierung aus dem Jahr 2007, zitiert nach dem Amnesty-Bericht über die Lage der Immigranten in den USA, 2011, http://www.amnestyusa.org/pdfs/JailedWithoutJustice.pdf

10 Auch eine Pew-Studie stellt fest, dass die Vorbehalte gegenüber einem Anwachsen der hispanischen Bevölkerung mehr als doppelt so hoch sind wie gegenüber asiatischen Einwanderern. Allerdings überwiegt in der Befragung gegenüber beiden Gruppen noch eine positive Einstellung. *The Generation Gap and the 2012 Election*, 3. November 2011, http://www.people-press.org/2011/11/03/section-4-views-of-the-nation/

11 Artikel von Kyle Daly, GAO: »US-Mexico border remains porous«, in: *New Mexico Independant*, 18. Februar 2011.

12 Reuters-Meldung aus Phoenix/Arizona vom 15. Februar 2011; der vollständige Text des GAO-Berichts vom 15. Februar 2011 steht unter http://www.gao.gov/new.items/d11374t.pdf

13 Pew Hispanic Center, Pew Research Center: *The Mexican-American Boom: Births Overtake Immigration*, http://www.pewhispanic.org, 14. Juli 2011; elf Seiten mit Zahlenmaterial.

14 Erwähnt in Volker Depkat: *Geschichte Amerikas*, S. 168 ff. Depkat glaubt aber nicht an eine solche Entwicklung, weil es eine starke asiatische Einwanderung in Kalifornien und keine gemeinsame »Chicano«-Identität der aus lateinamerikanischen Ländern eingewanderten Menschen gebe.

15 Siehe dazu auch Marianne Braig: »Hinterhof der USA? Eine Beziehungsgeschichte«, in: *Aus Politik und Zeitgeschichte*, 61. Jg., Heft 40–42/2011, 4. Oktober 2011, S. 36–42.

16 Joseph Nye: *Macht im 21. Jahrhundert*, München 2011. Nye glaubt weiter daran, dass Kommunikationsmittel und Marktkräfte dafür sorgen, dass Einwanderer sich assimilieren. Allerdings beschreibt auch Nye die

seit 2009 in den USA wachsende Stimmung gegen eine weitere Einwanderung. Immerhin 50 Prozent der Amerikaner plädierten für eine Begrenzung, 2008 waren es noch 38 Prozent gewesen, siehe hierzu S. 276.

17 Samuel Huntington: »The Hispanic Challenge«, in: *Foreign Policy*, März/April 2004.

18 Zu einer sehr düsteren Bilanz kommt auch das Sonderheft »Mexiko«, von *Aus Politik und Zeitgeschichte*, 61. Jg., Heft 40-42/2011, 4. Oktober 2011, darin etwa Fran Smets: »Schlaglichter aus einem Land ohne klare Richtung«, oder Karl-Dieter Hoffmann: »Calderons gescheiterter Feldzug gegen die Drogenkartelle«.

19 Bereits heute denken führende US-Politiker darüber nach, das US-Militär im Nachbarstaat einzusetzen. So schlug dies der republikanische Gouverneur von Texas, Rick Perry, im aufziehenden Präsidentschaftswahlkampf vor. Am 1. Oktober 2011 sagte er bei einem Auftritt in New Hampshire, sollte er zum US-Präsidenten gewählt werden, würde er daran denken, US-Truppen gegen Drogenkartelle in Mexiko einzusetzen – natürlich »nach Absprache« mit der mexikanischen Regierung; siehe Artikel von Rich Oppel: »Perry open to military intervention in Mexico's drug war«, in: *New York Times*, 1. Oktober 2011; Oppel macht auch deutlich, dass Mexiko dies angesichts der Landverluste im 19. Jahrhundert niemals akzeptieren würde. Zudem zitiert er, dass US-Aufklärungsdrohnen bereits über mexikanischem Gebiet aktiv seien, der stellvertretende Verteidigungsminister William Burns aber betone, dass es dabei nicht um Operationen ginge. Dafür sei allein das mexikanische Militär zuständig.

20 Einen erschütternden Bericht, der dieses angstvolle Schweigen der Medien bereits im Jahr 2011 beschreibt, liefert Claas Relotius mit »Schweigen oder Tod«, in: *FAS*, 30. Oktober 2011.

21 Die *Zeit*-Autorin Alexandra Endres zitiert den Drogenexperten Karl-Dieter Hoffmann von der Katholischen Universität Eichstätt mit dem Satz: »Wenn die Drogendollars nach dem Waschen in diverse Sektoren der Ökonomie fließen, bedeutet das natürlich mehr Wachstum«, siehe »Wirtschaftsboom im Drogenstaat«, in: *Die Zeit*, 30. Mai 2011.

22 Wie sehr die Figur Pancho Villa schon im 20. Jahrhundert propagandistisch ausgeschlachtet wurde, zeigt die Tatsache, dass sich der berüchtigte kolumbianische Drogenboss Pablo Escobar mit Sombrero und Patronengurt als Pancho Villa fotografieren ließ.

23 Der Korruptionsexperte Edgardo Buscaglia, der am Instituto Tecnológico Autónomo de México lehrt, geht davon aus, dass die Drogenkartelle bereits heute in Mexiko den Kurs vorgeben und sich die politische

Elite in Mexiko-City bewusst nicht einmischt; Interview in der *Zeit*,
17. März 2011.

3. Rohstoffe – Beuteland Australien

1 Ein Beispiel dafür ist der Mitte Oktober 2011 beim Besuch der Bundeskanzlerin geschlossene Vertrag der mongolischen staatlichen Minengesellschaft Erdenes mit dem deutsch-australischen Konsortium aus BBM-
Operta-Gruppe/MacMohan. Das Joint Venture erhielt den milliardenschweren Auftrag, den Ostteil des riesigen Kohlevorkommens Tavan
Tolgoi abzubauen. Die Lieferverträge sahen dann aber einen Verkauf
nach China und Südkorea vor.

2 Christoph Hein nennt diese Zahlen: »Die Rohstoffkonzerne verdrängen
die Angst vor einer Abkühlung«, in: *FAZ*, 7. Oktober 2011.

3 Sehr gute Übersichten liefern die *Commodity Top News* (CTN) der Bundesanstalt für Geowissenschaften und Rohstoffe (BGR), etwa Harald
Elsner: »Kritische Versorgungslage mit schweren Seltenen Erden«, in:
CTN, Nr. 36, Hannover 2011; Maren Liedtke/Harald Elsner: »Seltene Erden«, in: *CTN*, Nr. 31, Hannover 2009.

4 Der U.S. Geological Survey, *Mineral Commodity Summaries*, Januar
2011, schätzt, dass Australien über rund 1,5 Prozent der weltweiten Vorkommen verfügt. Die BGR dagegen beziffert die »sicheren und wahrscheinlichen« Vorkommen Australiens auf sechs Prozent, damit stünde
das Land nach China, den GUS-Staaten und den USA an vierter Stelle;
in: *CTN*, Nr. 31, Hannover 2009.

5 »Australien sichert Japan Seltene Erden zu«, in: *FAZ*, 25. November 2011.

6 Mitteilung des Australian Bureau of Statistics vom 16. Juni 2011.

7 Zitiert nach Mark Besson/Mills Soko/Wang Yong: *Resource politics and
diplomacy beyond the European Union: China, Australia and South
Africa*, Brüssel 2011.

8 Anschaulich beschreibt Frank Schieren, wie groß der Druck und die
Entschlossenheit der chinesischen Regierung ist, den Hunger nach
energetischen und nicht-energetischen Rohstoffen zu stillen: *Der Chi-
naschock*, Ullstein 2010; siehe auch Schieren, in: Jürgen Petermann
(Hg.): *Sichere Energie im 21. Jahrhundert*, Hoffmann & Campe 2006,
S. 75–85; erstaunlicherweise lässt er Australien dabei weitgehend außen
vor, obwohl die chinesischen Investitionen dort erheblich sind.

9 Reuters-Interview mit Rudd von Andreas Rinke, 14. April 2011.

10 Ted Fishman: *China Inc.*, Scribner, New York 2005, S. 151.

11 KPMG/The University of Sydney (China Studies Centre): *Australia &
China, Future Partnerships 2011*, http://www.kpmg.com/AU/en/Issues-

AndInsights/ArticlesPublications/Pages/australia-china-future-part-nerships-2011.aspx

12 Zitiert nach *The China Post*, 13. August 2011.

13 Die Berichte der US-Botschaft, die von WikiLeaks veröffentlicht wur-den, wurden von etlichen Medien weltweit aufgegriffen, beispielsweise von Reuters am 3. März 2011.

14 Besson/Soko/Yong erwähnen, dass diese verhinderten Einstiege in aus-ländische Firmen in der innerchinesischen Debatte nationalistischere Töne ausgelöst haben, siehe hier S. 7.

15 Siehe Artikel von Barbara Bierach: »Auf der Jagd nach Seltenen Erden«, in: *Welt am Sonntag*, 2. Oktober 2011.

16 Der BBC-Journalist Stephan Sackur beschreibt den Fall in »Australia leases out mineral-rich land as China's hunger for resources grows«, in: *The Guardian*, 12. April 2011; gleichzeitig entstand eine BBC-Produk-tion in der Serie *HARDtalk* über Chinas Erschließung des australischen Nordwestens.

17 Zitiert in Andrew Burrell: »China and Westaustralia bypass Canberra with historic trade deal«, in: *The Australian*, 17. September 2011.

18 Zitiert in Andrew Burnell: »Western Australia shuns Canberra, eyes China«, in: *The Australian*, 28. Mai 2011.

19 http://www.techmetalsresearch.com/, auch in Harald Elsner: »Kriti-sche Versorgungslage mit schweren Seltenen Erden«, in: *Commodity Top News*, Nr. 36, BGR, Hannover 2011. Elsner rechnet damit, dass die Nachfrage etwa nach den für »Grüne Technologien« wichtigen Euro-pium und Dysprosium bis 2015 das Angebot überschreiten wird. Es sei also absehbar, dass sich nur jene Unternehmen große Marktchancen ausrechnen könnten, die sich die Versorgung mit Seltenen Erden ge-sichert hätten.

20 Clancy Yeates: »If China sneezes, we'll catch more than a cold«, in: *The Sydney Morning Herald*, 2. Mai 2011.

21 Siehe Homepage der Universität Melbourne oder http://bit.ly/1fhw9i8

22 Dies gilt auch für ein Interview von Andreas Rinke mit dem australi-schen Außenminister Kevin Rudd, der einen »offenen und direkten« Umgang mit China forderte, Reuters, 14. April 2011.

23 Christian Wernicke: »Wende nach Westen«, in: *Süddeutsche Zeitung*, 18. November 2011.

24 Klaus-Dieter Frankenberger: »Die Rivalen«, in: *FAZ*, 21. November 2011.

25 Jochen Buchsteiner: »Hurra, oje, Amerika ist da«, in: *FAZ*, 21. Novem-ber 2011.

26 Zitiert nach Chris Buckley: »China's carrier will add to Asia tensions but no threat yet«, in: *Reuters-Bericht*, 28. Juni 2011.

27 Erstmals erwähnt in Department of Defence, Annual Report to the Congress: *Military and security developments involving the People's republic of China*, 2011, S. 60.; der Prozess wird aber noch deutlicher in dem Bericht von 2013 beschrieben.

28 Australisches Verteidigungsministerium: *Defending Australia in the Asia Pacific Century Force 2030*, Canberra 2009, http://www.defence. gov.au/whitepaper/docs/defence_white_paper_2009.pdf

29 Valerie Hudson und Andrea den Broer beschreiben das Problem sehr nachdrücklich in *Bare Branches*, Cambridge 2004. Sie weisen auch auf die Versuche der Regierung hin, den Druck durch Kampagnen wie »Go West, young Han« zu lösen, siehe hier S. 244. Auch Optionen einer Auswanderung oder einer verstärkten Aufnahme in die Armee werden diskutiert. Beide Autorinnen verweisen ebenso wie Mara Hvistendahl: *Unnatural Selection*, New York 2011, darauf, dass das Niveau von Aggression und Kriminalität unter den alleinstehenden jungen Männern wesentlich höher sei.

4. Pandemie – Fluch des Wissens

1 Ende 2011 wurden wir davon überrascht, dass der amerikanische Regisseur Steven Soderbergh ein ähnliches Szenario mit *Contagion* verfilmt hat. Selten war ein Hollywood-Schocker so nahe an dem, was in der Realität möglich ist. Allerdings fehlten die politischen und möglichen kriegerischen Implikationen weitgehend.

2 Daten der Weltgesundheitsorganisation WHO.

3 M. Barber: »Staphylococcal infections due to penicillin-resistant strains«, in: *British Medical Journal*, 1947.

4 K. Hiramatsu: »Dissemination in Japanese hospitals of strains of Staphylococcus aureus heterogeneously resistant to vancomycin«, in: *Lancet*, 6. Dezember 1997.

5 Interagency Task Force on Antimicrobial Resistance, U.S. Government Agencies: *A public health action plan to combat antimicrobial resistance*, Washington, D.C., 2009.

6 WHO-Regionalkomitee für Europa: *61. Tagung*, EUR/RC61/Conf. Doc./7, 10. Juni 2011.

7 Siehe Zahlen des Statistischen Bundesamts, http://bit.ly/1LxsgSO

8 Siehe Zahlen der US-Fleischindustrie, http://bit.ly/1eau1bi

9 J. Otte et al.: *Industrial Livestock Production and Global Health Risks, Pro-Poor Livestock Policy Initiative*, Research Report, RR Nr. 07–09, Juni 2007.

10 Robert-Koch-Institut: »MRSA: Führt die weite Verbreitung der nasalen

Besiedlung bei Schweinen zur Übertragung auf den Menschen?«, in: *Epidemiologisches Bulletin*, Nr. 18, 2. Mai 2008.

11 Kleine Anfrage der Abgeordneten Friedrich Ostendorff et al.: »Antibiotikaeinsatz in der Tierhaltung«, in: *Drucksache* 17/6807, 1. September 2011.

12 Christiane Cuny et al.: »Auftreten von MRSA CC398 bei Landwirten mit Exposition zu MRSA-besiedelten Schweinen und deren Familienangehörigen«, in: *PloS One*, Ausgabe 8, 2009.

13 Christiane Cuny: »Tier-assoziierte MRSA-Besiedlung und Infektion beim Menschen?«, Nationales Referenzzentrum für Staphylokokken, Robert-Koch-Institut, Bereich Wernigerode, Foliensatz, 2011.

14 Siehe Friedens Brief an das Center for a Livable Future vom 17. November 2010, http://bit.ly/1fhymu8

15 Thomas Frieden, Director Centers for Disease Control and Prevention, U.S. Department of Health and Human Services, Testimony Committee on Energy and Commerce: »Antibiotic Resistance and the Threat to Public Health«, http://1.usa.gov/1OgIHln, 28. April 2010.

16 Brigitte A. G. L. van Cleef et al.: »Persistence of Livestock-Associated Methicillin-Resistant Staphylococcus aureus in Field Workers after Short-Term Occupational Exposure to Pigs and Veal Calves«, in: *Journal of Clinical Microbiology*, Bd. 49, Nr. 3, März 2011, S. 1030–1033.

17 Bundesgesundheitsministerium: *Nationaler Pandemieplan*, Mai 2007.

5. Informationstechnologie – Kampf der SovComs

1 Joseph Nye zitiert diese Zahl in: *Macht im 21. Jahrhundert*, Siedler, München 2010, S. 178.

2 Axel Postinett/Michael Detering: »Internetfirmen wollen den Geldverkehr beherrschen«, in: *Handelsblatt*, 30. Mai 2011.

3 Joseph Nye: *Macht im 21. Jahrhundert*, S. 197.

4 Informationen aus Gesprächen der Autoren mit deutschen Sicherheitsexperten.

5 U.S. Office of the National Counterintelligence Executive: »Foreign Spies stealing U.S. economic secrets in Cyberspace«, Oktober 2011, http://1.usa.gov/1uSQdcE

6 Reuters-Interview von Christian Krämer und Jonathan Gould, 27. April 2011.

7 Die Zahl nationaler und internationaler Konferenzen zu »Cyber-Sicherheit« ist in den vergangenen Jahren geradezu explodiert. Nur als Beispiel sei auf die von der britischen Ditchley Foundation zusammen mit dem EastWest Institute organisierte Konferenz vom 29. September bis

1. Oktober 2011 verwiesen. Die zusammengefassten Ergebnisse stehen unter http://www.ditchley.co.uk/page/387/cyber-security.htm

8 Ebd.

9 Interview in *FAS*, 22. Mai 2011.

10 Siehe http://1.usa.gov/1fhymu6; direkt davor hatte das Weiße Haus auch eine neue Strategie vorgestellt: http://1.usa.gov/1fhyppB

11 Siehe http://www.defense.gov/news/newsarticle.aspx?id=64686; auch fast alle deutschen Medien berichteten.

12 Bericht von Noah Shachtman: »Exclusive: Computer Virus Hits US-Drone Fleet«, in: *Wired*, 7. Oktober 2011.

13 Richard A. Clarke kritisiert dies in seinem Buch: *World Wide War* (dt.: *World Wide War. Angriff aus dem Internet*. Hamburg 2011).

14 *International Herald Tribune*, 2. Juni 2011.

15 Zitiert nach Matthias Rüb: »Digitale Marschflugkörper. Washingtons Cyberstrategie sagt wenig und verschweigt viel«, in: *FAZ*, 21. Juli 2011.

16 Die offizielle iranische Bestätigung wurde am 26. September 2010 in allen größeren deutschen Zeitungen berichtet, siehe etwa *Financial Times Deutschland*: »Iran bestätigt Computervirus in Atommeiler«; Stephan Nye zitiert einen Bericht über eine Umfrage unter Cyber-Experten, nach der die größte Bedrohung durch Cyber-Attacken nach deren Meinung nicht etwa von China, sondern von den USA ausgingen (*Macht im 21. Jahrhundert*, S. 213).

17 In der Bundesregierung gibt es entsprechende Überlegungen. Dies fordert auch der Berliner IT-Experte Sandro Gaycken in seinem Buch *Cyberwar. Das Internet als Kriegsschauplatz* (Open Source Press, 2010).

18 Das chinesische Weißbuch zur Sicherheitspolitik ist unter folgender Internetadresse veröffentlicht: http://www.china.org.cn/government/whitepaper/node_7114675.htm

19 Informationen deutscher Geheimdienste; siehe auch U.S. Department of Defense, Office of the Secretary of Defence: »Military and Security Developments involving the People's Republic of China 2011«, Annual Report to Congress, Washington 2011. Die US-Militärs sehen drei Ziele der Chinesen: die Datensammlung durch Spionage, die bessere Abwehr durch das Lahmlegen der Logistik eines Gegners mittels »Information Warfare« (IW) und drittens eine verstärkte Wirkung, wenn in einem Krieg gleichzeitig Cyber- und kinetische Waffen eingesetzt werden (S. 5).

20 Am 8. Juli 2011 räumte in einer Anhörung im US-Senat erstmals ein US-Regierungsvertreter offiziell ein, dass es dieses Problem gibt. Erste

Andeutungen finden sich aber bereits in dem im Mai 2009 vorgestellten Cyber-Space-Policy-Review des Weißen Hauses: http://1.usa.
gov/1CRghhg. Dort heißt es: »The challenge with supply chain attacks
is that a sophisticated adversary might narrowly focus on particular systems and make manipulation virtually impossible to discover.«

21 Adam Rawnsley: »Congress fears Chinese Telecom Gear May Phone
Home«, in: *Wired*, 17. November 2011, http://www.wired.com/danger-
room/2011/11/china-trojan-horse-congress/. Susan Cromwell: »Law-
makers probe Chinese telecom firms in the US«, 17. November 2011,
http://reut.rs/1HDVH2K. Huawei hat das wachsende Misstrauen bereits 2008 zu spüren bekommen, als es auf die Übernahme des US-Un-
ternehmens 3Com verzichtete, nachdem sich angedeutet hatte, dass die
US-Regierung ihre Zustimmung verweigern würde. Auch der Kauf der
US-Firma 3Leaf Systems soll rückgängig gemacht werden, weil Huawei
keine Unbedenklichkeitserklärung erhält.

22 *NYT*, zitiert nach *Süddeutsche Zeitung*, 27. Juli 2011.

23 Ein sehr interessanter Artikel dazu von Constanze Kurz: »Das Blinzeln
des Adlers«, in: *FAZ*, 30. September 2011.

24 Zitiert von Michael Riley, »U.S. Spy Agency is said to investigate Nasdaq
Hacker Attack«, Bloomberg, 30. März 2011, http://bloom.bg/1fhxsOc

25 http://www.defense.gov/news/newsarticle.aspx?id=59965

26 Gesprächspartner bestätigten uns, dass es bereits heute den Verdacht
gibt, einige Staaten forschten an solchen ungeheuerlichen »Rassen«-
Waffen, die gezielt Erkrankungen bei den Menschen einer bestimmten
DNS-Sequenz auslösen.

27 Dass dieses Szenario realistisch ist, zeigen die Vorfälle bei der russischen Antiviren-Firma Kaspersky: Anfang 2011 musste das Unternehmen einräumen, dass der Firma Quellcodes der Testversion einer Antiviren-Software abhandengekommen waren. Vermutet wurde die Rache
eines ausgeschiedenen Mitarbeiters. Ende April berichtete die Nachrichtenagentur Interfax, dass die russische Polizei bei der Lösegeld-
übergabe die Entführer des Sohns von Firmengründer Jewgeni Kaspersky geschnappt habe.

6. Überfischung – Proteinkrieg im Nordatlantik

1 Hugo Grotius: *The Free Sea*, Liberty Fund, Indianapolis 2004.

2 Der historische Abriss folgt in weiten Teilen der hervorragenden Darstellung von Callum Roberts in *The Unnatural History of the Sea*,
Shearwater Books, 2007.

3 Für eine umfassende Darstellung des internationalen Seerechts in Be-

zug auf die Fischerei siehe auch Olav Schram Stokke: *Governing High Seas Fisheries: The Interplay of Global and Regional Regimes,* Oxford University Press, 2001.

4 Siehe ebenso Davor Vidas (Hg.): *Law, Technology and Science for Oceans in Globalisation,* Martinus Nijhoff Publishers, 2010.

5 Walter Garstang: »The Impoverishment of the Sea. A Critical Summary of the Experimental and Statistical Evidence Bearing upon the Alleged Depletion of the Trawling Grounds«, in: *Journal of the Marine Biological Association of the United Kingdom,* Bd. 6, 1900, S. 1–69.

6 Charles Dana Gibson: »Victim or Participant? Allied fishing fleets and U-boat attacks in World Wars I and II«, in: *The Northern Mariner,* I, Nr. 4, Oktober 1991, S. 1–18.

7 Verband Deutscher Sportfischer: *Der Stör – Fisch des Jahres 2001,* Offenbach 2001.

8 FAO: *State of World Fisheries 2010,* Rom 2010.

9 FAO und Weltbank: *The Sunken Billions. The Economic Justification for Fisheries Reform,* Rom/Washington 2008.

10 Daniel Pauly et al.: »Fuel price increase, subsidies, overcapacity, and resource sustainability«, in: *ICES Journal of Marine Science,* Bd. 65, Nr. 6, April 2008, S. 832–840.

11 Die Darstellung folgt dem hervorragend recherchierten und sehr zu empfehlenden Werk von Ingo Heidbrink: *»Deutschlands einzige Kolonie ist das Meer.« Die deutsche Hochseefischerei und die Fischereikonflikte des 20. Jahrhunderts,* Convent Verlag, 2004.

12 Siehe dazu u. a. Charles Clover: *Fisch kaputt,* Riemann Verlag, 2004; Alan Longhurst: *Mismanagement of Marine Fisheries,* Cambridge University Press, 2010; Paul Greenberg: *Four Fish,* Penguin Books, 2010; Taras Grescoe: *Bottomfeeder,* Bloomsbury, 2008; Suzanne Indicello et al.: *Fish, Markets and Fishermen – the Economics of Overfishing,* Island Press, 1999.

13 Siehe Annette Weber: »EU Naval Operation in the Gulf of Aden (EU NAVFOR Atalanta): Problem Unsolved, Piracy Increasing, Causes Remain«, in: Muriel Asseburg/Ronja Kempin (Hg.): *The EU as a Strategic Actor in the Realm of Security and Defense?* Stiftung Wissenschaft und Politik, 2009, S. 76/77, http://bit.ly/1I4Eb4T

14 Boris Worm et. al.: »Impacts of Biodiversity Loss on Ocean Ecosystem Services«, in: *Science,* 3. November 2006, Bd. 314, Nr. 5800, S. 787–790.

15 FAO: *The State of World Fisheries and Aquaculture 2010,* Rom 2010.

16 D. Agnew et al.: »Estimating the worldwide extent of illegal fishing«, in : *PLoS One* 4 (2), 2009; U.R. Sumaila et al.: »Global scope and economics of illegal fishing«, in: *Marine Policy* 30, 2006, S. 696–703; Stefan Floth-

mann, Kristín von Kistowski et al.: »Closing Loopholes: Getting Illegal Fishing Under Control«, in: *Science*, 4. Juni 2010, S. 1235–1236.

17 »Mitteilung der Kommission an das Europäische Parlament, den Rat, den Europäischen Wirtschafts- und Sozialausschuss und den Ausschuss der Regionen: Reform der Gemeinsamen Fischereipolitik, deutsche Onlineversion siehe http://bit.ly/1KfwkrS

18 Siehe dazu u.a. Sylvia A. Earle: *The World is Blue*, National Geographic Books, 2009; Timothy Hennessey: *Sustaining Large Marine Ecosystems: The human dimension*, Elsevier, 2005; Boris Worm et al.: »Rebuilding global fisheries«, in: *Science*, Bd. 325, 2009, S. 678–685; Steven Murawski et al.: »Biodiversity Loss in the Ocean: How Bad Is It?«, in: *Science*, Bd. 316, Nr. 5829, 1. Juni 2007, S. 1281.

19 IUCN et al.: *Global Ocean Protection*, 2010; Greenpeace: *Emergency Oceans Rescue Plan: Implementing the Marine Reserves Roadmap to Recovery*, September 2010.

20 Convention on Biological Diversity (CBD:) *The Strategic Plan for Biodiversity 2011–2020 and the Aichi Biodiversity Targets*, 2010.

21 IUCN: *Climate Change and Biodiversity in the European Union Overseas Entities*, 2008.

22 Sam Jones: »Banished Chagos islanders insist: we are not at point of no return«, in: *The Guardian*, 19. Mai 2011.

23 WWF: *First High Seas Marine Protected Areas in the North Atlantic*, September 2010; OSPAR Convention for the Protection of the Marine Environment of the North-East Atlantic: *Ministerial Meeting of the OSPAR Commission*, Bergen, 23./24. September 2010; OSPAR Commission: *2010 Status Report on the OSPAR Network of Marine Protected Areas*, 2010.

24 William Cheung et al.: »Large-scale redistribution of maximum fisheries catch potential in the global ocean under climate change«, in: *Global Change Biology*, Bd. 16 (2010), S. 24–35; Stephen D. Simpson et al.: »Continental Shelf-Wide Response of a Fish Assemblage to Rapid Warming of the Sea«, in: *Current Biology*, 15. September 2011.

25 Keith Brander: »Impacts of climate change on fisheries«, in: *Journal of Marine Systems*, Bd. 79 (2010), S. 389–402.

26 William Cheung et al.: »Large-scale redistribution of maximum fisheries catch potential in the global ocean under climate change«, in: *Global Change Biology*, Bd. 16 (2010).

27 Yoko Wakatsuki: »Japan arrests Chinese fishermen after 7-hour chase«, CNN International, http://edition.cnn.com/2011/12/20/world/asia/japan-china-fisherman/ sowie AFP: »High-seas collisions trigger Japan-China diplomatic spat«, 8. September 2010.

7. Migration – Europas NEU-Wall

1 Bereits 1973 schrieb der französische Autor Jean Raspail das Buch *Das Heerlager der Heiligen,* das von einem etwas apokalyptisch klingenden Ansturm Hunderttausender Inder auf Europa berichtet. Heute liest sich das Buch seltsam befremdlich. Faszinierend aber ist, wie Raspail versucht, den Zersetzungsprozess innerhalb der damaligen europäischen Gesellschaften angesichts der Invasion so vieler – völlig friedlicher – Menschen zu beschreiben. Hohenrain, Tübingen/Paris 1985, siehe auch die Rezension von Jürg Altwegg: »Das Ende der europäischen Welt«, in: *FAZ*, 25. Februar 2011.

2 Susanne Schmid: »Vor den Toren Europas. Das Potenzial der Migration aus Afrika«, in: Bundesamt für Migration und Flüchtlinge, 27. Januar 2010, http://bit.ly/1I4EWuF

3 Sabine Riedel: *Illegale Migration im Mittelmeerraum,* Studie der Stiftung Wissenschaft und Politik, April 2011, S. 9.

4 Gründung durch den Rat der Europäischen Union, Verordnung 2007/2004, 26. Oktober 2004.

5 http://www.frontex.europa.eu/gfx/frontex/files/budget/budgets/budget_2011.pdf

6 Siehe Riedel 2011, S. 5.

7 Manifest »Für ein Europa der Humanität und Solidarität«, 7. Oktober 2011, http://bewegung.taz.de/aktionen/manifest/beschreibung

8 Stefano Bertozzi: *Europe's fight against human trafficking.* Institut Français des Relations Internationales (IFRI), Paris 2009, S. 54.

9 Beispiele für die harte Tonlage sind Kommentare von Rainer Hank am 12. Juni 2011 in der *FAS* und von Heike Göbel am 11. Juni 2011 in der *FAZ*.

10 UN, Department of Social and Economic affairs: *Population division,* http://esa.un.org/unpd/wpp/P-WPP/htm/PWPP_Total-Population.htm

8. Welternährung – Graue Erde

1 Ravi, Singh et al.: »Will Stem Rust Destroy the World's Wheat Crop?«, in: *Advances in Agronomy*, Bd. 98, 2008.

2 Siehe Joachim von Braun und Ruth Meinzen-Dick: »*Land Grabbing*« *by foreign investors in developing countries: risks and opportunities,* International Food Policy Research Institute, Policy Brief 13, Washington, April 2009.

3 Diese Faktoren wurden als Bedingungen für eine Expansion des Wei-

zenanbaus von der FAO genannt, siehe »Wheat Production Potential in Sudan«, http://bit.ly/1Lxsvxc

4 Siehe *Süddeutsche Zeitung*, 3. September 1998: »CIA-Agent entnahm Bodenprobe im Sudan«, und *Neue Zürcher Zeitung*, 21. August 1998: »US-Angriff auf Ziele in Afghanistan und im Sudan«.

5 David McKee: *Booming Market for Wheat in Sudan*, World Grain, November 2010.

6 Siehe Statistische Abteilung der Welternährungsorganisation (FAOSTAT) sowie David McKee: *Booming Market for Wheat in Sudan*, World Grain, November 2010.

7 J. D. Tothill: *Agriculture in the Sudan*, Oxford University Press, London 1954.

8 Karl Wohlmuth: *Sudan's National Policies on Agriculture.* Sudan Economy Research Group Discussion Papers, Universität Bremen, Juni 1987.

9 FAOSTAT: *Wheat Production Potential in Sudan*, siehe http://bit.ly/1Lxsvxc; »Special Report: Crop and food supply situation in Sudan«, 30. April 1997, http://bit.ly/1JrJZqb

10 Persönliche Kommunikation mit einem Weizenexperten und ehemaligen führenden Mitarbeiter der Agricultural Research Corporation des Sudan, dessen Identität aus Gründen des Personenschutzes nicht preisgegeben werden kann.

11 Siehe Kim Se-jeong: »What Korea should know in approaching Africa«, in: *Korea Times*, 27. Juni 2010, http://bit.ly/1JaWvio

12 Surya Narain Yadav: *India, China and Africa. New Partnership in Energy Security*, Jnanada Prakashan Publishers, Neu-Delhi 2008.

13 Siehe http://www.cnpc.com.cn/eng/cnpcworldwide/africa/Sudan/

14 Jin Ling: »Gemeinsam mehr – Wege für eine chinesisch-europäische Zusammenarbeit in Afrika?«, in: *Aus Politik und Zeitgeschichte*, Ausgabe 39, 27. September 2010, S. 41 ff.

15 Siehe Axel Perry: »China's New Continent«, in: *Time Magazine*, 5. Juli 2010.

16 Siehe Information Office of the State Council: *China-Africa Economic and Trade Cooperation*, White Paper, Peking, Dezember 2010, http://bit.ly/1OqFpwJ

17 Siehe *The Economist*: »The Chinese in Africa«, 23. April 2011.

18 Uwe Hoering: »Die neue Landnahme – Globales Agrobusiness und der Ausverkauf der Entwicklungsländer«, in: *Blätter für deutsche und internationale Politik*, Nr. 9, 1. September 2009.

19 Siehe *The Economic Oberserver*: »Hopes and Strains in China's Oversea Farming Plan«, Ausgabe 374, 30. Juni 2008.

20 *The Economist*: »Rust in the bread basket; Wheat rust and world farming«, 3. Juli 2010.

21 David Hodson, Schwarzrostbeauftragter der FAO, persönliche Kommunikation.

22 Persönliche Kommunikation, Mai 2011.

23 FAOSTAT, 2011.

24 Zitiert nach Paul Voosen: »Scientists Breed Wheat ›Near Immune‹ to
Devastating Plague«, in: *New York Times Online*, 10. Juni 2011.

25 Persönliche Kommunikation mit Les J. Szabo, leitender Genetiker und
Schwarzrostexperte am USDA-ARS Cereal Disease Laboratory in Saint
Paul/Minnesota.

26 Sébastien Duplessis et al.: »Obligate biotrophy features unraveled by
the genomic analysis of rust fungi«, in: *Proceedings of the American
Academy of Sciences*, Bd. 108, Nr. 22, 30. Mai 2011.

27 Joshua Lederberg: *Biological Weapons – limiting the threat*, MIT Press,
Cambridge 1999.

28 Jeffery K. Smart: *History of chemical and biological warfare: an American perspective*, U.S. Army Medical Department, Borden Institute, siehe
http://1.usa.gov/1SwvN3Z

9. Tiefsee – Knollen-Kämpfe

1 Informationen über die ISA auf ihrer Homepage http://www.isa.org.jm/
en/about

2 Eine gute Übersicht über das Rohstoff-Wettrennen in der Arktis liefert Christoph Seidler: *Arktisches Monopoly*, München 2009; informa-
tiv ist auch die Ausgabe »Arktischer Raum«, in: *Aus Politik und Zeitgeschichte*, 5–6/2011, 31. Januar 2011; sehr ausführlich dazu: Manfred
Sapper/Volker Weichsel/Christoph Humrich (Hg.): »Logbuch Arktis.
Der Raum, die Interessen, das Recht«, Themenheft der Zeitschrift *Osteuropa*, 61. Jg., Heft 2–3/2011.

3 Der im Juni 2011 erschienene »BGR-Tätigkeitsbericht 2009/2010« verweist ausdrücklich auf die Wiederentdeckung der Knollen und liefert
einen ersten Überblick über das Thema und die Erkundungen: http://
bit.ly/1fhy6v4

4 BGR-Experte Carsten Rühlemann im Interview mit den Autoren.

5 Die Schwarzen Raucher entstehen, wenn Meerwasser an den Rissen der
Kontinentalplatten in die Erdkruste eindringt, Metalle aus dem Gestein
auswäscht, bevor die metallhaltigen Lösungen dann wieder unter dem
entstehenden Druck nach oben steigen. Beim Kontakt mit dem kalten
Meerwasser fallen die Metall-Schwefel-Partikel aus und sinken auf den

Meeresboden. Erkennbar sind diese Aktivitäten durch die sogenannten Schwarzen Raucher, die in der Tiefsee die Ränder der Kontinentalplatten verzieren.

6 *FAZ*, 20. Juli 2011; Yauhiro Kato: »Deep-sea mud in the Pacific Ocean as a potential resource for rare-earth elements«, in: *Nature Geoscience*, Bd. 4, 2011, S. 535–539.

7 Allerdings untersuchten die Experten der BGR und der dort angesiedelten Deutschen Rohstoffagentur (DERA) von September bis Mitte November 2011 auch Schwarze-Raucher-Vorkommen östlich von Madagaskar, siehe Mitteilung vom 23. August 2011, http://bit.ly/1JaWA5b

8 Vortragstext Carsten Rühlemann über das deutsche Lizenzgebiet, April 2011.

9 Siehe dazu das instruktive Buch von Sarah Zieruhl: *Der Kampf um die Tiefsee*, Hoffmann und Campe, 2010.

10 Umweltbundesamt: »Mögliche Umweltauswirkungen des Tiefseebergbaus«, 10. August 2010, http://www.umweltbundesamt.de/wasser/themen/meere/tiefseebergbau-umweltauswirkungen.htm

11 Interview von Erica Westly, auf der Internetseite »Yale Environment 360«, 3. März 2011, http://e360.yale.edu/feature/deep-sea_mining_is_coming_assessing_the_potential_impacts/2375/

12 Meldung im *Handelsblatt*, 8. März 2011.

13 Dass dies nicht nur Zukunftsmusik ist, zeigt die Mitteilung der DERA vom 20. Oktober 2011: http://www.deutscherohstoffagentur.de/DE/Gemeinsames/Oeffentlichkeitsarbeit/Pressemitteilungen/BGR/DERA/dera-bgr-111020-konfliktminerale.html?nn=1798754; in den Vereinigten Staaten schreibt der Dodd-Frank-Act bereits seit 2010 vor, dass börsennotierte Unternehmen die Lieferketten von sogenannten »Konfliktmineralien« zertifizieren müssen.

10. Weltraum – Herrschaft von oben

1 Beschrieben werden die Planungen für die Entwicklung dieser High-Power-Microwave Waffe (HPM) etwa in Thomas Kretschmer/Uwe Wiemken (Hg.) *Militärische Nutzung des Weltraums. Grundlagen und Optionen*, Report Verlag, Frankfurt/Bonn 2004, S. 149 ff., siehe auch *Economist*-Artikel »Frying tonight«, über die Entwicklung elektromagnetischer Waffen in der U.S. Air Force, 15. Oktober 2011.

2 Christine Parthermore/Will Rogers: *Blinded: The decline of U.S. Earth monitoring capabilities and its consequences for national security*, Center for a New American Security, Juli 2011.

3 Wie so oft in der internationalen Politik war der Vertrag eine Reaktion

auf eine tatsächliche militärische Entwicklung. So hatte die U.S. Navy 1964 das satellitengestützte Leitsystem NNSS für ballistische Raketen und Lenkwaffen in Betrieb genommen.

4 Chinese State Council Information Office, http://bit.ly/1fWZijA

5 Mischa Hansel: »Schutzraum, Kampfzone oder Pax Americana – Der Weltraum und die Kriegsführung der Zukunft«, in: Thomas Jäger (Hg.): *Die Komplexität der Kriege*, Wiesbaden 2010, S. 261–286, hier S. 267.

6 Scott Shane/Thom Shanker: »A tilt to drones as cheaper war tool«, in: *New York Times*, 3. Oktober 2011.

7 Hansel, S. 279.

8 Reuters-Bericht von Ben Blanchard, 12. Juli 2011, über den Aufsatz in der Oktober-Ausgabe von *Journal of Strategic Studies*.

9 Nach Ajey Lele: »Trends in Space Weaponisation«, in: *Indian Defence Review*, Bd. 25.3, Juli–September 2010; http://www.indiandefencereview.com/news/trends-in-space-weaponisation/

10 Sàadic Pekkanen/Paul Kallender-Umezu: *In defense of Japan. From the market to the military in space policy,* Stanford University Press, 2010, S. 245; in dem Buch ist auch eine englische Übersetzung des 2008 verabschiedeten japanischen Weltraumgesetzes abgedruckt.

11 Hansel zitiert aus dem am 31. August 2006 veröffentlichten Bericht »National Space Policy« des U.S. Office of Science and Technology Policy, S. 261.

12 James A. Lewis: »Between the US and China: The Dynamics of Military Space«, in: *Politique étrangère*, 2/2007; englische Übersetzung auf der Homepage des wichtigsten französischen Thinktanks für Sicherheitspolitik, IFRI. Auch IFRI nennt in seinem Jahresbericht »Ramses 2009« das Rüstungswettrennen im All als sehr wahrscheinliche Entwicklung.

13 Hansel zitiert aus übersetzten chinesischen Artikeln, S. 272.

14 Das Pentagon beschrieb die Anstrengungen des chinesischen Militärs in einem ausführlichen Bericht: http://www.defense.gov/pubs/pdfs/2010_CMPR_Final.pdf

15 Department of Defense: *Military and Security Developments involving the People's Republic of China*, Annual Report to Congress, Washington 2013; siehe auch den älteren Bericht von 2011

16 Dies geht aus Geheimdienstberichten hervor, die am 21. Juli 2011 von den U.S. National Security Archives veröffentlicht wurden. So findet sich etwa ein Bericht des National Ground Intelligence Center, in dem über einen Einsatz dieser neuartigen Waffen bei einem Angriff auf Taiwan spekuliert wird, http://www.gwu.edu/~nsarchiv/NSAEBB/NSA-EBB351/index.htm

17 Laut Hansel sind mittlerweile rund 30 Staaten in der Lage, mit terrestrischen Niedrigenergielasern die Sensoren von im niedrigen Erdorbit stationierten Satelliten zu schädigen (S. 270). Die Sowjetunion soll schon 1984 das U.S. »Space Challenger« Shuttle mit einem Hochenergielaser geblendet haben, die USA 1997 einen eigenen Aufklärungssatelliten mit einem Niedrigenergielaser, siehe dazu Kretschmer/Wiemken, S. 170.

18 Meldung *Ria Nowosti*, 12. Februar 2008.

19 Office of the Director of National Intelligence, *Quadrennial Intelligence Community Review*, »Scenarios«, Januar 2009; dort heißt es: »Beide Seiten versuchen, neue Innovationen in Wissenschaft und Technologie als Druckmittel zu benutzen, um nicht-traditionelle Schlachtfelder zu kontrollieren. Das führt dazu, dass das All, die Arktis und die Cyber-Welt zunehmend militarisiert werden und zu Feldern für Wettbewerb und Konflikt werden.«

20 Hansel, S. 267.

21 Ministry of Defence (UK): *Future Character of Conflict. Strategic Trends Programme*, London 2010.

22 Siehe etwa Resolution des UN Special Political and Decolonization Committee vom 25. Januar 2005 oder die Debatte in demselben Komitee am 14. Oktober 2010 über: »Strength of international space law to prevent militarization of outer space«.

23 IFRI: Jahresbericht »Ramses 2009«; auch erwähnt in Ajey Lele: »Trends in Space Weaponisation«, in: *Indian Defence Review*, Bd. 25.3, Juli–September 2010.

24 Air Force Space Command Breaks Ground on RAIDRS Program, http://bit.ly/1MCvEdu

25 Kretschmer/Wiemken verweisen darauf, dass die X-37B bis zu einem Jahr im Orbit bleiben und zudem zwischen verschiedenen Orbits wechseln kann, was eine Bekämpfung von Satelliten in verschiedenen Umlaufbahnen möglich machen würde, S. 179.

26 Die DARPA machte auch aus dem Start (und dem Absturz) kein Geheimnis, siehe unter: http://bit.ly/1HDWGQy

27 Auf diese mögliche Taktik, Weltraumschrott als Waffe gegen die USA einzusetzen, verweisen sowohl Hansel als auch Kretschmer/Wiemken, S. 140; Hansel erwähnt auch, dass 30 Nationen bereits Kleinsatelliten im Weltall stationiert haben, darunter Nigeria.

11. Neurotechnologie – Schlachtfeld Gehirn

1 Forschungsarbeiten an solchen Technologien laufen zum Beispiel in der Forschungsorganisation des US-Militärs (DARPA) und am Institute for Soldier Nanotechnologies des Masssachusetts Institute of Technology (MIT), siehe dazu: http://web.mit.edu/isn/

2 Noch sind solche technischen Möglichkeiten Zukunftsmusik. Es ist nicht möglich, Blutwerte wie die von Cortisol in Echtzeit so zu messen, dass aussagekräftige Daten entstehen. Ein EEG-Gerät in einen Soldatenhelm zu integrieren ist ebenso schwierig. Zudem lassen sich mit den EEG-Maschinen von heute nur Ströme an der Gehirnoberfläche messen, nicht aber in Gehirnzentren wie der Amygdala und dem Hippocampus. Allerdings wären vor zwanzig oder dreißig Jahren Messverfahren von heute, wie die simultane Ableitung von zahlreichen Neuronen oder das Nachverfolgen einzelner Molekülgruppen im Gehirn, ebenfalls noch als Zukunftsmusik erschienen. Dem Szenario liegt also die Annahme zugrunde, dass sich Neurobiologie und Neurotechnologie weiter in der Geschwindigkeit der vergangenen Jahre entwickeln werden. Was genau sich als machbar und als illusorisch herausstellen wird, muss vorerst offen bleiben.

3 Kolumbien hat 2011 eine neue Strategie beschlossen, die biologische Vielfalt des Landes stärker zu nutzen. Dazu zählen auch neue Forschungseinrichtungen im Regenwald.

4 Robert H. Scales: »Clausewitz and World War IV«, in: *Armed Forces Journal*, Juli 2006, siehe auch: http://www.armedforcesjournal. com/2006/07/1866019

5 Peter Steinkamp: »Pervitin (Metamphetamine) tests, use and misuse in the German Wehrmacht«, in: Wolfgang Uwe Eckart: *Man, medicine, and the state: the human body as an object of government sponsored medical research in the 20th century*, Franz Steiner Verlag, Stuttgart 2006.

6 Jeremy Kuzmarov: *The Myth of the Addicted Army: Vietnam and the Modern War on Drugs*, University of Massachusetts Press, 2009.

7 Thomas Bartlett: »Books question two Vietnam clichés«, in: *The Chronicle of Higher Education*, 11. Dezember 2009.

8 National Research Council: *Opportunities in Neuroscience for Future Army Applications*, The National Academies Press, Washington 2008.

9 *Time Magazine*: »America's Medicated Army«, 5. Juni 2008.

10 Es gibt durchaus Zweifel an der Wirksamkeit von Propanolol, ein effizienter Wirkstoff könnte aber aus einer ganz neuen, noch unbekannten Stoffklasse stammen, siehe dazu auch Susan Fletcher et al.: »Preventing post traumatic stress disorder: are drugs the answer?«, in: *Australian*

and New Zealand Journal of Psychiatry, 2010, Bd. 44, S. 1064–1071; Elizaveta V. Muravieva/Cristina M. Alberini: »Limited efficacy of propranolol on the reconsolidation of fear memories«, in: *Learning and Memory,* Bd. 17, 2010, S. 306–313.

11 Sharon Weinberger: »Bombs' hidden impact: The brain war«, in: *Nature,* Bd. 477, 2011, S. 390–393, Online-Veröffentlichung, 21. September 2011.

12 P. Starr: *The Social Transformation of American Medicine.* Basic Books, New York 1982, zitiert nach National Academy of Sciences: *Gulf War and Health,* Bd. 6: *Physiologic, Psychologic, and Psychosocial Effects of Deployment-Related Stress,* Washington 2008.

13 Jean Beckham et al.: »Health status, somatization, and severity of post-traumatic stress disorder in Vietnam combat veterans with posttraumatic stress disorder«, in: *The American Journal of Psychiatry,* Bd. 155 (11), November 1998, S. 1565–1569.

14 B. K. Jordan et al.: »Lifetime and current prevalence of specific psychiatric disorders among Vietnam veterans and controls«, in: *Archives of General Psychiatry,* Bd. 48, 1991, S. 207–215.

15 Jennifer L. Price: »Findings from the National Vietnam Veterans' Readjustment Study«, National Center for PTSD, siehe auch: http://www.ptsd.va.gov/professional/pages/vietnam-vets-study.asp

16 Terri Tanielian/Lisa Jaycox (Hg.): *Invisible Wounds of War, Psychological and Cognitive Injuries, Their Consequences, and Services to Assist Recovery,* RAND Corporation monograph series, Santa Monica, 2008.

17 Siehe dazu National Research Council: *Opportunities in Neuroscience for Future Army Applications,* The National Academies Press, Washington 2008; Committee on Military and Intelligence Methodology for Emergent Neurophysiological and Cognitive/Neural Science Research: *Emerging cognitive neuroscience and related technologies in the next two decades,* Research Council of the National Academies, Washington 2008; Charles A. Morgan et al: »Hormone Profiles in Humans Experiencing Military Survival Training«, in: *Biological Psychiatry,* Nr. 27, 2000, S. 891–901; James J. Blascovich/Christine R. Hartel (Hg.): *Human Behavior in Military Contexts,* Committee on Opportunities in Basic Research in the Behavioral and Social Sciences for the U.S. Military, National Research Council, Washington 2008; C. A. Morgan et al.: »Smaller head of the hippocampus in Gulf War-related posttraumatic stress disorder«, in: *Psychiatry Research,* Nr. 139 (2), Juli 2005, Seite 89–99; Roger Pitman: »Decreased regional cerebral blood flow in medial prefrontal cortex during trauma-unrelated stressful imagery in Vietnam

veterans with post-traumatic stress disorder«, in: *Psychological Medicine*, Nr. 13, Mai 2011, S. 1–10.

18 Roger Pitman et al.: »Pilot study of secondary prevention of posttraumatic stress disorder with propanolol«, in: *Biological Psychiatry*, Nr. 51 (2), Januar 2002, S. 189–199; Roger Pitman et al.: »Trauma reactivation under the influence of propranolol decreases posttraumatic stress symptoms and disorder: 3 open-label trials«, in: *Journal of Clinical Psychopharmacology*, Nr. 4, August 2011, S. 547–550.

19 Jonathan Moreno: *Mind Wars: Brain Research and National Defense*, University of Chicago Press, 2006.

20 Zitiert nach Steven J. Marcus (Hg.): *Neuroethics: Mapping the field*, The Dana Press, New York 2002.

21 Siehe auch Dai Rees/Steven Rose: *The New Brain Sciences – Perils and Prospects*, Cambridge University Press 2004; Eve-Marie Engels (Hg.): *Neurowissenschaften und Menschenbild*, Mentis Verlag, Paderborn 2005.

22 Siehe dazu J. Giordano/R. Wurzman: »Neurotechnologies as weapons in national intelligence and defense – an overview«, in: *Synesis: A Journal of Science, Technology, Ethics and Policy*. Bd. 2, Oktober 2011.

23 Laura Sanders: »Future wars may be fought by synapses. Neuroscientists consider defense applications of recent insights into the brain«, in: *ScienceNews*, 11. November 2011.

24 Siehe auch: Laura Sanders: »Future Wars may be fought by synapses«, in: *ScienceNews*, 11. November 2011. https://www.sciencenews.org/article/future-wars-may-be-fought-synapses

25 Für eine kurze Darstellung molekularer Prozesse beim Lernen und Erinnern siehe: Arvid Leyh: «Das Gedächtnis auf Zellebene«, 2. September 2011, http://dasgehirn.info/denken/gedaechtnis/gedaechtnis-auf-zellebene/

26 Siehe »The Future of Memory«, in: *Molecular Interventions*, April 2005. Damals sagte Kandel über ethische Aspekte der Neurotechnologie: »I think there are two issues involved. The first, which bothers the ethicists most, addresses the implications of the compounds that would erase memory. We do not work on those, but others do. There are drugs on the market that you can take ahead of time before, for example, going to battle or engaging in a potentially traumatic event, such as a firefighter entering a burning building. Such drugs may allow the person to experience the event, but they weaken the imprinting of the event later on because the long-term emotional impact is dampened.«

III. EINE ROBUSTERE ZIVILISATION

1. Die Kraft der Kooperation

1 Joseph Nye: *Macht im 21. Jahrhundert*, Siedler Verlag, München 2011, S. 299.

2 Die EUISS hat ein Projekt mit dem Namen »European Strategy and Policy Analysis System (ESPAS)« in Auftrag gegeben, bei dem Experten mehrerer Institutionen Ende 2011 eine Studie zu den »Global Trends 2030« vorlegten. In der Executive Summary ist von einer »value und demand convergence« die Rede (Brüssel 2011).

3 Mr. Y: *A National Strategic Narrative*, The Woodrow Wilson International Center for Scholars, Washington 2011.

4 Ein Beispiel dafür ist der Bericht der US-Gegenspionage zu Cyber-Angriffen vom Oktober 2011, ebenso der Bericht des Pentagons an den US-Kongress über Chinas Militär, ebenfalls von 2011.

5 Jürgen Habermas: *Die postnationale Konstellation: Politische Essays*, Suhrkamp, Frankfurt/Main 1998.

6 *Governing Geoengineering Research: A Political and Technical Vulnerability Analysis of Potential Near-Term Options*, RAND/TR-846-RC, 2011.

7 http://eiti.org

8 US-Office of the National Counterintelligence Executive: *Foreign Spies Stealing US Economics Secrets in Cyberspace*, Washington, Oktober 2011.

9 Thomas Klier/James Rubenstein: *Who Really Made Your Car?: Restructuring and Geographic Change in the Auto Industry*, Upjohn Institute, 2008.

2. Die Kraft der Erneuerung

1 Joseph Nye, *Macht im 21. Jahrhundert*, Siedler Verlag, München 2011.

2 Auch das European Strategy and Policy Analysis System (ESPAS) kommt in seiner Studie »Global Trends 2030«, Brüssel 2011, zu diesem Schluss. Ausdrücklich wird davor gewarnt, dass neue Formen der Partizipation auch zersetzend für Parteien und Institutionen wirken können, wenn diese sich nicht anpassen.

3 Pew Charitable Trust: *From Barracks to the Battlefield: Clean Energy Innovation and America's Armed Forces*, Washington 2011.

4 Bundeswehr Transformation Center: *Armed Forces, Capabilities and*

Technologies in the 21st Century. *Environmental Dimensions of Security: Sub-study 1: Peak Oil Security policy implications of scarce resources,* Strausberg bei Berlin 2010.

5 Department of Defense: *Energy for the Warfighter: Operational Energy Strategy,* Washington 2011.

6 Noah Shachtman: »Green Monster«, in: *Foreign Policy,* Mai/Juni 2010.

7 *Nature* Editorial Board: »Beyond the bomb: Twenty years after the end of the cold war scientists and the military still need each other«, in: *Nature,* Bd. 477, S. 369, Online-Veröffentlichung, 21. September 2011.

8 Geoff Brumfiel: »Military surveillance data: Shared intelligence«, in: *Nature,* Bd. 477, 2011, S. 388–389, Online-Veröffentlichung, 21. September 2011.

9 Michael Brune: *The Military's Clean-Energy Mission,* Online-Veröffentlichung, September 2011;.http://huff.to/1MjH1u6

10 Rede der CDU-Vorsitzenden Angela Merkel auf dem CDU-Bundesparteitag in Leipzig am 14. November 2011.

3. Die Kraft der Langfristigkeit

1 Wissenschaftlicher Beirat der Bundesregierung Globale Umweltveränderungen: *Welt im Wandel: Gesellschaftsvertrag für eine Große Transformation,* Hauptgutachten 2011. Ein Beitrag zur Rio+20-Konferenz 2012, http://www.wbgu.de/en/publications/flagship-reports/flagship-report-2011/; President's Council of Advisors on Science and Technology: *Teaming with life: Investing in science to understand and use America's living capital,* Washington 1998. Online-Veröffentlichung: http://1.usa.gov/1MjH1ds

2 Executive Office of the President. President's Council of Advisors on Science and Technology: *Report to the President on Sustaining Environmental Capital: Protecting Society and the Economy,* Washington, Juli 2011.

3 Siehe UNEP Green Economy Initiative: www.unep.org/greeneconomy/; siehe Veröffentlichungen der Initiative The Economics of Ecosystems and Biodiversity (TEEB): www.teebweb.org; siehe auch Ottmar Edenhofer et al.: »Wer besitzt die Atmosphäre? Zur Politischen Ökonomie des Klimawandels«, in: *Leviathan,* 2011.

4 David W. Crowder et al.: »Organic agriculture promotes evenness and natural pest control«, in: *Nature,* Bd. 466, 1. Juli 2010, S. 109–112; Forest Isbell et al.: »High plant diversity is needed to maintain ecosystem services«, in: *Nature,* Band 477, 8. September 2011, S. 199–202.

5 Siehe National Research Council, Minerals: *Critical Minerals and the*

U.S. Economy, Committee on Critical Mineral Impacts of the U.S. Economy, The National Academies Press, Washington 2008; C. Thomas Fingar, NIC Chairman: *Global Trends 2025: A Transformed World,* National Intelligence Council, November 2008; National Research Council: *Managing Materials for a Twenty First Century Military,* The National Academies Press, Washington 2008; Sharon Burke: *Natural Security,* Center for New American Security, Working Paper, Juni 2009.

6 IEA Report for the Clean Energy Ministerial: *Global Gaps in Clean Energy R&D, Update and Recommendations for International Collaboration,* Paris 2010.

7 Director of National Intelligence Admiral Dennis C. Blair: »Annual Threat Assessment of the Intelligence Community for the House Permanent Select Committee on Intelligence«, 25. Februar 2009.

PERSONENREGISTER

ORTS- UND SACHREGISTER